中医古典目录学概论

李鸿涛　张伟娜　佟　琳　编著

张华敏　审订

中医古籍出版社
Publishing House of Ancient Chinese Medical Books

图书在版编目（CIP）数据

中医古典目录学概论 / 李鸿涛，张伟娜，佟琳编著 .—北京：
中医古籍出版社，2020.6
ISBN 978-7-5152-1985-1

Ⅰ .①中… Ⅱ .①李… ②张… ③佟… Ⅲ .①中医典籍—
目录学—概论 Ⅳ .① G257.36

中国版本图书馆 CIP 数据核字（2020）第 040712 号

ISBN 978-7-5152-1985-1

9 787515 219851 >

中医古典目录学概论
李鸿涛 张伟娜 佟 琳 编著
张华敏 审订

责任编辑 郑 蓉 王 梅
封面设计 韩博玥
出版发行 中医古籍出版社
社 址 北京东直门内南小街 16 号（100700）
电 话 010-64089446（总编室）010-64002949（发行部）
网 址 www.zhongyiguji.com.cn
印 刷 北京中献拓方科技发展有限公司
开 本 710mm×1000mm 1/16
印 张 19.25
字 数 312 千字
版 次 2020 年 6 月第 1 版 2020 年 6 月第 1 次印刷
书 号 ISBN 978-7-5152-1985-1
定 价 198.00 元

内容简介

目录是连接文献与学术的重要桥梁，不仅可以反映历代文献之繁衍、学术之兴替，还可以指导治学门径，启迪治学思路。作为古典目录学的重要分支——中医古典目录学，在中医文献数千年传承中担纲着重要的角色和任务。在多年从事古籍研究和目录实践的经验启示下，作者对于中医古典目录学的理论储备和方法凝练做出了有益的尝试，力求突破长期以来中医目录学发展中“重实践而轻方法”的瓶颈。

本书以中医古典目录学的基本知识、学科方法和实践应用为纲，以中医典籍为例证，围绕古典目录学所涉及的著录、分类与提要等基本内涵及其实践中的关键问题，有“述”有“作”，授人以渔。全书内容分为三部分：在“知识篇”中主要阐明中医古典目录学的概念及范畴，在“方法篇”中重点归纳目录学方法在中医文献的流传、考证、研究中所发挥的重要作用，在“实践篇”中系统总结目录学在指导中医古籍资源调研、发掘中所取得的经验与成果。通过揭示目录学在中医文献传承中所发挥的重要作用，引导学人自觉运用目录、整理文献、发掘学术，进而推动中医药学的传承与弘扬。

本书出版得到中国中医科学院自主选题项目（ZC201904）资助

钱序

我国是世界上目录学起源与创建最早的国家，目录学是传统学术治学的重要门径和方法。清代学者王鸣盛在《十七史商榷》中说："目录之学，学中第一紧要事，必从此问途，方能得其门而入。"两千多年以来，无论是翰林史官，抑或是鸿儒硕彦，编刊问世大量公私书目，不仅折射出历史学人的治学精神和聪明才智，而且为我们留下了宝贵的文化遗产，也为"辨章学术、考镜源流"提供了重要的学术资料。

中医古典目录学是古典目录学的重要分支，在中医文献数千年的传承中担纲着重要的角色和任务。一方面，目录学在传承学术和指导学者治学中发挥着重要作用，正如余嘉锡先生所言，目录学可"使治此学者有研究之资，省搜讨之力，即他日从事著作，亦庶几有成轨可循"，另一方面，也成为中医文献研究中，诸如校勘、辑佚、辨伪、版本鉴定等工作的重要方法和依据。然而，这样一门重要的方法与实践并重的学科，并未受到足够的重视和应用，颇有"冷学问"之憾。在当今国家重视典籍保护的大好形势下，运用目录，整理文献，发掘学术，成为中医文献传承的重要工作。倘若不对目录学及其相关知识、理论与方法进行涉猎和考究，势必造成学术研究的跋前踬后、事倍功半。

有鉴于此，中国中医科学院中医药信息研究所古籍保护与利用团队的中青年学者，通过长期从事古籍文献工作积累的经验，立足于总结与发掘目录学对古籍文献的研究、考证和传承的方法和作用，在中医古典目录学理论总结和方法学构建上做出了有益的尝试，并取得了一定成效。本书以目录学基本概念和内涵为纲，以中医典籍为例证，除重视目录学的基本概念，如小序、类例、叙录等三大基本内容的阐介外，还重视发掘目录学在中医文献典籍的流传、考证、研究中所发挥的重要作用，提升为方法。并通过《中医古籍文献分类标准》和

《中医古籍联合目录》编纂等目录学实践，予以创新和发挥，有述有作，有法有案。本书的出版一定会为揭示目录学在中医文献传承中所发挥的重要作用，为推动中医文献和学术研究贡献出一份力量。

最后，谨以此序对作者的辛勤劳动和所取得的成果表示衷心的祝贺！

北京中医药大学　钱超尘

2020 年 5 月 10 日

李序

按一定顺序编排篇章或图书的目次，以供查考，是为目录。《汉书》卷一百下《叙传》第七十下云："刘向司籍，九流以别，爰著目录，略序洪烈，述艺文志第十。"讲的即是此义。后世将研究书籍款目著录、款目分类、款目组织等编目的规范和规律，称为目录学。

我国目录学和目录专著，盖发轫于专科目录，而成熟则在刘向、刘歆受命整理中秘藏书而形成的《别录》和《七略》。班固《汉书》卷三十《艺文志·兵家》小序云："汉兴，张良、韩信序次兵法，凡百八十二家。删取要用，定著三十五家。诸吕用事而盗取之。武帝时，军政（当作正）杨仆，捃摭遗逸，纪奏《兵录》，犹未能备，至孝成，命任宏论次兵书，为四种。"杨仆，宜阳（今属河南）人，西汉武帝元鼎五年（前112）为楼船将军，攻城略地，屡建战功，封将梁侯。杨仆在公元前二世纪的下半叶纪奏的《兵录》显系军事方面的专科目录，只是捃摭不全，故一百年后，即公元前一世纪的下半叶，刘向奉诏整理中秘，才由步兵校尉任宏重新加以论次。

《隋书》卷三十四《经籍志》著录有《四时采药及合（和）目录》四卷，盖是所知中医药物学方面最早的专科目录，惜不知其作者为谁。南宋郑樵《通志》卷六十九《艺文略》第七著录的"《四时采药及合和》四卷"，指的盖即《隋志》所录《四时采药及合目录》。果如是，则郑樵《通志》填补了《隋志》"合"后脱"和"之阙，遂使"合目录"成为《四时采药合和目录》。其后，北宋政和年间官修《秘书省续编到四库阙书目录》，所收之书乃哲宗元祐二年（1087）以后秘书省陆续采集入藏的图书。该目所著录的《医经目录》《大宋本草目》也是中医学和药物学方面的专科目录，惜久已失传。明代李濂编纂的《李嵩诸医书目录》、殷仲春编纂的《医藏目录》，清代王宏翰编纂的《古今医籍考》、余宏业编纂的《医林书目》、董恂编纂的《古今医籍备考》、邹澍辑录的《医经书目》等，皆是中医学方面的专科书目。可知中医学方面的专科目录，乃是我国古代学科目录中编制最为密集的领域。

今天，当《中华医藏》启动，《中医古籍联合目录》亦随之要加以重整之际，以中国中医科学院张华敏教授为首的中医古籍保护与研究团队，敢于担当，勇挑重担，编纂出《中医古典目录学概论》，既反映出他们饱满的精神状态和固有的深厚学养，也表现出他们的创新能力，意义不可低估。

目录学与目录专著，两者有区别但又密不可分。目录学是编目实践的理论提炼，反过来，这种提炼出来的理论又指导目录编制实践的全过程。任何书目的编制，都离不开款目著录、款目分类、款目组织三大环节。所谓"款目"，也称条目，依其标目的性质，可分为题名款目、责任者款目、分类款目和主题款目，也就是当代图书馆向读者所提供的书名目录、著者目录、分类目录及主题目录。但正式出版的书本目录，通常多是分类款目。分类款目最简单的也要由书籍的题名、责任者和版本三项构成。题名著录貌似简单，但在古籍中要准确地著录题名，也没那么容易。一书之名，常有习惯之称、书中序跋所称、目录前后所称、版口简题及书中卷端所题等。著录人如何才能确取题名，这就要制定规范。而规范制定的依据，就需大量的编目著录实践，并不断进行科学总结，最后才能提出一律到卷端去取题名的规范。一旦这种规范总结提炼出来了，它就会成为著录题名的指导理论。著录人员都去这样做了，体例也就随之统一了。

一书责任者，也就是我们通常所说一书作者的著录，也是貌似简单，实则复杂。古人有名，有字，有号，还有又名、别字、别号，人称若无著录规范，你取其名，他取其号，随意乱取，势必混淆视听。而古籍著录规则规定，凡责任者一律以真实姓名著录之。看似一条简单的规定，实则是从大量著录实践中提取出来的理性认识。还有跨两个时代的作者，按照古人的著录习惯，也很复杂。特别是宋末元初、明末清初的作者，其真实姓名前时代隶属的标注，就很费周折。

款目分类，也就是所著录之书的分类，在编目著录中是学术性较强的环节。南宋郑樵《通志》卷七十一《校雠略》第一说："学之不专者，为书之不明也。书之不明者，为类例之不分也……类例分，则百家九流各有条理……欲明书者，在于明类例。噫！类例不明，图书失纪。"可知分类在图书著录中是多么的重要。清人章学诚《校雠通义》亦云:“校雠之义，盖自刘向父子部次条别，将以辨章学术，考镜源流。非深明于道术、精微群言得失之故者，不足与此。”说的都是款目分类，非深明道术，精语群言得失之故者，难当此任。章氏特重“部次条别”，认为它可用以“辨章学术，考镜源流”，然“部次条别”的意涵都包括什么，绝非三言两语就能阐释清楚。不过“部次条别”中包含着分类，则毋庸置疑。

分类款目组织，实质就是将著录完备、分类规范的款目有序的编排起来。步骤是先使款目各入其类，而后逐类将款目依序排列起来。款目各入其类，比较容易，难就难在各入其类的款目怎么编排。按现代图书分类法，可以依著者号码排，可以按分类号排，但这反映不出学术发展的授受源流，无法“辨章学术，考镜源流”。所以古典目录的排序，不仅仅是单纯的技术操作，某种程度上可以反映款目组织者储备的学养。如果一部目录学专著，能将上述这些问题阐释清楚，就能指导编目活动的实践，则这部专著就可称为理论与实践相结合的典范。《中医古典目录学概论》在这些方面做了大胆的探索与尝试，给人以启迪，我对他们表示衷心的祝贺。

李致忠

2019年9月5日于国家图书馆

前言

中医药学是中华民族的瑰宝，是献给世界人类健康的厚礼。两千多年来，世代相传，薪火承续，生生不息。历代医家通过著书立说，将医疗实践中获取的理论总结、技术方法、经验体会诉诸文字，传播于后世。这些历经千百年积累下来的中医古籍，是真正的知识宝库、信息宝库、文化宝库，既是中医学术的重要载体，又是医药科技创新的不竭源泉。

新中国成立后，党和政府高度重视中医古籍的整理和传承，从1981年发布的《关于整理我国古籍的指示》，到2005年《国务院关于加强文化遗产保护的通知》，以及2007年国务院办公厅下发了《关于进一步加强古籍保护工作的意见》，均高瞻远瞩地指出抢救与整理古籍资源，加强文化遗产保护，并提出了“保护为主、抢救第一、合理利用、加强管理”的古籍工作重要方针。国家科技部、文化部和新闻出版总署也高度重视此项工作，多年来均将古籍整理和研究列为基础性工作项目之一。特别是2018年，国家正式立项启动了《中华医藏》编纂项目，该项目是由文化和旅游部牵头，国家中医药管理局具体推进实施，全国中医行业古籍保护中心（中国中医科学院中医药信息研究所）组织具体实施，重点对中医古籍进行系统调研选目、书目提要编纂出版、数字资源库建设和原书影印出版。该项工作集保护、传承、整理、利用中医古籍为一体，并着力推动中医古籍的学术研究与资源开放共享。是继“道藏”“大藏经”“儒藏”之后，又一项全面揭示中医药发展源流、系统复兴中华传统文化的重大基础性学术建设工程。《中华医藏》的立项体现了党中央和国务院对于中医事业的高度关怀，是盛世修典的重要举措。

在大好的形势和机遇下，我们也应当看到，中医学人要做好中医古籍的传承与创新，势必离不开古籍专业知识的储备，离不开传统方法与实践能力的提升。

同时，对于中医古籍的传承，要达到全面、系统、纵览全局的效果，就必须在掌握一定的理论、方法和实践经验的基础上，进行长期的、深入的探索与积累。

唐代王冰在《重广补注黄帝内经素问序》中言：“将升岱岳，非径奚为，欲诣扶桑，无舟莫适。”又曰：“假若天机迅发，妙识玄通，蒇谋虽属乎生知，标格亦资于诂训，未尝有行不由径、出不由户者也。”唐代毋煚在《古今书录序》中也谈道：“夫经籍者，开物成务，垂教作程，圣哲之能事，帝王之达典。而去圣已久，开凿遂多，苟不剖判条源，甄明科部，则先贤遗事，有卒代而不闻；大国经书，遂终年而空泯。使学者孤舟泳海，弱羽凭天，衔石填溟，倚杖追日，莫闻名目，岂详家代？不亦劳乎！不亦弊乎！将使书千帙于掌眸，披万函于年祀，览录而知旨，观目而悉词，经坟之精术尽探，贤哲之睿思咸识，不见古人之面，而见古人之心，以传后来，不其愈已！”面对浩如烟海、汗牛充栋的中医古籍文献，没有掌握一定的知识、工具和方法，对于研究和传承来说，必然难以达到预期。

目录是揭示文献的重要工具，为治传统学术者必须学习和深究的一门学问。古往今来，历代鸿儒巨擘、史官翰林考校经籍，纂修文献，均离不开目录的支撑。然而，从实际情况来看，人们往往对目录学存在偏见，以为仅仅是图书管理员登记账簿、刷印检索卡片、编制检索目录等基础加工工作。诚然，目录学的研究是离不开这些基础工作的，但是伴随着我国两千余年文献研究与传承薪火相继，目录学作为一门应用学科，有其深邃的内涵、技能和方法，是在文献传承中逐渐形成的方法与实践并重的学科，且与传统的校雠学、版本学密切相关，互为支撑。

做传统的学问，必然离不开传统的认识和传统的方法，虽然在科学技术日新月异的今天，各种检索工具功能非常强大，但是就文献整理与利用来说，仍然离不开传统学问的支撑。了解目录学、掌握目录学方法，遵循文献传承的基本规律，在实践过程中会起到事半功倍的效果。

尽管如此，目录学学科发展的并不理想，诚如余嘉锡先生《目录学发微》中所说：“吾国……自来有目录之学，有目录之书，而无治目录学之书。盖昔之学者皆熟读深思，久而心知其意，于是本其经验之所得以著书。至其所以然之故，大抵默喻诸己，未尝举以示人。今既列为学科，相与讲求，则与此学之源流派别，及其体制若何，方法若何，胥宜条分缕析，举前人之成例加以说明，使治此学者有研究之资，省搜讨之力，即他日从事著作，亦庶几有成轨可循。”此段点明了开辟《目录学》专门研究的重要性和必要性。作为一种学问之学问、治学方法之方法，目录学是专门以目录作为研究对象，并研究目录的产生、发展、分类、编制以及使用方法的一门学科。

中医古籍文献的产生和发展是与其他文献同步的，从我国最早的分类目录《七略》就可以看出，方技类书籍是六类书籍之一。有了书籍文献的积累，积累到一定程度便存在校勘分类研究整理的工作。“方技略”中记载的医经类和经方类不但提到了具体的书名和卷数，而且对于本类书籍的主旨也做了归纳和概括。在此基础之上，历代学人撰著与研究目录书籍的良好传统为我们当今研究与整理中医文献留下了宝贵的财富和珍贵资料。因此，在当前国家重视古籍整理和利用的大好形势下，我们在这里有必要集中讨论和系统梳理中医古典目录学，让它为当今中医古籍文献的传承奠定基础和指明方向，并为培养中医文献专业人才，进而提高古代文献的检索和利用效率，提供专业知识储备。

中医古典目录学的目标和任务也是围绕着中医文献的传承和利用展开的，它属于专科目录学范畴。它以历代医籍目录（包含综合性书目中的医籍类目录和中医专科目录）、目录工作和中医目录事业作为研究对象，探究其历史与源流、编撰原则与方法以及实践应用和发展趋势的一门学科。

在本书中我们想就以下几个问题作简要的研讨：

第一章为认识篇，主要阐述有关目录、目录学与中医古典目录学的相关概念和发展，以及中医文献的产生、收藏与整理的相关情况，包含六个主题：

一、中医古典目录学概念与范畴：介绍目录、目录学与中医古典目录学的关系，以及中医古典目录学的概念及范畴。

二、中医古籍文献基本状况：讨论医学发展和历代医籍编纂、存世，以及现代收藏和整理情况。

三、中医古籍目录学发展概貌：介绍中医专科目录，以及目录学理论和书目编纂体例的发展情况。

四、中医目录著作的分类：分类介绍古典中医目录书籍和现代中医目录书籍产生和出版情况。

五、目录学与版本学、校勘学的关系：主要探讨目录学与版本和校勘学的相互产生和支撑关系，指出三者有机之联系，冀使读者触类而旁通，进而明晰与掌握文献传承的基本方法。

六、近现代中医藏书家：介绍近现代在中医文献传承中曾经做出过重要贡献的藏书家，如力钧、唐成之、裘吉生、丁福保、曹炳章、龙伯坚、范行准、陈存仁等代表人物的生平事迹、藏书特色、编目与著述。

第二章为方法篇，重点总结和归纳中医古典目录学之方法学，包含三个主题：

一、中医古籍著录、款目组织与索引：介绍中医古籍著录规则和方法，以及著录实践中的相关问题和解决办法，并介绍目录编订中常用款目的组织与索引方法。

二、中医古籍分类方法述评与《分类标准》的研制：主要通过古今综合性书目、专科书目的分类法调查、比较和研究，评述各种分类方法得失的基础上，提出统一规范的《中医古籍分类标准》。

三、目录学方法：结合中医文献研究和传承实例，归纳总结中医古籍目录学的基本方法和功用，其中包含九项：稽考存佚、甄别伪赝、部次类属、厘定卷次、辨章学术、考镜源流、补述史例、析别版本、评骘得失。

第三章为实践篇，主要介绍中医古典目录学的实践和目录学事业的发展情况，包含四个主题：

一、中医古籍采访与编目：介绍中医古籍采访与编目流程以及注意事项。

二、中医古籍资源调查与联合目录编纂：介绍中国中医科学院先后历时50余年开展的中医古籍资源调研和《联合书目》编纂的方法和经验体会。

三、海外中医古籍调研与回归：介绍历史和当今对于海外中医古籍资源的调研和国内佚失古籍的整理情况。

四、医籍目录、序、跋辑释：收集整理历代医籍目录、序、跋，对其做简要注解和释读，探究古籍目录编撰者之立意、体例和学术主旨。

综上所述，本书汲取了古今众多学者有关目录学知识、理论和实践方面的真知灼见，并结合我们多年的学习与实践体会，通过立题选材，僭述编摩而成。《中医古典目录学》作为一门专科目录学，通过系统整理其概念、内涵和方法，并结合丰富的实践例证，以构建其学科基础。同时，本书也可为中医古籍科研人员学习中医古典目录学，并利用中医古典目录学研究和传承中医文献，提供借鉴。

目录

第一章

认 识 篇

第一节　中医古典目录学概念与范畴

中医古典目录学属于专科目录学，是古籍文献整理与研究的重要基础，在中医文献的传承中具有重要地位。当前，在国家重视古籍整理和中医文献传承的大好形势下，中医古典目录学越来越成为文献研究者所必须储备的学识之一，其基本知识、基本技能和基本方法为中医文献的保护、整理与利用提供了重要支撑。因此，我们首先对其概念与研究范畴做一简要梳理。

一、目录与目录学

中医古典目录学是中医文献学与古典目录学的交叉学科，欲澄清中医古典目录学的概念与范畴，有必要先就古典目录学做一简要介绍。

（一）目录

1. 目、录和目录的概念

目录一般由目和录组成。

（1）目

目的本义为人眼，引申为条目。《说文解字注》曰："（目）人眼也。""目之引申为指目、条目之目。"《康熙字典》曰："又条目。【论语】请问其目。【注】条件也。【前汉·刘向传】校中秘书，各有条目。"

"目"被用作目录学中时，具体指篇名或书名。篇名即指书籍中诸篇的名称，又称小名、细名。书名即每一部书的名称，又称大名、总名或大题。将诸多的篇名或书名汇集起来，遍举其名就叫作目。[1]

（2）录

录的本义是刻木，引申为记录、详细说明或次第。录与録同，録是录的异体字。俞樾《儿笘録》曰："《说文·金部》：'録，金色也，从金，录声。'樾谓録为金色，于古无征。许君盖依绿字说之，绿从系，为色青黄也，故録从金为金色，金之色亦在青黄之间也，然恐非字之本义。今按録者，录之或体也。录部：‘录，刻木录录也。’刻木必用刀，故或从金。”[2]作为动词，录有记录的意思。章太炎《小学答问》曰：“凡言记录者，借为刻木录录之录，古为书契，本刻木为之也。”作为动词，录又有详细说明的意思。《公羊传·隐公十年》载：“《春秋》录内而略外。”《公羊传·庄公十七年》曰：“将其有末，不得不录其本也。”“录”与“略”相对，对外记载就简略，对内就详叙；对末简叙，对本就详叙。“录”是指详叙或着重说明。作为名词，录有次第的意思。《周礼·天官·职币》言：“辨其物而奠其录。”杜子春释为：“奠其录”为“定其录籍”。意思是对财物的名称、质量、数量及赐予的先后次第，都记录在簿籍上。这个详定其次第的簿籍，叫作录。《国语·吴语》记载黄池之会，吴师“昧明”进逼晋师，晋遣使问曰：“两君偃兵接好，日中为期。今大国越录，而造于弊邑之军垒，敢请乱故。”[3]这里吴国所越之“录”，是指双方协定的秩序单。

“录”被用作目录学中时，具体指叙录，又称书录、序录。录是对目的说明和编次，即逐一介绍某篇或某书之内容旨趣，并按一定的次序加以编排，[1]它可以作为包括目在内的简称。[4]

（3）目录

目录是目和录的合称，把一批篇名或书名与其说明依次编列在一起就是目录。近代目录学家姚名达云：“遍辨其名之谓目，详定其次之谓录，有多数之名目且有定之次序之谓目录。曰目曰录，皆非单独，义本相通，故成体。”

“目录”一词，最早见于《别录》和《七略》。萧统《文选》卷二十二王康琚《反招隐诗》李善注引“刘向《列子》目录”，又卷三十八任彦昇《为范始兴作求立大宰碑表》李善注引刘歆《七略》曰：“《尚书》有青丝编目录”。这两处都是指一书的目录。班固《汉书·叙传》云：“爰著目录，略序洪烈，述《艺文志》第十。”这里是指群书的目录。汉晋以后“目录”之名已经通用，但又有“录”“略”“志”“簿”“书目”“书录”“解题”“考”“记”“提要”等称谓。如：西汉·刘向编著的《别录》、西汉·刘歆编撰的《七略》、东汉·班固编撰的《汉书·艺文志》、西晋·荀勖编辑的《晋中经簿》（亦称《中经新簿》）、东晋·李充所编的《晋元帝四部书目》、唐·毋煚所编的《古今书录》、宋·陈振孙编辑的《直斋书录解题》、元·马端临编辑的《文献通考·经籍考》、清·钱曾编撰的《读书敏求记》、清·纪昀等编撰的《四库全书总目提要》等。[5]

目录具体是指按照一定次序编排的一批书名（或篇名）及其叙录，它是简介图书内容和形式，反映出版、收藏等情况，指导阅读和检索图书等文献资料的工具。[5]编制目录的过程，通称目录工作。古代的目录工作只限于图书编目，所以目录与书目没有区别，是同义语。但是现代目录工作大大拓展，只有图书目录才可称书目，即书目转化为图书目录的省称，而目录是一切文献目录的总称，范畴大于书目。从理论上说，目录可包书目，而书目不能作为目录的代称。但实际上，两者混用，相沿成习，有时又不必拘泥。[6]

2. 目录的分类

目录依据书的数量，分为一书目录和群书目录。

（1）一书目录

一书目录是指把一本书的篇名和说明加以编排与汇集后的成品，它比群书目录出现得早。

过去学者认为，最早的一书目录是成书于战国后期或秦汉之际的《周易·十翼》中的《序卦传》，它编次和汇总了六十四卦的卦名。清代学者卢文弨《钟山书札》卷四曾说："吾以为《易》之《序卦传》，非即六十四卦之目录欤？《史》《汉》诸序，殆昉于此。"近代目录学家余嘉锡先生也赞成此说，认为"目录之作，莫古于斯矣"，但这一说法被近年出土简帛所颠覆。上海博物馆收藏的战国竹简《曲目》初步断定为战国中期楚简，是《诗经》的篇目。山东银雀山汉简，"是在文、景至武帝初期抄写成的，而各典籍的成书年代都不会晚于战国时期"，其中有《孙子兵法》的目录与《守法守令十三篇》的目录。不仅如此，目录的最初形态是只有"目"，没有"录"。1973年长沙马王堆汉墓出土的帛书《养生方》在全书正文结束后，便接着分四栏书写该书目录，将该书各篇篇名逐一列出，形成全书32篇的"目"，而没有"录"，同时出土的《五十二病方》也只有52篇的篇名之"目"。[3]

上述目录都有一书目录的性质，但是体例完整使用的当推《史记》《汉书》的一书目录，《史记·太史公序》的小序就是一篇完整的《史记》目录。《太史公自序》是由大序和小序两大部分组成的，大序是自述，说明家世、学历、仕历、学术观点、编纂旨趣和体例等等；小序则是依次写了每一篇的篇名和要旨，也就是目录。班固《汉书》的《叙传》下篇也是仿此体例而作，成为《汉书》

的一书目录。《史记》《汉书》的一书目录都编列在全书之末，而现在的传本列于书前的书目，只有篇名而无叙录，即只有目而无录，乃是自唐代以来，由后人所加，以便翻检。正史中自写目录置于卷首，应是滥觞于范晔的《后汉书》。后来的各史，除《梁》《陈》二书是后来所加外，其目录都是自列的。[3]

（2）群书目录

群书目录是指把诸书书名和叙录加以编排与汇集后的成品，它产生于我国图书、目录事业正式兴起的西汉时期。

历来目录学家多以西汉杨仆整理的兵书目录《兵录》为现知最早的群书目录。《汉书·艺文志》"兵书类"小序云："汉兴，张良、韩信序次兵法，凡百八十家，删取要用，定著三十五家。诸吕用事而盗取之。武帝时，军政杨仆捃摭遗逸，纪奏《兵录》，犹未能备。"但《兵录》既不完备，又久佚未传。至西汉末年成帝时，刘向、刘歆等在奉命校书的过程中，编制成综合性图书目录《别录》和《七略》，则树立了群书目录的范例。班固依《七略》"删其要以备篇籍"而修成的《汉书·艺文志》是现存最早的一部完整的综合性群书目录。[5]

一书目录，对于检读一本书很方便有用。但要了解某类典籍有哪些书，某些书的大致情况如何以及怎样找到自己所需要的书等问题，就必须求助于群书目录。[4]群书目录因为著录了许多书籍，它比一书目录仅便于检阅一部书的作用和意义要大得多，它的编排、著录也要复杂和艰难得多。因此，群书目录是目录学研究的主要内容之一。[5]

群书目录依据编撰者性质，分为官修目录、私家目录、史志目录等。依据编纂书目的内容，分为综合性目录和专科目录，中医目录就属于专科目录。具体介绍详见本书第一章第四节"古今目录著作的分类"。

（二）目录学

1. 目录学起源与概念

目录学的起源可以上溯到春秋时期孔子删订诗、书之时，但目录学的正式建立，则是在西汉河平三年（公元前 26 年）刘向受诏校阅整理皇家的先秦古籍。在校阅群书时，他编定次第，记录书名篇目，把校书时所撰叙录全文编成《别录》二十卷。这是中国古代目录学的开山之作，也是世界上第一部书目解题式图书总目。因《别录》篇幅太多，查找烦琐，所以刘向的儿子刘歆在《别录》

的基础上，进行删节摘录，利用天禄阁的官府藏书编成了我国第一部综合性的图书分类目录——《七略》一书。《别录》和《七略》的出现奠定了我国目录学的基础，使目录学从此建立起来，体系逐渐完备。[7]

目录学之名，始见于清·王鸣盛《十七史商榷》："目录之学，学中第一紧要，必从此问途，方能得其门而入。然此事非古学精究，质之良师，未易明也。"因此，为探讨这一学问的内涵和基本功用，姚名达在《目录学》一书中更明确地指出："目录学者，将群书部次甲乙，条别异同，推阐大义，疏通伦类，将以辨章学术，考镜源流，欲人即类求书，因书究学之专门学术也。"即讲明了目录学就是将众多书籍，通过一一考察他们的学术性质，判别门类，并按照一定的次序，汇集于一处，编辑成目录。如此，使得看书的人先查目录，可以知道书籍的所在，明白书籍的大概，决定应该看什么书，应该在什么地方找。这种目录，不但应该有书名，把书的名称、著者、册数、出版地点、出版年月告诉读者，而且应该有叙录，把书的主要篇目、内容大概、著者生平、版本情况等有关系的事情，用极简明的文字告诉读者，使读者不但知道其书在哪一类，某类有什么书，而且明白某种学术应该读什么书，某种书籍值得读、不值得读。[8]

徐召勋《目录学》[9]指出，我国学者对于目录学研究对象的认识，"大致上可以概括为四种：一是图书说，二是目录说（包括图书和目录、目录事业），三是读者说（包括图书、目录和读者三者的关系），四是本质、规律及矛盾说，从各种不同的角度去探讨目录学的研究对象。"但因"目录学研究的对象是目录、目录工作和目录事业"，故目录学的定义应该为："目录学是研究目录、目录工作和目录事业规律的一门科学。"我们认为，这个定义是比较客观而中肯的。

2. 目录学分类

（1）古典目录学与现代目录学

依据时代，目录学分为古典目录学与现代目录学。

来新夏《古典目录学浅说》[4]指出："古典目录学是目录学的一部分，它的时间断限是从目录事业兴起的西汉开始，直至近代图书目录学的逐渐兴起。它的历程大体上和中国封建社会相终始，因此，中国封建社会的目录事业、目录工作和目录学研究状况便成为古典目录学的主要研究对象。"

张大可《中国文献学》[6]指出："目录学是指研究书目的编制，使之在科学文化事业中有效地发挥作用的学问，是图书馆学的一个分支学科。”“以一切文献为对象，研究文献分类，并总结其经验，编纂各类文献目录，阐释目录发展的历史和功用，探索管理目录的最佳途径的专门之学，叫目录学。这是现代目录学的定义，突破了图书目录的范畴，它既是对20世纪目录工作的总结，也是现代目录工作的范围。目录学是个系统工程，具体说，它包括目录编制、目录原理研究、目录学史研究、目录检索与目录管理五个方面。目录编制，即目录工作是目录的基础和核心。”“现代目录学内容涉及所有学科和一切文献，现代目录工作也从以个人为中心，转向社会分工大合作。”

（2）普通目录学与专科目录学

依据研究内容的范围，目录学分为普通目录学与专科目录学。

普通目录学是研究目录工作发生和发展一般规律的科学，是各门科学的共同指导。专科目录学是普通目录学发展的分支。专科目录学的任务是专门研究某一学科的图书文献的发展变化，根据某学科特定的需要，来查寻鉴别、著录、部次图书文献，并探求专科目录工作发生与发展的规律。专科目录学是指导专科书目工作的科学。专科目录学有：马克思主义文献目录学、文学文献目录学、历史文献目录学、版本目录学、科技文献目录学、方志目录学等。[1] 中医古典目录学也属于专科目录学。

二、中医古典目录学

（一）概念与范畴

根据古典目录学的一般定义以及中医专科目录学的特殊性，中医古典目录学的概念可定义为：以中医古籍目录（包含综合性书目中的医籍类目录和中医专科目录）、目录工作和目录事业为主要研究对象，探究其历史与源流、编撰原则与方法以及实践应用和发展趋势的一门学科。它的学科范畴的划定是从中医古籍文献传承的需求出发，研究与揭示中医古籍文献学术特点与整理状况，目录学方法的功用与实践，中医古籍资源采集、编目与检索，中医古典目录学事业发展概况，并与传统文献学、版本学、校勘学相互交叉支撑。

（二）作用与意义

来新夏《古典目录学浅说》[4] 指出："目录学是一门专门之学，对于读书、治学有着重要的辅助作用。它可以通过目录书的表现形式使人们在学术研究工作中能借此'辨章学术、考镜源流'，使学者能够'即类求书、因书究学'，为学术研究扫清一些障碍，开辟一定的途径。"

中医古典目录学是专门之学中的一门专科之学。通过中医古典目录，可以掌握整体中医古籍的基本状况，包括各个时代中医书目概貌，中医古籍的类目归属状况，中医古籍书名、著者、内容、版本等考证情况等；可以了解某一类中医古籍或者某一学术流派的学术起源与发展历程，帮助读者厘清学术源流；可以为中医学者提供某一专科读书治学的向导，推荐备选中医古籍，节省翻检时间，提高查阅效率。目录学方法还会为文献研究中的校雠、辨伪、考释等工作提供重要储备和支撑，这对于中医古籍的科学研究、中医学术的传承与发展都具有重要作用与现实意义。

综上所述，中医古典目录学是脱胎于中医文献学和古典目录学的一门交叉学科，有其自身的内涵、功用和任务，可以在中医文献的传承中担当起可靠的学术储备和保障。因此，本书就目录学主要涉及的一些共性知识，以及中医古典目录学的特色知识予以阐介和梳理，希望有裨于当今的中医古籍文献整理与传承。

参考文献

[1] 徐国仟主编 . 目录学［M］. 北京：中国医药科技出版社，1994，12：1-3.

[2] 姚名达著 . 中国目录学［M］. 北京：商务印书馆，2014，6：5.

[3] 来新夏，柯平主编 . 目录学读本［M］. 上海：上海交通大学出版社，2014，2：1-3.

[4] 来新夏著 . 古典目录学浅说［M］. 北京：北京出版社，2016，1：1-18，57.

[5] 张三夕主编 . 中国古典文献学 第 3 版［M］. 武汉：华中师范大学出版社，2018，1：71-74.

[6] 张大可著 . 张大可文集 第 10 卷 中国文献学［M］. 北京：商务印书馆，2013，5：166-167.

[7] 尤旂编，国学知识全知道［M］. 北京：中国华侨出版社，2013，5：412.

[8] 姚名达著，王云五主编 . 目录学［M］. 北京：商务印书馆，1934：9-10.

[9] 徐召勋著 . 目录学［M］. 合肥：安徽教育出版社，1985，12：7-15.

第二节 中医古籍文献形成、收藏与整理

中医古籍是我国古籍的重要组成部分，它记录了中医学数千年来积累的丰富理论知识和临床经验，不仅具有珍贵的史学价值，而且具有重要的学术价值，是当代中医药学继承和创新工作的源泉。作为中医学术的重要载体，中医古籍也是中医古典目录学赖以存在和发展的重要基础，现将中医古籍文献的基本状况做一简要概述。

一、中医古籍的概念与特点

（一）中医古籍的概念

中医古籍隶属于我国古籍范畴。古籍是指古代抄写或刊印的具有中国古典装帧形式的书籍，一般指辛亥革命（1911 年）之前，历代写本、刻本、稿本、拓本、抄本、活字印本等。

（二）中医古籍的特点

1. 存世数量众多、收录散杂

中医药学是伴随着中国古代科学技术和文学艺术等学科积累与进步逐渐构建形成的，而中医文献是承载中医学术知识、技能和方法的重要载体，经历了两千余年的发展，数量巨大且收录情况复杂。

据相关资料统计，中医古籍的数量在所有古籍中仅次于地方志，尤其是在明代，医药文献问世的数量在各类书籍中更是名列前茅。古籍流传过程中难免因于天灾人祸、自然老化而损毁亡佚，《汉书·艺文志》记载方技类书籍 36 家 868 卷，现仅存《黄帝内经》一家 18 卷；《隋书·经籍志》记载医书 256 部、4 510 卷，现存不及 10 部，仅数十卷；[1] 裘沛然先生主编的《中国医籍大辞典》

收录了亡佚类书籍约有 4 700 余种。[2] 尽管如此，据薛清录教授主编的《中国中医古籍总目》收录登记的 1911 年以前存世的中医古籍仍有 8 663 种之多。[3] 除了这些专门的中医古籍外，还有不少中医文献资料包含在非医学文献当中，如文学作品、地方志、笔记杂录中就有不少的中医知识，农学、术数、佛教、道教的著作中也蕴含有中医内容。

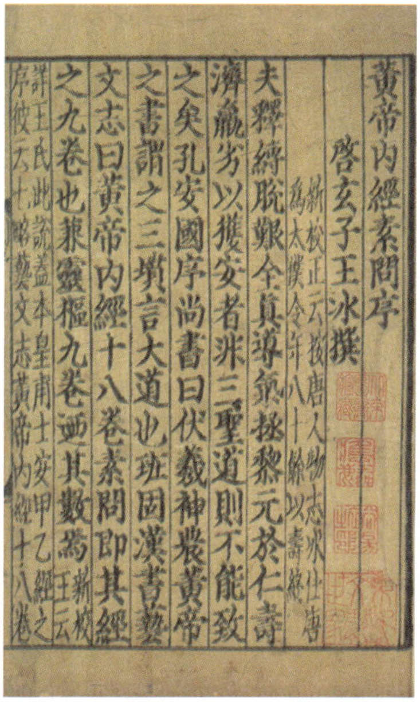
黄帝内經素問序
啓玄子王冰撰
新校正云按唐人物志冰仕唐為太僕令年八十餘以壽終
夫釋縛脫艱全真導氣拯黎元於仁壽
濟羸劣以獲安者非三聖道則不能致
之矣孔安國序尚書曰伏羲神農黄帝
之書謂之三墳言大道也班固漢書藝
文志曰黄帝内經十八卷素問即其經
之九卷也兼靈樞九卷迺其數焉新校正云
詳王氏此說蓋本皇甫士安甲乙經之序彼云七略藝文志黄帝内經十八卷

国家图书馆藏元读书堂刻本《重广补注黄帝内经素问》二十四卷

2. 内容丰富、门类体裁多样

伴随着中国医药学术的发展，以及医学分科的精细化，中医文献的类别和内容呈现出多样性发展趋势，一方面专科医生和专业文献的问世使得中医古籍的内容和分科门类更加丰富，从目前来看，中医古籍主要包括：医经、基础理论、伤寒金匮、诊法、针灸推拿、本草、方书、临证各科（内、外、妇、儿、眼、鼻、喉、口齿等）养生、医案医话医论、医史、综合性著作等，而且每大类又可以细分为许多小类。另一方面，一些具有医学特色的特殊体裁的书籍问世，如《史记·扁鹊仓公列传》就记载有仓公（姓淳于，名意，约公元前 215 年—约前 140 年，西汉临淄人，曾任齐太仓令，精医道，辨证审脉，治病多验）的“诊籍”（收载了他治疗的 25 个医案），成为后来的医案类古籍之滥觞。自此以后，历代医家均重视临诊方案的书写和总结，正如清代苏州医学家王式钰所撰《东皋草堂医案·震岩道人兴机序》曰：“忠州之《集验方》按病取方，处方治病，此医案之权舆也；倪维德之锓《东垣试验方》也，表其所学，无医案之名而实医案也；薛立斋之集二十四种也，附其所撰，有医案之名而实不止于医案也；至如宋太宗之编《圣惠方》，而以亲验千余首类入，则又一书中而兼人与己之医案也；惟沉存中之《灵苑》、许叔微之《本事》皆取己所已试已验，而丹溪则直以医案名书，是三者或名或实皆医案之属也。而其最始则无如《史记·仓公列传》，圣人有作，贤者述焉，迄于今先河后海，可按而知也。”至今医案已成为中医古籍分类中一大类别，医案著作亦蔚为大观，1911 年以前的约计有 430 余种，而散在于其他书籍中的医案更是不胜枚举。此外，医论医话也是中医学术传承中逐渐形成的特殊的医学文献体裁，类似于随笔杂录，但因其阐论或畅发的主题关乎医道，遂冠以“医”字。详究二者，医论更侧重于就某个拟定的主题敷畅玄言、挥发妙论；医话则言之所及，意之所达，皆可成文，因不拘体裁形式、排篇布次，更加活泼易读，故二者皆成为医者喜闻乐见的作品。

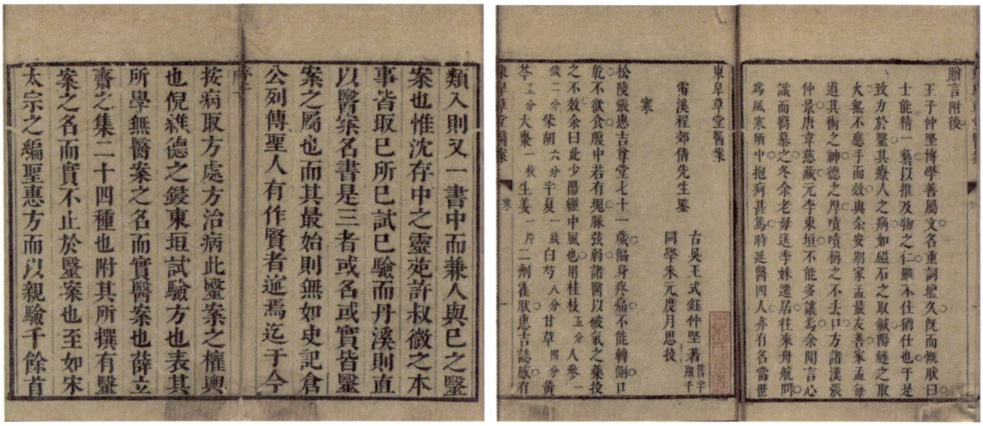
類入則又一書中而兼人與已之醫
案也惟沈存中之靈苑許叔微之本
事皆取已所已試已驗而丹溪則直
以醫綮名書是三者或名或實皆醫
案之屬也而其最始則無如史記倉
公列傳聖人有作賢者述焉迄于今
按病取方處方治病此醫案之權輿
也倪維德之鍰東垣試驗方也表其
所學無醫案之名而實醫案也薛立
齋之集二十四種也附其所撰有醫
案之名而實不止於醫案也至如宋
太宗之編聖惠方而以親驗千餘首

附言附後
王子仲堅博學善屬文名重詞壇久既而慨然曰
士能精一藝以推及物之仁雖不仕猶仕也于是
致力於醫其療人之病如磁石之取鍼陽燧之取
火無不應手而效與余安期家孟最友善家孟每
道其術之神德之厚嘖嘖稱之不去口方諸漢張
仲景唐韋慈藏元李東垣不能多讓焉余聞言心
識而嚮慕之冬余老母送季妹遠居往來舟航間
爲風寒所中抱病甚篤時延醫四人亦有名當世

東皋草堂醫案
雷溪程郊倩先生鑒
古吳王式鈺仲堅著 號翔千
同學朱元度月思校
寒
松陵張惠吉聲堂七十一歲偏身疼痛不能轉側口
乾不欲食腹中若有塊脉弦弱諸醫以破氣之藥投
之不效余曰此少陽經中風也用桂枝五分人參一
錢二分柴胡六分半夏一錢白芍八分甘草四分黃
芩五分大棗一枚生姜一片二劑雀躍患吉誌感有

清康熙刻本《东皋草堂医案》一卷

3. 传承版本繁杂、讹误较多

“医之为用，最切民生”，因中医学具有广泛的民众基础，所以医书在普通群众中较其他经史书籍流传更广，加上其实用性较强，抄稿本成为其长期以来较为重要的形式。据《中国中医古籍总目》统计，中医古籍共计 8 663 种，其中稿本、抄本、写本、绘本有 5 754 条，未经刊刻的有 3 973 种，已属孤本的有 3 647 种。中医稿抄本文献内容涉及中医古籍的所有类目，但以《伤寒论》《金匮要略》等经典和临证各科、医案类著作为多，占其总量的 90% 以上。这些稿抄本古籍大多是专科性书籍，其中保存了大量的知识、技术和独特疗法，如不及时整理出版，极有可能在自然条件下损毁佚失。元代和尼赤在《活幼心书决证诗赋 · 序》中提到：“版行天下，人得而有之者，

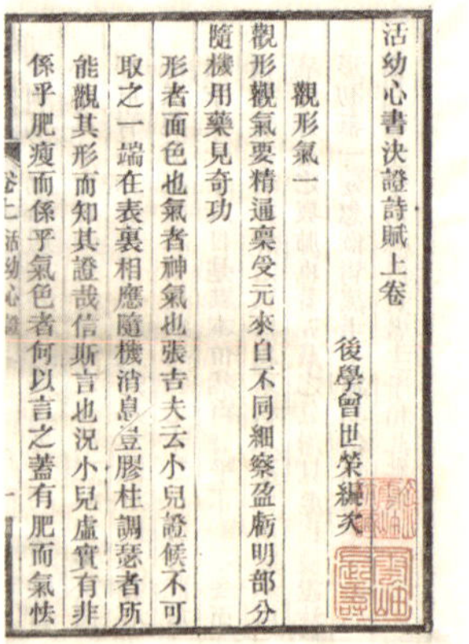
活幼心書決證詩賦上卷
後學曾世榮編次
觀形氣一
觀形觀氣要精通稟受元來自不同細察盈虧明部分
隨機用藥見奇功
形者面色也氣者神氣也張吉夫云小兒證候不可
取之一端在表裏相應隨機消息豈膠柱調瑟者所
能觀其形而知其證哉信斯言也況小兒虛實有非
係乎肥瘦而係乎氣色者何以言之蓋有肥而氣怯
卷上 活幼心證 一

清宣统二年（1910）武昌医馆据元至元刻本校刻本《活幼心书》三卷

往往大方脉之书为多。彼为小儿者，每以专科自名，或私得一方，即祖子孙相传，世享其利，他人万金不愿授也。其肯与天下后世公共之哉？”从此儿科专科医书，可以窥见其他专科书籍流传之大略。

此外，由于中医古籍专业性和实用性较强，故导致长期以来抄写本多于刻印本，坊刻本多于官刻本，经典名著翻刻多于个人专著刊印，并且中医古籍文献在长期流传中，辗转传抄与多次翻刻，或误写，或承前人之误，或为校订人删改，易失原貌。因此，难免以讹传讹，在内容和文字上存在着讹、漏、倒、衍等现象。萧延平①在《兰陵堂校刊医书三种·黄帝内经太素·例言》中言：“自来校书，苦无善本，医书尤甚。盖中国自科举制兴，凡聪明才智之士，多趋重辞章声律之文，即兼有卓荦异才，又或肆力于经史、汉宋诸学。于医学一门，辄鄙为方技而不屑为，故自林亿等校正医书后，从此道者，实不多觏，晦盲否塞，几近千年，纰缪纠纷，问津无路。”此外，在版本上因多为坊间刻本或民间传抄本，书籍存在着同书异本，同书异名同版、同书异名异本等繁杂现象。四库馆臣在抄校医籍时也有这样的感受，“向来医籍辗转传刊，或别标新名，或增删旧本，或冒名以市重，或窃书以自撰，歧出多端。”[4]

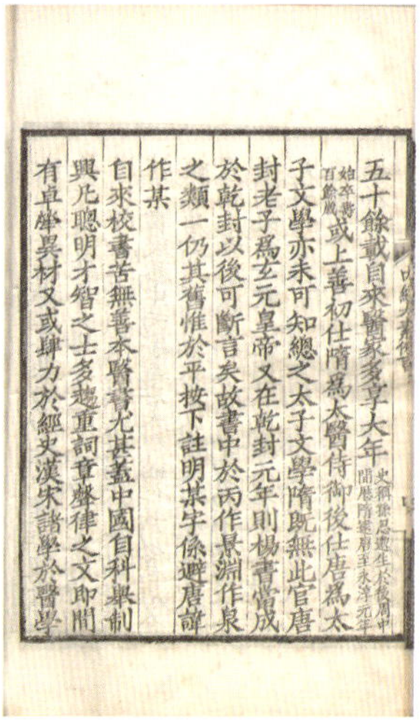
五十餘載自來醫家多享大年
始卒壽百餘歲或上善初仕隋為太醫侍御後仕唐為太
子文學亦未可知總之太子文學隋既無此官唐
封老子為玄元皇帝又在乾封元年則楊書當成
於乾封以後可斷言矣故書中於丙作景淵作泉
之類一仍其舊惟於平按下註明某字係避唐諱
作某
自來校書苦無善本醫書尤甚蓋中國自科舉制
興凡聰明才智之士多趨重詞章聲律之文即間
有卓犖異材又或肆力於經史漢宋諸學於醫學

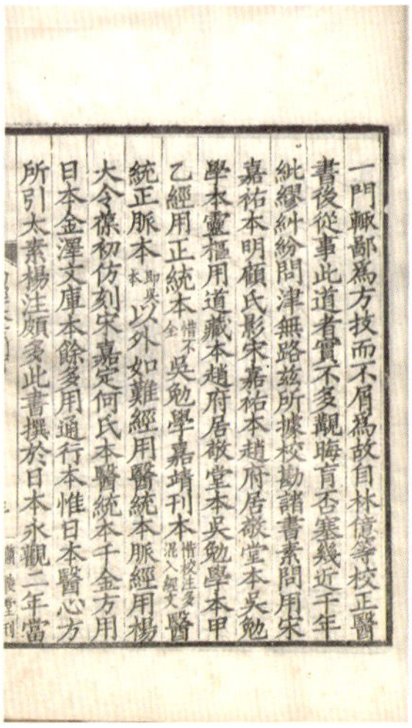
一門輒鄙為方技而不屑為故自林億等校正醫
書後從事此道者實不多覯晦盲否塞幾近千年
紕繆糾紛問津無路茲所據校勘諸書素問用宋
嘉祐本明顧氏影宋嘉祐本趙府居敬堂本吳勉
學本靈樞用道藏本趙府居敬堂本吳勉學本甲
乙經用正統本惜不全吳勉學嘉靖刊本惜校注多混入經文醫
統正脈本即吳本以外如難經用醫統本脈經用楊
大令猱初仿刻宋嘉定何氏本醫統本千金方用
日本金澤文庫本餘多用通行本惟日本醫心方
所引太素楊注頗多此書撰於日本永觀二年當

1924 年黄陂萧氏校刻本《兰陵堂校刊医书三种·黄帝内经太素·例言》

① 萧延平（1860—1933），字北承，湖北黄陂人。曾任应城石膏局总办、国会参议院议员。1923 年任武昌医学馆馆长。从其同乡、访日学者杨惺吾（杨守敬）处获其从日本携归之《黄帝内经太素》唐写卷子本影钞本 23 卷，又残卷 1 册，竭其生平精力汇聚群籍以校勘、补缺、辑复、注释、印行《黄帝内经太素》。

二、中医古籍的产生与发展

从医学文字的记载到医学文献的系统撰述，大约经历了殷商至秦相当漫长的时间，秦始皇焚书坑儒而医卜之书明令不去，即可反映秦时已有了较为系统的中医专门文献。

殷商甲骨中有关“齲”（齿）的文字

湖南长沙马王堆出土西汉帛书《足臂十一脉灸经》

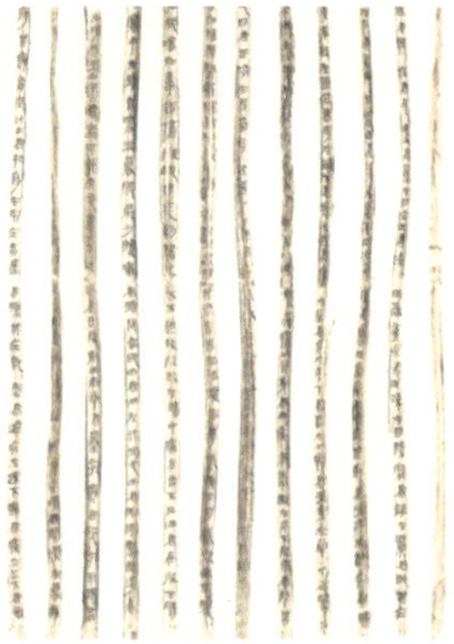

湖北张家山汉墓出土西汉竹简《脉书》

从现存最早的中医奠基之作《黄帝内经》中所提及的21种/篇古代医学文献名称（《上经》《下经》《揆度》《太始天元册》《奇恒》《五色》《脉变》《本病》《九针》《针经》《热论》《刺法》《阴阳》《阴阳十二官相使》《金匮》《脉经》《从容》《形法》《脉法》《大要》《脉要》）[5]① 来看，早于其问世以前就已经有中医文献的创作和流传。

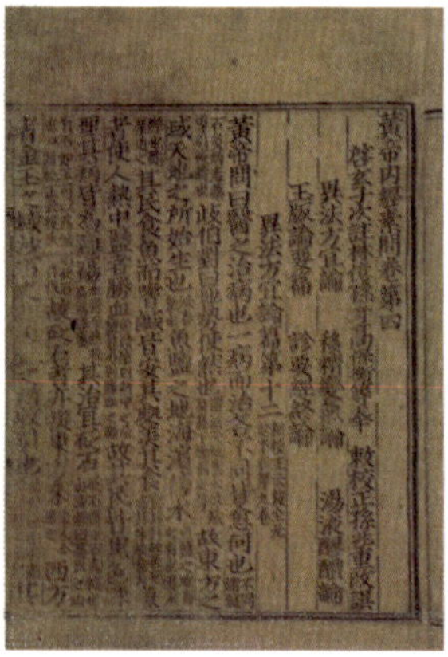
黃帝內經素問卷第四
異法方宜論 移精變氣論 湯液醪醴論
玉版論要篇 診要經終論
異法方宜論篇第十二
黃帝問曰醫之治病也一病而治各不同皆愈何也

国家图书馆藏金刻本《重广补注黄帝内经素问》二十四卷

（一）战国、秦、汉至三国时期

此时期是中医基本理论和诊疗体系建立、健全

① 汉以前古书往往因为“（竹）简重而缣（帛）贵”，不便流通，因此以单篇流传居多，或有几篇合并流传，古书分卷即源于此，故《黄帝内经》中所出现古代文献名称，可能为书名或篇名。

时期。这一时期的代表著作：现存最早的医学经典著作《黄帝内经》，原题为扁鹊所著的《难经》，现存最早的药学专著《神农本草经》，开创中医辨证论治体系之先河的《伤寒论》《金匮要略》，以及影响较大但已亡佚的华佗《中藏经》。

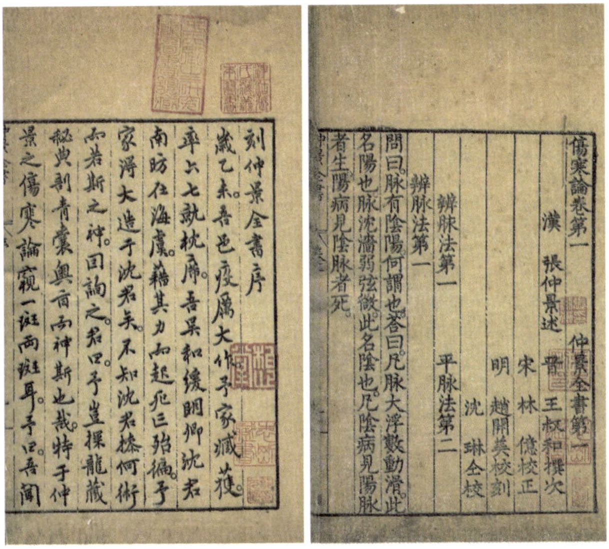
刻仲景全書序
歲乙未吾邑疫厲大作予家臧獲
率六七就枕席吾吳和緩明卿沈君
南昉在海虞藉其力而起死亡殆徧予
家得大造于沈君矣不知沈君操何術
而若斯之神因詢之君曰予豈探龍藏
祕典剖青囊奥旨而神斯也哉特于仲
景之傷寒論窺一斑兩斑耳予曰吾聞

傷寒論卷第一　仲景全書第一
漢　張仲景述　晉　王叔和撰次
宋　林億校正
明　趙開美校刻
沈琳仝校
辨脉法第一　平脉法第二
辨脉法第一
問曰脉有陰陽何謂也荅曰凡脉大浮數動滑此
名陽也脉沈濇弱弦微此名陰也凡陰病見陽脉
者生陽病見陰脉者死

中国中医科学院图书馆藏明万历二十七年（1599）海虞赵开美刻《仲景全书》二十六卷

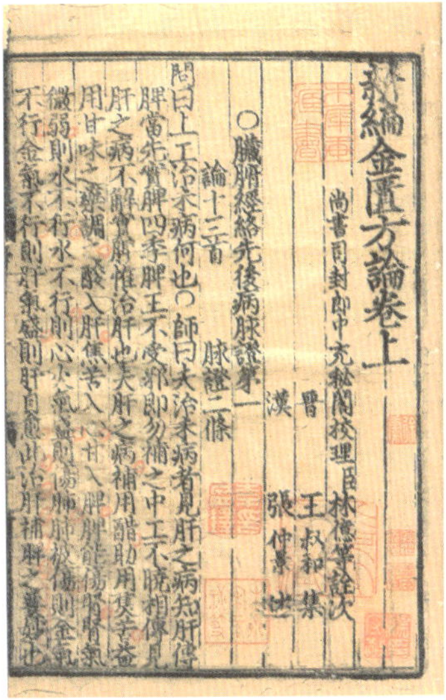
新編金匱方論卷上
尚書司封郎中充秘閣校理臣林億等詮次
晉　王叔和　集
漢　張仲景　述
○臟腑經絡先後病脉證第一
論十三首　脉證二條
問曰上工治未病何也師曰夫治未病者見肝之病知肝傳
脾當先實脾四季脾王不受邪即勿補之中工不曉相傳見
肝之病不解實脾惟治肝也夫肝之病補用酸助用焦苦益
用甘味之藥調之酸入肝焦苦入心甘入脾脾能傷腎腎氣
微弱則水不行水不行則心火氣盛則傷肺肺被傷則金氣
不行金氣不行則肝氣盛則肝自愈此治肝補脾之要妙也

北京大学图书馆藏元后至元六年（1304）邓珍序刻本《新编金匮方论》三卷

传至汉代，书缺简脱，礼坏乐崩，故汉成帝命刘向组织校理群书，开启了官方搜集整理古代文献的先河，侍医李柱国负责校方技，书籍分为医经、经方、房中、神仙四类。

（二）两晋至隋唐五代时期

此时期是中医文献由奠基发展向专科专论分化的重要时期。这一时期的代表著作：现存最早的脉学专著——西晋王叔和的《脉经》，现存最早的针灸学专著——西晋皇甫谧的《针灸甲乙经》，最早的病因病理学专著——隋代巢元方的《诸病源候论》，现存最早的妇科学专著——唐代昝殷的《经效产宝》，现存最早的外科学专

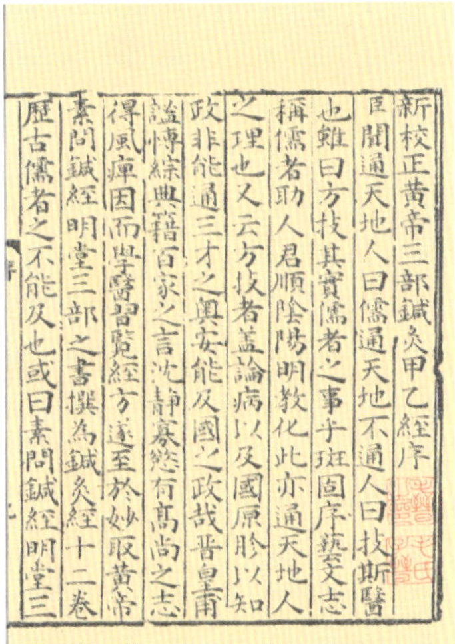
新校正黄帝三部鍼灸甲乙經序
臣聞通天地人曰儒通天地不通人曰技斯醫
也雖曰方技其實儒者之事乎班固序藝文志
稱儒者助人君順陰陽明教化此亦通天地人
之理也又云方技者蓋論病以及國原診以知
政非能通三才之奥安能及國之政哉晉皇甫
謐博綜典籍百家之言沈静寡慾有高尚之志
得風痺因而學醫習覽經方遂至於妙取黄帝
素問鍼經明堂三部之書撰為鍼灸經十二卷
歷古儒者之不能及也或曰素問鍼經明堂三

中国科学院上海生命科学图书馆藏明毛氏汲古阁影宋抄本《针灸甲乙经》十二卷

著——南齐龚庆宣的《刘涓子鬼遗方》，现存最早的儿科学专著——《颅囟经》，现存最早的伤科学专著——唐代蔺道人的《仙授理伤续断秘方》，以及最早的官修本草——唐代苏敬组织编撰的《新修本草》；承继汉代“经方”之学，此时期的方书类著作因有较大发展：如东晋葛洪的《肘后备急方》，唐代的大型方书孙思邈的《备急千金要方》《千金翼方》和王焘的《外台秘要》；养生类专著：梁代陶弘景的《养性延命录》，唐代孟诜的《食疗本草》和昝殷的《食医心鉴》。

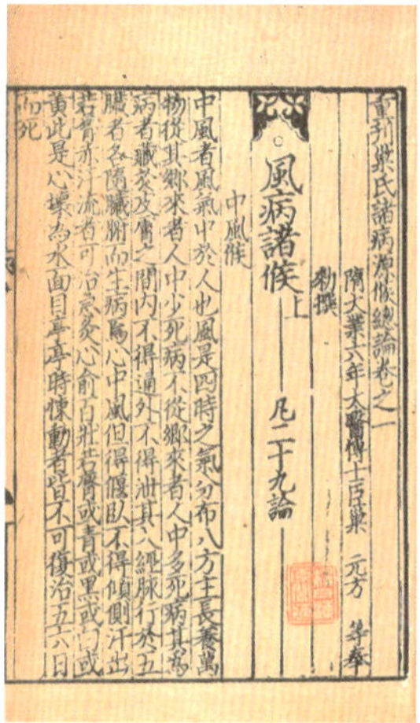

北京大学图书馆藏元刻本《重刊巢氏诸病源候总论》五十卷

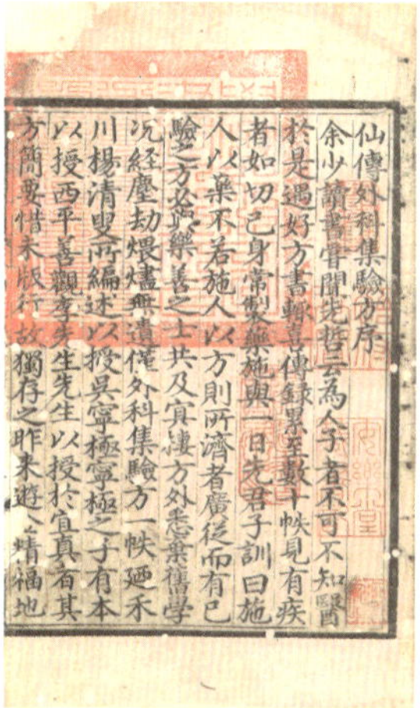

国家图书馆藏明洪武二十八年（1395）渊然道者刻本《仙传外科集验方》一卷

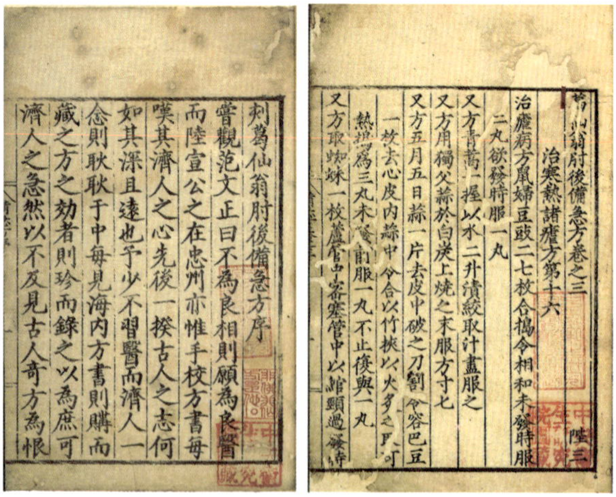

刻葛仙翁肘後備急方序
嘗觀范文正曰不爲良相則願爲良醫
而陸宣公之在忠州亦惟手校方書每
嘆其濟人之心先後一揆古人之志何
如其深且遠也予少不習醫而濟人一
念則耿耿于中每見海内方書則購而
藏之方之劾者則珍而錄之以爲庶可
濟人之急然以不及見古人奇方爲恨

肘後備急方卷之三
治寒熱諸瘧方第十六
治瘧病方鼠婦豆豉二七枚合擣令相和未發時服
二丸欲發時服一丸
又方青蒿一握以水二升漬絞取汁盡服之
又方用獨父蒜於白炭上燒之末服方寸匕
又方五月五日蒜一片去皮中破之刀割令容巴豆
一枚去心皮内蒜中令合以竹挾以火炙之取可
熱擣爲三丸未發前服一丸不止復與一丸
又方取蜘蛛一枚蘆管中密塞管中以綰頸過發時

中国中医科学院图书馆藏明万历二年（1574）剑江李栻刻本《肘后备急方》八卷

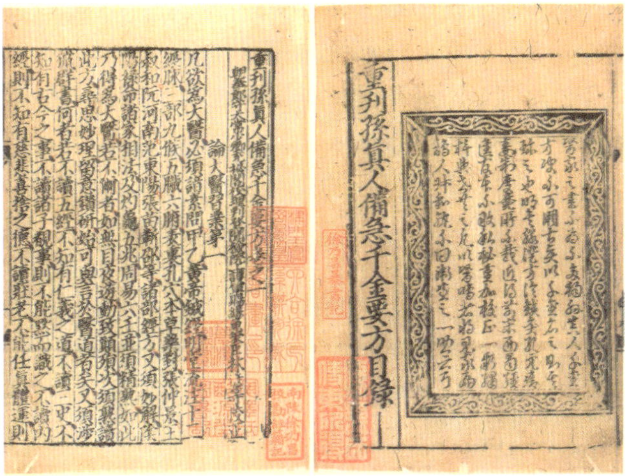
重刊孫真人備急千金要方目録

上海图书馆藏元刻本《重刊孙真人备急千金要方》三十卷

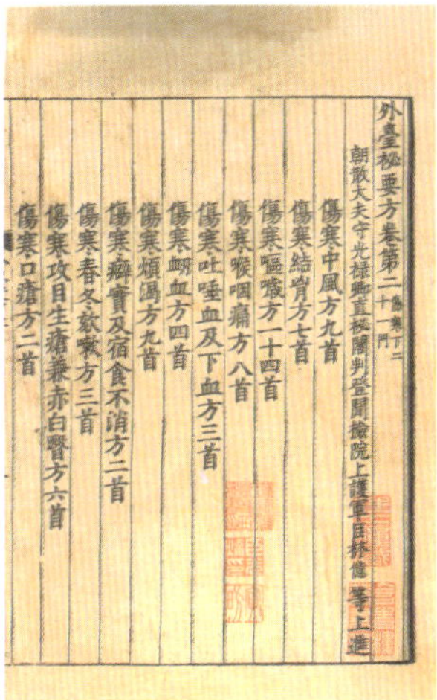
外臺秘要方卷第二
朝散大夫守光祿卿直秘閣判登聞檢院上護軍臣孫兆等上進
傷寒中風方九首
傷寒結胸方七首
傷寒嘔噦方一十四首
傷寒喉咽痛方八首
傷寒吐唾血及下血方三首
傷寒衄血方四首
傷寒煩渴方九首
傷寒癖實及宿食不消方二首
傷寒春冬欬嗽方三首
傷寒攻目生瘡兼赤白瞖方六首
傷寒口瘡方二首

国家图书馆藏宋绍兴两浙东路茶盐司刻本《外台秘要方》四十卷

此外，此时期也是中医经典文献注疏整理、承上启下的重要时期，是对《汉书 · 艺文志》中记载的“医经”的传承与发展：如齐梁间全元起最先作《黄帝内经素问注》，隋代杨上善最早使用类注的方式注释《内经》而作《黄帝内经太素》，唐太医令王冰编次注释《素问》而成《重广补注黄帝内经素问》。

还有，梁代陶弘景承“神农本草”之学，整理编集了《本草经集注》。

这一时期医药学的发展与普及是与政府的重视与支持密不可分的，从隋代开始，有朝廷组织力量编撰医书，建立国家藏书机构，而唐代设立太医署并置医博士更是提升了医学家的社会地位。此时期两部著名的文献《诸病源候论》和《新修本草》都是在隋唐政府组织下编撰完成的，对后世病原病机和本草学的发展起到了深远的影响。

（三）宋金元时期

此时期雕版印刷术的发明和宋代校正医书局的设立，推动了中医古籍的整理、刊印，成为经典医籍后世流传的定本。南宋陈振孙有云：“大凡医书之行于世，皆仁庙朝所校定也。”宋代以校正医书局为代表的中医古籍校勘整理工作，是官方主持纂修中医文献的第二次里程碑。

一方面，据史籍所载，北宋政府先后三次组织编修、校正的医药学文献有数十种之多。主要校审人先后有刘翰、唐慎微、掌禹锡、林亿、苏颂等，整理方式主要为编修与校正。在“校正医书局”有计划的指导下，当时校订刊刻了宋以前的经典著作，如:《黄帝内经素问》《伤寒论》《金匮要略》《金匮玉函经》《脉经》《针灸甲乙经》《千金要方》《千金翼方》《外台秘要》等，为保护和传承经典医籍做出巨大贡献。

另一方面，此时期也涌现了很多新文献。病原病机学专著：南宋陈言的《三因极一病证方论》；诊断学专著：宋代崔嘉彦的《崔嘉彦脉诀》、施发的《察病指南》，南宋刘开的《刘三点脉诀》，元代滑寿的《诊家枢要》，元代杜本的《敖氏伤寒金镜录》；针灸学专著：北宋王惟一的《铜人腧穴针灸图经》，王执中的《针灸资生经》，元代滑寿的《十四经发挥》；本草类著作：如《开宝本草》《嘉祐补注神农本草》《经史证类备急本草》《大观本草》等；方剂学著作大有发展，如官修的《太平圣惠方》《圣济总录》《太平惠民和剂局方》三大方书，宋代许叔微的《普济本事方》，严用和的《济生方》，苏轼、沈括的《苏沈良方》，王硕的《易简方》，张锐的《鸡峰普济方》，杨士瀛的《仁斋直指方》，王衮的《博济方》，杨倓《杨氏家藏方》，王贶的《全生指迷方》，吴彦夔的《传信适用

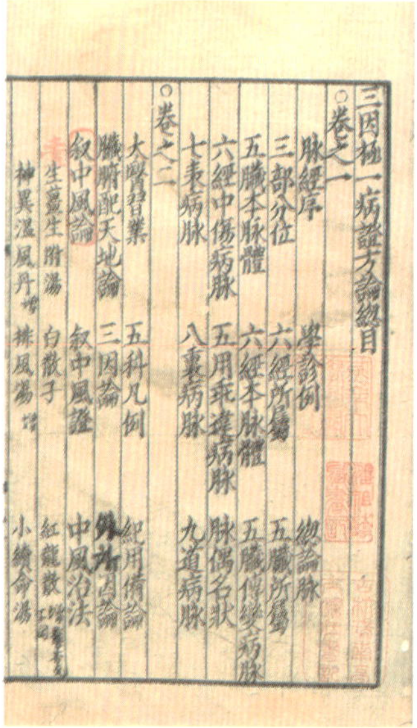
三因極一病證方論總目
卷之一
脈經序 學診例
三部分位 六經所屬
五臟本脈體 六經本脈體 五臟所屬
六經中傷病脈 五用乖違病脈 五臟傳變病脈
七表病脈 八裏病脈 九道病脈
卷之二
大醫習業 五科凡例 總論脈
臟腑配天地論 三因論 紀用備論
叙中風論 叙中風證 外所因論 中風治法
生薑生附湯 白散子 紅龍散
神異溫風丹 排風湯 小續命湯

北京大学图书馆藏宋刻本

《三因极一病证方论》十八卷

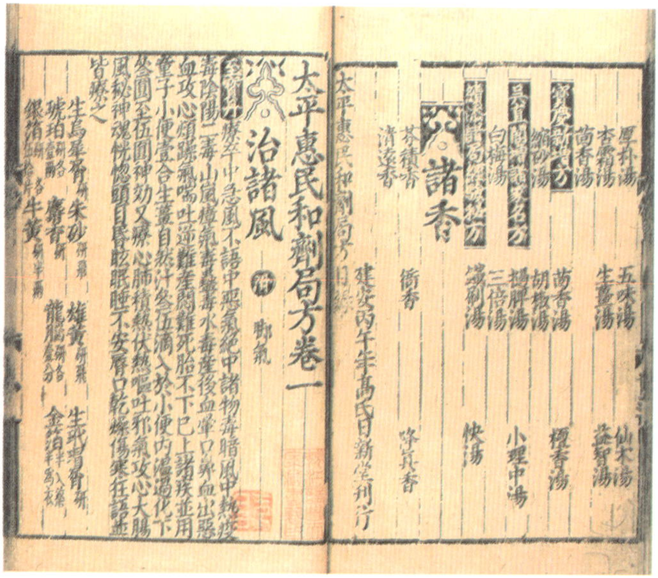

国家图书馆藏元至正二十六年（1366）高氏日新堂刻本

《太平惠民和剂局方》十卷

方》，元代危亦林的《世医得效方》等；各科专著相继问世，如内科有宋代朱肱的《南阳类证活人书》，妇科有宋代陈自明的《妇人大全良方》，外科有宋代陈自明的《外科精要》，儿科有宋代钱乙的《小儿药证直诀》、刘昉的《幼幼新书》，以及董汲的《小儿斑疹备急方论》等。还有对于经典医籍的注释研究的著作也纷纷问世，如宋代韩祇和的《伤寒微旨论》、庞安时的《伤寒总病论》，金代成无已的《伤寒明理论》和《注解伤寒论》，元代滑寿的《难经本义》。在经典医籍的传承和应用方面，为后世树立了榜样。

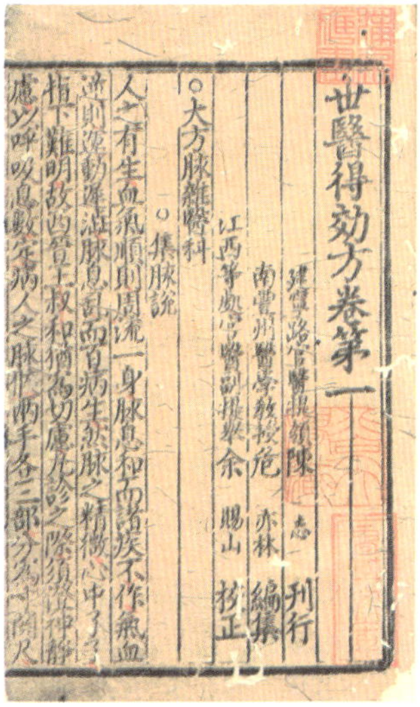

北京大学图书馆藏元至正建宁路官医提领陈志刻本《世医得效方》十九卷

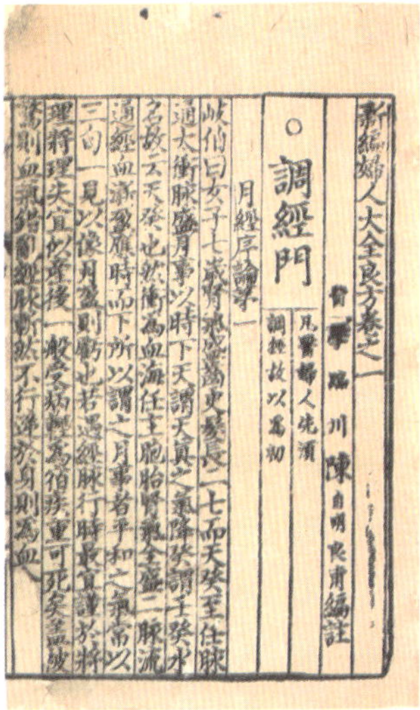

国家图书馆藏元勤有书堂刻本《新刊妇人大全良方》二十四卷

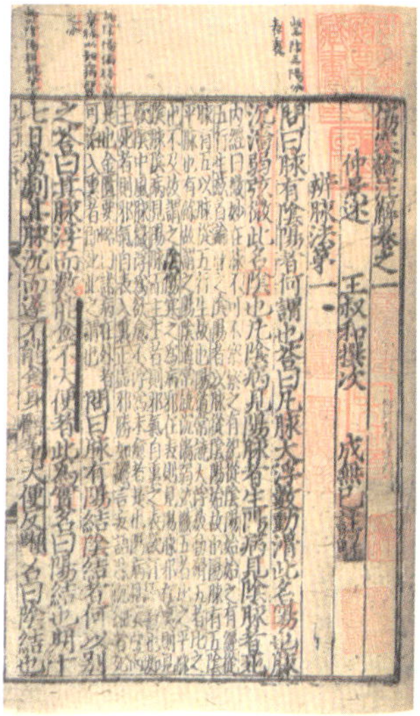

国家图书馆藏元至正二十五年（1365）西园余氏刻本《伤寒论注解》十卷

金元时期，以金元四大家为代表的医著各具特色，如金·刘完素的《素问玄机原病式》《宣明论方》《素问病机气宜保命集》，金·张从正的《儒门事亲》，金·李杲的《脾胃论》《兰室秘藏》《内外伤辨惑论》，元·朱震亨的《格致余论》《局方发挥》等。医学理论的空前活跃，促使了医家和医学著作的丰富和繁荣。

（四）明清时期

在宋金元时期医学发展的良好基础和势头的引领下，明清中医学术进步和创新较快，新学说、新观点层出不穷，因此造就了门类丰富、品种众多医学书籍。此时期流传至今的中医古籍成为目前存世医籍的主体。尤其是明代经厂、藩府，清代武英殿主持刻书，为当今中医文献留下了很多珍稀精善的版本，如明景泰七年（1456）经厂刻印的《饮膳正要》，明永乐周藩刻印的《普济方》，明嘉靖赵康王朱厚煜居敬堂刻印的《补注释文黄帝内经素问》《脉经》，明嘉靖十七年（1538）周藩刻印的《金丹正理大全》，明嘉靖二十五年（1546）沈藩校刻的《医说》，明嘉靖八年（1529）辽藩朱宠瀼梅南书屋刻印的《东垣十书》；清乾隆武英殿聚珍版《御纂医宗金鉴》。

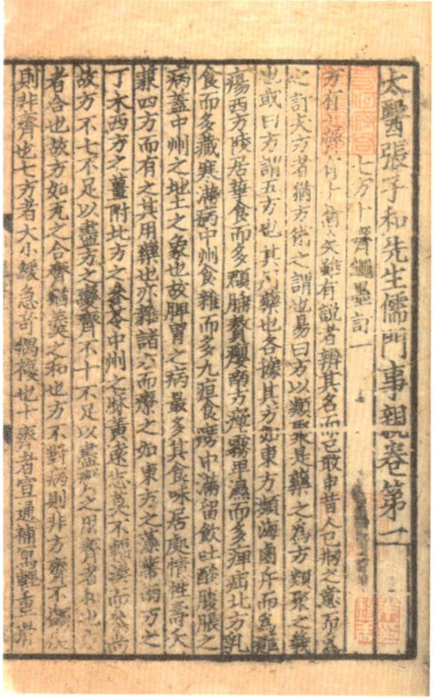

北京大学图书馆藏蒙古中统三年（1262）刻本《太医张子和先生儒门事亲》三卷

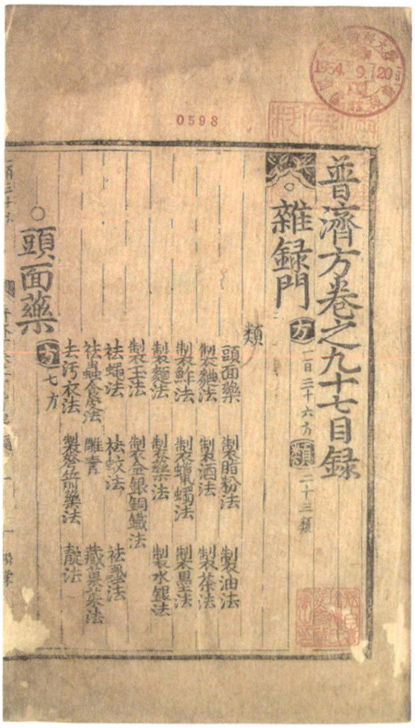

中国医科大学图书馆藏明永乐周藩刻本《普济方》一百六十八卷

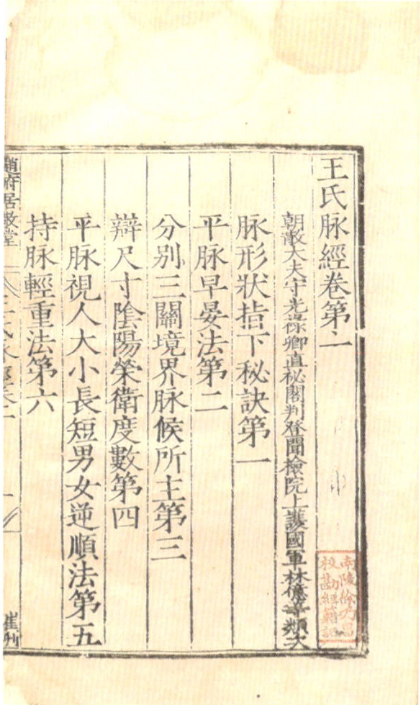

华中科技大学图书馆医学分馆藏明赵府居敬堂刻本《王氏脉经》十卷

对经典著作《黄帝内经》《难经》的注释和发挥，如明代张景岳的《类经》将《黄帝内经》原文分类注释，明代马莳的《黄帝内经素问注证发微》《黄帝内经灵枢注证发微》与清代张志聪的《黄帝内经素问集注》《黄帝内经灵枢集注》提出很多创新性的观点，明代张世贤的《图注八十一难经》采用图解方式对难经理论进行注释。尤其是仲景学说的研究专著，甚至对于《伤寒论》的编排次序和内容释义出现了争鸣，如明代喻嘉言的《尚论篇》、方有执的《伤寒论条辨》，清代柯琴的《伤寒来苏集》、魏荔彤的《伤寒论本义》、汪琥的《伤寒论辨证广注》、陈修园的《伤寒论浅注补正》、尤怡的《金匮要略心典》，对经典医籍的解读和发挥达到了前所未有的高度。

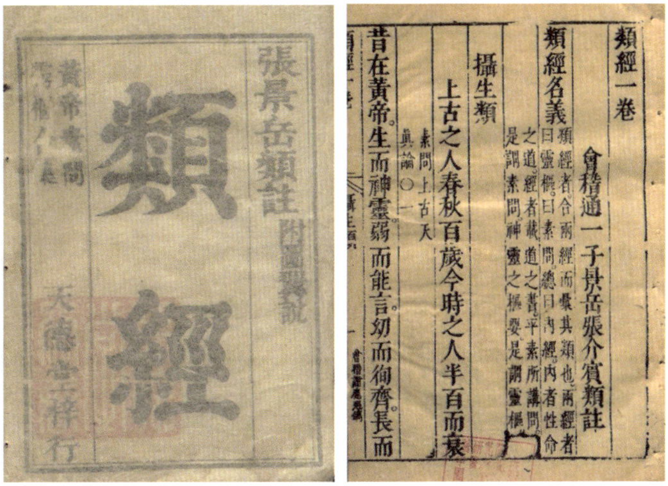

中国中医科学院图书馆藏明天启四年（1624）天德堂刻本《类经》三十二卷

明代温补学派出现，从官方到民间，大有一统医林的趋势，他们在《内经》理论基础上开辟新见解、创立新学说，有益地补充了中医理论体系，如薛己的《内科摘要》、李中梓的《医宗必读》、孙一奎的《赤水玄珠》、张景岳的《景岳全书》、

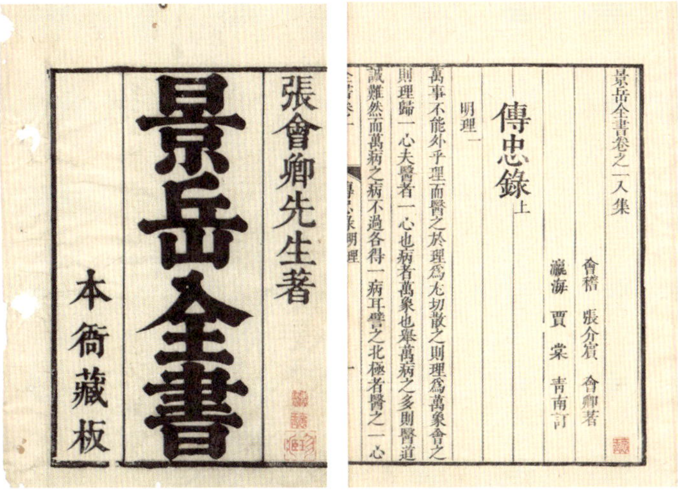

中国中医科学院图书馆藏清康熙四十九年（1710）会稽鲁超刻本《景岳全书》六十四卷

赵献可的《医贯》等，从不同角度发挥了命门学说和先天水火理论。

明代末期至清代，温病学派逐渐崛起，著作不断涌现，如明代吴有性的《温疫论》，清代叶天士的《温热论》、吴瑭的《温病条辨》、王孟英的《温热经纬》、张凤逵的《伤暑全书》、杨栗山的《伤寒瘟疫条辨》、余师愚的《疫疹一得》、雷丰的《时病论》、刘奎的《松峰说疫》等。

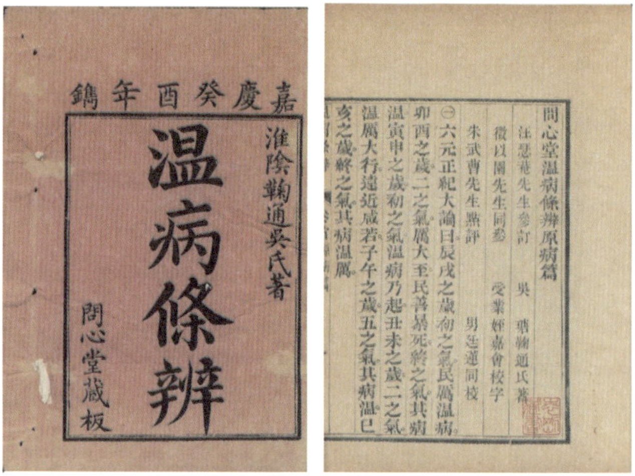

中国中医科学院图书馆藏清嘉庆十八年（1813）问心堂刻本《温病条辨》六卷卷首一卷

本草学专著，如明代李时珍的《本草纲目》，该书集明代以前本草学之大成，是继北宋官修本草后又一次大规模的修订和总结。此外，还有明代方有执的《本草抄》、张介宾的《本草正》，清代赵学敏的《本草纲目拾遗》、汪昂的《本草备要》、张璐的《本经逢原》、吴仪洛的《本草从新》、凌奂的《本草害利》，从各个角度极大地丰富了本草学著作。

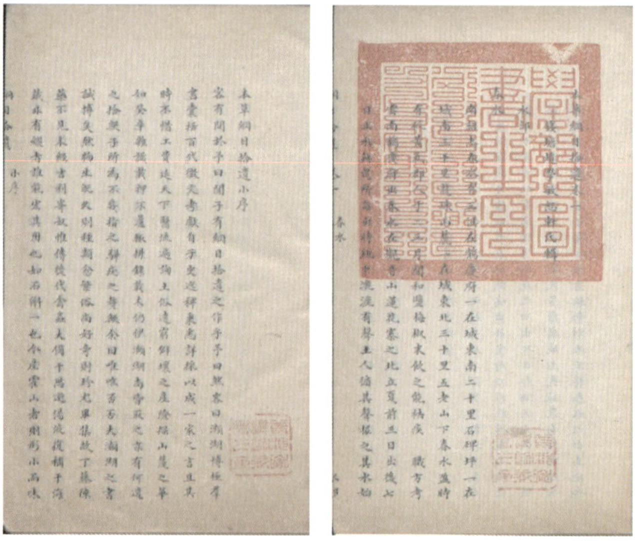

首都图书馆藏清姚鄞元校勘本《本草纲目拾遗》十卷卷首一卷

方书类著作，明代朱橚主持编纂的《普济方》为我国古代最大的一部方书，其收集资料广泛，保存了我国 15 世纪以前的许多资料和业已亡佚的书籍。此外，实用性较强的方书如明代吴崑的《医方考》、清代汪昂的《医方集解》和吴仪洛的《成方切用》，都是方书类著作中的精品文献。

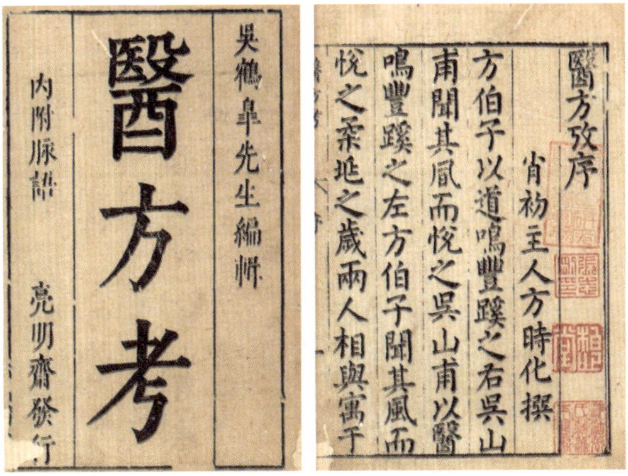
吳鶴皋先生編輯
醫方考
內附脉語
亮明齋發行

醫方攷序
肖衸主人方時化撰
方伯子以道鳴豐蹊之右吳山
甫聞其風而悅之吳山甫以醫
鳴豐蹊之左方伯子聞其風而
悅之柔兆之歲兩人相與寓于

中国中医科学院图书馆藏明万历亮明斋刻本《医方考》六卷《脉语》二卷

针灸学名著，如明代陈会的《神应经》、清代廖润鸿的《勉学堂针灸集成》等，尤其明代杨继洲的《针灸大成》是针灸学发展中里程碑式的代表著作。

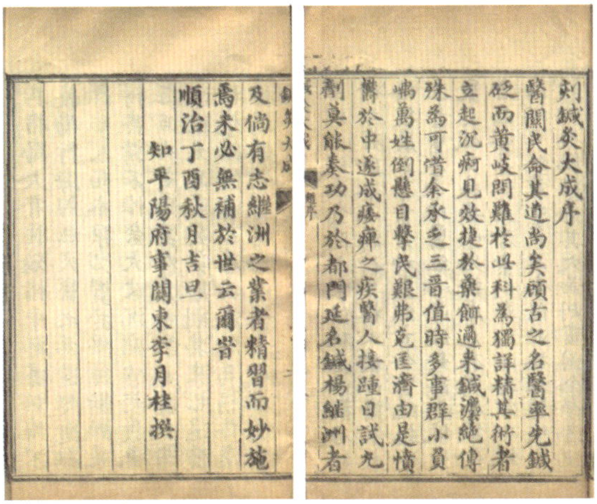
刻鍼灸大成序
醫關民命其道尚矣願古之名醫率先鍼
砭而黄岐問難於此科爲獨詳精其術者
立起沉疴見效捷於桴鼓邇來鍼灋絶傳
殊爲可惜余承乏三晋值時多事群小負
嵎爲梗倒懸目擊民艱弗克匡濟由是憤
懣於中遂成痿痹之疾醫人接踵日試丸
劑莫能奏功乃於都門延名鍼楊繼洲者

及倘有志繼洲之業者精習而妙施
焉未必無補於世云爾旹
順治丁酉秋月吉旦
知平陽府事關東李月桂撰

清康熙十九年（1680）山西平阳李月桂藻思堂刻本《针灸大成》十卷

临证各科著作如雨后春笋般涌现，且著作分科越来越细，论述越来越专，甚至有操专门医技者，世代相传，留下了大量的专科医籍秘本。清代顾清在《东江家藏集·慎庵钱君配徐孺人合葬墓表》中谈及明中叶苏州世医之盛时说：“吴中自宋多名医，至国朝尤盛。凡今京师以医名者，大半皆吴人也。而盛氏之大方，李氏之产难，陈氏、钱氏之婴孺科最著。”[6] 如《中国中医古籍总目》中收藏的《世医通变要法》《家学渊源》《南沙大树坡徐氏四世医案》《支氏女科枢要》《凌门传授铜人指穴》《白驹谷罗贞喉科》《祁氏家传外科大罗》《大河外科》《仝氏家藏幼科指南》《芜湖夏氏小儿良方》《李氏秘传眼科精要》《竹窠山人医案》，以及《陆氏三世医验》《塘西十六世眼科秘本》等古籍皆属此类。

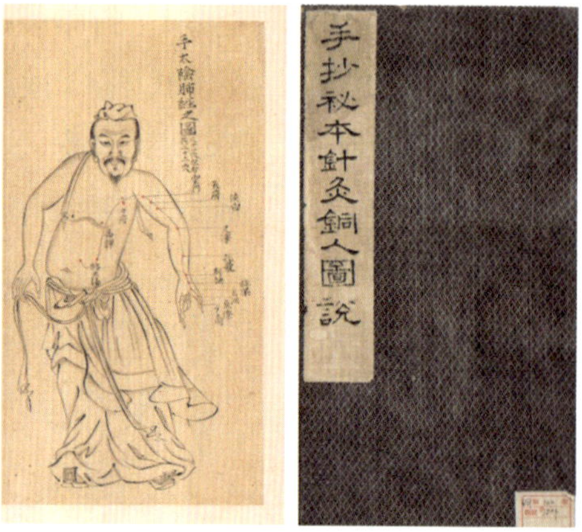

中国中医科学院图书馆藏稿本《凌门传授铜人指穴》一卷

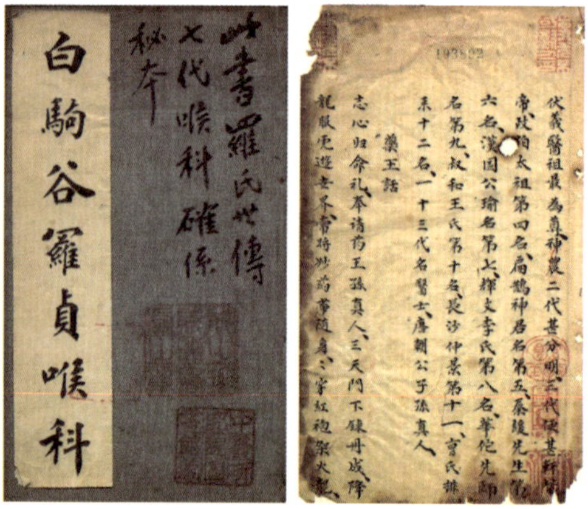

中国中医科学院图书馆藏稿本《白驹谷罗桢喉科》一卷

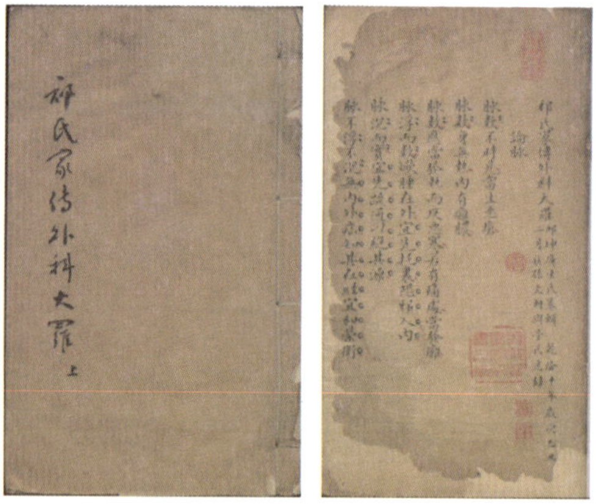

首都图书馆藏稿本《祁氏家传外科大罗》一卷

另外，在书籍编撰体例上，明清时期也较前代更加新颖而实用，涌现了大量的指导门径书籍和体裁多样的医案、医话与医论之作，如：明代江瓘的《名医类案》和清代魏之琇的《续名医类案》，明代王肯堂的《肯堂医论》，清代叶天士的《临证指南医案》、尤怡的《医学读书记》、陆以湉的《冷庐医话》、计楠的《客尘医话》、徐大椿的《医贯砭》，王旭高的《西溪书屋夜话录》等，皆为脍炙人口之作。同时还出现了汇编整理医学资料的综合性著作，全书、类书、丛书纷纷问世，大有集前贤著作大成之宏伟规划，如明代徐春甫的《古今医统大全》、王肯堂的《证治准绳》、吴琯辑的《薛氏医按二十四种》，清代陈梦雷奉敕纂集的《古今图书集成 · 医部全录》、吴谦奉敕编撰的《医宗金鉴》。

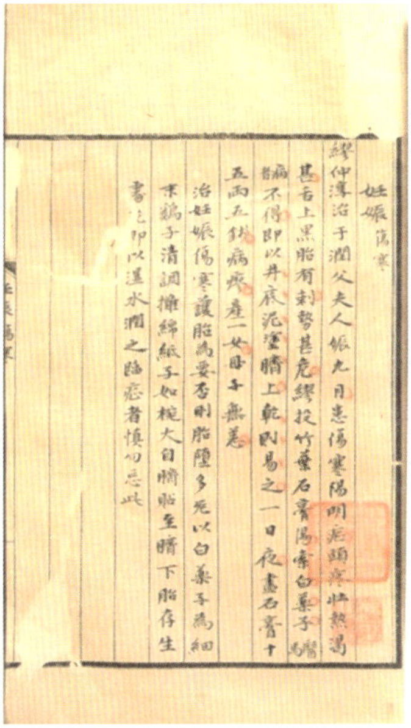

南京中医药大学图书馆藏清乾隆三十九年（1774）魏之琇稿本《续名医类案》三十六卷

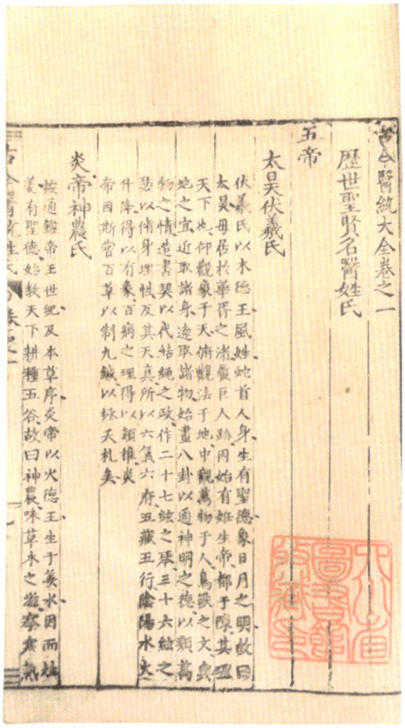

四川省图书馆藏明陈长卿刻本《古今医统大全》一百卷

三、中医古籍资源现存概况

西汉至今两千余年，我国历史上产生了各类文献约计 18 万种，目前存世的约有 10 万余种，而 1949 年以前的中医文献已达万余种，约占全部文献的 1/10。

（一）大陆收藏分布情况

据中国中医科学院图书馆半个世纪以来在全国范围内开展的 3 次中医古籍资源调查并编著出版的《中国中医古籍总目》统计，全国 150 家图书馆收藏的

1949 年以前的中医文献（包含中医古籍和民国时期书籍，下同）共计 13 455 种，基本上反映了目前我国中医古籍资源的存世和分布情况。

1. 各省市分布情况

大陆地区，北京、上海中医文献藏量最多，分别为 14 083 部和 9 115 部，然后依次为：江苏、浙江、天津、四川、吉林等。

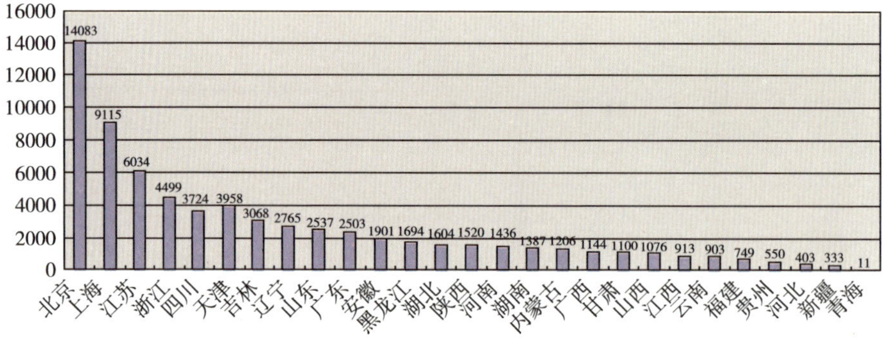

图 3-1　全国中医古籍各省市分布数量（单位：种）

2. 各类型收藏单位分布情况

中医专业图书馆 39 个，收藏中医文献 30 995 部；省市图书馆、博物馆 62 个，收藏中医文献 23 935 部；综合大学、医学图书馆及其他 49 个，收藏中医文献 13 720 部。

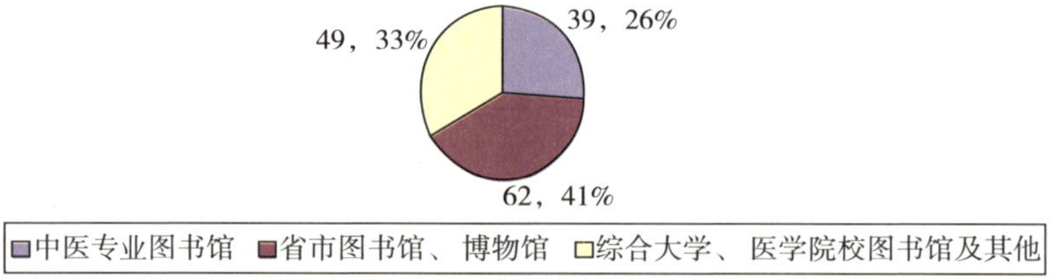

图 3-2 《总目》收录藏书单位类型分布情况

3. 中医文献分类分布情况

医经类中医文献 333 种，基础理论类中医文献 263 种，伤寒、金匮类中医文献 845 种，诊法类中医文献 496 种，针灸、推拿类中医文献 498 种，本草类中医文献 867 种，方书类中医文献 2 192 种，临床各科类中医文献 5 230 种，养生类中医文献 551 种，医案、医话类中医文献 1 311 种，医史类中医文献 346

种，综合性著作 523 种。

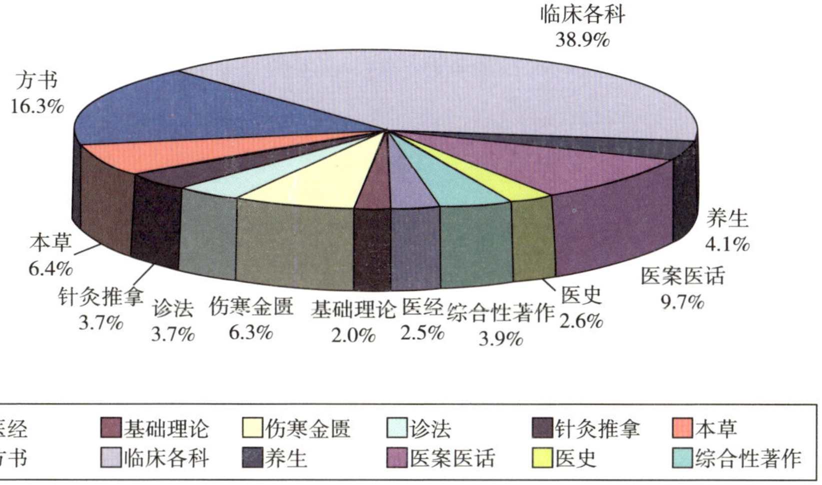

图 3-3　中医文献分类分布情况

4. 中医文献版本分布情况

刻本存世数量最多，为 14 041 个，占 49.8%；抄本存世品种最多，6 962 个，占 24.7%；铅印本 3 663 个，占 13%；石印本 2 502 个，占 8.9%；其他较少。

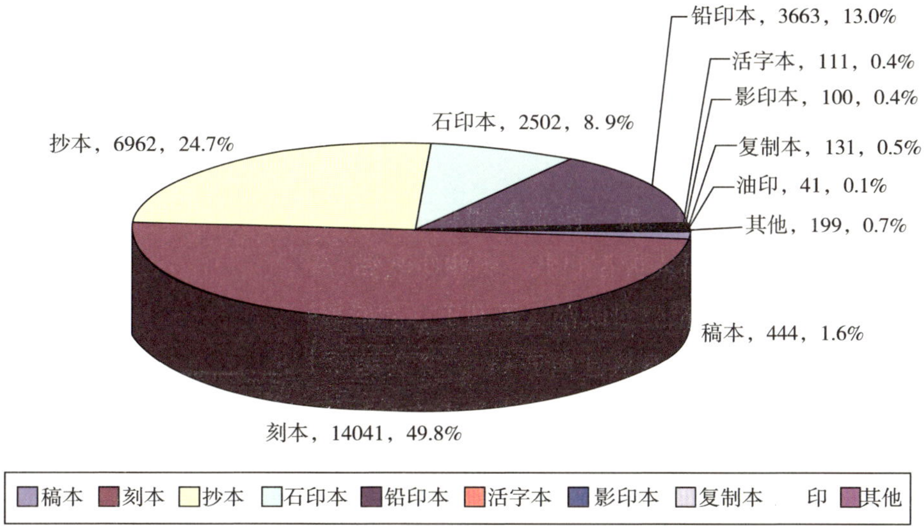

图 3-4　中医文献版本分布情况

（二）海外收藏分布情况

由于各种历史原因，大批中医古籍流传海外，其中有许多书种或版本在国内早已失传，然而海外尚存孑遗之本。从 1996 年开始，中国中医科学院正式启动对海外所藏国内失传中医古籍的调查与抢救回归研究。经过马继兴、郑金生等中医文献专家的努力，广泛收集了中国大陆之外的 350 余种书目。这些书目分属 15 个国家（包括日本、韩国、美国、加拿大、法国、英国、荷兰、越南、德国、意大利、梵蒂冈、俄罗斯及远东地区）2 个地区（台湾、香港）174 个图书馆，共计查得海外收藏中医古籍达 31 250 部，首次明确了分布世界的 3 万余部中医古籍的详细资料。而且，现存中国的明代医书 1 200 余种中，有 120 余种国内失传，失传的善本版本在 200 种左右。

据山西中医药大学杨继红教授梳理近几十年国内学者开展海外调研取得的成果，发现上述流失海外中医古籍主要集中在日本、美国和俄罗斯。[7] 并总结其收藏情况如下：日本现存古代中医文献在数量上仅次于中国，除最早的敦煌医书卷子外，基本上保存了宋元明清各个朝代的中医古籍，这些古医籍主要分布在公私文库、图书馆、古寺庙等地。日本公私文库、图书馆等地的古代中医文献，如日本国立公文书馆内阁文库藏中医古籍 1 632 部，共计 11 591 册，去除其中重复的相同版本及抄本，有书目 956 种。[8] 日本宫内廷书陵部藏有中医古籍 148 种，共 183 部。[9] 库武田科学振兴财团杏雨书屋藏有中医古籍 10 种，共 10 部。龙谷大学大宫图书馆藏有中医古籍 5 种，共 7 部。京都大学附属图书馆、九州大学医学图书馆各藏有中医古籍 4 种，各 4 部。前田育德会尊经阁文库有中医古籍 3 种，共 3 部。日本的大阪府立图书馆有中医古籍 2 种，共 2 部。[10] 古寺庙收藏的中医古文献，如仁和寺藏日本古写本《黄帝内经太素》（残存 20 卷），唐代杨上善注本《黄帝内经明堂类成》（残存 2 轴），唐《新修本草》（残存 5 卷），《医心方》（残存 20 卷）；金刚寺有古写本《医心方》残卷；真福寺有 13 世纪前后写本医方的 9 个零残纸片。[11] 此外，还有私家收藏的中医古文献，如冲绳群岛之久米岛，岛上吉滨家、上江洲家、与世永家、喜友名盛芳家四家藏有中医古书。[7]

美国是除日本之外收藏中文古籍最多的国家。据估计，美国收藏有中文古籍 70 万～90 万册，其中善本古籍 9 000 多册，这些古籍多来自中国政府和私人的捐赠、美国政府征集与访购以及传教士携带和探险队攫掠等。[12]中文古籍藏于各大图书馆的东亚图书馆中。美国东亚图书馆约 80 多个，其中收藏中文古籍较多的有美国国会图书馆、哈佛大学哈佛燕京图书馆、普林斯顿大学葛斯德东方图书馆、美国国立医学图书馆、洛杉矶加州大学图书馆东亚图书馆、耶鲁大学东亚图书馆、西雅图华盛顿大学东亚图书馆、纽约市立公共图书馆等。其中，普林斯顿大学葛思德东方图书馆收藏中医古籍最多，该馆藏有中文古籍 12 000 册，包括中医古籍 360 余种。哈佛燕京图书馆收藏中医古籍善本 41 种，中兽医善本 2 种。[13]美国国立医学图书馆也收藏了一些中医古籍版本和品种，马继兴先生曾撰有《美国国家医学图书馆所藏中医药古籍目录》，反映了该馆的藏书情况。

现藏于俄罗斯的中医古籍主要为卷子本中医文献，来源于近代俄罗斯探险家数次对于中国西北包括吐鲁番、塔里木盆地、库车、和阗、尼雅、楼兰（罗布泊西）及敦煌等地的“考察”或劫掠，现由俄罗斯科学院东方研究所的爱尔米塔日博物馆收藏，数量有数万件之多。目前所知，已经整理的俄藏写本卷子编号已达 18 000 余件。[14]

此外，在其他国家也零散收藏一些中医古籍。经日本真柳诚教授实地调查，发现现存于韩国的古医籍约有 300 余种，汉代以后各朝的医书均有收藏，而以明清时期的医书占多数，朝鲜版多为刻印的明代医书。在越南见到的 300 多种医书中，刻本不足 50 种，且中国刻本只有清版。[7]

四、国内主要收藏中医古籍的图书馆

（一）综合性图书馆

1. 国家图书馆

中国国家图书馆馆藏丰富，品类齐全，古今中外，精品荟萃。中国国家图书馆的藏书可上溯到 700 多年前的南宋皇家缉熙殿藏书，最早的典藏可以远溯到 3000 多年前的殷墟甲骨。国家图书馆的馆藏文献中珍品特藏包括善本古籍、甲骨金石拓片、中国古旧舆图、敦煌遗书、少数民族图籍、名人手稿、革命历史文献、家谱、地方志和普通古籍等 260 多万册（件）。截至 2012 年底，中国国家图书馆的藏书容量达 3 119 万册，其中价值连城的古籍善本就有 200 余万册，著名的《永乐大典》《四库全书》等举不胜举，其中尤以“四大专藏”即“敦煌遗书”“赵城金藏”“永乐大典”和“文津阁四库全书”最受瞩目。中国国家图书馆馆藏中医古籍 7 000 部以上，善本藏量最多且版本最为珍贵，收藏有宋元本中医古籍数量最多。

2. 首都图书馆

首都图书馆是北京市综合性大型公共图书馆，是原中华人民共和国文化部评定的“国家一级图书馆”，是首批“全国古籍重点保护单位”。其中，古籍近 50 万册（件），善本 6 000 余部。

3. 北京大学图书馆

北京大学图书馆是中国最早的现代新型图书馆之一，被国务院批准为首批国家重点古籍保护单位。馆藏中有 150 万册中文古籍，其中 20 万件 5 至 18 世纪的珍贵书籍，外文善本、金石拓片、1949 年前出版物的收藏均名列中国国内图书馆前茅。

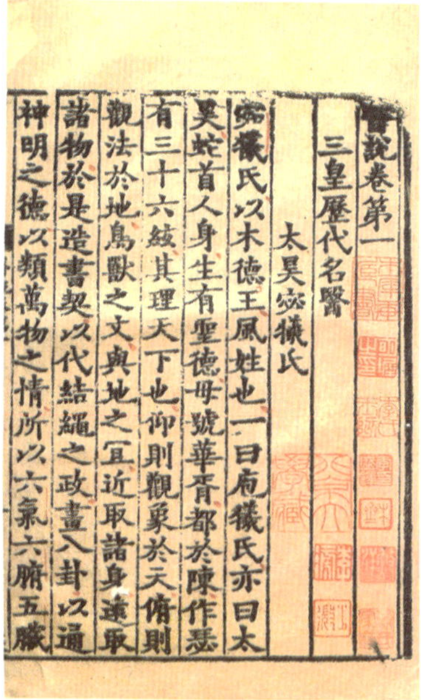
醫說卷第一
三皇歷代名醫
太昊宓犧氏
宓犧氏以木德王風姓也一曰庖犧氏亦曰太
昊蛇首人身生有聖德母號華胥都於陳作瑟
有三十六絃其理天下也仰則觀象於天俯則
觀法於地鳥獸之文與地之宜近取諸身遠取
諸物於是造書契以代結繩之政畫八卦以通
神明之德以類萬物之情所以六氣六腑五臟

北京大学图书馆藏宋刻本《医说》十卷

4. 中国医学科学院图书馆

该馆也是协和医科大学图书馆，以及中国医学科学院和中国协和医科大学的医学文献中心。其馆藏以生物、医学为主，截至 1990 年底，共藏有中外文图书 11.88 万种，15.6 万册，其中有大量的日本汉文古籍医书，是其藏书特色。

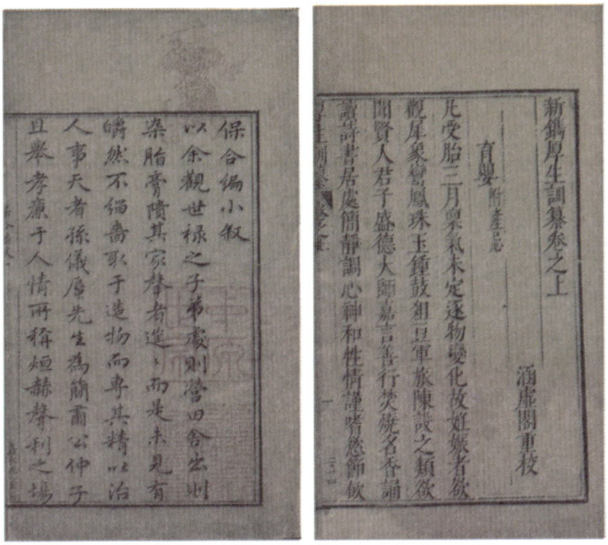

新鐫厚生訓纂卷之上

涵虛閣重校

育嬰 附產忌

凡受胎三月稟氣未定逐物變化故妊娠者欲觀犀象鸞鳳珠玉鍾鼓俎豆軍旅陳設之類欲聞賢人君子盛德大師嘉言善行焚燒名香誦讀詩書居處簡靜調心神和性情謹嗜慾節飲

中国医学科学院协和医科大学图书馆藏明万历三十九年（1611）槜李孙成名刻本《厚生训纂》二卷

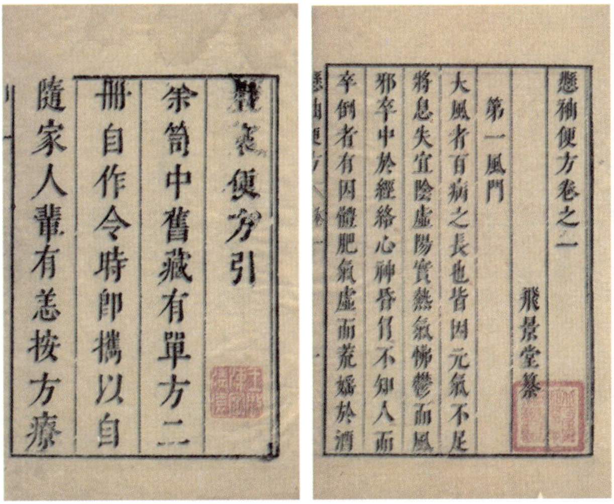

懸袖便方引

余笥中舊藏有單方二冊自作令時即攜以自隨家人輩有恙按方療

懸袖便方卷之一

飛景堂纂

第一風門

大風者百病之長也皆因元氣不足將息失宜陰虛陽實熱氣怫鬱而風邪卒中於經絡心神昏憒不知人而卒倒者有因體肥氣虛而荒婬於酒

中国医学科学院协和医科大学图书馆藏明崇祯二年（1629）刻本《悬袖便方》四卷

5. 天津图书馆

天津图书馆是中国创建较早、历史悠久的省级公共图书馆之一，从清光绪三十四年（1908）其前身直隶图书馆创建至今，已达1个世纪。天津图书馆是国家一级图书馆、国家重点古籍保护单位。天津图书馆共有藏书726万册，其中古籍53万册，善本图书8 000余部，列入全国善本总目的有2 563部；拥有文化中心馆、复康路馆、海河园馆3个馆所，其中海河园馆有4个部门；设有音乐图书馆、天津图书馆共享工程办公室、天津市古籍保护中心。

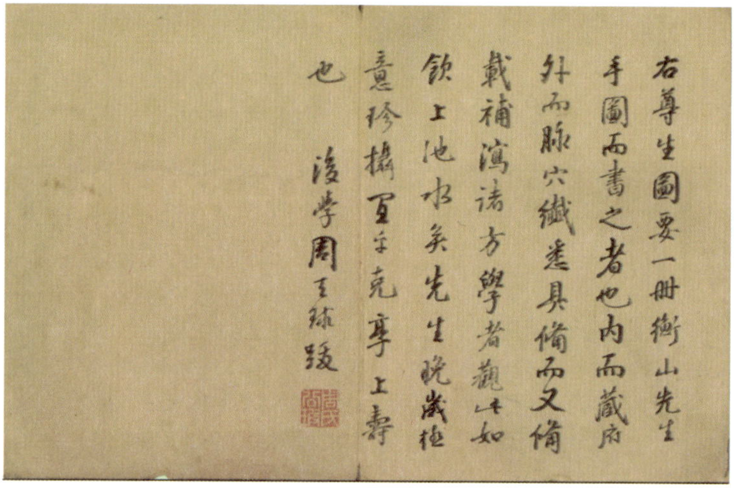

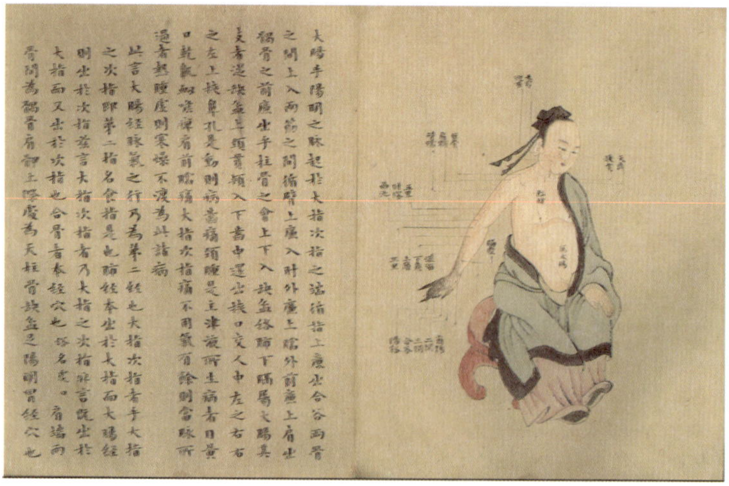

天津图书馆藏明抄彩绘本《尊生图要》一卷

6. 上海图书馆

上海图书馆是上海市综合性研究型公共图书馆和行业情报中心，也是全国文化信息资源共享工程上海市分中心、文化部公共文化研究基地，是首批国家重点古籍保护单位。图书馆藏有中文古籍线装书约 170 万余册，善本 2.5 万种 17 万册，属国家一、二级藏品 2 256 种 13 526 册，收藏有大量中医抄本文献。

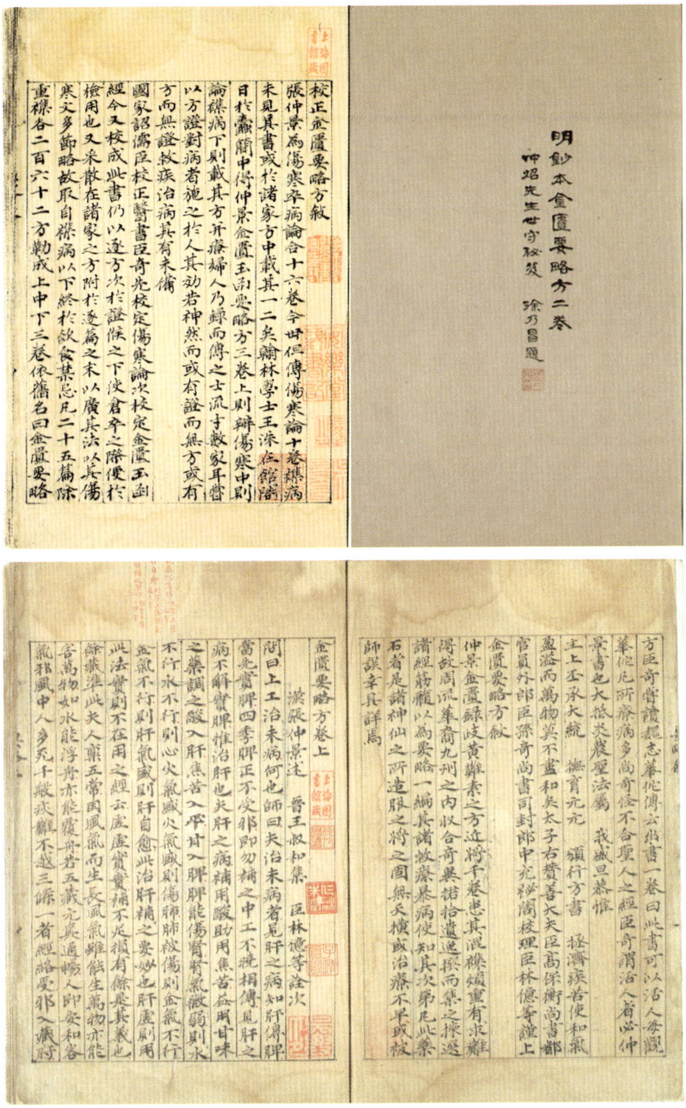

明鈔本金匱要略方二卷
仲昭先生世守秘笈　徐乃昌題

校正金匱要略方敘
張仲景爲傷寒卒病論合十六卷今世但傳傷寒論十卷雜病
未見其書或於諸家方中載其一二矣翰林學士王洙在館閣
日於蠹簡中得仲景金匱玉函要略方三卷上則辨傷寒中則
論雜病下則載其方并療婦人乃錄而傳之士流才數家耳嘗
以方證對病者施之於人其効若神然而或有證而無方或有
方而無證救疾治病其有未備
國家詔儒臣校正醫書臣奇先校定傷寒論次校定金匱玉函
經今又校成此書仍以逐方次於證候之下使倉卒之際便於
檢用也又采散在諸家之方附於逐篇之末以廣其法以其傷
寒文多節略故取自雜病以下終於飲食禁忌凡二十五篇除
重複合二百六十二方勒成上中下三卷依舊名曰金匱要略

方臣奇嘗讀魏志華佗傳云出書一卷曰此書可以活人每觀
華佗凡所療病多尚奇怪不合聖人之經臣奇謂活人者必仲
景書也大哉炎農聖法屬我盛旦恭惟
主上丕承大統　撫育元元　頒行方書　拯濟疾苦使和氣
盈溢而萬物莫不盡和矣太子右贊善大夫臣高保衡尚書都
官員外郎臣孫奇尚書司封郎中充秘閣校理臣林億等謹上
金匱要略方敘
仲景金匱錄岐黃難素之方近將千卷患其混雜煩重有求難
得故周流華裔九州之內收合奇異捃拾遺逸揀而藂之揀選
諸經筋髓以爲要略一編其諸救療暴病使知其次第凡此藥
石者是諸神仙之所造服之將之固無夭橫或治療不早或被
師誤幸具詳焉

金匱要略方卷上
漢張仲景述　晉王叔和集　臣林億等詮次
問曰上工治未病何也師曰夫治未病者見肝之病知肝傳脾
當先實脾四季脾王不受邪即勿補之中工不曉相傳見肝之
病不解實脾惟治肝也夫肝之病補用酸助用焦苦益用甘味
之藥調之酸入肝焦苦入心甘入脾脾能傷腎腎氣微弱則水
不行水不行則心火氣盛火氣盛則傷肺肺被傷則金氣不行
金氣不行則肝氣盛則肝自愈此治肝補之要妙也肝虛則用
此法實則不在用之經云虛虛實實補不足損有餘是其義也
餘藏準此夫人稟五常因風氣而生長風氣雖能生萬物亦能
害萬物如水能浮舟亦能覆舟若五藏元真通暢人即安和客
氣邪風中人多死千般疢難不越三條一者經絡受邪入藏府

上海图书馆藏明洪武据宋绍圣刻本抄本《金匮要略方》二卷

7. 四川图书馆

四川省图书馆始建于1912年，是我国成立较早的公共图书馆之一。经过百年发展，目前是国际图联成员馆和世界银行资料存放馆，是四川省总书库、全国文化信息资源共享工程四川省分中心、四川省古籍保护中心、四川省文献整序和图书馆服务中心，在全国具有重要地位，在西部具有龙头地位和示范作用。馆藏丰富独特，拥有500余万册藏书，其中古籍65万册、民国文献22万册。

8. 中国科学院图书馆

中国科学院国家科学图书馆（中国科学院文献情报中心）的古籍收藏具有相当规模并自成体系。馆藏古籍50余万册，包括唐人写经、西夏文写本、宋椠元刻及大量稿本、抄本、名人字画、契约、家谱等，尤以地方志和明清诗文集著称，且书品上佳。

中国科学院上海生命科学图书馆前身是中科院图书馆上海分馆，它是全国古籍重点保护单位，4部古籍被列入《国家珍贵古籍名录》，7部古籍被列入《上海珍贵古籍名录》。

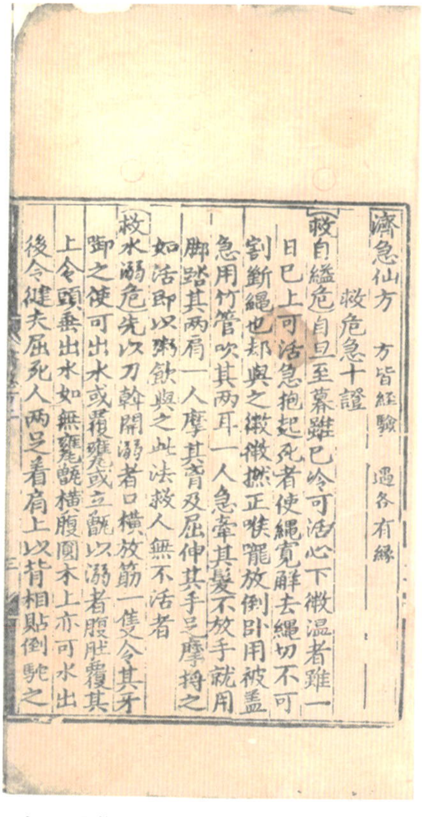

中国科学院上海生命科学图书馆藏明弘治崇德堂刻本《青囊杂纂八种》八卷

9. 台湾地区图书馆

台湾“中央图书馆”藏中医古籍286种，台北“故宫博物院”藏中医古籍294种，台湾“中央研究院历史语言研究所”藏中医古籍52种，台湾大学图书馆藏中医古籍24种，台湾宝礼堂藏宋本中医古籍3种。

全国主要综合性图书馆馆藏古籍和中医古籍调查总量，详见下表。

表1 全国主要综合性图书馆馆藏古籍和中医古籍调查总量

单位名称	古籍（册）	中医古籍（册）
四川省图书馆	650 000	18 000
江西省图书馆	370 000	13 000
山东省图书馆	700 000	10 000
中科院图书馆	500 000	10 000
国家图书馆	3 000 000	8 432
首都图书馆	500 000	8 000
湖北省图书馆	460 000	7 000
广东省立中山图书馆	30 000	6 800
首都医科大学图书馆	30 000	6 400
吉林省图书馆	80 000	5 600
军事医学科学院图书馆	5 500	5 500
天津医学高等专科学校图书馆	6 613	5 448
重庆图书馆	500 000	5 008
中国医学科学院医学信息研究所图书馆	4 800	4 000
河南省图书馆	300 000	4 000
宁波市图书馆	60 881	3 300
天津图书馆	530 000	2 944
广西壮族自治区图书馆	110 000	2 372
福建省图书馆	200 000	1 200
陕西省图书馆	320 000	1 172
贵州省图书馆	117 638	664
杭州图书馆	23 200	656
内蒙古医科大学图书馆	2 240	480
巴彦淖尔市图书馆	20 000	256

（二）中医专业图书馆

1. 中国中医科学院图书馆

中国中医科学院图书馆（原中国中医研究院图书馆）成立于1955年，是我国最早成立的中医专业图书馆。因馆藏中医古籍数量众多、内容丰富而闻名于世，在同行业中具有不可替代的重要地位。1958 年，其因中医古籍藏书特色而成为全国中心图书馆委员会成员馆；20 世纪 80 年代，该单位成为中国图书馆学会常务理事单位、中央国家机关科研系统图书馆学会副理事长单位、中华医学会信息学会常务理事单位；1985 年卫生部中医司批准成立“全国中医药图书情报工作委员会”，并成为主任委员单位；同时还是世界卫生组织临床与情报合作中心。2008 年，中国中医科学院图书馆由国务院批准成为“全国古籍重点保护单位”，2009 年由文化部国家古籍保护中心批准为“全国中医行业古籍保护中心”和“国家级古籍修复中心”。

中国中医科学院图书馆目前馆藏的 10 万余册古籍，一部分来源于国家的调拨和 60 余年几代专家精心访购而得；另一部分则来源于萧龙友、赵燏黄、范行准、黄竹斋、何时希等社会贤达与中医学家的无私捐献。在 10 万册古籍馆藏中，包括各类中医古籍 6 000 余种，历代版本 8 000 余个，约占存世中医古籍品种的 50%。其中有元刻本《圣济总录》《世医得效方》《本草衍义》，明万历金陵胡承龙刻本《本草纲目》，明宫廷彩绘本《补遗雷公炮制便览》，清雍正四年内府铜活字本《古今图书集成》等稀世精品，此外还有不少珍贵的木活字本、刻书底稿、彩绘本、稿本、抄本（包括许多历史上著名中医学家的手稿）等。它们不仅具有极高的学术价值，而且是珍贵稀有的文物。这些丰富的中医古籍，在继承发扬祖国医学遗产、振兴中医药事业、促进国内外学术交流中发挥了重大作用。

明万历十九年（1591）明抄彩绘本《补遗雷公炮制便览》十四卷（存十三卷）

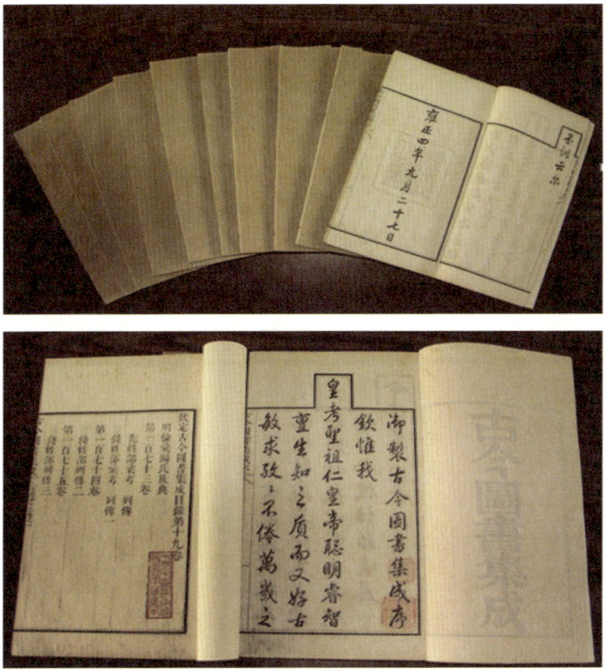

清雍正四年内府铜活字本《古今图书集成》一万卷

2. 上海中医药大学图书馆

上海中医药大学图书馆成立于1956年，馆藏以中医药文献为主。其中收藏古籍36 663册件，包括特藏善本1 110部6 196册。藏书主要为中医药元、明、清各时代的刻本、抄本，包括同时期日本、朝鲜的各类版本及民国时期中医药书籍和各中医院校的教材。藏品中的精品众多，诸如元代刻本《重修政和经史证类备用本草》、明洪武十七年（1384）刻本《诸症总录奇方》、明正德三年（1508）卢翊刻本《丹溪心法类集》、明万历二十七年（1599）赵开美校刻本《仲景全书》、明嘉靖汪济川刻本《重刊巢氏诸病源候总论》，明万历书林乔山堂刻本《新刻全补医方便儒》、清顺治六年（1599）白鹿山房木活字本《李士材先生伤寒括要》、中华民国时期《章太炎先生手写古医方》等珍品。其中《重刊巢氏诸病源候总论》等10部古籍，被选入2008年、2009年、2010年文化部公布的3批《国家珍贵古籍名录》。同时，馆内还有民国时期出版的中医期刊109种，以及各类文史哲线装书、善本书等。2009年6月，其被评为“全国古籍重点保护单位”和“上海市古籍重点保护单位”。

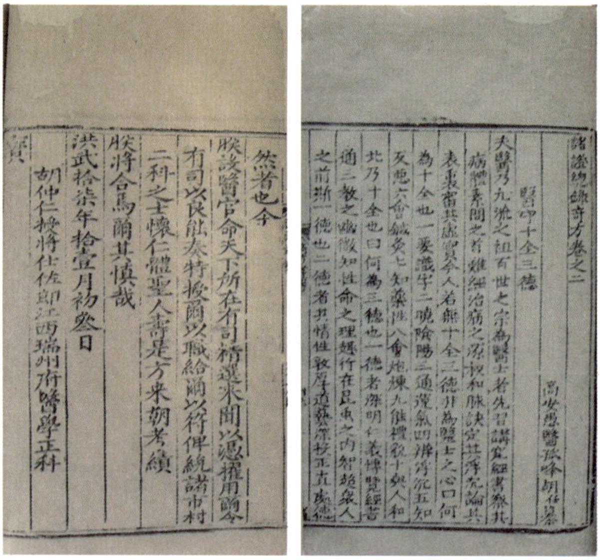

然著也今
朕設醫官命天下所在有司精選未聞以憑擢用爾今
有司以良能奏特授爾以職給爾以符俾統諸市村
二科之士懷仁體聖人壽是方來朝考績
朕將合爲爾其慎哉
洪武拾柒年拾壹月初叄日
胡仲仁授將仕佐郎江西瑞州府醫學正科

諸證總錄奇方卷之二
高安愚醫張峰明 集
醫中十全三德

上海中医药大学图书馆藏明洪武十七年（1384）刻本
《诸证总录奇方》二十六卷（存卷一至十一）

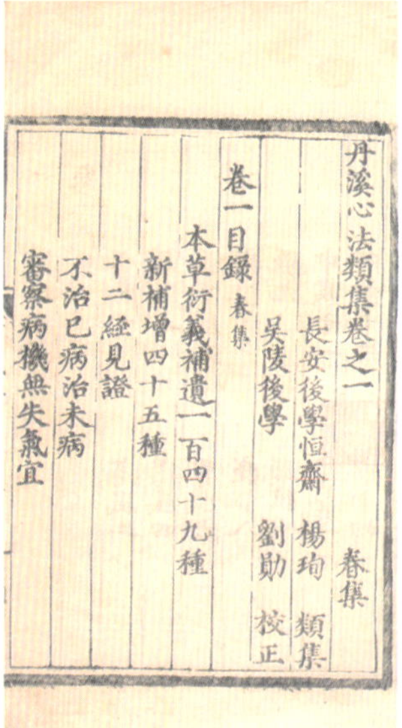

丹溪心法類集卷之一 春集
長安後學恒齋 楊珣 類集
吳陵後學 劉勛 校正
卷一目錄 春集
本草衍義補遺一百四十九種
新補增四十五種
十二經見證
不治已病治未病
審察病機無失氣宜

上海中医药大学图书馆藏明
正德三年（1508）卢翊刻本
《丹溪心法类集》四卷

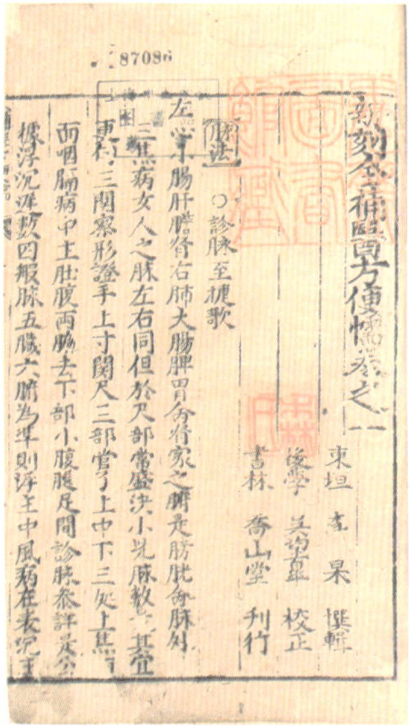

新刻全補醫方便懦卷之一
東垣 李杲 撰輯
後學 吳[illegible] 校正
書林 喬山堂 刊行
〇診脉至捷歌
左心小腸肝膽腎 右肺大腸脾胃命

上海中医药大学图书馆藏明
万历建阳刘氏书林乔山堂刻
本《医方便懦》三卷

3. 南京中医药大学图书馆

南京中医药大学图书馆成立于 1954 年，收藏中医古籍 3 000 余种、4 万余册，古籍珍善本 280 余种 3 000 余册。中医古籍、中国传统文化和中外参考工具、检索工具是该馆藏书的三大特色。该馆是“全国古籍重点保护单位”，也是“江苏省古籍重点保护单位”。

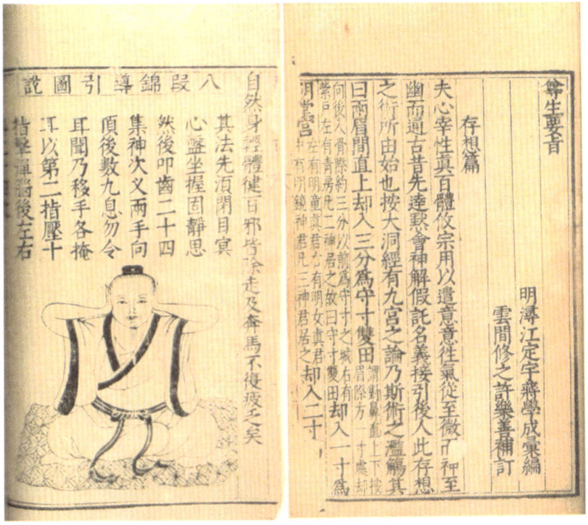
自然身輕體健百邪皆除走及奔馬不復疲乏矣
八段錦導引圖說
其法先須閉目冥
心盤坐握固靜思
然後叩齒二十四
集神次叉兩手向
項後數九息勿令
耳聞乃移手各掩
耳以第二指壓中
指擊彈腦後左右

尊生要旨
明濤江定宇蔣學成彙編
雲間修之許樂善補訂
存想篇
夫心宰性真百體攸宗用以遣意意往氣從至微而神至
幽而通古昔先達默會神解假託名義接引後人此存想
之術所由始也按大洞經有九宮之論乃斯術之濫觴其
曰兩眉間直上却入三分爲守寸雙田却入一寸爲

南京中医药大学图书馆藏明刻本《尊生要旨》一卷

4. 安徽中医药大学图书馆

安徽中医药大学图书馆成立于 1959 年，古籍部珍藏古籍线装书 3.3 万册，并设有安徽首家古籍修复室。2010 年 6 月由全国中医行业古籍保护中心推荐，其被国务院批准为“全国古籍重点保护单位”。该馆所藏《医说》《赤水玄珠》等 4 部古籍入选《国家珍贵古籍名录》。

此外，在全国各省中医药院校收藏有数量不等的中医古籍，详见下表。

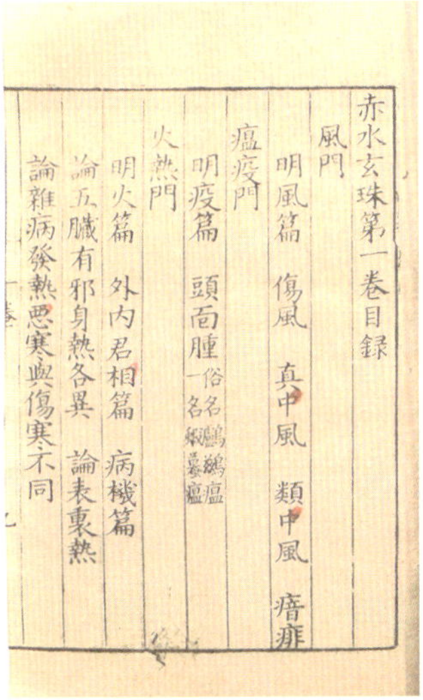
赤水玄珠第一卷目録
風門
明風篇　傷風　真中風　類中風　瘖痱
瘟疫門
明疫篇　頭面腫俗名鸕鷀瘟一名蝦蟆瘟
火熱門
明火篇　外内君相篇　病機篇
論五臟有邪身熱各異　論表裏熱
論雜病發熱惡寒與傷寒不同

安徽中医学院藏明万历二十四年（1596）孙泰来孙朋来刻本《赤水玄珠》三十卷

表 2 全国中医药院校馆藏古籍和中医古籍调查总量

单位名称	古籍（册）	中医古籍（册）
中国中医科学院图书馆	100 000	60 000
上海中医药大学图书馆	44 856	33 939
安徽中医药大学图书馆	33 000	32 000
南京中医药大学图书馆	40 000	26 000
长春中医药图书馆	30 000	25 000
山东中医药大学图书馆	30 000	20 000
天津中医药大学图书馆	30 000	20 000
北京中医药大学图书馆	25 000	20 000
甘肃中医药大学图书馆	30 800	20 000
北京诚善堂中医古籍博物馆	15 000	15 000
江西中医药大学图书馆	33 000	15 000
辽宁中医药大学图书馆	18 000	12 000
苏州市中医馆	10 000	10 000
广州中医药大学图书馆	20 000	10 000
浙江中医药大学图书馆	9 245	9 000
黑龙江中医药大学图书馆	20 000	9 000
浙江省中医药研究院图书馆	8 000	8 000
湖北中医药大学图书馆	10 000	8 000
陕西省中医药研究院图书馆	7 176	7 176
陕西中医药大学图书馆	40 000	6 800
湖南中医药大学图书馆	6 000	5 600
河南中医药大学图书馆	3 624	3 624
黑龙江省中医研究院图书馆	5 000	3 000
天津中医药大学第一附属医院图书馆	2 952	2 800
云南中医药大学图书馆	1 428	2 052
山西省中医药研究院图书馆	2 000	2 000
福建中医药大学图书馆	3 000	2 000
天津市中医药研究院图书馆	2 400	2 000
山西中医药大学图书馆	1 600	1 400
上海市中医文献馆	320	320

五、中医古籍资源整理出版

中医古籍作为宝贵的学术与文化载体，不仅具有研究价值、应用价值，作为历史遗存，还具有文物价值。因此，将其整理并出版对于中医古籍的抢救保护和深度利用具有重要意义。

（一）校点注释

古籍文献传承久远，经历翻刻抄写，谬误差讹在所难免，并且古籍大都不加句读，给学习和使用中医古籍带来诸多困难，也不便于中医学术的弘扬和传播。因此，新中国成立后，党和政府高度重视中医古籍点校、注释和白话解整理方式，出版了大量精品名著。即通过比对传本、校勘文字、厘定脱讹倒衍、标点断句、解词释句，对古籍原著进行整理出版，或附以白话解。

以学科为纲：如人民卫生出版社组织历代经典医籍的整理，形成《中医古籍整理丛书》，启动于20世纪80年代初，大多出版于20世纪80年代末至90年代初，有少数书如《黄帝内经太素》直到近年才出版，其中包括：《黄帝内经素问校注》《黄帝内经灵枢经校注》《难经校注》《伤寒论校注》等。

以医家为纲：如中国中医药出版社组织出版的《明清名医全书集成》《唐宋金元名医全书大成》《徐大椿医书全集》《刘纯医学全集》《张山雷全集》，人民卫生出版社出版的《河间医集》《东垣医集》《丹溪医集》《子和医集》《黄元御医书十一种》等。

以版本为纲：如中医古籍出版社出版的《中国中医研究院馆藏中医珍善本丛书》《中国医学科学院图书馆馆藏善本医书》《北京大学图书馆馆藏善本医书》，上海科学技术出版社出版的《中医古籍珍稀抄本精选》等。

以地域为纲：如安徽科学技术出版社出版的《新安医籍丛书》，人民卫生出版社出版的《海外回归中医善本古籍丛书》，江苏科学技术出版社出版的《孟河四家医集》等。

（二）仿真影印

古籍影印作为抢救、保护与整理古籍的重要方式之一，是长期以来古籍再生性保护的重要和常见手段，能使珍稀的孤本、善本化身千百，分藏于各地，确保珍贵文献的传承，并且可以扩大流通，促进古籍善本最大限度的传播和利用。[8]

新中国成立70余年来，中医古籍影印工作取得可喜成绩，影印出版、再生性保护了大量珍善本医籍，如中医古籍出版社影印出版的《中医珍本丛书》《文渊阁四库全书子部医家类》《中医古籍孤本大全》《春湖医珍》《寿养丛书》等，北京古籍出版社影印的《中医古籍珍本丛书》，上海科学技术出版社的《中国医学珍本丛书》《珍本医书集成》《中国医学大成续集》，浙江科技出版社的《中医古籍珍本丛书》，中国书店的《中医基础丛书》，上海书店的《中医古籍善本丛刊》，上海古籍出版社的《四库医学丛书》《气功·养生丛书》，上海三联书店的《历代中医珍本集成》，江苏广陵古籍刻印社影印的《广陵医籍丛刊》，国家图书馆出版社的《中华再造善本》等。

（三）辑复整理

辑复亦称辑佚、辑逸，即通过搜集、考校、整理、核实现存文献中的古书佚文，使已亡佚古书全部或部分复原。

宋人郑樵《通志·校雠略》指出：“古书有亡者，有虽亡而不亡者。”其中“虽亡而不亡”的医书便是我们辑佚的任务。医书之有辑佚，由来已久，种类亦夥。自从南宋王炎辑复《神农本草经》以来，国门内外，该书的辑佚本竟达十余部之多，如明代卢复，清代孙星衍、孙冯翼、顾观光、黄奭等，皆有《神农本草经》辑复本传世，而以中国中医科学院马继兴教授之《神农本草经辑校》为上述辑校本中最善。清代官修《四库全书》时，曾从明代《永乐大典》中辑出佚书375种、4 926卷，其中医书21种、72卷，如《颅囟方》《严氏济生方》等。又如南朝的雷斅《炮炙论》、陈延之《小品方》、徐嗣伯《风眩方》、陶弘景《本草经集注》以及《明堂孔穴》《针灸治要》《新修本草》《传信方》《经效产宝》等等，都是佚失而辑复之作。现代辑复古籍较有成就的是皖南医学院尚志钧先生，他辑复的著作有《新修本草》《补辑肘后方》等。

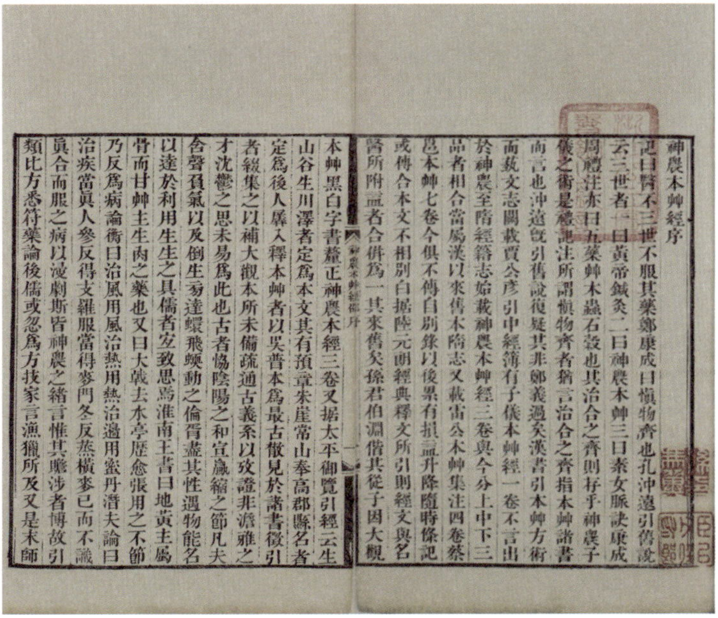
神農本艸經序
記曰醫不三世不服其藥鄭康成曰愼物齊也孔沖遠引舊說
云三世者一曰黃帝鍼灸二曰神農本艸三曰素女脈訣康成
周禮注亦曰五藥艸木蟲石穀也其治合之齊則存乎神農子
儀之術是禮記注所謂愼物齊者猶言治合之齊指本艸諸書
而言也沖遠旣引舊說復疑其非鄭義過矣漢書引本艸方術
而藝文志闕載賈公彥引中經簿有子儀本艸經一卷不言出
於神農至隋經籍志始載神農本艸經三卷與今分上中下三
品者相合當屬漢以來舊本隋志又載雷公本艸集注四卷蔡
邕本艸七卷今俱不傳自別錄以後累有損益升降隨時條記
或傳合本文不相別白據陸元朗經典釋文所引則經文與名
醫所附益者合併爲一其來舊矣孫君伯淵偕其從子因大觀
本艸黑白字書釐正神農本經三卷又據太平御覽引經云生
山谷生川澤者定爲本文其有預章朱崖常山奉高郡縣名者
定爲後人羼入釋本艸者以吳普本爲最古散見於諸書徵引
者綴集之以補大觀本所未備疏通古義系以攷證非澹雅之
才沈鬱之思未易爲此也古者恊陰陽之和宣羸縮之節凡夫
含聲負氣以及倒生旁達蠉飛蠕動之倫胥盡其性遇物能名
以達於利用生生之具儒者宜致思焉淮南王書曰地黃主屬
骨而甘艸主生肉之藥也又曰大戟去水亭歷愈張用之不節
乃反爲病論衡曰治風用風治熱用熱治邊用蜜丹潛夫論曰
治疾當眞人參反得支羅服當得麥門冬反蒸橫麥已而不識
眞合而服之病以浸劇斯皆神農之緒言惟其贍涉者博故引
類比方悉符藥論後儒或忽爲方技家言漁獵所及又是末師

清·孙星衍、孙冯翼辑《神农本草经》三卷［清嘉庆四年（1799）阳湖孙氏刻问经堂丛书本］

（四）索引辞典

索引也称通检、引得。索引可给读者查阅古书中的文句带来极大的方便，因而编制索引也是中医文献整理研究中的一项重要工作。1949 年以前，燕京学社就曾对诸多史书、子书编制过引得，如上海古籍出版社也曾出版过《论语引得》《孟子引得》《庄子引得》等。叶绍钧先生的《十三经索引》是著名的通检。古代医书的索引目前仅有郭霭春等的《黄帝内经索引》、宗全和的《黄帝内经文句索引》、任应秋的《黄帝内经章句索引》，郑金生等编《本草纲目索引》，段逸山编《黄帝内经词语通检》《备急千金要方通检》《诸病源候论通检》。

辞典即词语工具书，如《中医大辞典》《中医名词术语选释》《黄帝内经词典》《中医文献辞典》《中医人物词典》《中医人名词典》等。

（五）电子出版

采用光盘或数字平台方式整理出版古籍，因其后台有强大的数据库支撑，使得电子出版物更便于使用者对于古籍知识的检索和应用。

1.《中华医典》

《中华医典》CD-ROM 光盘由湖南电子音像出版社出版，嘉鸿科技开发公司制作。是对中医古籍进行全面系统整理而制成的大型电子丛书。最新版本的中华医典收录了中国历代医学古籍 1 000 余部，卷帙上万，4 亿字，汇集了新中国成立前的历代主要中医著作，其中不乏罕见的抄本和孤本，大致涵盖了至民国为止的中国医学文化建设的主要成就，是至今为止规模最为宏大的中医类电子丛书，被列为“九五”国家重点电子出版规划项目。《中华医典》按图书馆分类法将收入的历代中医古籍分为医经、诊法、本草、方书、针灸推拿、伤寒金匮、温病、综合医书、临证各科、养生食疗外治、医论医案、其他等十二个大类，条理清晰、经纬分明，涉及了中医学的所有学科，大部分有影响的中医古籍均囊括其中。

2.《皇汉医学丛书》

《皇汉医学丛书》CD-ROM 光盘由湖南电子音像出版社出版，嘉鸿科技开发公司制作。是一套日本中医药学者的著作丛书，于 1936 年由香港陈存仁先生编撰刊行，共 72 种，分为 13 类。计总类 8 种，包括《内经》《难经》等医经注释及考证、传略、目录等著作；内科学 19 种，主要为《伤寒》《金匮》《温病》等典籍文献的研究注解；外科学 1 种；女科学 3 种；儿科学 3 种；眼科学 1 种；花柳科学（性传播疾病）1 种；针灸学 4 种；治疗学 1 种；诊断学 1 种；方剂学 10 种，包括名方、验方、家藏方、方剂词典、古方分量考等内容；医案医话类 11 种；药物学 7 种；论文集 1 种。

3.《医方类聚》

《医方类聚》CD-ROM 光盘由湖南电子音像出版社出版，嘉鸿科技开发公司制作。系朝鲜人金礼蒙等收辑 150 余种中国明代以前医籍分类汇编而成，此书在朝鲜早已经散失，约在 1852 年，日本人丹波元坚将自己收藏的此书残本（原缺十二卷）请人参考诸书加以补入，刊于 1861 年，即江户学训堂本。

《医方类聚》原书共 266 卷，现存 262 卷（缺 155 卷、156 卷、209 卷、220 卷），全书约 950 万字，分为九十二门，收方 50 000 余首，此书旁征博引历代医学典籍，兼收传记杂说及道藏佛书中有关医药的部分，因此内容极为丰富，对研究整理中华传统医学具有很高的参考价值。[15]

4.《国医典藏》

《国医典藏》中医古籍数据库是中国中医科学院中医药信息研究所开发的中医古籍数字阅览与检索系统。精选中国中医科学院图书馆馆藏中具有较高实用价值、文献价值和学术价值的历代中医古籍500种（包括综合性丛书10余种），4 500余册汇于一编，按《中国中医古籍总目》分类法分类，涵盖自汉代至清末民国时期的历代典籍，其中不乏世所罕见的珍善本及孤本医籍。国医典藏数据库能够实现中医古籍的原貌展现和便捷阅览，古籍内容的多途径深度检索，古籍知识内容的精准定位等功能，为用户提供专业化的中医古籍阅读、检索与利用服务。按《中国中医古籍总目》分类法，分为医经、基础理论、伤寒金匮、诊法、针灸推拿、本草、方书、临证各科、养生、医案医话、医史、综合十二大类，涉及65个二级类目。

其主要特点有：①内容精良：博采馆藏精品、遴选珍善孤本、注重学术应用价值。②原貌展现：收录古籍原版、彩色扫描图像，原汁原味展现中医古籍。③深度标引：内容的深度标引，可对古籍图片中的知识点精准定位。④后控检索：基于专业的后控词表，搭建古籍知识桥梁，实现语义检索。⑤书目提要：专家精心撰写内容提要，便于读者深入认识和阅读古籍。

基本功能：①原图阅览：古籍原图的浏览、翻页、缩放、图文切换。②分类浏览：按古籍分类查找、浏览古籍。③多途径检索：条目检索：书名、作者、成书年、版本、内容提要等的单独或匹配检索；关键词检索：基于古籍原图标注信息检索古籍全文内容；高级检索：书目信息及关键词的匹配、逻辑检索；后控检索：基于专业词表的同义词、上位词、下位词、关联词优化检索；二次检索：在检索结果基础上的二次检索；书内检索：针对指定书籍的内容检索。④保存下载：所阅览古籍原图的下载和保存。

该系统是目前国内收书质量和检索功能最强的专业中医古籍阅览系统。

参考文献

［1］范家永，吉文辉主编．中医文献检索与利用［M］．武汉：武汉大学出版社，1987，9：10.

［2］裘沛然主编．中国医籍大辞典［M］．上海：上海科学技术出版社，2002，8：1602-1802.

［3］薛清录主编 . 中国中医古籍总目［M］. 上海：上海辞书出版社，2007.8.

［4］王育林，李亚军 . 医古文［M］. 北京：中国中医药出版社，2016，8.

［5］龙伯坚 . 黄帝内经概论［M］. 上海：上海科学技术出版社，1980，9：80–86.

［6］张贵才 . 弘扬新安医学，创新造福当代［J］. 第十二届全国中医药文化学术研讨会，福州：2009，10，184–186.

［7］杨继红，张凡，郝娟. 现存古代中医文献的海外分布概况［J］. 世界中西医结合杂志，2013，8（4）：424–425.

［8］梁永宣 . 日本各地收藏中医古籍的图书馆（二）［J］. 世界中西医结合杂志，2013，8（3）：313–314.

［9］梁永宣 . 日本各地收藏中医古籍的图书馆（一）［J］. 世界中西医结合杂志，2013，8（1）：92–93.

［10］真柳诚，王铁策. 日本内阁文库收藏的中国散佚古医籍［J］. 中华医史杂志，1998，28（2）：65–71.

［11］马继兴 . 日本历史上保存与发现的中医药古文献［J］. 中医文献杂志，2009，（5）：1–4.

［12］潘德利 . 美国国会图书馆藏中国古籍善本概略［J］. 图书情报工作，2002，（6）：114–117.

［13］范为宇 . 对美国部分机构馆藏中医古籍的调查［J］. 国际中医中药杂志，2011，33（1）：1–4.

［14］马继兴. 俄国现藏的中国出土古医药文献［J］. 中华医史杂志，1999，29（1）：10–14.

［15］中华再造善本工程编纂出版委员会编 . 中华再造善本提要［M］. 北京：国家图书馆出版社，2015.

第三节　中医古典目录学发展概貌

中国古典目录学发展源远流长，其发展水平与成就远远超过了同时期世界上的其他文明国家，究其原因即与我国首先建成系统分类目录有着很重要关系。自西汉刘向、刘歆父子撰《别录》《七略》奠定系统分类目录学的发展基础，至今已有两千多年历史。当15至16世纪，欧洲的科学文明逐渐上升的时候，分类目录才开始发展，而我国目录学仍然继续迅速提高，还是远在欧洲之上。此外，早在《七略》的方技略中就已设置有医经、经方的类目，说明在我国最早的目录学著作中，已经有了中医专科目录学的萌芽。其后随着文化发展、学科繁衍、典籍激增，书目的编纂日益引起官府和学界的重视，继刘向、刘歆以后，涌现出一批彪炳史册的目录学家，如东汉时期的班固，晋朝的荀勖，南北朝的阮孝绪，唐朝的魏征，宋朝的欧阳修、郑樵，明朝的钱谦益、赵琦美，清朝的纪昀、黄丕烈等，均为名贯古今的鸿儒巨擘。他们编纂的书目如《汉书·艺文志》《中经新簿》《隋书·经籍志》《通志·艺文略》《崇文总目》《四库全书总目》等，均为中国目录学史上的扛鼎之作，这些书目全面系统地反映了我国文化发展、学术发展和社会发展的历史面貌，至今仍在国学研究、中华文化传承上发挥着重要作用。

我国的书目资源十分丰富，除官府（包括皇家）藏书目录外，还有私家藏书目录、史志目录、寺院藏书目录等等，汇聚成巨大的文献记录宝藏，是一笔不容忽视的文化财富。其中很多书目是出自文化大家之手，故在目录的立意、立论、体例结构设计、图书类别划分等方面，均反映出作者自身的学术和文化主张，从而产生了一批历史坐标性质的不朽作品，也在目录学领域留下了不同的学术主张或学派。此外，也必须看到，目录学只是中华文化的一个分支，它的产生和发展均离不开中华文化发展的大趋势大背景。下面结合我国目录学发展的历史概况，从三个方面简要地介绍中医古典目录学发展的特点和概貌。

一、中医专科目录发展概况

立足我国目录学史，通过综合性目录和目录学发展之梗概可以窥见中医专科目录之大略。因为综合性目录的特点就是包罗百家、各科兼备，所以在我国最早的一部综合性分类目录《七略》中即设有医经、经方两个医学专科类目，班固在编撰《汉书·艺文志》时予以了肯定和接受，并指出“方技者，皆生生之具，王官之一守也”。在其影响下，历代目录著作均重视医籍的收录和整理。虽然，后来由《隋书·经籍志》确立的四部分类法，在其后一千余年的目录编撰类例中占据主导地位，但综合性目录亦大都将医书列入子部编录。因此，可以说中医专科目录学，是伴随着综合性目录和目录学的发展而发展的。

（一）古代中医专科目录

从历史上看，中医专科目录的编纂长期处于匮乏状态，作为独自成篇的中医文献目录，一般认为最早是南宋绍兴年间《秘书省续编到四库阙书目》中的《医经目录》和《大宋本草目》。自宋代活版印刷术的发明和校正医书局的建立，医著出版宏富，传播广远，为适应检阅、考究的需要，中医文献目录专著也应运而生。[1]

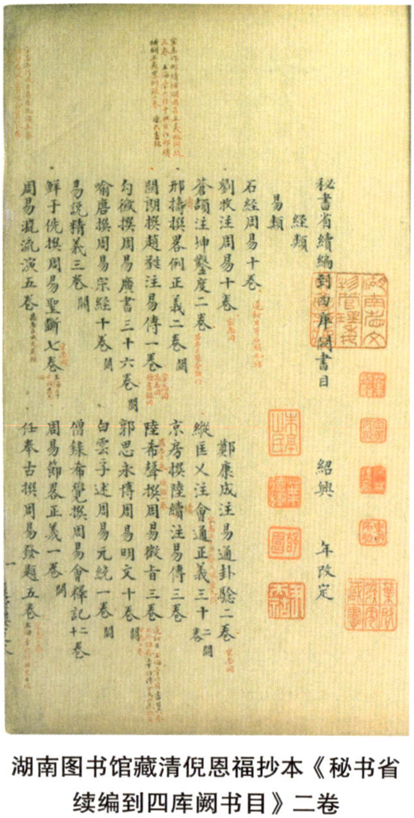
秘書省續編到四庫闕書目
紹興 年改定
經類
易類
石經周易十卷
劉牧注周易十卷
蒼頡注坤鑿度二卷
邢璹撰畧例正義二卷 闕
關朗撰超䛐注易傳一卷
勾微撰周易廣書三十六卷 闕
喻唐撰周易宗經十卷 闕
易說精義三卷 闕
鮮于侁撰周易聖斷七卷
周易觀流演五卷
鄭康成注易通卦驗二卷
織匪乂注會通正義三十二卷 闕
京房撰陸績注易傳三卷
陸希聲撰周易微旨三卷
郭思永傳周易明文十卷 闕
白雲子述周易元統一卷 闕
僧鎰布覺撰周易會釋記十二卷
周易節畧正義一卷 闕
任奉古撰周易發題五卷

湖南图书馆藏清倪恩福抄本《秘书省续编到四库阙书目》二卷

现存于世、最早的古代医书目录为明·殷仲春的《医藏书目》，此书是以殷氏个人藏书为基础编纂的，收书500余种，按佛家学说分为无上函、正法函、法流函等20类，每函之前有小序，简介该类划分之依据。结合了医学分科和医学文献的特点，著录了大量古代中医典籍，并将典籍分类指归。系统总结了明代之前的历代医学典籍，是对中国古代医学书籍的一次高度汇总，他提出了许多独到的医学见解，揭示了古代医学演变与发展的流程，客观反映了明代医学文献与专科目录发展的水平，为古代医书的保存做出了重要贡献。[2] 此外，还有明代的一些医家对医学书目更为重视，他们采用引用书目的著录方式，记载了撰著参考之书。如徐春甫《古今医统大全》、李时珍《本草纲目》等医药学巨著，均在重要位置列有征引诸家书目，并在有的书籍之下列有提要。其引用书目编制的质量，较之宋代有明显的提高。[3]

至清代，有王宏翰《古今医籍考》，还有一些书目只见于其他书目的著录，未见原书存世，如《医籍考》所载明・李濂的《李嵩渚医书目录》，《医籍通考》所载余鸿业的《医林书目》、董恂的《古今医籍备考》等。清乾隆间，改师立撰《医林大观书目》，书目以时为次，著录各个朝代的医籍共670余种，较为直观地显示各个时代的医籍状况，具有学术史意义。书目后面分类胪列诸科，分女科、幼科、痘疹科、刺灸科、外科、眼科、《素问》诸家注释等类，凡500余种。[4] 这种编年分类的书目编排分类方式在辨章学术方面，较《医藏书目》更加醒目而实用。

清道光咸丰间，曹禾著《医学读书志》，此书以历代名医（包括御纂医著之帝王）为纲，列有撰者百余人，以时代为序编次。每在撰人之下，将史志所载及所见书目罗列于下，且注明出处，其次比较其著录之异同，然后记述撰写人事迹，溯其师承源流，并兼以评论。于刻传原委，辨别尤详。[5] 此书著述的目的，是“阐明古代医籍源流，考订谬误，阐发中华医典之价值”，被公认为最具“辨章学术，考镜源流”特点的书目。书中收录的不但有医家字号、籍贯、生平、家世、著述、声望、师承、业绩，还收录了许多珍贵的医学史料，为后世学者了解历代医史人物提供了可靠依据。[2] 曹氏尚有《医学读书附志》，包括六篇考证文章，其中《历代伤寒名家书籍考》也是很有价值的中医目录学著作。[3]

清代名医凌奂也曾著《医学薪传》一书，该书是具有医学入门导读性质的医学专科目录，全书共收录了周秦到晚清共280余种中医书籍。在分类体例上，将医书体例分为提纲、契目、则古、宜今、学案、名家、旁稽、宗旨、合撰、分科、时术、异端12类，各类著录的分别是医经、伤寒、古药方和脉书、脉经和本草注疏、名医案、名家著作、奇方和养生方、医学全书和类术、医学丛书、各科医书、温病医书。每类下作小序，简介各类内容特点。在内容上，《医学薪传》著录的范围较广，它突破了古代医学专科书目拘泥于中医书籍的框架限制，还收录了近代外国人著述的部分医籍。全书言辞朴实恳切，评价条清缕晰。[2]

1917 年吴兴凌氏铅印吴氏医书二种本《医学薪传》

清末至民国时期，丁福保编《历代医书书目提要》，收书 1 890 种，分为素问、灵枢、难经、甲乙经、本草、伤寒、金匮、脉经、五脏、明堂针灸、方书等 22 类。丁福保、周云青主编的《医学四部录》《四部总录·医药篇》，著录现存中医古籍 450 种，集版本与提要于一书，提要节录自各类文献，并注明出处。该书对研究中医古籍有较高实用价值。还有曹炳章撰《历代医学书目考》《中国医学大成总目提要》；裘吉生所编《三三医书书目提要》《珍本医书集成目录》共收录医书 3 000 余种，每书均作提要，且指出各书之特色；张赞臣编《中国医学自修书目》，陈存仁编《皇汉医学总目》等。

（二）国外中医专科目录

受我国学术和文化影响，日本自 18 世纪以来，中医专科书目编纂呈快速发展之势，影响最大的当属丹波元胤仿清代朱彝尊的《经籍考》之例，[3] 编纂而成的《医籍考》。该书收载我国自秦汉以来至清中叶的历代医籍 2 800 余种，收集数据系统全面，除医籍外，凡历代史书、方志、笔记杂著、书目文献中对医书的记载均予收集。该书体例严谨、内容翔实，是当代中医目录学著作中的佼佼者，已成为中医药研究、历史文化研究工作者的必备参考工具书。继后有黑田源次、冈西为人的《中国医学书目》，还有冈西为人的《宋以前医籍》，该书仿《医籍考》体例，对宋代以前成书的中医古籍进行了详细的考订，史料丰富，考订严谨，学术价值很高。

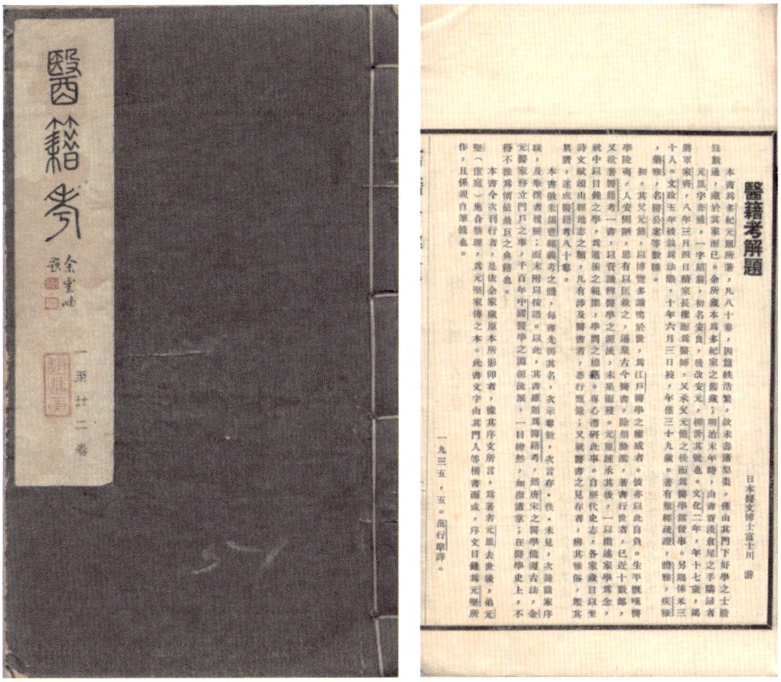

中国中医科学院图书馆藏赵燏黄旧藏 1936 年上海中西医药研究社影印本《医籍考》

（三）现代中医专科目录

新中国成立后，为满足中医文献整理和研究的迫切需要，有关中医古籍的专科目录相继问世，其中较有特色的如：郭霭春著《中国分省医籍考》，该书按中国行政区划，以地方志为依据，对历代文献记载的中医古籍进行了全面考查，有较高的学术价值。吉林省人民出版社出版的《中国医籍提要》，该书收录古代和近现代（1960 年以前）中医著作 906 部，分四类编排，每部下列作者、成书年代、版本、提要等项。严世芸主编《中国医籍通考》，该书收集上至出土文物，下迄清末，旁及日本、朝鲜的古医籍 9 000 余种，按类及成书时间顺序编排，每书按书名、作者、卷数、存佚、序跋、资料、版本等著录，内容丰富，著作宏大；但缺少统一的编写体例和目录总纲，使用不便；未附引用书目，降低了其学术价值。裘沛然主编《中国医籍大辞典》收录了现存古代和近现代医籍词条一万余条，亡佚古医籍 4 000 余条。除以上几种外，还有一些撰著与收载中医古籍提要的专著，如《中医文献大词典》《三百种医籍录》《新安医籍考》等，以及国外中医古籍书目，如《朝鲜医籍通考》。

需要特别指出的是，目前调研范围最广、影响最大、查找中医古籍现存版本使用率最高的是由中国中医科学院图书馆（原中国中医研究院图书馆）先后三次开展全国中医古籍资源调查所形成的三版《中医古籍联合目录》。[6] 1958 年，中国中医科学院与北京图书馆联合开展中医古籍资源普查，调研了全国图书馆和私人藏书家收藏的中医图书，1961 年编纂完成第一部《中医图书联合目录》，收录了全国 59 家图书馆和两位私人藏书家收藏的 7 661 种古籍。20 世纪 70 年代末，中国中医科学院组织对全国中医古籍资源进行了广泛调研，收集了全国各地区各系统图书馆收藏的中医古籍书目数据，历时十余年，于 1991 年出版了《全国中医图书联合目录》。该书收录了全国 113 家大型图书馆收藏的 1949 年以前出版的中医图书 12 124 种，在国内外得到广泛传播与应用，该书荣获 1996 年国家科技信息系统优秀成果二等奖。2005 年，随着中医古籍调研的扩大与深入，中国中医科学院开展了新一轮古籍资源补充与厘定，吸纳中医文献学、目录学的最新研究成果，整合各类相关信息资源，编纂完成《中国中医古籍总目》。该书收录国内 150 个图书收藏单位收藏的 1949 年以前出版的中医图书 13 455 种（其中包含中医古籍 8 663 种），基本查清了新世纪全国中医古籍资源现存状况，为开展中医文献学、版本学研究，厘清中医学术发展源流，抢救保护、研究利用古籍文献，促进中医药学术进步与科技创新，提供了重要保障与支撑。

这项工作开启了当代大型中医古籍资源调研和书目信息集成之先河，为全国古籍资源普查提供了范例，其意义是重大而深远的。首先，通过编纂《中医图书联合目录》《全国中医图书联合目录》《中国中医古籍总目》，形成了中医古籍三级分类法，这是在长达半个世纪的中医古籍资源调查和《中医古籍联合目录》的编撰中，研究人员通过深入研究、比对中国传统古籍分类和现代科学分类基础上，结合中医学科和学术的特点，创造性地研制而成。该分类法既符合中国传统目录学“辨章学术，考镜源流”的特点，又能够明晰表达中医学科体系和类目间的逻辑关系，可容纳类分历代流传下来的全部中医古籍，填补了中医古籍分类的历史空白。其次，通过全面深入调研，发现并发掘了许多中医古籍收藏单位和珍贵的中医古籍资源，为中医传承创新奠定基础。《中国中医古籍总目》发掘新增全国37个图书馆的书目信息，较1991年版《全国中医图书联合目录》增收新书种2 263种，新版本3 652个。例如发掘出中国科学院上海生命研究所图书馆所收藏869种中医古籍，其中有43种是孤本，其中不乏历代已被定为亡佚不传的具有重大学术价值的中医古籍。通过资源调研，填补了中医古籍研究的多项空白，修正了工具书既往的谬误；在全国古籍普查、保护和联合目录、专科目录的编订工作中走在了前列，具有重要示范作用。

二、目录学理论发展概况

纵观两千多年的目录学发展史，总的发展特点是：重书目编纂的实践活动，轻目录学的理论研究，因此，目录学的理论研究相对薄弱。正如余嘉锡先生所言：“自来有目录之学，有目录之书，而无治目录学之书。盖昔之学者皆熟读深思，久而心知其意，于是本其经验之所得以著书。至其所以然之故，大抵默喻诸己，未尝举以示人。”[7]故此，自西汉至清乾嘉间，长达两千余年的时间里，一般学者只承认有目录，不承认有目录学，直到清乾隆间王鸣盛在《十七史商榷》中提出：“目录之学，学中第一紧要”的论断，目录学在学界才逐步得到认同。

2014年商务印书馆出版
《中国目录学史》

（一）理论构建

从晚清至民国间，从事目录学研究的学者，在目录学原理的研究上取得长足进步，出版和发表了一批目录学专著、教材和论文。影响较大的有汪国垣著

《目录学研究》，姚名达著《目录学》和《中国目录学史》，余嘉锡著《目录学发微》，蒋伯潜著《校雠目录学纂要》等。但令人惋惜的是，这种正在蓬勃发展的目录学理论研究大好形势，随即因日本侵华战争爆发而中断。1949 年以后，目录学研究工作随着文化教育事业、国学研究的起伏而起伏，断断续续坚守着它的文脉，直到改革开放以后，才回归到正常发展轨道。致力于目录学系统研究和构建者，从不同角度编撰目录学相关著作，如徐召勋著《目录学》；高等院校均将目录学作为图书馆学和古典文献学等专业的必修课程，如武汉大学与北京大学合编《目录学概论》，这些工作为目录学理论和方法的构建奠定了坚实基础。

1990 年北京大学出版社出版《校雠目录学纂要》

1982 年中华书局出版《目录学概论》

（二）目录实践

在古典目录学理论构建与系统发掘这一大好形势下，中医古籍目录学研究工作也有相继开展，有关目录学实践的专著相继出版。如龙伯坚编撰的《现存本草书录》，吉林人民出版社出版任应秋主编的《中国医籍提要》，贾维诚编撰的《三百种医籍录》，郭霭春编著的《中国分省医籍考》《中国针灸荟萃·现存针灸医籍》，尚志钧等编著的《历代中医药文献精华·本草要籍》，李茂如编撰的《历代史志书目著录医籍汇考》，汪沪双编著的《新安医籍考》，严世芸主编的《中国医籍通考》等。以上著作均是在目录学基本方法指导下，从不同角度对医籍进行考订和整理，属于研究型目录学专著；亦有普查性质的资源登记型目录，如薛清录主编的《全国中医图书联合目录》《中国中医古籍总目》，裘沛然主编的《中国医籍大辞典》等。但有关中医古籍目录学理论、方法的系统整理和研究性专著，仍付阙如。

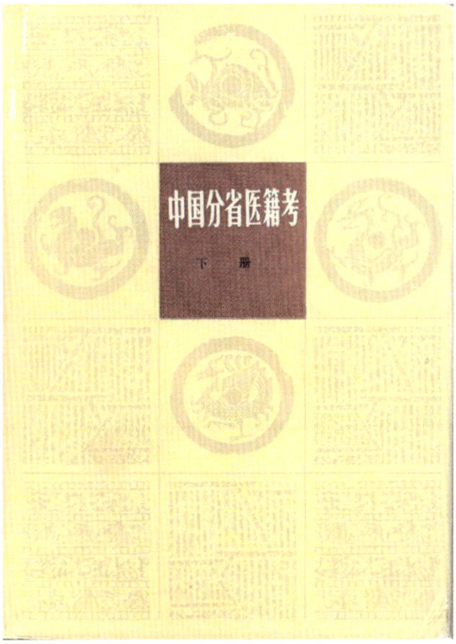

1984 年天津科学技术出版社出版《中国分省医籍考》

三、目录编纂体例发展概况

目录编纂体例，可以反映编纂者的目录学主张，进而体现学术的沿革与发展，历来受到学界的重视。如历代有重视目录类叙和解题者，认为这是目录能够发挥辨章学术的重要依据；而亦有不赞同者，如宋代郑樵认为，多列则无益，“类例既分，学术自明”，尤其强调目录的分类方法即是体现学术的分化与进步的重要标志，除此之外，毋需多言。但是，纵观目录学的发展历史，不论目录编纂体例、形式和内容有何差异，均离不开篇目、类序（小序）、解题（叙录）这三个重要的基本元素，并以此作为评判书目优劣和价值的重要标准。刘纪泽《目录学概论》中言：“目录之体制，大要有三：一曰篇目，所以考一书之源流；二曰叙录，所以考一人之源流；三曰小序，所以考一家之源流。三者相为出入，皆所以辨章学术者也，三者不备则其功效不全。”因此，按照余嘉锡先生在《目录学发微》中提出的“目录之书有三类：一曰部类之后有小序、书名之下有解题者；二曰有小序而无解题；三曰小序解题并无，只著书名者”[7]观点，对现存的一些古代主要书目编纂体例进行初步梳理归纳，大体可分为以下三种类型：

（一）类序解题并存

第一种类型是部类之下有小序、篇名之下有解题，即将所编之书按内容或形式分为不同的部类，每类之下设类序（小序），每书之下设解题（叙录）。通过类序和叙录阐明以下内容：（1）著录书名与篇目；（2）审定版本之概况，鉴别书籍之真伪；（3）介绍作者生平事迹及学术思想；（4）书籍的内容概要和学术源流；（5）评判书籍的学术价值和社会价值。

这种既有类序又有叙录的书目编写体例，是由目录学的开山之作《别录》《七略》奠定的基础。其后如南宋晁公武的《郡斋读书志》，宋代的《崇文总目》和清代的《四库全书总目提要》等均依此例。

（二）有类序无解题

第二种类型是部类之下有小序、篇名之下无解题，即在书目的各类设类序，而在各书之下不设解题。这一体例的开创者为班固，他在编撰《汉书》时，特设专项，编写《艺文志》，奠定史家目录学基础。《汉志》因袭《七略》体例，每经有一小序，叙述学术源流，说明自成一类的理由，每略后有总序，统论此略学术大势。有评论说："提要者，专家目录之书也；《汉志》者，史家目录之书也。"是指史家书目是从宏观的角度观察和评价学术的发展，而不拘于一书的利弊得失。在史家目录中，《隋书·经籍志》在编纂体例上和《汉书·艺文志》保持一致，是仅次于《汉书·艺文志》的第二部较早的综合性书目。在时代划分上，《汉志》著录了上古时期的图书，因而保存了《七略》的形制和内容，而《隋志》则著录中古时期的图书，因此，这两部现存最早的书目便成为研究上古时期和中古时期古籍文献的不可或缺的参考工具书。

（三）类序解题并无

第三种类型是部类之下的类序和篇目之下解题均无，即是只著录图书目录，不设类序，也不设解题（叙录）。这一体例开创于唐宋史志目录，即《旧唐书·经籍志》《宋史·艺文志》，而真正的倡导者和奠基者是宋朝著名史学家、目录学家郑樵，他在《通志 · 艺文略》明确提出“注释无义”的主张，认为凡是通过书名、篇目、著者等项目足以反映内容的书，或根据所属类别序列就能判断内容的书，就不必作“注释”。他在书目的收录范围上主张“不是记一代藏书，一朝著作，而是记百代之有无，广古今而无遗”，后人对此概括为三点：“通录、记亡、求全”。郑氏强调“编书必究本末，使上有源流，下有沿袭，以存专门之学”，提出目录首要注重类例，谓“类例既分，学术自明”。他的这些目录学主张对后世影响很大，大多书目著作均依此例而行，较有代表性的著作有张之洞的《书目答问》，其继郑氏而提出“详分子目，以便类求”“义例相近，使相比附”，成为真正意义上的指导门径之书。但亦有学者对此编纂体例颇有微词，认为于辨章学术少有发明。

历史上的目录著作除注重上述三类编纂体例和形式外，也有非常重视版本著录和研究的目录，如，我国的第一部版本目录是南宋尤袤的《遂初堂书目》，还有系统研究版本的清代钱曾的《读书敏求记》，以及清代翰林院编修的《天禄琳琅书目》。此外还有一些篇目、小序、叙录、版本史料评介等比较齐备的辑录体目录，如日本丹波元胤的《医籍考》和冈西为人的《宋以前医籍考》，丁福保、周云青编撰的《四部总录医药编》，贾维诚的《三百种医籍录》。

纵观两千年来中医典籍的产生和发展，可谓源远流长，其数量之多，亦可用汗牛充栋来形容。现已查明的，在 1911 年以前的，即已达八千余种，加上尚未查明的存世医书，预计将突破九千种，是当之无愧的中华科技文献宝库。而这样一个伟大宝库竟长期得不到系统全面的研究和梳理，历史上中医专科目录学著作寥若晨星，这种特有的文化现象值得后人深思。同时这一现象也给后人留下一块蕴藏丰富的金谷之园，有待中医学人去探索研究，为中医古典目录学的方法和内涵的发掘建设贡献力量。

参考文献

[1]孟庆云．读《新中国六十年中医图书总目》有感［J］．中国中医药报，2010-06-17.

[2]董卫红．明清时期医学专科书籍目录述略［J］．档案博览，2015.（6）：134-135.

[3]李继明．中医古典目录学史提纲［J］．中医文献杂志，2000，（1）：19-21.

[4]杨东方，周明鉴《医林大观书目》述论［J］．长春中医药大学学报，2015，31（6）：

1294–1297.

［5］谭学林 . 中医学重要书目简介［J］. 贵阳中医学院学报，1986.（2）：51–54.

［6］吉文辉，王大妹 . 中医古籍版本学［M］. 上海：上海科学技术出版社，2000，5：11.

［7］余嘉锡 . 目录学发微・古书通例［M］. 北京：商务印书馆，2011，9：7.

第四节 古今目录著作的分类

目录是揭示与研究书籍的创作及流传的重要工具，因历代古籍文献创编数量不断增加，故图书目录的编著也随之逐渐繁盛。据汪辟疆《目录学研究》中的统计，从汉魏迄明末，计官书目录有 60 种，私家目录有 77 种，史家目录有 14 种，共 151 种。若综合释家目录、金石目录和地方目录，目录学著作约计已有 300 余种。[1] 如此之多的目录学著作，主持者、编著动机、著作重点都不尽相同，甚至在内容和体例上也有许多差异，怎样将他们加以区分，并按照不同的类别区别使用，是目录学研究需要重点讨论的问题之一。为此，我们拟从古今目录著作的分类角度，做一简要整理和归纳。

一、古典目录

清代汤纪尚在《周郑堂别传》中曾有过这样一段论述：“目录之书，权舆中垒。流派有三：曰朝廷官簿，曰私家解题，曰史家著录”，基本上将古典目录著作分为三类。中医古典目录属于朝廷或史家编撰的古典综合性目录中的一个类别，而未有专门的医书目录。相反，私家却编撰过不少的医籍目录专著。结合以上认识，将古典目录著作（包含部分民国时期撰著产生的古籍目录）基本分类简介如下。

（一）官修目录

官修目录即前面所指朝廷官簿，是由政府主持编撰的国家或政府机构的藏书目录。从西汉始，历朝历代均非常重视典籍图书的整理工作，而校理经籍之余的重要成果之一就是用于奏录的目录，因此也成就了历代积存的官修目录。官修目录为综合性书目，医籍目录蕴含其中。

历代官修目录有：西汉・杨仆的《兵录》、刘向和刘歆的《别录》《七略》，魏・郑默的《中经》，晋・荀勖的《中经新簿》，东晋・李充的《元帝四部书录》，宋・殷淳的《元嘉八年四部目录》，南齐・王亮、谢朏的《永明元年四部目录》，南梁・刘孝标的《文德殿四部目录》，隋・牛弘的《开皇四年四部目录》，隋・柳䛒的《大业正御书目》。唐・毋煚与韦述、殷践猷、余钦等编撰的《群书四部目录》，其后毋煚节略增订为《古今书录》。宋・陈骙的《中兴馆阁书目》，宋・张攀的《中兴馆阁续书目》，宋・王尧臣等编撰的《崇文总目》，明・杨士奇的《文渊阁书目》，清・纪昀等编撰的《四库全书总目》，清・于敏中等《天禄琳琅书目》。以上官修目录目前仅有后四种存世。外国的官修目录有，日本享保八年（1723）服活斋、服敬之合编的《东都官库医籍目录》。

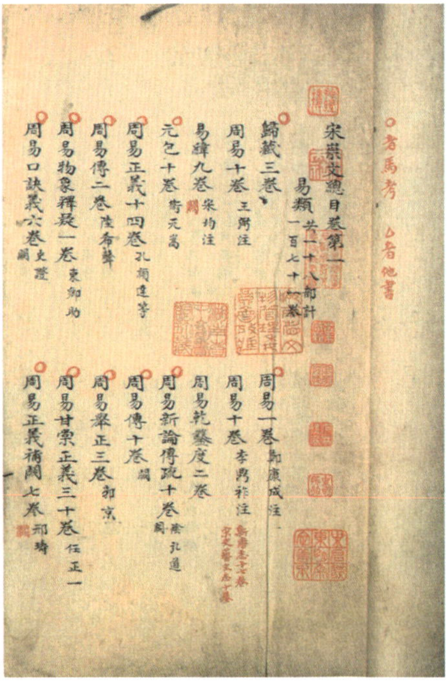
宋崇文總目卷第一
易類 共一十八部計一百七十一卷
歸藏三卷
周易十卷 王弼注
易緯九卷 宋均注 闕
元包十卷 衛元嵩
周易正義十四卷 孔穎達等
周易傳二卷 陸希聲
周易物象釋疑一卷 東鄉助
周易口訣義六卷 史徵 闕
周易一卷 鄭康成注
周易十卷 李鼎祚注
周易乾鑿度二卷
周易新論傳疏十卷 陰弘道 闕
周易傳十卷 闕
周易舉正三卷 郭京
周易甘棠正義三十卷 任正一
周易正義補闕七卷 邢璹

湖南图书馆藏清抄本《崇文总目》

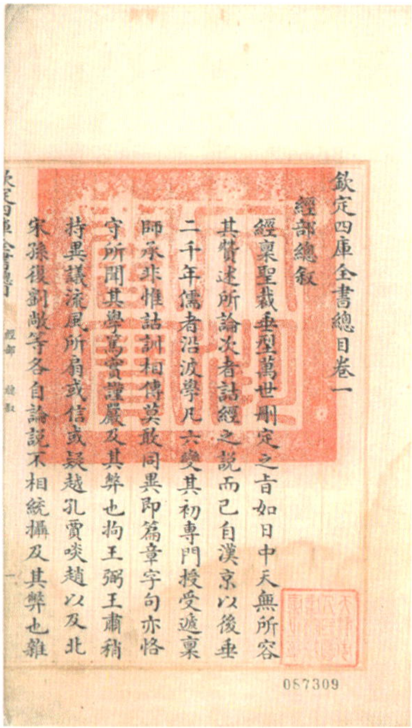
欽定四庫全書總目卷一
經部總敘
經稟聖裁垂型萬世刪定之旨如日中天無所容
其贊述所論次者詁經之說而已自漢京以後垂
二千年儒者沿波學凡六變其初專門授受遞稟
師承非惟詁訓相傳莫敢同異即篇章字句亦恪
守所聞其學篤實謹嚴及其弊也拘王弼王肅稍
持異議流風所扇或信或疑越孔賈啖趙以及北
宋孫復劉敞等各自論說不相統攝及其弊也雜

天津图书馆藏清乾隆内府写文溯阁四库全书本《钦定四库全书总目》二百卷

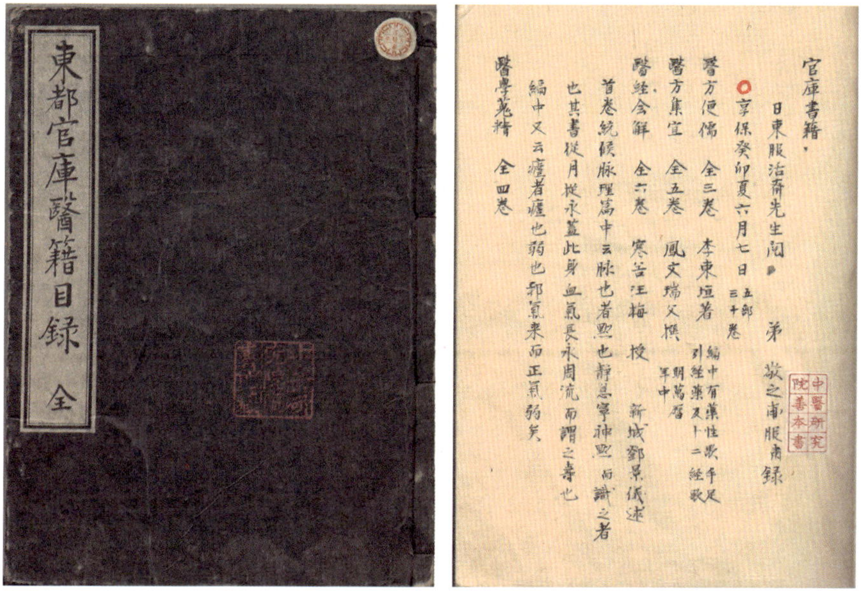

中国中医科学院图书馆藏《东都官库医籍目录》一卷

（二）史志目录

史志目录指记载于正史，或国史、专史中的图书目录，一方面来源于官修目录，还有一部分来源于私家收藏目录。史志目录也多为综合性书目，医籍目录蕴含其中。

1. 正史目录

在二十四史中，现存仅有《汉书 · 艺文志》《隋书 · 经籍志》《旧唐书 · 经籍志》《新唐书 · 艺文志》《宋史 · 艺文志》《明史 · 艺文志》等六家书目，加上后来的《清史稿 · 艺文志》，共有七家。清代为补历代正史目录所缺，而做补志，如清 · 文廷式《补晋书艺文志》、吴士鉴《补晋书经籍志》以及《后汉艺文志》《三国艺文志》《隋书经籍志补》《补南北史艺文志》《补五代史艺文志》《宋史艺文志补》《西夏艺文志》《补元史艺文志》等。以上正史中的艺文志或经籍志，反映了历朝历代书籍的撰著和流传情况，体现了中国书籍的发展与繁盛。现代王承略、刘心明主编的《二十五史艺文经籍志考补萃编》（清华大学出版社出版），收录了宋代至民国间上述的史志考补著作 84 种，为研究者提供了一部完整的正史目录总目。

2. 国史目录

国史目录是指在每朝编撰两朝、三朝、四朝等国史时，在其中艺文志或经籍志中编撰的图书目录。如南宋包含高宗、孝宗、光宗、宁宗四朝的《中兴国史艺文志》，明代焦竑的《国史·经籍志》。

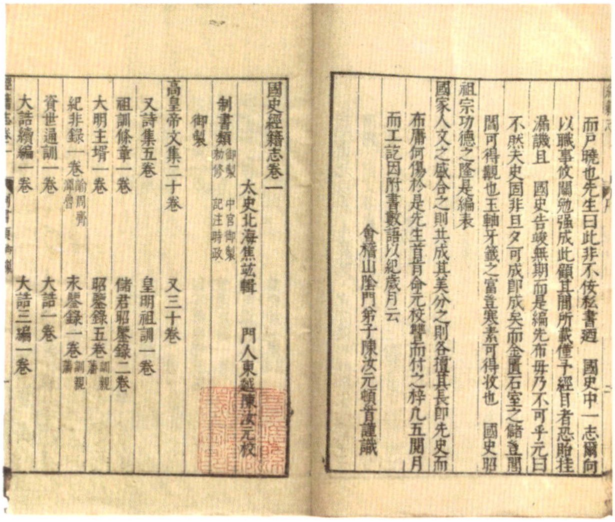
而尸曉也先生曰此非不佞所書過　國史中一志爾向
以職事攸關勉强成此顧其間所載僅子經目者恐貽挂
漏譏且　國史告竣無期而是編先布毋乃不可乎元曰
不然夫史固非旦夕可成即成矣而金匱石室之儲豈閭
閻可得觀也玉軸牙籤之富豈寒素可得收也　國史昭
祖宗功德之隆是編表
國家人文之盛合之則共成其美分之則各擅其長即先史而
布庸何傷於是先生首肯命元校讐而付之梓凡五閱月
而工訖因附書數語以紀歲月云
會稽山陰門弟子陳汝元頓首謹識

國史經籍志卷一
太史北海焦竑輯　門人東越陳汝元校
制書類
御製
高皇帝文集二十卷　又三十卷
又詩集五卷　皇明祖訓一卷
祖訓條章一卷　儲君昭鑒錄二卷
資世通訓一卷　大誥一卷
大誥續編一卷　大誥三編一卷

江苏省宝应县图书馆藏明万历三十年（1602）陈汝元函三馆刻本《国史·经籍志》六卷

3. 专史目录

专史目录即指专业史，或专科史，以及地方志所记载的目录。如宋代郑樵《通志·艺文略》，元代马端临《文献通考·经籍考》，清代《畿辅通志·艺文略》等。

（三）私家目录

私家目录是指由藏书家或书商、校勘者，以及学术研究者所编撰的目录，基本来自于私家藏书，或曾经经眼、刊印的书籍。其中散见收

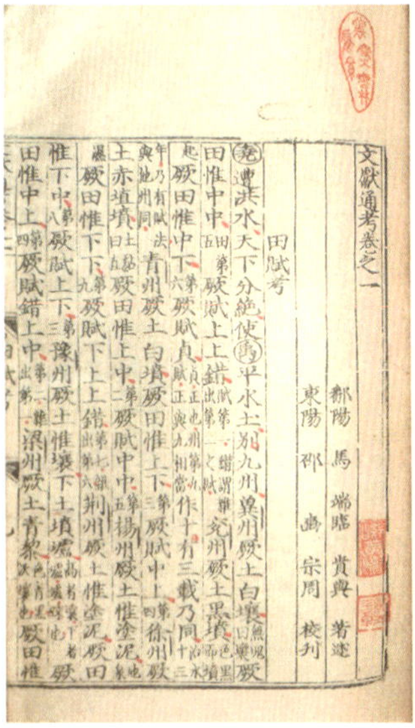
文獻通考卷之一
田賦考
鄱陽馬端臨貴與著述
東陽祁鳴宗周校刊

新疆大学图书馆藏明正德十一年至十四年刘洪慎独斋刻本《文献通考》

录中医书籍的目录，或有中医专科目录。

1. 藏家目录

历史上曾经出现过非常多的著名藏书家，他们爱书、护书，研究书籍的校勘和流传，甚至毕生殚精竭虑于此，乐此而不疲。此类目录数量最多，如宋代尤袤的《遂初堂目录》、晁公武的《郡斋读书志》、陈振孙的《直斋书录解题》；明代黄虞稷的《千顷堂书目》、赵琦美的《脉望馆书目》、祁承㸁的《澹生堂书目》、高儒的《百川书志》、钱谦益的《绛云楼书目》、晁瑮的《宝文堂分类书目》、周弘祖的《古今书刻》；清代钱曾的《述古堂书目》《读书敏求记》、黄丕烈的《士礼居藏书题跋记》《百宋一廛书录》《求古居宋本书目》、瞿镛的《铁琴铜剑楼书目》、陆心源的《皕宋楼藏书志》、杨绍和与杨保彝的《海源阁书目》、丁丙的《善本书室藏书志》、丁仁的《八千卷楼书目》、缪荃孙等的《艺风藏书记》《嘉业堂藏书志》《适园藏书志》、王欣夫的《蛾术轩箧存善本书录》，其中《读书敏求记》是中国第一部系统研究版本的书目。

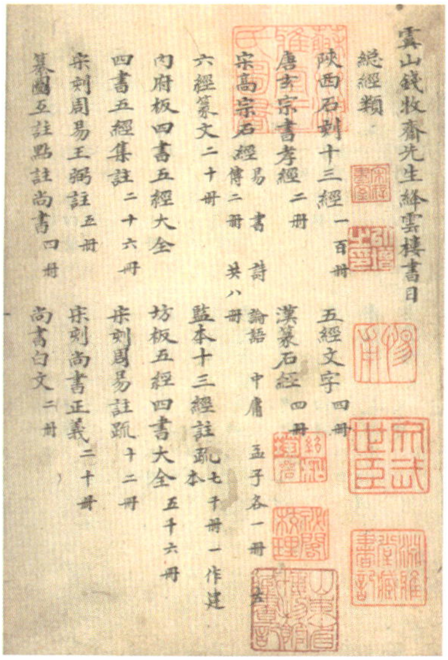
虞山錢牧齋先生絳雲樓書目
總經類
陝西石刻十三經 一百冊　五經文字 四冊
唐玄宗書孝經 二冊　漢篆石經 四冊
宋高宗石經 易 書 詩 傳二冊 共八冊 論語 中庸 孟子 各一冊
六經纂文 二十冊　監本十三經註疏 七十冊 一作建本
內府板四書五經大全　坊板五經四書大全 五十六冊
四書五經集註 二十六冊　宋刻周易註疏 十二冊
宋刻周易王弼註 五冊　宋刻尚書正義 二十冊
纂圖互註點註尚書 四冊　尚書白文 二冊

山东省博物馆藏清抄本
《虞山钱牧斋绛云楼书目》

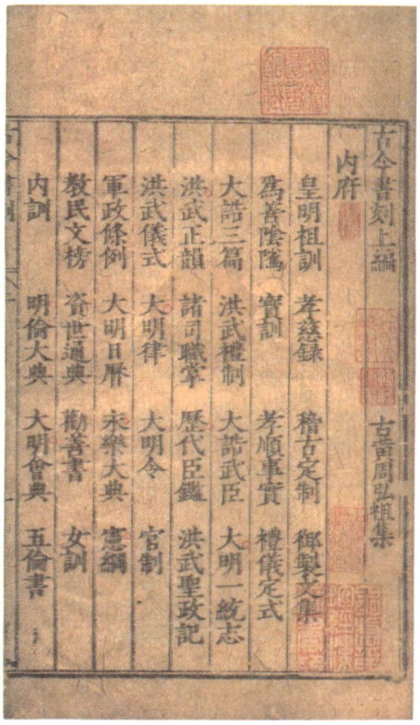
古今書刻上編　古吳周弘祖集
內府
皇明祖訓　孝慈錄　稽古定制　御製文集
為善陰騭　寶訓　孝順事實　禮儀定式
大誥三篇　洪武禮制　大誥武臣　大明一統志
洪武正韻　諸司職掌　歷代臣鑑　洪武聖政記
洪武儀式　大明律　大明令　官制
軍政條例　大明日曆　永樂大典　憲綱
教民文榜　資世通典　勸善書　女訓
內訓　明倫大典　大明會典　五倫書

江苏省常熟市图书馆藏明
刻本《古今书刻》二卷

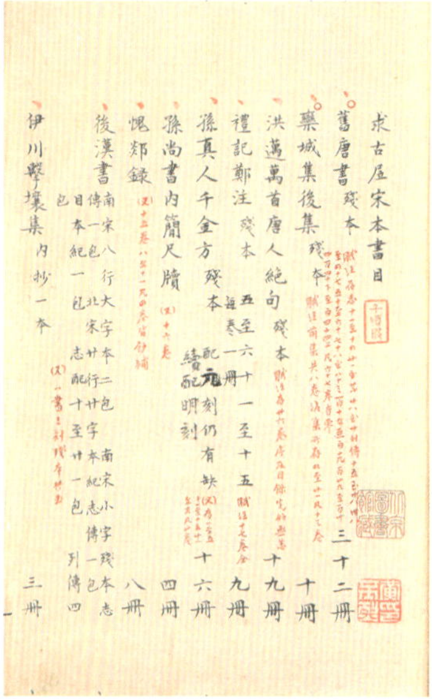
求古居宋本書目
舊唐書 残本 三十二冊
欒城集後集 残本 十冊
洪邁萬首唐人絶句 残本 十九冊
禮記鄭注 残本 九冊
孫真人千金方 残本 十六冊
孫尚書內簡尺牘 四冊
愧郯錄 八冊
後漢書
伊川擊壤集 內抄一本 三冊

国家图书馆藏清嘉庆十七年（1812）黄氏求古居抄本《求古居宋本书目》

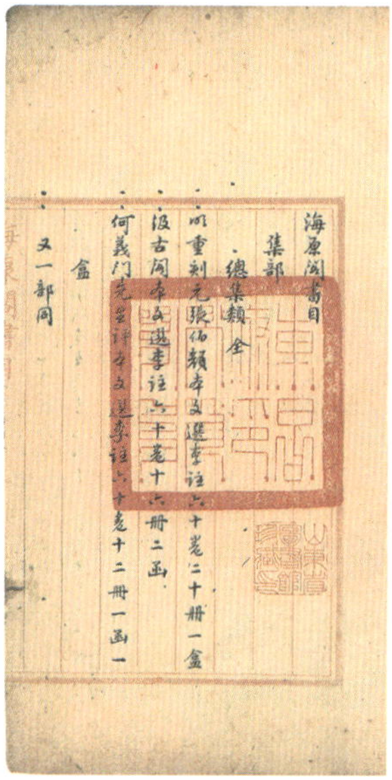
海源閣書目
集部
總集類 全
明重刻元張伯顏本文選李注六十卷二十冊一盒
汲古閣本文選李注六十卷十六冊二函
何義門先生評本文選李注六十卷十二冊一函
又一部同 一盒

山东省图书馆藏稿本《海源阁书目》

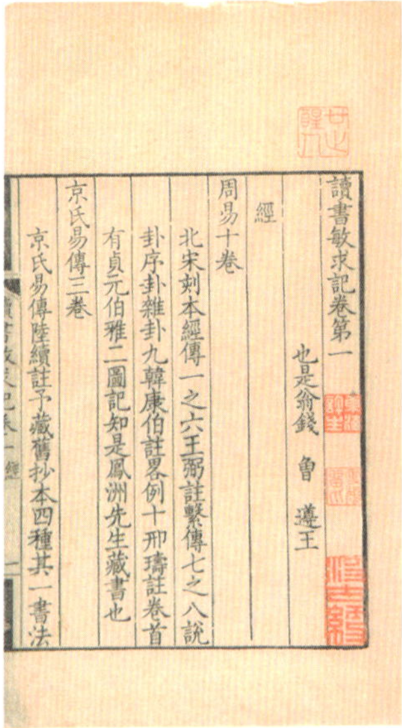
讀書敏求記卷第一
也是翁錢曾遵王
經
周易十卷
北宋刻本經傳一之六王弼註繫傳七之八說卦序卦雜卦九韓康伯註畧例十邢璹註卷首有貞元伯雅二圖記知是鳳洲先生藏書也
京氏易傳三卷
京氏易傳陸績註予藏舊抄本四種其一書法

上海图书馆藏清雍正四年（1726）赵孟升刻乾隆十年（1745）沈尚杰双桂草堂重刻本《读书敏求记》

2. 出版家目录

历史上有一些致力于校勘古籍的出版家或校勘学家，他们所编撰的目录被称为出版家目录。如清代孙星衍的《平津馆鉴藏书籍记》，莫友芝的《宋元旧本书经眼录》，近代张元济的《涵芬楼烬余书目》，曹炳章的《中国医学大成总目提要》，裘吉生的《三三医书书目提要》《皇汉医学书目一览》，丁福保的《四部总录·医药编》《历代医学书目提要》。

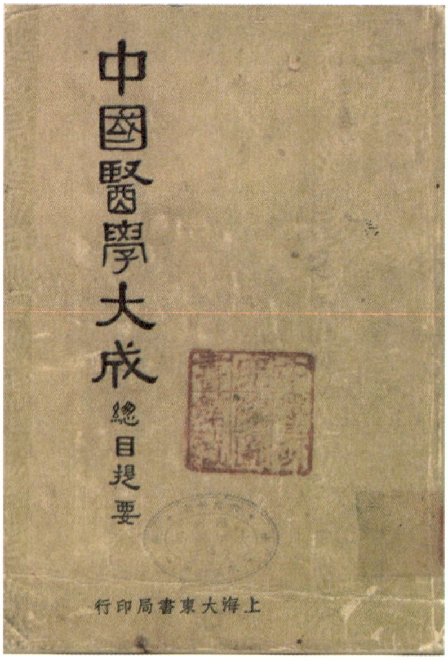

1935 年上海大东书局出版《中国医学大成总目提要》

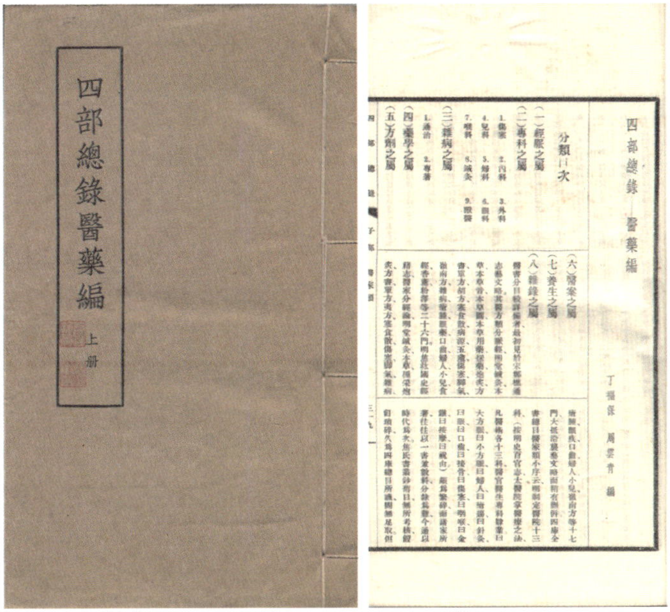

1955 年上海商务印书馆出版《四部总论医药编》

3. 贩书经眼目录

书贾贩书流通过程中登记著录的书籍目录被称为贩书经眼目录，如孙殿起的《贩书偶记》和雷梦水的《贩书偶记续编》。这两部书目专门收录《四库全书总目》未收录的清代及抗日战争前的著作，补充了《四库全书总目》，尤其是其后新产生文献的著录阙遗。此外，还有日本向井富编的《商舶载来医家书目》。

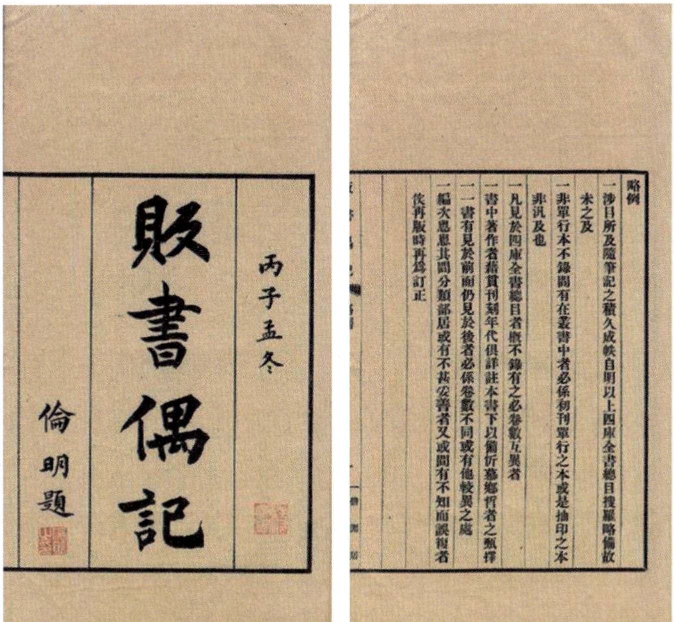

1936 年中华书局铅印本《贩书偶记》

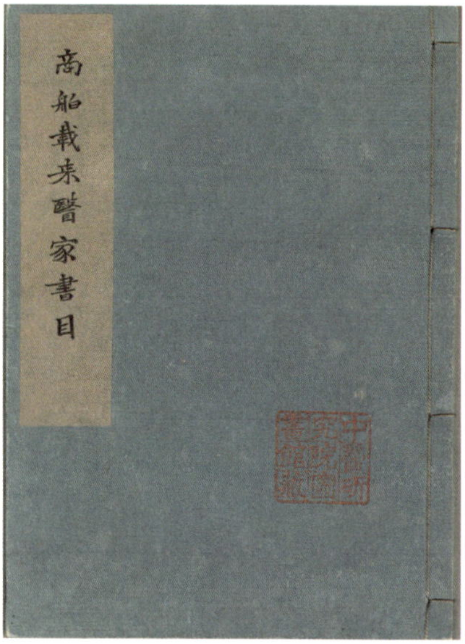

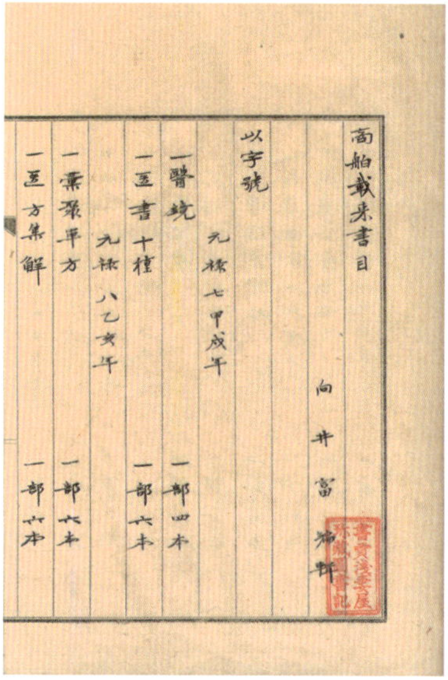
商舶載來書目 向井富 ……
以字號
一醫統 元祿七甲戌年 一部四本
一医書十種 元祿八乙亥年 一部六本
一叢聚单方 一部六本
一医方集解 一部六本

中国中医科学院图书馆藏日本抄本《商舶载来医家书目》一卷

4. 学人目录

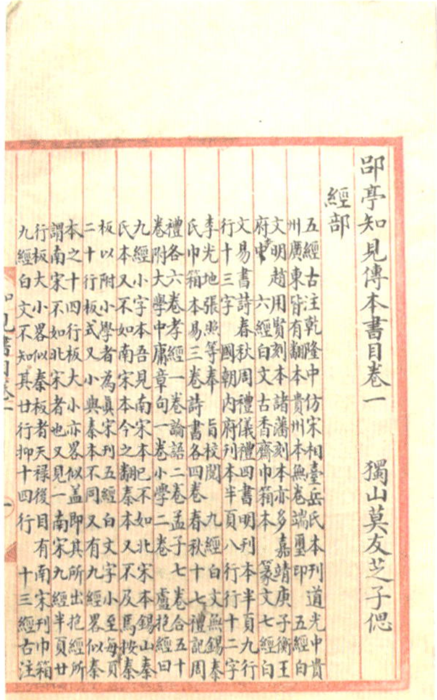
郘亭知見傳本書目卷一 獨山莫友芝子偲
經部
五經古注乾隆中仿宋相臺岳氏本刊 道光中貴州廣東皆有翻本貴州本無卷端璽印 五經白文 明趙用賢刻本諸藩刻本亦多 嘉靖庚子衡王府中 六經白文古香齋巾箱本 篆文七經白文易書詩春秋周禮儀禮四書 明列本半頁九行行十三字 國朝內府刊本半頁八行行十二字 李光地張照等奉旨校閱 九經白文無錫秦氏巾箱本易三卷詩書各四卷 春秋十七 禮記周禮各六卷孝經一卷論語二卷孟子七 卷合五十卷附大學中庸章句一卷小學二卷 盧抱經曰九經小字本吾見南宋本已不如北宋本 錫山秦氏本又不如南宋本今之翻秦本又不及 馬按秦板以附小學者為眞宋刊五經白文字小至每頁二十行板式又小與秦本不同又有九經小畧似秦本之十四行板大小亦畧似一蓋即其所出抱經所謂南宋不如北宋者也又見一南宋九經半頁廿行板大小畧似秦板者天祿後目 有南宋刊巾箱九經白文不知其廿行抑十四行 十三經古注

黑龙江大学图书馆藏清莫绳孙抄本《郘亭知见传本书目》十六卷

学人目录即指研究者的目录。研究者编撰目录大都为了给学人指示门径，如明代殷仲春的《医藏书目》，清代周中孚的《郑堂读书记》，朱绪曾的《开有益斋读书志》，凌奂的《医学薪传》，曹禾的《医学读书志》，周广业的《四部寓眼录》，张之洞的《书目答问》，莫友芝撰、莫绳孙编的《郘亭知见版本目录》，张骥的《汉书艺文志方技补注》，潘承弼、顾廷龙编撰的《明代版本图录初编》。其中，《汉书艺文志方技补注》在正文下，引唐代颜师古注，后列补注。该书参阅雍本、闽本、官本等各种版本，又引用古文献 40 余种，对《汉书·艺文志·方技略》“医经、经方”类“小序”、留存及亡佚古医籍进行考释，对于古书的辑佚辨伪颇有启发性，是属于考释补正性质的医籍目录。

外国人编著的中国医籍目录有日本丹波元胤的《医籍考》，望月三英的《医官玄稿》，佐藤恒二的《和汉医籍小观》，黑田源次、冈西为人编撰的《中国医学书目》《续中国医学书目》，朝鲜三木荣编撰的《朝鲜医籍考》。

（四）引用目录

此类目录比较特殊，是见述于著作中，在撰著书籍时曾经援引或参考的书目。可分为两类：一是书籍引用参考目录，一是丛书类书引用收录目录。

第一类是书籍中散见的书名或引书目录。最早的如，《黄帝内经》中曾出现过大量古代书籍名称，其中仅《黄帝内经素问》中就保存了《五色》《脉变》《上经》《下经》《太始天元册》等20多种古代书籍的书名。据学者考证，《素问》《灵枢》中的有些篇名，也应该是早期的书名，[2]对稽考西汉以前的著作存佚意义重大。又如西汉司马迁编撰的《史记》，其中《扁鹊仓公传》中记载公乘阳庆授学之事，涉及了多种医籍。阳庆让淳于意“尽去其方书，非是也。庆有古先道遗传黄帝、扁鹊之脉书，五色诊病，知人生死，决嫌疑，定可治，及药论书，甚精……受其脉书《上下经》《五色诊》《奇咳术》《揆度》《阴阳》《外变》《药论》《石神》《接阴阳》禁书，受读解验之”。这些散见于古籍中的医书名，为发掘古书佚文以及考索有关历史问题，提供了重要线索。此类情况者，如《肘后备急方》《外台秘要》《证类备急本草》《医心方》中都有不同数量的引用古医籍见载。

此外，历代中医书籍撰著注重祖述和援引古代名家著述，因此书中往往列有引用书籍目录，如唐代的《备急千金要方・大医习业》，宋代的《太平圣惠方・叙为医》《三因极一病证方论・大医习业》《近时十便良方・古今方论总目》《嘉佑补注本草・补注所引书传》《经史证类备急本草・证类本草所出经史方书》《幼幼新书・前代方书第十三》，明代的《秘传证治要诀及类方・方诀引用医书》《针灸聚英・集用书目》《针灸大成・针道源流》《赤水玄珠・采用历代医学书目》《古今医统全大全・采摭诸书》《脉理正义・参考明医著述》，尤其是明代李时珍的《本草纲目・引据古今医家目》中记载，其书曾引用明代以前276种医学文献。清代的《脉诀汇辨・考证书目》《冯氏锦囊秘录・采集古今医学诸书》《张氏医通・引用书目》《脉贯・考证书目》《女科指掌・引用书目》《医学源流论·书论》。还有外国人撰著的中医书籍，如《东医宝鉴·内景篇·历代医方》《济众新编·引用诸方》《杂病广要·引用书目》等。

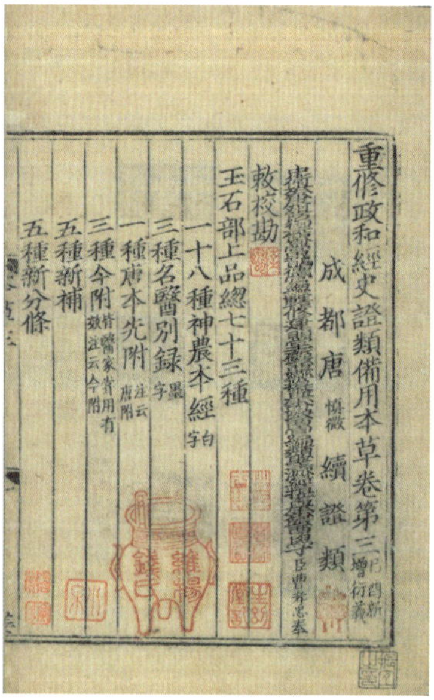
重修政和經史證類備用本草卷第三
成都唐慎微續證類
敕校勘
玉石部上品總七十三種
一十八種神農本經
三種名醫別録
一種唐本先附
三種今附
五種新補
五種新分條

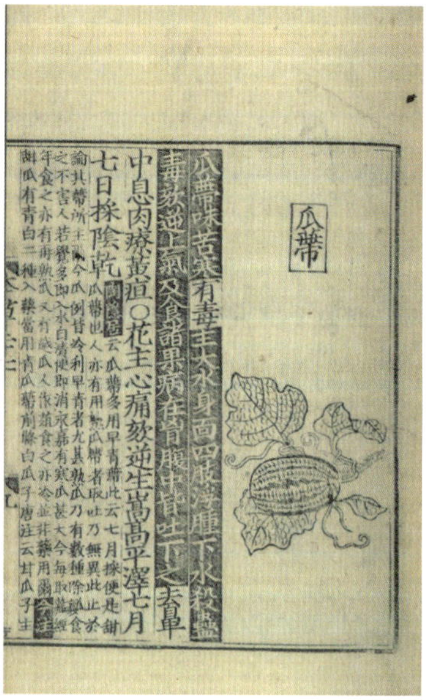
瓜蒂
瓜蒂味苦寒有毒主大水身面四肢浮腫下水殺蠱毒欬逆上氣及食諸果病在胸腹中皆吐下之
中息肉療黃疸○花主心痛欬逆生嵩高平澤七月七日採陰乾

国家图书馆藏蒙古定宗四年（1249）平阳张存惠晦明轩刻本
《重修政和经史证类备用本草》三十卷

第二类是中医丛书和类书引用收录书目，如《太平御览》卷首附录引书目录记载书籍达 1 690 种。中医古籍出版社 2011 年出版的《中医古籍丛书综录》，收录 1949 年以前出版的中医丛书及其子书目录。其中如：元代杜思敬编的《济生拔粹》，内含子书 19 种；明代吴琯辑的《薛氏医按二十四种》，内含子书 24 种；明代王肯堂编的《古今医统正脉全书》，内含子书 44 种；明代胡文焕编《寿养丛书》，内含子书 16 种。类书如清代蒋廷锡等编纂《古今图书集成医部全录》，收集自《黄帝内经》到清初的医学文献 100 余种。医学类书有：宋代赵佶御纂的《圣济总录》，引用文献 49 种；明代朱橚的《普济方》，引方书 150 余种；明代江瓘的《名医类案》，引用书目 150 种；清代许勉焕的《续名医类案》，引用医书 123 种，以及国外著者所著的医书，如：日本丹波康赖纂集的《医心方》，荟集了久已失传的中国医药养生典籍近 200 余种；朝鲜金礼蒙纂集的《医方类聚》，引用 152 种中国医籍；朝鲜许浚编集的《东医宝鉴》，引用 80 余种中医典籍。

二、现代目录

中医古籍现代图书目录是指基于现代存见的中医古籍，编撰的图书目录。中医古籍目录是各项中医古籍整理与文献传承工作的基础，因此，应重视两个方面，一是综合性目录中的中医古籍目录，二是中医专业目录。

（一）综合性目录

1. 馆藏目录

综合性馆藏目录数量庞大，国内的如国家图书馆、各省图书馆、高等院校、文博单位图书馆多编制有馆藏目录，如:《北京图书馆古籍善本书目》《上海图书馆古籍善本书目》《天津图书馆古籍善本书目》《南京图书馆古籍善本书目》《辽宁图书馆古籍善本书目》《北京大学图书馆古籍善本书目》《清华大学图书馆古籍善本书目》《台湾中央图书馆善本书目》《台湾故宫博物院善本书目》等；国外的如：日本静嘉堂文库、尊经阁文库、杏雨书屋、东京大学、东北大学、天理大学、宫内省图书寮汉籍书目等；美国国会图书馆、哈佛大学燕京图书馆、普林斯顿大学葛思德东方图书馆等亦编辑出版有中文善本书目，这些目录中都收录有一定数量的中医古籍目录。

2. 联合目录

我国还编撰过一些综合性图书馆的专业或专题联合目录，如各省、市、自治区以及地区性的联合目录。全国性的专业联合目录，如《中国地方志联合目录》；专题联合目录，如《中国古籍善本书目》和《中国丛书综录》。《中国古籍善本书目》是一部当今国家现藏古籍善本书的总目录，这项工作从 1978 年 3 月文化部国家文物局在南京召开编辑会议，到 1995 年 3 月全部完成。《书目》收录全国 700 家单位收藏的古籍善本 57 500 种，其中收录医药典籍 679 个版本。《中国丛书综录》亦收录有一定数量的古典医学丛书。

此外，还有图录性质的联合目录，如《国家珍贵古籍名录图录》等。

（二）中医专科目录

1. 馆藏目录

全国中医专业图书馆编撰的馆藏目录，主要有：《中国中医研究院馆藏线装书目》《上海中医学院中医图书目录》《安徽中医学院馆藏图书目录》《甘肃中医药大学图书馆馆藏线装古籍书目》《陕西古籍目录——陕西中医学院分册》《天津中医学院古籍图录》等。

2. 联合目录

联合目录是通过馆际协作，联合若干收藏馆，以中医古籍书目的专题形式收集编订，用以揭示收藏馆的中医古籍馆藏的书目检索工具书。中医图书联合目录的编撰起步较早，在调研采集数据集，设置著录项目和标准，确定收录范围，编制索引等方面积累了比较丰富的经验。

《中医图书联合目录》由中国中医研究院、北京图书馆联合编撰。该书作为全国图书联合目录专题联合目录的第八种，该目录共收录全国 59 家图书馆收藏的 1958 年以前出版的中医图书 7 661 种，分为 16 大类，书中记有书名、著者、卷数、年代、版本及收藏地。1961 年公开印制发行，开启了当代大型中医专科书目编纂之先河。

《全国中医图书联合目录》，薛清录主编。20 世纪 70 年代末，中医研究院图书馆在《中医图书联合目录》的基础上，再次进行全国中医古籍资源调查，广泛收集全国各地区各系统图书馆收藏的中医古籍图书的书目数据，经过深入调研、核实、整理，编撰而成。该书收录了全国 113 家图书馆收藏的 1949 年以前出版的中医图书 12 124 种。分为医经、基础理论、伤寒金匮、诊法、针灸按摩、本草、方书、临床各科、养生、医案医话医论、医史、综合性著作等 12 大类，1991 年由中医古籍出版社出版。该书在收书数量和收藏馆的范围上均较 1961 版《中医图书联合目录》有很大增加，在国内外得到广泛的传播与应用。

《中国中医古籍总目》，薛清录主编。2005 年，中国中医科学院启动《全国中医图书联合目录》修订工作，修订完成后更名为《中国中医古籍总目》。该书沿用 1991 版《全国中医图书联合目录》的编写体例，收录了全国 150 家中医古籍藏书机构收藏的 1949 年以前的中医图书 13 455 种，2007 年由上海辞书出版社出版。

3. 考证研究型书目

主要有:《中国医学自修书目》《中国医学书目》《珍本医书集成目录》《四部总录医药编》《现存本草书录》《河北医籍考》《三百种医籍录》《中国医史医籍述要》《中国分省医籍考》《中国医籍提要》《中医学重要著作选介》《中国医籍通考》《宋元明清医籍年表》《中国医籍大辞典》《中国古医籍书目提要》。此外，日本学者小曾户洋等根据日本和中国的各大图书馆馆藏目录，编撰了《和刻汉籍医书出版综合年表》，是一部关于日本翻刻中国医药典籍的总目录，对于中国医药文献传播及中日医药交流的研究都有重要价值。

（三）辞典与工具书

中医文献工具书中也收载有大量的中医古籍目录，为考证和研究中医古籍提供了大量资料。辞典主要有:《中国医学大辞典》《中医大辞典》《方剂辞典》《中国药学大辞典》《中药大辞典》《简明中医辞典》《中医人名辞典》《中医人物词典》等；工具书有《中医文献学》《中医名词术语选释》《中医学常用名词解释》《中医经典索引》《中医古籍文献学》《中国医学人名志》等。

综上所述，虽然从某个角度对目录进行了一个简单的分类，但是它们之间的界限并不是绝对的，分类的目的是为了让学者更好的根据书目的性质去应用目录，以进一步有助于研究工作的深入，因此，应该全面熟悉并掌握应用。

参考文献

［1］来新夏 . 古典目录学浅说［M］. 北京：北京出版社 .2016，7：20.

［2］邱彤 . 古医书目录学源流考略［J］. 中华医学图书情报杂志 .2011，20（4）：32-35.

第五节　目录学与版本学、校勘学

目录学与版本学、校勘学是文献整理与传承的基本功，它们互为依存，密不可分。故此，本书将目录学与版本学、校勘学的发生、内涵以及三者之间的关系，作一简要介绍，通过阐介三者各自功用，以期为中医药文献传承提供方法学的指引。但因校勘学和版本学不属于目录学研究重点，故在此不做详细讨论。

一、目录学与版本学、校勘学的发生

（一）孔子删述六艺

我国最早的、较有系统的文献整理者，相传为春秋时期的孔子。他一生在教化授学之外，大部分时间都是在整理古籍。他先后删述整理了六艺，即《诗》《书》《礼》《易》《乐》《春秋》。孔子晚年喜读《易经》，还曾“韦编三绝”。系统地整理传承文献，使学有所本，是孔子获得教育成功的重要因素之一。《史记·孔子世家》中记载孔子曾经“序《书传》”这一记载，也可视为校理书籍、编纂目录的发端。

（二）向歆雠校中秘

最早的、系统的、有史记载的文献整理是在汉代。西汉初，张良、韩信曾经序次兵法，武帝时杨仆曾纪奏《兵录》，然而仅限于专科目录整理。《汉书·艺文志》序言：“昔仲尼没而微言绝，七十子丧而大义乖。故《春秋》分为五，《诗》分为四，《易》有数家之传。战国从衡，真伪分争，诸子之言纷然肴乱。至秦患之，乃燔灭文章，以愚黔首。汉兴，改秦之败，大收篇籍，广开献书之路。”正因如此，经历汉高帝、武帝对册府藏书搜集与整理之后，《全汉文·卷四十一·辑〈七略〉佚文》曰：“百年之间，书积如丘山”“外有太常、太史、博士之藏，内有延阁、广内，秘室之府”，故《汉书・艺文志》序记载：“迄孝武世，书缺简脱，礼坏乐崩，皇上喟然而称曰：‘朕甚闵焉！’”由此见之，内府藏书大有泛滥而无所遵从之势。“于是建藏书之策，置写书之官，下及诸子传说，皆充秘府。至成帝时，以书颇散亡，使谒者陈农求遗书于天下。诏光禄大夫刘向校经传、诸子、诗赋，步兵校尉任宏校兵书，太史令尹咸校数术，侍医李柱国校方技。”“向卒，哀帝复使向子侍中奉车都尉歆卒父业”。那么，刘向刘歆父子二人是如何对群书进行校理的呢？总结起来，大约经历了六个基本环节，具体如下：

1. 备众本

广范收集遗逸之书及其传本。

2. 校异同、订脱讹

将同书之异本互校差别、雠对考订，将讹误之处校订勘正，脱漏之处互相补充，重复冗余删除芜杂，写定正本。

3. 条篇目

将零篇分类，酌定篇目，编定次序。

4. 命书名

汉以前早期文献多数没有书名或篇名，即或有书名者，亦错乱糅莒、丛脞杂出，因此必须综考众本，命定书名。

5. 类部居

将书籍分为门类，对同类性质的书籍归为一类，并撰写类叙。

6. 撮旨意、撰叙录

《汉书・艺文志》序载：“每一书已，向辄条其篇目，撮其指意，录而奏之。”通过叙录陈述：书名与篇目、雠校之原委、著者生平思想、书之主旨与性质、书之真伪、评论内容得失、梳理学术源流、判定书籍价值等。

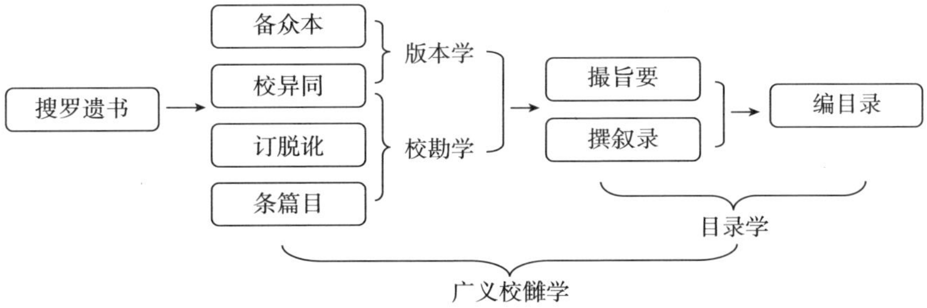

由上图可见，备众本的过程即是版本学之发生，而随着校理群书的推进，校雠学和目录学也相继发生了。

（三）实斋文史校雠

清代以前，攻于纂修校勘典籍者，只承认目录，而不单言目录学，直至清乾隆间王鸣盛在《十七史商榷》中提出："目录之学，学中第一紧要"，目录学在学界才逐步得到认同和有意的使用。尤其是生活在考据学全盛时代的章学诚①，对于校雠学和目录学的内涵和方法进行深入而周密的思考，在其《校雠通义》和《文史通义》中提出很多卓尔不凡的论点。就中国近代有关学术史上的研究而言，章氏的文史校雠提供了"一个重要的理论释典，与乾嘉的训诂考证和今文派的疑古辨伪适成鼎足之局"[1]，使得包含于广义校雠学之中的目录学和校雠学，卓然自立，确立并形成了新的学术研究范畴。

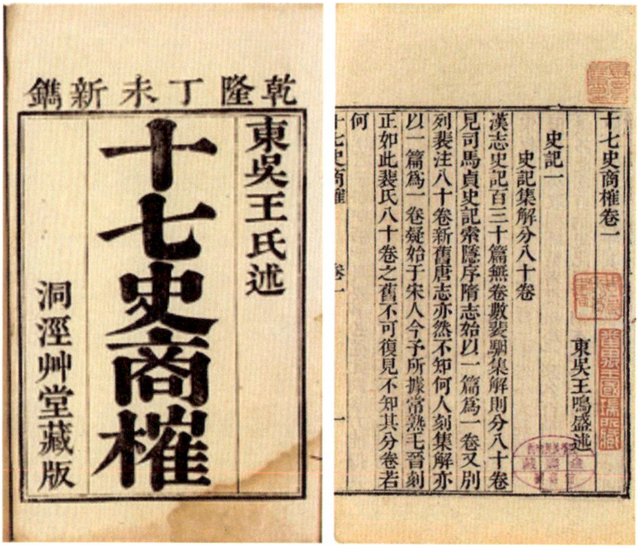

清乾隆五十二年（1787）洞泾草堂刻本《十七史商榷》一百卷

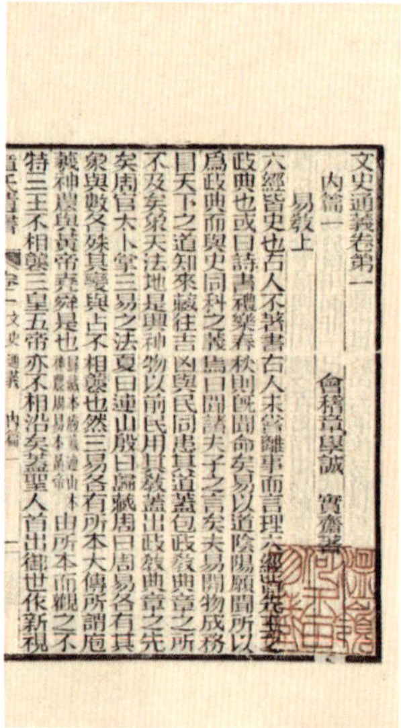

清光绪三年（1877）至四年（1878）会稽章季真贵阳刻本《文史通义》八卷

① 章学诚（1738–1801），原名文镳、文酕，字实斋，号少岩，会稽（今浙江绍兴）人，清代史学家、思想家，方志学奠基人。

二、目录学与版本学、校勘学的内涵

（一）目录学

目录学隶属于广义校雠学范畴，是在雠校典籍时，由最初的登记、叙述校勘中的经过和发现，逐渐从校雠学中分离，进而发展成为历代官私皆重视的载史、述学、考古、存今的一门专门学问。唐·释智生《开元释教录序》言："夫目录之兴也，盖以别真伪，明是非，记人代之古今，标卷帙之多少，摭拾遗漏，删夷骈赘，提纲举要，历然可观也。"清代章学诚在《校雠通义》中将目录学的功能又概括为"辨章学术，考镜源流"。

（二）版本学

版本学是由于图籍整理和研究的需要，所形成的一门学科。[2] 1962年，顾廷龙先生在《版本学与图书馆》一文中讲："什么叫作版本之学，在印刷术发明以后，经过不断地刻印，因而产生了不同的本子。有了许多不同的本子，就出现了文字、印刷、装帧等方面的许多差异。研究这些差异，并从错综复杂的现象中找出其规律，这就形成了版本之学。"版本学形成后，在传承文献中即肩负着"辨别真伪、审查时代、鉴赏价值"等职责。

（三）校勘学

校勘学，属于广义校雠学范畴。唐·李善注《文选·魏都赋》引《风俗通》，述及刘向在《别录》中曾经给雠校下过定义："一人读书，校其上下，得其谬误为校；一人持本，一人读书，若冤家相对为雠。"说明校雠即是文献传承中比勘文字的校勘工作。继刘向之后，雠校古书代有其人，但真正达到高峰的时期是宋代，不但有专门之才，而且还设立了专门之机构，如北宋校正医书局的设立，即是历史上官方大规模的校勘医书的最好例证，校勘学也因之成为一门独立的学问。

清代考据之风大行，典籍的校勘工作更是注重学术研究与校勘方法相结合，段玉裁指出："校书之难，非照本改字，不伪不漏之难，定其是非之难。"戴震和段玉裁二人提出：多备异本以勘其异同；广搜佐证以声类义训定是非。[3]校勘学逐渐成为当时文人施展才华的重要平台，清代章学诚在《校雠通义》中言道：“世之论校雠者，惟证辨于行墨字句之间，不复知有渊源流别矣”，强调校雠应当担当起文献学研究，甚至是学术史研究的任务。鉴于此种认识，甚至目录学专著中也充斥着大量的校勘考订文字，治目录学者而并不满足于简单的有关书名卷数等账簿式的登记了。清·许增刊刻《唐文粹》时，在“凡例”中言：“校雠之学二途，一是求古，二是求是。求古者，取宋元旧本，一一复写，期于毫发无遗，并旧本显然谬误及俗书国圣之类，亦必沿袭以存其真。求是者，寻求原本，搜采群籍，舍短从长，拾遗补阙，以正未刻之前写官之误，既刻之后椠工之失，求心所安，以公同好。”由此可见，广义校雠学既可包含校勘学与目录学，而目录学亦因之“求古、求是”的雠校实践，而发展成为独立的学问。

三、目录学与版本学、校勘学的关系

清人叶德辉在《书林清话》中言：“近人言藏书者，分目录、版本为两种学派。大约官家之书，自《崇文总目》以下，至乾隆所修《四库全书总目提要》，是为目录之学。私家之藏，自宋尤袤遂初堂、明毛晋汲古阁，及康雍乾嘉以来各藏书家，断断于宋元本、旧抄，是为版本学。然二者皆兼校雠，是又为校勘之学。本朝文治超轶宋元，皆此三者为之根柢。”此段话有三个含义：一是指出了目录学与版本学、校勘学的关系；二是，指出史家之书重目录，藏家之书重版本，而目录和版本之学，皆兼校雠之学；三是，清朝之所以在文治方面远超前代，即是有赖于目录、版本与校勘学的发展与兴盛。

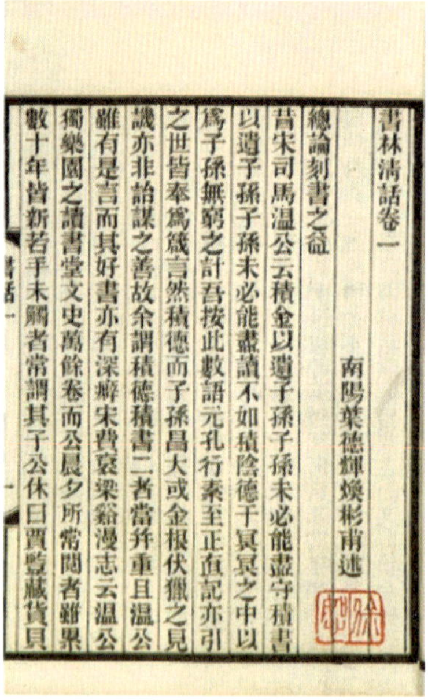
書林清話卷一
南陽葉德輝奐彬甫述
總論刻書之益
昔宋司馬溫公云積金以遺子孫子孫未必能盡守積書以遺子孫子孫未必能盡讀不如積陰德于冥冥之中以爲子孫無窮之計吾按此數語元孔行素至正直記亦引之世皆奉爲箴言然積德而子孫昌大或金根伏獵之見譏亦非詒謀之善故余謂積德積書二者當幷重且溫公雖有是言而其好書亦有深癖宋費袞梁谿漫志云溫公獨樂園之讀書堂文史萬餘卷而公晨夕所常閱者雖累數十年皆新若手未觸者嘗謂其子公休曰賈豎藏貨貝

1920 年长沙观古堂家刻本
《书林清话》十卷

（一）互通互用

从前面三个学科的发生以及内涵来分析，因在文献传承中，校雠勘定众本，必须要掌握一定的版本学知识和具备一定的文献功底，才能在校勘过程中做到正确的选定底本，择取校本，旁参他本；也必须熟悉和掌握目录，利用目录甄查文献版本传承体系，鉴别版本优劣，才能找到所需的版本。在目录编撰中，必须要掌握一定的版本考订的功夫才能做到正确著录，而版本考订又离不开校勘学比对勘验、校订异同的基本功。在考订版本中，除对照勘验各种版本版式、字体之异同外，必须核查历代书目著录成例之有无，如此才能做出严谨与相对正确的版本鉴定结论。由此看来，三者虽有各自所主持和划分的重点范畴，但是又难分伯仲，你中有我，我中有你，彼此互通而互用。

（二）彼此依存

版本学是和目录学在书籍校雠中同时产生的，作为目录学的一个组成部分，随着历代书籍的发展，逐渐形成独立的一个学科，并在书籍登记著录、研究、校勘整理中发挥着重要作用。所以，版本学的基石靠校雠学奠定，版本学的功用靠目录学实现。[4]而且三门学问共同组成了文献学的基础，研究任何一门学科都离不开另两个学科知识、技能和方法的支撑，互为基础，相互依存。因此，必须“系统学习、全面掌握、整理提高”。

参考文献

［1］余英时．论戴震与章学诚：清代中期学术思想史研究（增订版）［M］．北京：生活·读书·新知三联书店，2012，4.

［2］魏隐儒，王金雨．古籍版本鉴定丛谈［M］．北京：北京印刷工业出版社，1984，4:4.

［3］来新夏．古典目录学浅说［M］．北京：北京出版社，2016，7：276.

［4］李致忠．古书版本鉴定［M］．北京：国家图书馆出版社，2007，8：73.

第六节　近现代中医古籍藏书家

藏书家是指收藏一定数量规模、文献价值较高，并且以阅读、研究、保存书籍作为嗜好或事业的人。古往今来，正是这些不计其数的藏书家在保护典籍、保存文化、传承文明方面做出了卓越贡献。

据李玉安先生的《中国藏书家通典》记载，最早的藏书家据传是商周时期的楚人鬻熊，他是中国诸子中著书、藏书最早之人。先秦两汉之际出现了“图书馆”，当时称其负责者为“藏史”“柱下史”等，史书记载老子曾出任过“柱下史”。战国时的惠施因藏书较多，《庄子·天下》有“惠施多方，其书五车”之美谈。秦汉之时，藏书家伏胜为躲避秦始皇焚书之厄，曾将《尚书》等典籍藏于旧宅墙壁之中，可见当时藏书家收藏书籍并不方便。《后汉书·蔡伦传》载：“自古书契多编以竹简，其用缣帛者谓之为纸。缣贵而简重，并不便于人。伦乃造意，用树肤、麻头及敝布、鱼网以为纸。元兴元年，奏上之。帝善其能，自是莫不从用焉，故天下咸称‘蔡侯纸’。”伴随纸张和印刷术发明，书籍逐渐在社会流通，“学在官府”之势渐亡，藏书作为学问与个人价值品位，甚至是社会地位的标志，为学人竞相倾尚。唐宋元明清各朝，藏书家更是层出不穷。①

清代洪亮吉在《北江诗话》中将藏书家分为：考订家、校雠家、收藏家、鉴赏家、掠贩家五种。因历代藏书家多为贵族、官员、学者等具有社会地位之人，他们对典籍有一定的修养和鉴赏能力。他们的收藏，不但重视书籍品种之孤罕，更是重视传本之精善，在对藏书著录、批校、考证、辨伪的同时，藏书家往往成为精通目录、版本、校雠等传统学问或某个专业门类的通才，鉴藏之余，研究与著述也颇为丰厚，甚至还担当起了校订出版的角色。此外，又因历史上朝代鼎革、兵燹战乱，官府、国家典藏载籍颇多散佚，甚至遭到了灭顶之灾，而新朝盛世搜集逸典又多取自民间，礼失而求诸野，故此看来，藏书家之

---

① 李玉安，黄正雨．中国藏书家通典．中国国际文化出版社．2005.12.

私藏实可担纲为中华文献宝库传承之星宿海。

中医书籍是古籍的一个门类，因其“切于世用”，故收藏、整理、出版者代不乏人。如明代殷仲春“藏书万卷”而著《医藏书目》。明代著名藏书家赵开美（晚年改名为赵琦美，著有《脉望馆书目》）搜求并发现北宋元祐三年（1088）《伤寒论》小字原刻本，同时聘请优秀刻字工人赵应期予以摹刻，使得“宋本《伤寒论》”再度传世，而彪炳医史。追索藏书家的藏书经历、编目和著述情况，有助于了解书籍保护、收藏与传承，是研究书籍目录和收藏史的重要内容。现将近现代著名藏书家生平事迹，简要介绍如下：

一、力钧[①]

晚清著名医学家力钧，是一位中西医兼通的学者，也是大藏书家、教育家、社会活动家，是近代中医界开眼看世界的第一人。

力钧

（一）生平简介

力钧（1856—1925），字轩举，号医隐，福建永福（今福州市永泰县）人。同治元年（1862），力钧6岁时“从刘幼轩公读，公通医，以《说文》证《内经》”；后又师从林亦莱、张熙皋、郭秋泉、郭省三等通医饱学之士，从小打下了良好的国学和医学基础。

力钧自幼就对医学表现出了超乎寻常的热爱与执着。11岁时，力钧“过书坊，见殿板《史记》残本有《扁仓传》，购归诵读，手不释卷”。乃稍知药物，作《膏肓考》《和缓考》《诗经药物考》《尔雅药物考》，作《铜人图正误》，辑《历代医官沿革考》。乙丑，乡举后游厦门、漳州，辑《福建药物考》。力钧还自学了嘉约翰的《西药略释》（1883）、合信的《全体阐微》（1890），并且与《本草纲目》等中医著作相比较，考辨中西医学理论及药学之异同。光绪三年（1877），力钧21岁时，其父病，服高丽参，积药不消。力钧“试用参芦焙灰，

① 本文摘编自：王宗欣，裘俭．晚清医家力钧生平事迹及著作考订．中华医学会医史学分会第十三届一次学术年会.2011-07-30.148-154.

和小承气服，下胶黏愈”。

光绪十六年（1890），力钧赴京会试不第，在北京琉璃厂买到明版医书十多种，途经天津、上海，又买新版医书回闽。力钧的次女患病，群医束手，力钧“拟用白虎汤加大黄……服未移时，病若失”。不久，力钧妹妹病，居乡间，力钧奉母之命，涉水往诊，“至，见方纸积迭成寸，病垂危。投以真武汤，吐冷痰，复进桂附，旋愈”。

自此，力钧医名大振，开始了为人医病开方的医学生涯。光绪十七年（1891），三十五岁的力钧应华商吴世奇邀请，赴新加波为其父吴寿珍治病，因此在南洋滞留数月。时南洋缺乏中药，力钧乃参用西药，功效大著，被岛侨誉称为“中西名医”。光绪二十年（1894），力钧赴京应考。在北京居留期间，“公卿显宦争相延请诊治”，力钧妙手回春，治好了多名王公大臣的病，并与他们建立了私谊。许多人留他在京行医，他以母病辞归。回到福州后，适遇鼠疫流行，他用“大青汤”治愈千人，著有《释温》《释瘟》等书。光绪二十七年（1901），他编辑《历代医籍存佚考》。光绪二十八年（1902），辑《伤寒论》完成。光绪二十九年（1903），授商部保惠司郎中，后任主事，移家北京，亦官亦医，皇室贵族争趋延诊。光绪三十二年（1906），力钧在庆亲王奕劻、军机大臣鹿传霖等达官力荐下，入宫为慈禧、光绪诊治，开始了御医生涯。

光绪三十三年（1907），他东渡日本考察，著有《日本医学调查记》等。宣统二年（1910），他随公使赴英国祝贺英皇加冕典礼，经历德、法、瑞士、奥、意、俄等国，所到城市，必先参观医院、医校，回国时购买了大量医学图书。辛亥革命后，他避居天津，儿子力嘉禾、力舒东，先后学医。他训诫道：要多进行临床实践，中医理论缺乏系统化，欧美学者都想努力用科学方法研究中医学理，你们要中西医兼求并进，不可偏执一方。还嘱其子力嘉禾要把中医书译成外文，供西方学者研究。

力钧首倡中西医结合，注重临床实践，颇有远见和创新精神。同时，力钧热心社会公益，尤其在教育方面贡献较大。1896 年，他在福州创办“苍霞英文学堂”；1897 年，他创办“东文学堂”，培养通晓日语的人才；1899 年，他在阳崎创办玉屏女塾；1900 年，他在莆田仙游创办“仙游学堂”，传授西学。民国十四年（1925）卒于北京，享年 70 岁。

（二）收藏特色

力氏藏书不仅限于医书，陈衍曾言及力钧藏书达数万卷，黄宝英在《双镜庐文存》序文中也曾谈及力钧“写本书至三千卷，手自辑录者十之三”，颇为大观。力钧去世后，藏书归其次子力舒东所有。据日本著名目录学家长泽规矩也所述，力钧曾在日本买回了大量医书和杂书，杂书部分于1931年被来熏阁老板陈杭（字济川）收购，所藏医书则于1936年被协和医学院图书馆（现中国医学科学院图书馆）收藏。目前，中国医学科学院馆藏中医古籍1 325部，其中大部分来自力钧藏书。对于收藏力氏医书的经过，早年在北京协和医学院工作的著名医史专家李涛教授所述甚详，其记录道：“本院收集中文医书缘起民国二十四年，伍连德先生以所著《中国医史》就商，因谈及前清太医力轩举先生搜庋中国医书甚富，其哲嗣舒东医师方拟脱手，当偕往观，并拟购置以供学人研究。事闻于林宗扬教授，因建议本院留置。遂由图书馆委员会委托姜文熙、张锡钧教授与涛三人负责进行。几经洽商，卒于次年以半购半赠协定下成议。吴宪与傅瑞士教授及戴志赛夫人对于保管设计多所赞助。计力氏所收医书元明珍本多至三十余部，写本四十余部，日韩刊著本二百余部，及其他数百部，共八百余部，其集藏之富，国内鲜见。四年以来，本院于补残编目之余，更陆续访购二百余部，益以原存百余部，于是蔚成大观矣。因念中国古代医学之真价尚无定评，本院得此宝藏，以供世界学人检讨，诚一幸事。将来发扬光大，自在意中，不禁为中国医学庆也，爰为之记。李涛，民国二十九年二月。”

（三）编目著述

力钧一生藏书丰富，惜其主要精力在于读书治病、藏书用书，而非以文献目录学为专门，故对于藏书研究或目录编订未遑顾及。但是，他丰富的职业经历和游历经历令其学研亦深，故此著述也十分丰盈。

据《崇陵病案》力嘉禾序，力钧的主要著述有：《青育考》《四虫为蛊说》《汤物阴时解》《和缓考》《诗经药物考》《尔稚药物考》《伤寒论问答》（与郭永淦合作）、《铜人图正误》《历代医官沿革考》《福建药物考》《庚寅医案》《警医录》《内经难经今译》《辛丑医案》《难经经释补注》《病榻杂记》《槟城医话》《释温》《释瘟》《历代医籍存佚考》《王公大臣治验录》《崇陵病案》。据《双镜庐文存》黄宝瑛序，力钧曾著有:《历代钟鼎款识考异》《文选读》《毛诗释例》《郑学类求》《巫来由方言》《新加坡故》《满剌加考古》《柔佛小志》《吉隆游记》《槟榔屿志略》《南游杂录》。据《槟榔屿志略》记载，力钧著有:《槟城故事录》一卷、《槟城异闻录》一卷、《槟城佳话录》一卷、《槟城医话》一卷。据《福建通志》载，力钧著有:《伤寒论问答》(与郭永淦合作)、《庚寅医案》《内经难经今释》《骨学》《辛卯医案》《槟榔屿志略》《南游杂录》《满剌加考古》《古基德纪行》《柔佛小志》《难经今释补》《释温》《释瘟》《币制私议》《全闽矿产考》《高山蚕业记》《西京织业记》《大阪织业记》《足利藏书记》《札幌农业记》《日本医学调查记》《历代医籍存佚考》《伤寒论辑本》。

二、唐成之①

近代湖南人唐成之，一生酷爱辑录、传抄和收藏医药书籍，经过数十年积累，形成了种类丰富、颇具规模的医学专藏。其收藏的医籍 3 万余册及所撰书目数种均完整留存至今，为保存医学遗产和传承医学文献做出了重要贡献，是一位成就卓著的医籍收藏大家。

（一）生平简介

唐成之（1868—1941？），名济楙，字成之，又名唐九，自号退省道人，湖南长沙县谷山人。唐家先人几代为官，历居长沙城南王家坪，家财万贯，田土千亩，在长沙素有“唐半边”之誉称。[1]唐成之青年时致力于科举应试，中年后因子女多人病夭，几近绝嗣，深感医术之重要，于是访求古今医籍，不惜重金收购各类医书并研究医术。他一生辑书、抄书、收藏图书，每获一书，辄自撰题识，或标写卷目，叙其源流，或考其版刻，或辨其真伪。此外，唐氏还编纂医学书籍，先后有《药物偶记》《西法医喉》《急救验方扼要》《医部名流列传》《卫生合壁》等作问世。唐氏藏书印章有“唐济楙长寿年宜子孙”“成之过目”“成之鉴定收藏”“成之珍藏医书”“济楙”“唐”朱文方印，“成之氏鉴藏医书章”“芥园”朱文长方印，“成之珍藏医书处之章”“瓶居”朱文大长方

① 本文摘编自：吴娅娜，张宇清．近代湖南医籍收藏家唐成之 [J]. 中国中医药图书情报杂志，2014，38（5）：46-48.

印，“唐成之家宝藏”白文长方印，“唐九”“听桐书屋”“唐济楷印”白文方印等[2]。

（二）收藏特色

唐成之一生收藏经历丰富，颇以医药书籍为专藏，他将藏书室取名“听桐书屋”“芥园”，先后50余年，积累医书3万余册（10万余卷）。这些书从元朝至民国，木刻本、影印本、铅印本、石印本、手抄本以及日本朝鲜高丽刻本均备，可谓集我国古今医书之大成。他曾感慨：“余藏稿本，读书虽少，费心甚多，此数十年精力，非得于一时，非得于一处，殊不易事，丙孙永保能六十年后毫无散失，则幸甚矣。”（出自民国稿本《唐成之医书书目》）嘱后辈“所谓宁可食无味，不可居无竹，但愿子子孙孙，万金勿易，永久保之。”（出自《治法汇》，为唐成之题识的民国抄本）唐氏对书珍视如命，所藏多不愿示人，如好友亲邻求医者，即查书抄方诊治，人称其慈善。

唐成之医学藏书，在抗日战争前夕大都珍藏于长沙城南王家坪唐氏寓所，日军进攻长沙时转藏于长沙县谷山唐氏庄园。20世纪50年代，湖南省文物管理委员会接管唐家医书。[3]后来根据中华人民共和国文化部指示，这批书中的善本悉数调至北京保存。其中有4 412册入藏今中国中医科学院图书馆。剩余部分医籍分藏于湖南省图书馆、湖南省博物馆和湖南中医药大学图书馆。

（三）编目著述

唐成之在目录学研究方面，先后著有《唐成之医书书目》《听桐书屋医学目录》，以及《编辑古今医书目录》。

《唐成之医书书目》（不分卷，1册）是唐氏根据其藏书的内容或册数、或版本形式而辑录的分类目录，共有大部之属、二本之属、本草之属、验方之属、伤寒之属、普通之属、多本传抄之属、单本传抄之属、单本普通之属九大类。收有伤寒医书类97种，喉科120种，验方123种，加上眼耳鼻舌、痘麻痧痢、拳脚气功、植物病理、篮祝仙拈鬼遗等各方，共1 200余种。包括元刻本《仁斋直指》20本、《素问入式》6本、明刻本100部、明抄本5部、清刻本300部、清抄本200部、民国抄稿本400部、民国刻印本240余部、日本刻印本数10部、朝鲜高丽刻本10余部。一般每种书有书名、著者、册数，如“御纂医宗金鉴，乾隆钦定，六十四本”，丛书及合刻书也注明了每一子目的书名和著者。书末附录“图书标本器具”和“残简之属”，其中图书标本器具收“人体生理解剖图”等16种，残简之属收《医学指南》等15种。

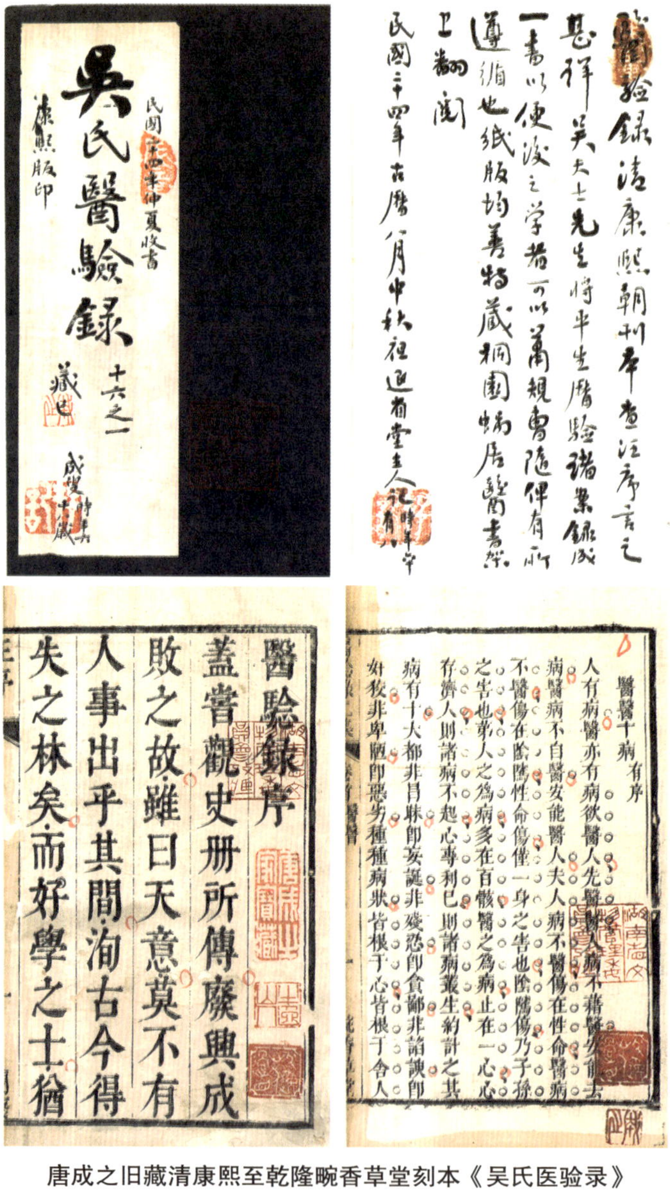
吳氏醫驗錄 十六之一

醫驗錄序

蓋嘗觀史册所傳廢興成敗之故雖曰天意莫不有人事出乎其間洎古今得失之林矣而好學之士猶

唐成之旧藏清康熙至乾隆畹香草堂刻本《吴氏医验录》

初集二卷二集二卷

《编辑古今医书目录》(不分卷，44 册) 节录 47 种古今书目中的医学目录，包括《节录景刊书目医书目》《节录乐善堂书目医书目》《节录丛书举要医书目》《节录丰顺丁氏持静斋医书目》《节录稽瑞楼书目医书目》《节录宋元本书经眼录医书目》《节录宋元本医书行格表》《节录百川书志书目》《节录文渊阁医书目》等，每条列书名、卷数、朝代、编著或校勘者。全书学术价值较高，实用性较强。

三、裘吉生①

近代名医裘吉生是一位专藏中国医药学典籍的藏书家、出版家，他一生节衣缩食，罄其所有访求海内外医学书籍，数十年间不辞辛苦，不惜重金，耽精竭虑搜集中医孤本、抄本、善本等医药书籍共 3 000 余种，并先后校勘、评注、整理出版了《医药丛书》《国医百家》《三三医书》等，总计 230 多种，为祖国的中医药文献事业做出了杰出贡献。

裘吉生

(一) 生平简介

裘吉生 (1873—1947)，名庆元，字吉生，浙江绍兴人。裘吉生少时曾患肺结核，群医束手，乃励志习医，自治而愈，从此走上了行医之路。1906 年与何廉臣等人创立“绍郡医药学研究社”，任副社长。1915 年，与绍兴医药界同仁一起组建“神州医药学会绍兴分会”，任副会长，并以该会名义发行《绍兴医药学报》，裘吉生任总编辑。期间，整理出版有《国医百家》《医药丛书十一种》和《医药丛书五十六种》等医药丛书。1923 年，裘吉生迁寓杭州，创立“三三医社”，开设“三三医院”，刊行《三三医书》，出版《三三医报》等。1936 年编辑出版《珍本医书集成》。[4] 裘吉生生性刚毅，为人热忱，曾参加光复会、同盟会，与徐锡麟、秋瑾等均有交往，是一个具有革命精神和革命经验的医家。

① 本文摘编自：罗健．近代名医裘吉生藏书特色研究 [J]. 甘肃科技，2015，31 (2) 93-95.

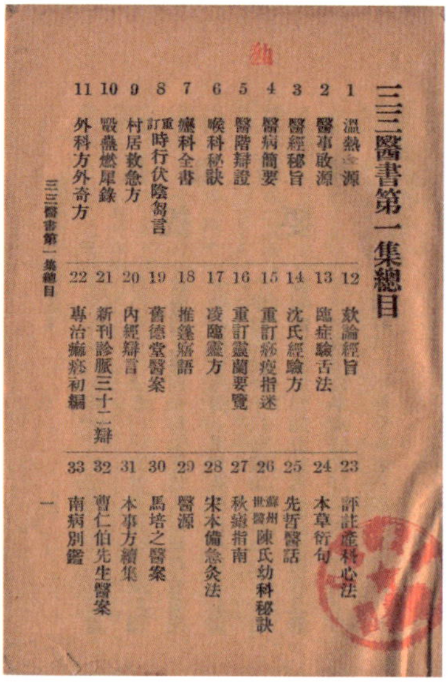

三三醫書第一集總目

1 溫熱逢源
2 醫事啟源
3 醫經秘旨
4 醫病簡要
5 醫階辯證
6 喉科秘訣
7 癘科全書
8 重訂時行伏陰芻言
9 村居救急方
10 毀蟲燃犀錄
11 外科方外奇方
12 欬論經旨
13 臨症驗舌法
14 沈氏經驗方
15 重訂痧疫指迷
16 重訂靈蘭要覽
17 凌臨靈方
18 推篷寤語
19 舊德堂醫案
20 內經辯言
21 新刊診脈三十二辯
22 專治痲痧初編
23 評註產科心法
24 本草衍句
25 先哲醫話
26 蘇州世醫陳氏幼科秘訣
27 秋瘧指南
28 宋本備急灸法
29 醫源
30 馬培之醫案
31 本事方續集
32 曹仁伯先生醫案
33 南病別鑒

三三醫書第一集總目　一

1924 年杭州三三医社出版

《三三医书》

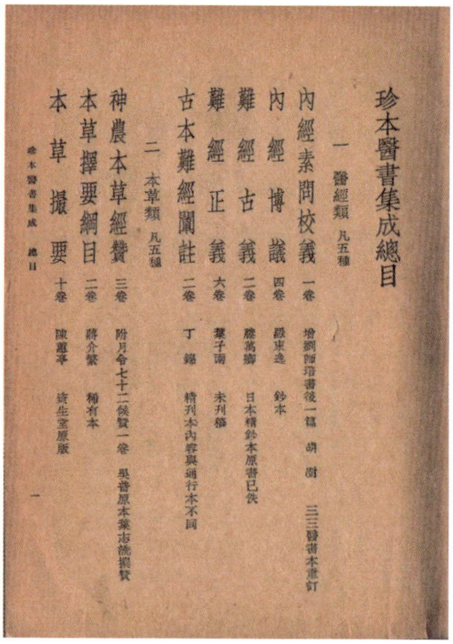

珍本醫書集成總目

一　醫經類　凡五種

內經素問校義　一卷　增胡樹培書後一篇　胡澍　三三醫書本重訂
內經博議　四卷　羅東逸　鈔本
難經古義　二卷　滕萬卿　日本精鈔本原書已佚
難經正義　六卷　葉子雨　未刊稿
古本難經闡註　二卷　丁錦　精刊本內容與通行本不同

二　本草類　凡五種

神農本草經贊　三卷　附月令七十二候贊一卷　吳普原本葉志詵撰贊
本草擇要綱目　二卷　蔣介繁　稀有本
本草撮要　十卷　陳蕙亭　資生堂原版

珍本醫書集成　總目　一

1936 年上海世界书局出版

《珍本医书集成》

1916 年孙中山偕胡汉民来绍，胡患赤痢，请裘氏治之，一剂而愈，孙中山亲题“救民疾苦”四字相赠。[5] 1929 年，裘吉生听闻“废止旧医案”一事后，拍案而起，迅即联络同仁发文表示坚决反对。上书“立法院”，尖锐地指出：消灭中医，“乃外人挟帝国主义借中国内奸走狗实行文化侵略也。”在全国中医药界的坚决抗争和全国各界人士的大力支持下，“废止旧医案”被迫撤销。

（二）收藏特色

裘吉生一生从不吝惜金钱，千方百计地搜集医药古籍，尤其是对孤本、精刻本、精抄本、未刊稿本等更是竭尽全力，务在必得。如此“搜求医书四十余年，积三千数百种（两万余册）。并名其藏书楼为“读有用书楼”，其藏书盖有“读有用书楼藏书之章”及“绍兴裘氏”两印章。顾志兴称裘吉生“读有用书楼”藏书：“所藏多为医书，达两万余册，举凡日本出版之汉医药书，几搜罗无遗”。当时医界同仁称：“所藏医书，甲于国中”，且先生“藏书至数千种，不以大部凑集众说之书为重，恒谓单本小册之著作往往出自心得，多所发明之处，如外科王洪绪《全生集》、内症王清任《医林改错》等，立论不多，要皆独具创见”。丰富的私人藏书为其从事中医文献整理出版工作提供了良好的条件。但是，最令裘氏痛惜的是，抗战前秘藏于杭州市郊回龙庙友人私宅的四十大箱珍贵藏书，被日寇盗走，一生心力所聚的医学珍本、孤本、善本两万多册，荡然无存。

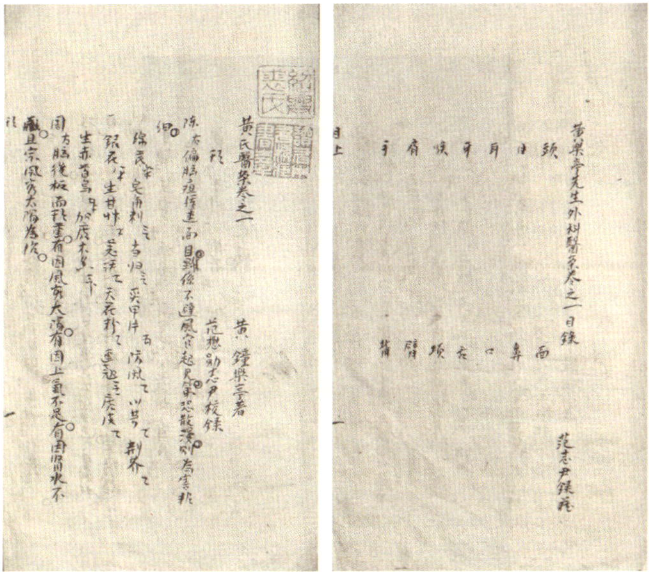

裘吉生旧藏清抄本《黄乐亭先生医案》“绍兴裘氏”“读有用书楼藏书章”

（三）编目著述

裘吉生利用藏书整理出版诸多医籍，其目录学和文献学功底主要见诸于其编撰的大型丛书之中，尤其是关于书籍的提要和分类，体现了其丰厚的学养，为抢救和发扬中医文献做出巨大贡献。

1924 年裘吉生在杭州刊行《三三医书》，该书分三集，每集各 33 种，共收各类医籍 99 种。裘氏取《礼记》“医不三世，不服其药”及《左传》“三折肱知为良医”之典，遂题名为“三三医书”。所辑内容包括内、外、妇、儿等临床各科、针灸、本草、方书、医案、医话、医论等各类医著。《三三医书》收书以明、清两代较有影响、较有代表性的医学著作为主，并收入少数日人所撰的“汉方医学”著作。此书在搜救海内外孤本、珍本、抄本同时，注重实用，所选多为家传秘本，疗效独特，以临证著作为主。

裘吉生先生晚年所辑《珍本医书集成》，共收古今医书 90 种，将 90 种医籍分隶十二类，即医经、本草、脉学、伤寒、通治、内科、外科、妇科、儿科、方书、医案、杂著。该丛书注重珍本、孤本、稿本等珍贵文献的抢救与发掘，其学术价值与实用价值均属上乘。

据裘吉生之子裘诗庭先生调查统计，除上述书籍外，其父裘吉生尚编辑、整理并出版有《国医百家》(共8种)、《医药丛书十一种》(分四集出版)、《绍报刊行医药丛书》(即《医药丛书五十六种》)、《鲟溪医述》(共15种)、《绍兴医药学报汇编》(共29种)、《读有用书楼医书选刊》等大量书籍。可惜的是，目前这些书籍已经散佚不全。裘吉生编辑整理的这些医药书籍同样保存了不少孤本、珍本和抄本，其中的部分医籍有较高的实用价值。[6]

裘吉生一生整理出版的中医文献不仅数量惊人，而且在版本、内容和实用价值方面均为业内外学者所称道。受到“书为天下公器”良好风气的影响，裘氏决意公开流通医籍，不仅积极出版发行以整理医籍为宗旨的《绍兴医药学报》和《三三医报》，还在医报上大力宣传“准许翻印，版权所无”，这些都是中医出版史上绝无仅有的创举。

四、丁福保①

丁福保

丁福保是我国近代一位重要的图书编辑家、出版家，同时也是一位医学家和著名的藏书家、慈善家。

（一）生平简介

丁福保（1874—1952），字仲祜，号畴隐，又号济阳破衲，江苏无锡人。光绪二十年（1894），丁福保到同邑廉泉家任塾师。廉泉（1868—1931）为无锡著名藏书家，其妻为桐城吴汝纶弟吴宝三之女。廉、吴两家祖上都好藏书，因此廉泉家的藏书，无锡城中一时难有人与其相抗衡。丁福保到廉泉家坐馆的最大收获是他产生了藏书的愿望。他后来在年谱中写道：“廉氏藏书颇多，余寝馈其中者数月。自是颇有志藏书。”但限于当时财力，“惜无力，不能多购。”光绪二十一年（1895），丁福保到南菁书院就读，南菁书院拥有丰富的藏书。在这里，丁福保的心灵受

① 本文摘编自：江庆柏．丁福保的藏书观念及藏书实践．图书馆学研究 [J].2000. 2：96-100.

到极大的震撼，并且手抄了一份书院的藏书目录，并立下愿望，今后要按照这部书目尽量购置齐备。光绪二十五年（1899），丁福保患有心肺疾病，终日感到精力疲倦。于是“广买医书，终日翻阅”。尽管丁福保说“无所得”，但这对他后来收集、出版医学图书不无帮助。光绪二十七年（1901），就读苏州东吴大学堂，不久赴上海。这时盛宣怀在上海开办东文学堂，丁福保考取了该学堂，入学学习日文。光绪二十九年（1903），丁福保应张之洞之聘为京师大学堂译学馆算学兼生理学教习。光绪三十一年（1905），丁福保辞去教职返回上海，加入其兄丁宝书等人所创办的文明书局。到光绪三十三年（1907），丁福保已有了一定的藏书，据他在年谱中所记，室中无长物，只有架上书数千卷。宣统元年（1909），丁福保赴南京督院应医科考试，得最优等开业证书。同年，丁福保赴日本考察，他圆满完成了任务，自己也购置了不少图书，如他在年谱中所记，“连日买新旧书籍药品约千余金”。这些书中以医书为多，同时他也搜购到了一批佛教经典，共有数十种，著名的慧琳《一切经音义》、希麟《续一切经音义》都是在这时收藏到的。日本之行不仅使他收藏到了一批国内没有的图书，更主要的是开阔了他的眼界，拓展了他的藏书思路。

宣统二年（1910），丁福保在上海创立中西医学研究会，出版《中西医学报》。以后，其在上海行医，同时刊印各类图书，积极从事地方公益及慈善事业。将自己收藏的图书大量捐献给学校、图书馆，是丁福保藏书的又一个重要特点，也是他将藏书化为社会公物的具体行动。民国后，丁福保长年在上海行医、印书，所以他对上海的文化事业也非常关心，他向上海市立图书馆、福幼院、震旦大学等捐赠过大批图书。除藏书、捐书外，丁福保一生中与图书结缘的事就是编书、印书。丁福保自己编写（或组织人力编写）的图书都由他自己出版，他创办医学书局，就是为了出版他自己编纂的图书。

（二）收藏特色

丁福保的藏书经历可追溯到他的少年时期。他在《全汉三国晋南北朝诗绪言》中说：“余十四五岁时，即喜搜集汉魏六朝人诗。”不过这时还谈不上是有意识的藏书。民国以后的几年，是丁福保收藏图书最多的几年。1914 年，丁福保在上海租下富华里的房屋，作为自己编辑与藏书的处所。1915 年，丁福保购书费用超过万金。大约在 1917 年，他的图书收藏达到高峰，先后共得十五六万卷。丁福保在上海的藏书处名“诂林精舍”，1931 年蒋维乔作《诂林精舍记》云：“精舍在仲诂住宅之旁，凡三楹而层楼，入门，中间为厅事，东为客室，西为食堂，登楼，则图书满架，古今要典咸备。”（《说文解字诂林》卷首）丁福保在医学书局内又创设了丁氏图书馆，该馆除供人在馆内阅览外，还可出借。丁氏藏借一体的书籍管理与利用模式，在藏书家中可谓开明而独树一帜。

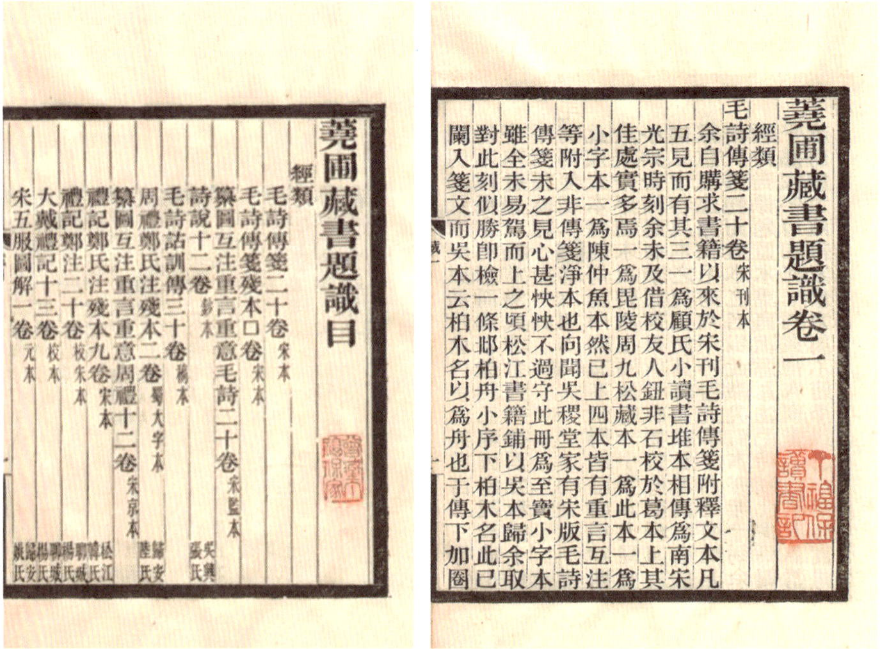

丁福保旧藏《荛圃藏书题识》及藏书印

丁福保丰富的藏书保证了他从事图书编辑的数量、质量与速度，也为他的图书出版提供了坚实基础。丁福保医学书局出版的各类图书在当时有广泛的市场，销路极好。丁福保先后编译出版了近 80 种国内外医学书籍，合称《丁氏医学丛书》。良好的出版业绩所带来的丰厚利润又反哺了他的藏书事业。

（三）编目著述

1915 年，丁福保与门生弟子编制了一部藏书目录。在为这部藏书目录所写的序言中，丁福保再一次强调了藏书为读书的思想。他说自己既不喜好斗鸡走马，又鄙视雀戏博弈，在行医之余，把自己的所有时间都投入到了读书上面。

书成为“索居者之良友，失涂者之导师，无助者之佳伴”。1918 年编有《历代医学书目提要》，后又与人合编《四库总录医药编》，兼收中外医学书籍。丁氏藏书出售时，上海存古书店编有《无锡丁氏珍藏善本书目》，著录了 600 余种、16 000 余册善本。丁福保去世后，生前编成而未及出版的《四部总录》遗稿经其学生周云青整理后，由商务印书馆出版了“医药编”“天文编”“算学编”“艺术编”4 种，成为近代重要的专科目录。

丁氏一生著作、编辑、刊印书籍数量众多，他最早的两部著作是《算学书目提要》《卫生学问答》。辛亥革命前后，编辑刊印有《汉魏六朝名家集初刻》《全汉三国晋南北朝诗》《历代诗语续编》《清诗话》等数部丛书。此外，丁福保还钻研《说文解字》，历时 30 年，汇集 182 种、1 036 卷注释和研究《说文解字》的著作，以许慎的原书次序为纲，编辑成《说文解字诂林》以及后来的《说文解字诂林补遗》。其他方面，丁氏还编著有《佛学大辞典》《文选类诂》《尔雅诂林》《无锡丁氏藏书志》《古钱大辞典》等。

五、曹炳章[①]

曹炳章

曹炳章是民国时期著名的医学家、藏书家，专藏中国医药学文献达 5 000 余种，著述、编辑、校订、圈注、眉批、加按古今中国医药学文献 400 余种，编辑了大型中国医药学丛书——《中国医学大成》，堪称我国从古至今中国医药文献收藏的第一人。

（一）生平简介

曹炳章（1878—1956），字赤电，又名彬章、琳笙，浙江省宁波市鄞县曹娉乡人。1892 年随父迁居绍兴，进太乙堂药店为徒。1896 年，因好学被名医方晓安收为徒弟，授读内、难、伤寒、金匮、本草及金元四大家医书，七年得入门径。1901 年在绍兴春成堂药店附设诊所，开始施医，自此开始了他一边悬壶济世，一边聚书藏书、著书立说的生涯。[7] 1908 年，与名医何廉臣等创立“绍

① 本文摘编自：董桂琴．曹炳章藏书特色研究 [J]. 宁波大学学报（人文科学版），2006，19（2）：131–134，141.

郡医药学研究所”，编辑《绍兴医药学报》。1913 年，与何廉臣等在绍兴发起创设“和济药局”，倡导药品改良。1924 年起，任神州医药会绍兴分会绍兴县中医公会主任委员、国药业同业公会执行委员。1929 年 2 月，国民党中央卫生委员会第一次会议在国民党中央执行委员褚民谊的授意及主持下，通过了留日医生余岩及汪企张的提案——《废止旧医以扫除医事之障碍案》。3 月，曹炳章被推派为绍兴中医界代表，赴沪参加全国中医药团体总联合会的抗议活动，促使国民政府撤销了这一废除中医的提案。1931 年，曹炳章作为浙江省的代表，赴南京参加“中央国医馆”成立大会，被推选为名誉理事。同年，又积极筹建绍兴中医公会，并被推选为常务主席。新中国成立后，被特邀为绍兴市各界人民代表会议协商委员会代表。1956 年，被聘为《浙江中医月报》名誉总编辑，同年病逝。[8] 曹炳章精内、妇、儿科，尤擅喉症，是民国时期闻名全国的“绍派伤寒”的重要代表人物，与何廉臣、裘吉生并称为“宁绍三杰”，在温热学说中独树一帜。曹炳章不但医术精湛，医德尤佳，对贫病之人，常常免收号金，甚至出钱买药施送。诊治之余，无所嗜好，唯喜收藏、著述、校勘中国医药文献，为祖国的中医药事业发展做出了卓越的贡献。

（二）收藏特色

曹氏对中国医药学文献的收藏，始于他被名医方晓安收为徒弟时。方晓安见他勤勉好学，不但收他为徒，倾力传授医道，还赠他不少中医古籍，嘉其好学。1901 年自设诊所后，生活简朴，“诊资所入，养家而外，尽量访购医籍”，并把自己的藏书处命名为“集古阁”。1912 年，曹炳章已藏达 5 000 余册医籍，存放在绍兴至大药店。但令人惋惜的是，正当他在宁波老家料理父亲的丧事时，大药店突遭火灾，全部藏书付之一炬，其中包括他多年来批注的历代名医著作，以及他撰写的《预察婴儿寿夭》《药物炮制实验》等稿本。[9] 面对藏书的灭顶之灾，曹炳章毫不灰心，反而更加坚定了以保护收藏中国医药学文献为己任的志向。他从零开始，四处访购医书，在宁波、绍兴地区搜得 3 500 种医籍，又向北平、南京、苏州、上海、日本等地选购，实在选购不到的，就设法抄录。至 1934 年，积藏已达 5 000 余种。同年，曹炳章应上海大东书局之邀编辑《中国医学大成》，他从所藏医籍中精选出上自先秦、下至近代的各类医籍 365 种、2 082 卷、1 000 册交由上海大东书局出版。时至 1937 年，《中国医学大成》出版甫及136种、500册时，因抗日战争爆发，上海沦陷而被迫停印，大部分版本内容皆属精粹且经曹炳章精心校勘过的原稿也不幸散佚，实属可惜。绍兴沦陷时，曹氏藏书又一次面临灭顶之险，曹炳章连夜租船，将藏书运至乡下避藏。面对接二连三的挫折，曹炳章仍访书不断、藏书不辍，继续充实着他的中国医药学文献收藏。新中国成立后，曹炳章深切感受到党和政府对祖国传统医学的重视，决定将几十年历尽艰辛所收集的医籍捐献给国家。1952年，他主动与当时的上海华东军政委员会联系，将3 400余种医籍捐献给了华东军政委员会卫生部。1956年，曹炳章逝世，其遗著、遗藏由浙江省卫生厅接收。

曹氏收集中国医药学文献，上自秦汉、下迄民国，对历代著名医药学家著述多有收藏。其藏书不但种数多，而且门类齐全，包括医经、药物、诊断、方剂、通治、外感病、内科、外科、妇科、儿科、针灸、医案及外集杂著等中国医药学的各个领域。民国《鄞县通志·历代本县公私藏书纪事》据曹炳章自编的《集古阁藏书简目》，记载了曹氏收藏的明清精刻本、孤本、珍本、抄本、日本旧刻本及自著待刻各书480种。其中一些抄本是曹氏购买的明清旧抄本，但更多的是曹氏在无法购得时，亲自抄录的。尤为可贵的是，曹氏每获藏一种珍本、善本，都会对其仔细研读、批点。因此，在这些珍贵典籍上，往往留有大量曹炳章对所藏图书内容的优劣得失评价，以及在行医实践中的心得体会。因其以尽可能多地收藏中国医学文献为目标，故在曹炳章藏书中亦收有日本旧刻本、抄本近50种，包括丹波元简等30多位历代日本汉医家的著作。

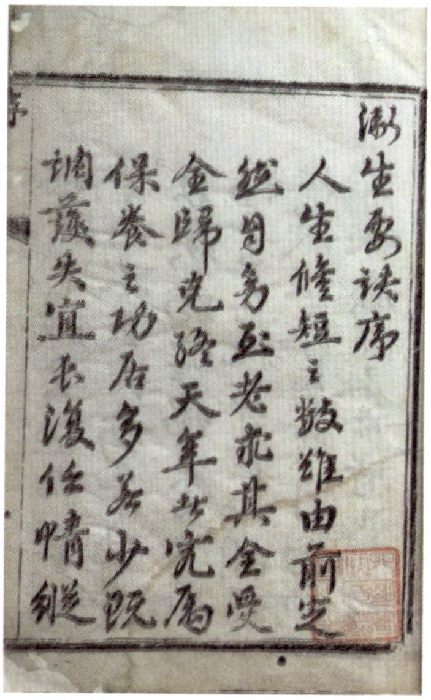

曹炳章旧藏清嘉庆十七年（1812）汉皋三隽堂刻本《卫生要诀》及藏书印

（三）编目著述

建立在丰厚的藏书基础上，曹炳章在行医、研究医籍之余，勤于著述，先后校订、著述、编辑、批注、释按古今中医药书籍达400余种，为社会贡献了一大批中医文献学著作。

1934年，曹炳章为整理所藏，将5 000余种藏书分为医经、体脏、摄生、诊断等23类，编辑了《集古阁藏书简目》十卷。

曹炳章对中国传统中医药典籍的校订、纂辑成就，集中体现在由他主编的大型医药学丛书《中国医学大成》上。1934年，曹炳章应上海大东书局之邀编辑《中国医学大成》，他从所藏5 000余种医籍中，精选上自先秦、下迄近代，理论、方药与临床咸备的中医药典籍365种，编辑成书，“所选各书，皆中医要籍，大都内容精粹，切合实用，版本亦从精选”。[9]曹氏编辑此书历时两载，并对所收文献加以句读。同时，他在书首对每一种文献均做简明的提要，编述作者行略、著作校刊略历及内容特色。每一种文献都细加校勘，凡有名家评注的，择要列入，以备考证研究，此书被誉为中医药文献史上“前所未有之巨著”。因受抗日战争影响，此书实际仅印行了500册、共136种。根据此丛书中各书的校刊略历及内容提要汇集而成的《中国医学大成总目提要》[民国二十四年（1935）大东书局排印本]，也是一部具有极高参考价值的中医专科书目。

曹炳章在校订、纂辑传统中医药典籍之余，结合自己的临证经验，撰写的专著，如《夹阴伤寒论集说》《痰火证治要略》《人参通考》《鸦片瘾戒除法》《霍乱急救法》《霍乱寒热辨正》《家庭卫生饮食常识》等近40种，亦推动了中医学术的传承与弘扬。

六、龙伯坚

现代著名中医学家龙伯坚，为中国中医科学院（原中医研究院）奉召进京建院奠基人之一，在奠定中国中医科学院图书馆馆藏、发起编纂《中医图书联合目录》、开展中医古籍书志研究及《黄帝内经》集注研究等方面做出了卓越贡献。

龙伯坚

（一）生平简介

龙伯坚（1899—1983），名毓莹，字伯坚，后以字行。龙伯坚幼年在家从家庭教师习古文，继修英语、数学等学科。1916年入湘雅医学专门学校预科，越二年，转入该校本科。1911年在“五四”运动影响下，龙伯坚积极参加爱国学生运动，担任湘雅《学生救国报》主编，后该刊改名为《新湖南周刊》，龙伯坚继任主编。毛泽东当时主编省学联的《湘江评论》，在毛泽东的倡议下成立了湖南学生周报联合会，龙伯坚被公推为总干事，二人成为了为追求真理而共同奋斗的笔墨之交、少年知己。后省学联被湘督张敬尧查封，《湘江评论》亦被查封，龙伯坚与编委张维、李振翩乃共邀毛泽东合办《新湖南》周刊。自后，《新湖南》取代《湘江评论》，成为宣传马克思主义、宣传民主与进步、抨击时政的重要窗口，在全国颇具影响。

1923 年，龙伯坚于湘雅医学专门学校毕业，随即被湘军总司令谭延闿任为总司令部军医处长。不久，龙伯坚相继担任长沙仁术医院医师、湖南肺病疗养院院长，并著有《免疫学原理》《肺病疗养谈》，分别由商务印书馆、中华书局出版。1929 年龙伯坚任南京国民政府卫生署秘书、简任卫生署技正。1931 年由卫生署选派留美，龙伯坚入美国哈佛大学公共卫生学院，1933 年获医学硕士学位，归国后任湖南省卫生处处长等职。1934 年由卫生署派任湖南省卫生实验处处长，主持湘省公共卫生事业。在任期间，龙伯坚在全省各市、县建立卫生院，共 70 余所，造福家乡人民。

1937 年龙伯坚调任重庆国民政府卫生署保健处处长，1939 年赴甘肃天水，任西北行营卫生专员。时毛泽东在陕北，闻龙伯坚任职西北行营，欣然写信给他，并填词一首相赠。1941 年龙伯坚因病辞去专员职，养病于父亲龙绂瑞贵阳之花溪寓所。病稍愈，日寇南侵，为避战乱举家迁湖南攸县老家，闲居数载。龙伯坚家世代书香，藏书颇丰，乃以读书和整理古籍自娱，并对我国医学古籍产生浓厚兴趣。在此期间，龙伯坚产生了研究祖国医学史的志愿，并着手收存史料，积累藏书。

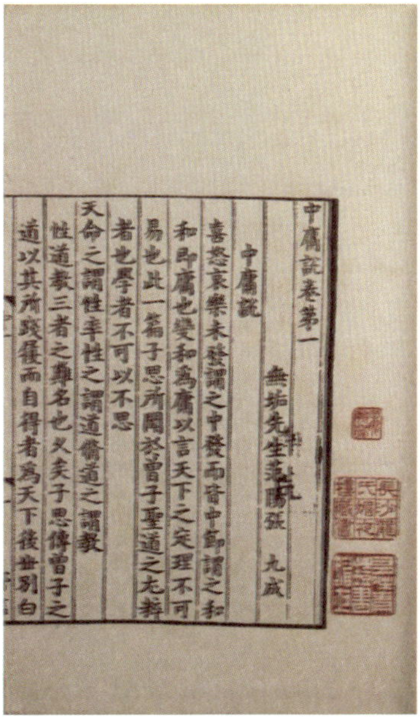
中庸說卷第一
無垢先生橫浦張　九成
中庸說
喜怒哀樂未發謂之中發而皆中節謂之和
和即庸也變和爲庸以言天下之定理不可
易也此一篇子思所聞於曾子聖道之大指
者也學者不可以不思
天命之謂性率性之謂道脩道之謂教
性道教三者之尊名也夫子思傳曾子之
道以其所踐履而自得者爲天下後世別白

龙伯坚旧藏 1936 年商务印书馆影印续古逸丛书本《中庸说》

龙伯坚酷爱古书，收藏典籍成为他一生中最大的嗜好，但他更懂得书以流通为贵以及发挥传递知识作用的重要性。为了让更多的人翻阅、借鉴，为繁荣祖国文化做贡献，他多次慷慨地将自己珍藏多年的书籍捐赠给图书馆。仅

1952年，就将他收存的两万余册图书捐赠给了湖南省图书馆；1980年又送去了3部珍籍，其中有明抄本《玉笥山人词集》(又名《花外集》)、清嘉庆年间精刻本《延禧堂诗抄》和清康熙年间精刻本《西昆酬唱集》(上、下两卷)。

1957年开始，龙伯坚将全部精力和时间都投入了《黄帝内经集解》的编著工作。当写作进入紧张阶段时，他几乎每天要伏案疾书达十多个小时。从浩如烟海的医籍文献中，集历代医家研究《黄帝内经》之灼见，他精心考证了50多种不同见解，加以分类整理，并将《黄帝内经》断句译成现代汉语。1964年末，《黄帝内经集解》初稿告竣。1981年，《黄帝内经素问集解》《黄帝内经灵枢集解》两部巨著全部完成，共48卷。1983年，《黄帝内经集解》的编著工作全部完成，由上海科技出版社出版，同时出版的还有他的《黄帝内经概论》。

(二)收藏特色

龙伯坚先生一生酷好收藏书籍，家里所藏经史子集及工具书达2万余册。在土地改革运动期间，他就注意收集医学书籍，仅收集唐生智一家藏书即达2 000余册。在任中南卫生教材编辑委员会主任时，龙伯坚常利用到北京开会的机会广搜博采，为编委会搜集到中医古籍2 000余册，其中不乏明清善本。1953年，龙伯坚调至北京工作后，经上级批准，将中南卫生教材编辑委员会的藏书悉数运到北京，归中央卫生研究院图书馆收藏。1954年底，他又与章新民等同志赴南京、上海、杭州、绍兴、宁波等地访求中医书籍，并结识了中西医界的许多朋友，如丁福保、余岩、范行准、曹炳章等人，他们一见如故，互相切磋，交流学术。最为可贵是，征集到余岩、丁福保、曹炳章等名家的丰富藏书，如明代万历初刊的金陵本《本草纲目》、曹炳章先生的手稿医书等，进一步丰富了中央卫生研究院图书馆的藏书。后来，这些宝贵的中医古籍资源悉数归藏中医研究院，为1955年筹建中医研究院图书馆奠定了基础，为中医药科研提供了文献方面的重要保障，做出了卓越贡献。

(三)编目著述

龙伯坚先生认为，发展中医必须首先进行中医文献的整理研究，摸清中国现存的中医古籍的种类和数量。因此，他出任中国医药研究所所长之后，就首先与中央卫生研究院图书馆馆长章新民共同协商，发起中医古籍资源普查与联合目录编纂，并议定了编制《北京大图书馆联合书目》的计划。当时中央卫生研究院图书馆藏书已初具规模，其中有满洲图书馆藏书和他从湖南带来的许多藏书，加上北京图书馆、北京大学图书馆等馆的中医藏书，这些书籍均须编目或另行抄卡。这一工作在1954年5月至12月间基本完成。在他和章新民等先生的筹划下，《中医图书联合目录》的准备工作在1955年全部完成。

1957年，龙伯坚先生在编纂《黄帝内经集解》的同时，为查阅史料方便起见，将各类史籍一一依次归类，完成了《现存本草书录》《现存内经书录》《伤寒论读书志》《中医丛书书录》《中医现存书目》等中医古籍书志目录。从1958年起，龙伯坚先生又开展了《针灸甲乙经》校正的工作。此书共分12卷，完稿约100万字，由《素问》《灵枢》《明堂孔穴针灸治要》三部书校勘厘定而成，是最早的对我国针灸文献予以详细考证注释的文献研究专著。在这部疏解中，既收集了历代各家对《甲乙经》的注释，也阐发了龙伯坚先生本人的见解。可惜此工作在1957年2月完成后，因政治运动未能出版，原稿亦遭散佚。以上文献整理和研究，从古籍目录学角度，对现存本草、内经、伤寒、针灸等专科文献进行了详尽的考证与研究，内容翔实而丰富。

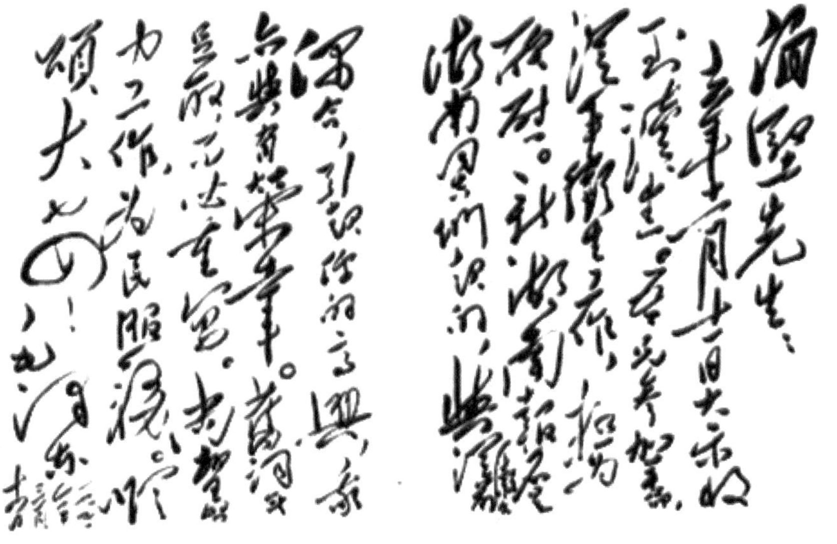

毛主席给龙伯坚的复信

自1955年龙伯坚先生担任中医研究院医学史教授以后，便开始了对《黄帝内经》的专门研究。30余年中，他以其渊博的学识和后半生的全部精力，纂就了《黄帝内经集解》。他采用清代汉学家、考据家的方法，广泛收集历代医家有关《内经》的注释发挥文字，并对浩如烟海的各种中医史料，进行整理、考究，条分缕析，校勘、训诂，集编成册，填补了世界医学史上的这一空白。这部浩大的文献工程——《黄帝内经集解》，共48卷，达300余万字。其中分《素问集解》和《灵枢集解》各24卷。尽管如此，龙伯坚先生仍然谦虚言道："历代医学家对于《黄帝内经》付出了辛勤劳动，做了许多校勘和解释的工作，只是还没有人把它们汇集起来，本书所做的就是这一种汇集工作。首先是根据前人校勘的成果，将经文校勘固定下来。其次是根据前人训诂的成果将经文解释出来。""虽已尽了很大的努力，还是有许多不满意的地方。好在主要的原始数据都已汇集在集解里面，将来如有对于这一工作有兴趣的同志可以根据原始数据加以重译，以成定本。""由于能力所限，见闻不广，所搜集的数据或者不够完备，又由于水平所限，钻研不深，一定有许多遗漏和错误的地方，希望读者加以指正，以便补充修改。"

七、范行准[①]

范行准

在历代众多藏书家中，范行准先生及其栖芬室藏书可谓独树一帜。同时，范先生在中国医学史研究、中医古典文献的整理、研究与编辑出版方面也是享誉医林。

（一）生平简介

范行准（1906—1998），名适，字天盘，浙江省汤溪县（今属金华县）人。先生少时家境清贫，然自少及长笃志向学，未尝稍息。13岁时，在其小叔父范贡云于本县罗埠镇所开德寿堂药店学徒。自14岁始，经常去十余里外之城中图书馆看书，馆藏虽不丰富，但感觉"不啻如赤手贫儿，蓦入铜山金穴，神摇意夺，徘徊不忍去之。必日薄崦嵫，始惘然言旋"。其酷爱书籍之情，可以想见。18岁时，返乡自学中医。20岁起，在乡诊病，前后有3年。20世纪30年代初，考入上海国医学院，学院为5年制，插班入三年级。第2年又跳班入五年级，两

① 本文摘编自：伊广谦．范行准传略[J]. 中华医史杂志 .1998，28（4）：244-245.

年即获毕业。在学期间，得以师从陆渊雷、章次公诸名家，毕业后先后在上海中华医学会、中华医学杂志社、中西医药研究社工作，从事医学史研究及《中华医学杂志》《医史杂志》等医学期刊的编辑工作，与医史、文献学家王吉民、龙伯坚、宋大仁等交游，并开始了他搜书藏书的人生历程。新中国成立后，范先生的研究工作得到党和政府的重视和支持，在华东军政委员会卫生部部长宫乃泉将军的关怀下，于 1950 年范行准被聘入华东军政委员会卫生部工作。范先生于 1953 年转入军事医学科学院，1958 年随院迁到北京，1979 年离休，但仍继续从事医学史研究。在 60 多年的学术生涯中，可以说，范先生在医学史的各个领域都进行了深入的研究，取得了丰硕的成果，在医史学界享有很高的声望。

（二）收藏特色

由于范先生立志编一部大型《中国医学史》，故其初期所收多为史部、子部古籍，而不购医书，以为医书可向医家通借。但不久即发现，医家所藏善本反而极为稀见，乃转而大力访求医书。虽然经济并不宽裕，但遇有善本，必购之而后快。其搜求之辛苦，“有求之十年不得而一旦遇之者，有辗转推求而始得之者，有既失而复得者，亦有失之交臂，如象罔之珠，不可再得者”。甚至罄尽家中柴米之资以购求爱书，亦为常事。尤其是抗日战争爆发后，“图书之厄，旷古所无”，“念典章之覆没，感文献之无征”，遂奋起抢救，其中不乏善本医书。范

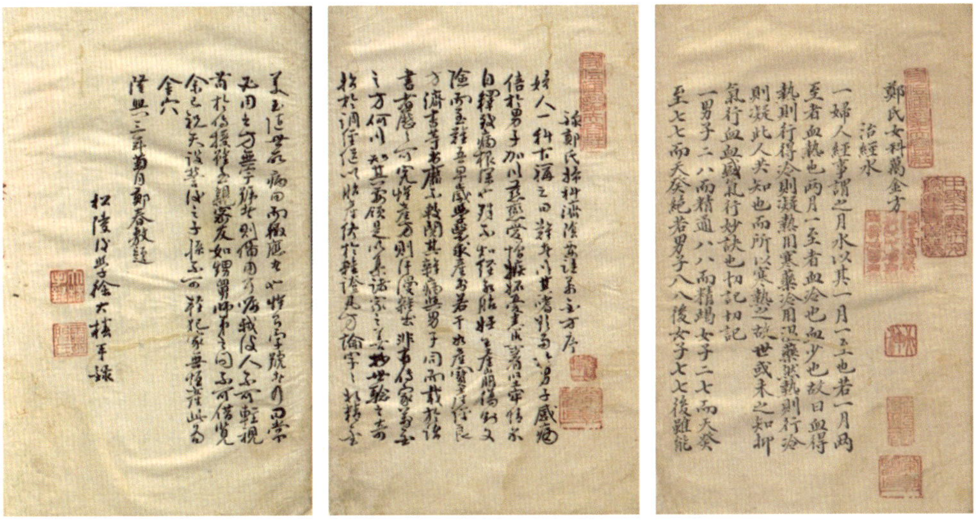

范行准旧藏清徐灵胎稿本《女科济阴要语万金方》不分卷

先生认为，宋、元善本固所愿求，但实用的稀见孤本，并不逊色。书肆冷摊常见其踪影，远方甚至国外亦有友朋代为网罗寻觅。十年时间，成绩斐然。至1941年，范先生所搜经史子集四部古籍，已逾两万卷，此后又续有增加。当时因系租房居住，“室小书多，椅案之外，俱为图籍所据”，方寸之间，琳琅满目。这些典藏即是范先生从青年时代起节衣缩食、苦心搜求而积累的宝贵财富，他的藏书以数量大、精品多著称，其中既有宋元原椠，又有明清医家的手稿，并不乏孤本。作为藏书家，范先生也是名播四海。范先生坐拥书城，爱书如命，但又视“书物为天下公器”，他把自己的藏书室称为“栖芬室”，即表示这些书不过在此暂时栖止而已，异日“苟吾不用，宜速散去”。范先生栖芬室藏书，皆钤以“汤溪范氏栖芬图籍”“栖芬室图书”等印。

在1984年，范先生78岁，乃毅然将栖芬室全部藏书献给了中国中医研究院，他的以天下为公的豁达情怀，一时蔚为医界美谈，并受到了有关部门的表彰。这批献书共760种，7 200余册。其中医书660多种，2 100多册，内含善本290种，1 500余册。善本中有元、明刻本、抄本90多种，以及如赵学敏、徐大椿、连自华等清代医家的数部稿本。这些藏书的公开，为医史文献研究工作提供了珍贵的资料。

（三）编目著述

1975年，在北京医学院理论小组同志的建议下，范行准先生编撰了《栖芬室架书目录子部医家类》，将其个人所藏医学书籍分为24类，详注书名、卷数、著者、版本，有的书籍还撰有按语式解题，对于考证书籍颇有借鉴。

范行准先生在医学史研究和著述方面成果丰厚。在医学通史方面，范先生撰有《中国医学变迁史》《中华医学史》《中国医学史略》等。对著名医家的研究，撰有《张仲景传略》《葛洪》等文，对张仲景的生平籍贯、葛洪的医学地位均提出了独到见解。范先生是较早开展东西方医药学交流史研究的学者，先后撰有《汉唐以来外药输入的史料》《古代中西医药之关系》《汉唐以来外药输入的历史与外药之国药化》《中国与亚拉伯的医药交流史实》《朝鲜的古代医学》等文。尤其是1942年出版的《明季西洋传入之医学》一书，在学术界赢得普遍的赞誉，被公认是这一领域的开山之作。在疾病史的研究方面，范先生1989年出版了近百万字的《中国病史新义》，此书曾获1990年全国医史文献图书展金奖。其他，如在民族医学史方面，撰有《中国古代外族医家考》《胡方考》等；在军事医学史方面，撰有《中国古代军事医学史的初步研究》等；在医事制度史方面，撰有著名的长篇论文《两宋官药局》等。同时，范先生在中医古典文献的整理、研究与编辑出版方面也做出了卓越的贡献，这方面有许多突出的事例。如范先生曾用大量的精力辑录两汉至元明间的医学佚书，编著《全汉三国六朝唐宋医方》《元明医学钩沉》两书，以作为撰述医史的基础。遗憾的是，由于原稿卷帙过巨，未及完成，但涉猎医书，两汉至隋唐间即有 600 余种之多。仅从明《永乐大典》中，即先后辑佚出医书 62 种。同时，总结对古医籍的研究心得，范先生撰写了《敦煌石室藏六朝写本〈本草经集注〉考》(1937 年)、《医学上的训蒙书——〈五藏论〉的研究》(1951 年)、《李及〈海药本草〉的研究》等。

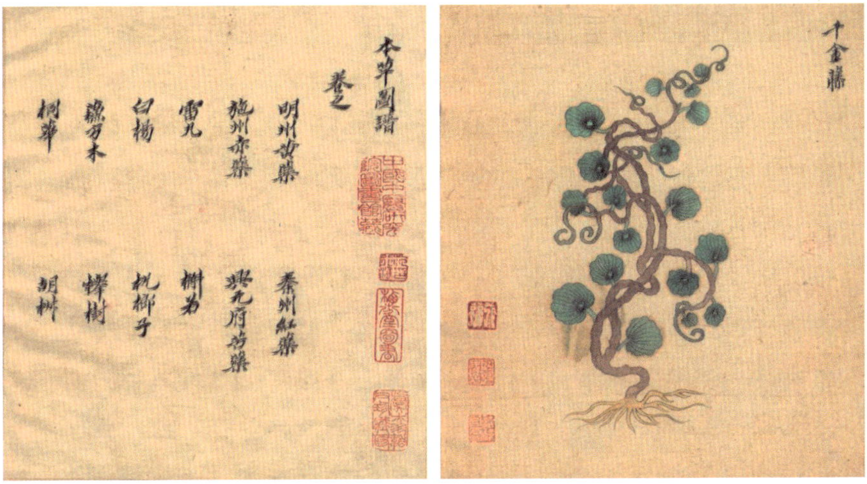

范行准旧藏明抄彩绘本《本草图谱》□□卷及范氏“栖芬室图书”章

八、陈存仁

陈存仁是我国近代中医界中富有传奇性的人物，在 20 世纪 30 年代就有“中医界才子”之称。他既非出身于中医世家，又非名门贵胄，但靠自己的奋斗，在名医如林的上海崭露头角，并一步步跻入名医之列。

（一）生平简介

陈存仁

陈存仁（1908—1990）出生在上海，少年时期他曾拜国学大师姚公鹤为师，学习训诂、考据、诗词、书法等，打下了坚实的文学基础。

1923 年陈存仁考入了名医丁甘仁创办的上海中医专门学校，从此开始了他的医学生涯。1927 年秋，陈存仁从上海中医专门学校毕业后，在丁仲英诊寓助诊了一段时间。1 年后，他开始独立挂牌行医。他在山东路租借了两间房屋做为诊所，并很快就“生意兴隆，门庭若市”。1928 年夏，陈存仁自己出资创办了一份以开展中医学术的研究和讨论、宣传中医药保健防病知识为主要内容的小报——《康健报》，他既是主编，又是发行人，这份报纸在陈存仁的策划编辑下，办得十分活跃，很受社会欢迎，发行量达 1 万多份。后来，他还主编或作为主笔，编办了《康健周刊》《国医与食养》等专刊专栏，一直受到广大读者的喜爱。

陈存仁热衷于中医事业，他积极参与有关中医药界的各项活动。1929 年，南京国民政府第一届中央卫生委员会通过“废止旧医案”，一时激起全国上下中医药界的奋起抗争，陈存仁就是其中的积极参与者和组织者。他和张赞臣、谢利恒、秦伯未、蒋文芳等人组织发起了著名的“三·一七”反对废除中医的全国性抗争运动，并被全国医药团体联合会推选为赴南京请愿团的五位代表之一。这时，他担任了上海市国医公会执行委员、秘书主任，全国医药团体联合会常务理事。中央国医馆成立后，他又任中央国医馆编审委员、上海市分馆理事。

1930 年起，陈存仁受聘担任上海中国医学院教授，主讲中医内科学。在以后几年里，他除了忙于诊务，从事教学外，还进行了大量的编撰著述工作。1935 ~ 1937 年，陈存仁出任上海市国医公会主办的上海中国医学院总务主任之职，负责管理该校的院务行政事务。在此期间，他成功地策划举办了当时轰动上海一时的两个中医药展览会——“日本汉医勃兴展览”和“国药博览会”，主持筹集巨款并建造了中国医学院天通庵路新院舍，重建了中国医学院新的图书馆和中药标本室，主编学院院刊《国医文献》等，为中国医学院的振兴发展做了许多有益的工作。

抗日战争结束后，除继续从事医务工作外，陈存仁更多地参与社会活动和慈善事业。他与许多对中医药有好感的国民党元老，如李石曾、焦易堂、吴稚晖、陈果夫、陈立夫等人交好往来，一来可以提高个人声望，同时也可依靠这些社会关系以争取对中医界的支持。他组织了中医研究社，斥巨资在威海卫路建造了中医研究社的大楼及附属诊所，他还策划支持编辑出版了我国最早的以《中医药情报》为名的中医信息刊物。此外，他出资组织创建了百技助学金委员会，带头捐款并帮助修造扩建了仁济育婴堂，同时又身兼多个社会团体、慈善机构的董事或理事职务。1946 年底，陈存仁参加了国民党政府的国大竞选，是中医界国大代表之一。1949 年，陈存仁迁居香港，在九龙的弥敦道和香港岛的铜锣湾开设了两处诊所，继续行医。从 1951—1953 年，他先后数次赴日本、埃及和欧洲考察访问，了解那里的医疗卫生历史和现况，同时宣传中国的传统医学知识。1953 年 2 月，他主编发行了《存仁医学丛刊》，不久又主持开办了香港中国针灸学院和存仁医学讲座，培养了许多中医人才。20 世纪 60 年代以后，他基本以行医为主，同时还编写了不少中医药科普读物。陈存仁是个多产作家，他正式出版的著作就有近 30 种，还写了许许多多有关中医的文章。从青年时期开始，一直到古稀之年，他从未停笔，始终在为中医药摇旗呐喊。

（二）收藏特色

抗日战争期间，陈存仁被提任上海市中医师公会常务理事，在诊疗工作之余，他投入了大量的精力和财力，搜集中医药书籍和刊物，历十年“早搜夕索，亲临拜访，曲意诚求”，经他搜集收藏的各种版本的古今中医药书籍已达 6 000 余种，还有 30 多种全国各地出版发行的整套与中医药有关的报纸和刊物。由于爱书成癖，他在收集国内中医古籍的同时，还刻意收集日本汉方医书，从而使他成为与杭州裘吉生、宁波曹炳章同享盛名的江南三大中医药藏书家。

（三）编目著述

陈存仁前后花了 7 年时间，搜集各类药物参考书籍 20 余种，有价值的中医研究论文 180 篇，各种中草药标本 500 多种，并在此基础上邀集中国医药研究社的同仁编写成 320 多万字的《中国药学大辞典》，于 1935 年由世界书局出版发行。这部辞典集古今中外中药研究之大成，收集的药物达 4 260 种，附方万余首。书内印有插图 1 400 余幅；大多数药物除中文药名外，还标明了拉丁文或英文、日文的学名；有 142 味中药收载了当时已经分析出来的化学成分。在编排上，以每一中药药名的首字笔画为序排列，更方便了检索。新出版的《中国药学大辞典》在编纂和内容上都比较明显地具有现代辞书的特点，所以问世后很快就得到国内外学术界和广大读者的认可，出版不到半年就销售一空，并且先后印制 27 次，新中国成立后仍有再版。

仅仅 1 年之后，由陈存仁辑校的另一部大型丛书——《皇汉医学丛书》出版了。这是他多年研究日本汉医勃兴运动，搜集整理汉医学家的成果。该丛书包括 14 卷 72 种：总类 8 种，内科 16 种，外科 4 种，女科、儿科各 3 种，针科 4 种，眼科、花柳科、诊断、治疗各 1 种，方剂 10 种，医案医话 11 种，药物 8 种，中国医药论文集 1 种 34 篇。它不但使我国的医学工作者了解日本汉医界的学术发展情况，而且对我国不少国内已散佚的古医籍的整理辑纂有很大帮助。故出版后受到中日两国医学界的重视，同时还促进了两国传统医学的交流。

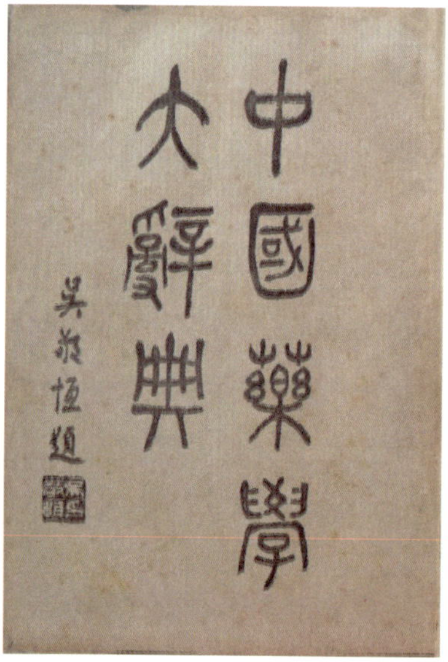

1935 年上海世界书局出版
《中国药学大辞典》

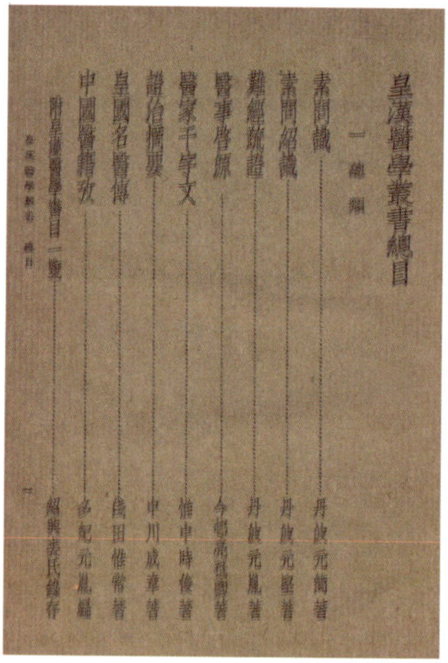
皇漢醫學叢書總目
一 總類
素問識……丹波元簡著
素問紹識……丹波元堅著
難經疏證……丹波元胤著
醫事啓源……今邨亮祗卿著
醫家千字文……惟宗時俊著
證治摘要……中川成章著
皇國名醫傳……淺田惟常著
中國醫籍攷……多紀元胤編
附皇漢醫學書目一覽……紹興裘氏錄存

1936 年上海世界书局出版
《皇汉医学丛书》

1949 年陈存仁到香港后，又陆续编纂了《中医师手册》《医药常识丛书》《中国医学史》《中国药学大典》等。其中《中国药学大典》是 1978 年他应日本名出版社“讲谈社”之邀而编撰的，共四大册（1982 年正式出版）。陈存仁在港行医时，为当时香港最畅销的《星岛日报》专栏写稿，达 17 年之久，受到香港及东南亚粤籍读者的极大欢迎。

参考文献

［1］长沙市地方志办公室．长沙市志（第十六卷）［M］．长沙：湖南人民出版社，2002：83–84.

［2］曾勇，曾晓．湖南中医源流［M］．长沙：湖南科学技术出版社，2008：422–434.

［3］尹天祜．湖南省文物管理委员会收集古典图书亲历记［J］．高校图书馆工作，1988（3）：28–34.

［4］田峰．裘吉生整理出版中医文献的成就研究．中国中医科学院硕士论文［D］.2008–05–01.

［5］曹丽娟．民国中医改革巨擘裘吉生［J］．亚太传统医药，2010，6（1）：25–26.

［6］通借书目题跋纪要（《重订时行伏阴刍言》书后）．见裘庆元．三三医书［M］．北京：中国中医药出版社，1998.

［7］张传保等．中国地方志集成·浙江府县志辑（17）·民国鄞县通志（二）［Z］．上海：上海书店，1993.

［8］沈季刚等．中医学家曹炳章事略［A］．浙江省政协文史资料委员会．浙江文史集粹·教育科技卷（21）［C］．杭州：浙江人民出版社，1996．567.

［9］裴沛然．重刊订正《中国医学大成》序［A］．中周医学大成（重刊订正本）［M］．上海：上海科学出版社，1993．6.

［10］粟海亮主编．湖南民主人士［M］．北京：中国文史出版社，1991，5：122.

［11］申畅，陈方平等编．中国目录学家辞典［M］．郑州：河南人民出版社，1988，12：551.

［12］龙伯坚著．黄帝内经概论［M］．上海：上海科学技术出版社，1984.

［13］孟庆云著．中医百话［M］．北京：人民卫生出版社，2008，7：25–29.

［14］王振瑞，李经纬，陈可冀主编．中国中西医结合学科史［M］．北京：中国科学技术出版社，2010，4：54.

第二章

方 法 篇

第一节 中医古籍著录、款目组织与索引

典藏文献、整理文献、研究文献都离不开目录。目录发展之史，实可反映文献发展之史，医籍目录亦然。西汉孝文帝命刘向校群书，经“备众本，校异同，订脱讹，条篇目，撮旨意，撰叙录”[1]，方竣其事。“每校一书毕，向辄条其篇目，撮其旨意，录而奏之”，因成《别录》，向子刘歆总群籍而奏《七略》，二书成为我国最早的文献分类目录。班固采用二书内容撰成《汉书·艺文志》，是我们现今可以见到的最早的史家目录。建立在此良好的传统之上，后世目录的发展随着文献的繁盛比肩而行、蔚为大观。至宋代郑樵撰《通志》，有感于目录在文献传承中的重要作用，直言“学术之苟且，由源流之不分；书籍之散亡，由编次之无纪”，强调雠校整理书籍中“编次著录”目录是保证文献历经百代不朽的重要方法和任务。

中医古典目录是通过古籍编目、部次与组织著录款目达到揭示概貌、反映传承源流，并帮助读者检索与使用书籍的重要工具，是辨章学术、考镜源流的重要依据。为此，笔者主要参考国家古籍保护中心编写的《全国古籍普查登记手册》，就中医古籍著录、款目组织与索引的编制规则与方法，简述于下。

一、古籍著录

（一）基本著录

基本著录即指常用的、基本的书目信息。从《汉书·艺文志》关于古书的著录而知，目录著作的基本著录即已包含有书名、卷数。至北宋尤袤，在一书之下，又著录有若干版本，而成为版本目录的开端，因此，题名、卷数、著者、版本成为古籍著录的基本内容。

1. 题名

题名即书名，是目录之目，居于著录之首，统领与维系其他书目信息，分为主要书名、交替书名。

（1）著录规则

古籍题名一般依据正文卷端所题著录，丛书名一般据书前总目所题著录。

对于正文卷端所题书名不足以准确反映其内容（如各卷题名各异，或详略有别，难以统一）可酌情选取该书他卷卷端、卷末、内封、牌记、目录、序文、凡例、版心或封面题签所题书名著录，并在著录时附注项中注明题名依据。如无合适书名，仍依序著录各卷卷端题名，最后并将书籍中所有题名以及流传中其他约定俗成之通行习见之名，作为交替书名附列于书名附注项中。

对于原书卷端卷未题书名，或因残损未见卷端，可根据书籍内封、尾题、序跋、版心及他卷所题酌补。若原书原本无题名，可根据书籍内容和相关文献酌拟书名，补、拟书名可加用方括号以示区别。

书名前所加“纂图”“精校”“新锲”“鼎雕”“绣像”“御纂”“互注”“重校”等冠词，均予照录，并加用圆括号以示区分。

（2）相关问题

①古书的命名

观名知书，因书判类，成为编目实践中较为直接的经验。中医典籍之命名可谓独具一格，既有赫赫显貌者，又有渊博典雅者；既有直抒胸臆者，又有隐曲委婉者。因此，观其名而知其书，不在少数，然而亦有必兼有一定文史功底，或借助工具书方能领悟其蕴意，即以推断其大致内容。

医书命名之法，从《汉志》可见端倪。方技略中列有医经、经方、房中、神仙四家，收书36家862卷，虽现今仅存《黄帝内经》一家，但观其书名存目，亦可想见古人撰述之旨。如医经类七家，有六家是以“某某经”命名，正如“医经”之“经”，概括了基本原理和原则。经方类十一家，有九家是以“某某方”命名，正如“经方”之“方”，概括了调合药石、纠治百病的方剂，按书名的“方”字前冠词，又可分为内伤病之方、外感病之方、外伤病之方、妇儿病之方，简洁明了，直接揭示书籍撰著要旨，后世如《伤寒卒病论》《针灸甲乙经》《妇人良方》《名医类案》《四诊抉微》《冷庐医话》皆如此。

但亦有渊博典雅者，需费一番考证功夫，方得其要。出典者，如唐代王冰的《玄珠密语》与明代孙一奎的《赤水玄珠》，书名用典同出《庄子·天地》。书中云："黄帝游乎赤水之北，登乎昆仑之丘而南望还归，遗其玄珠。"[2]又如，"折肱"喻指良医。《左传·定公三十年》曰："三折肱知为良医。"《楚辞·九章》曰："九折臂而成医兮，吾至今乃知其信然。"南宋时期朱熹《楚辞集注》曰："人九折臂，更历方药，乃成良医，故吾于今，乃知作忠造怨之语，为诚然也。《左传》曰：三折肱为良医。亦此意也。"后遂以"三折肱""九折臂"以喻良医。以此命名者如明代黄承昊《折肱漫录》。[3]元代倪维德《原机启微》，书名取自道家《阴符经》"心生于物，死于物，机在目"之语，意谓眼目的功能是为思维提供客观材料的关键。作者把"机"作为"目"的代称，并以之名书，提示该书是一部眼科专著。[2]又如《橘井旁论》《解围元薮》《银海精微》《重楼玉钥》等皆如此。

引喻者，如元代王好古的《医垒元戎》一书，"垒"是古代作战时用于防守的墙壁，"元戎"是军队的主将。可见，"医垒元戎"是比喻良医之用药，就犹如良将之用兵。明代王肯堂的著作《医学津梁》中，"津"即渡口，"梁"系桥梁。作者把自己的书比作渡河的桥梁，说明该医书为学习中医的必读之书。[3]又如《兰室秘藏》《颅囟经》《邯郸遗稿》《儒门事亲》《青囊回春》《坤元是保》皆如此。

②同书异名与同名异书

古书在流传过程中，会因书籍著录依据不同（函套、封皮、扉页、目录，版心，各卷卷端等题名或有不同），刊刻或抄录时篡改，导致同书异名之差误。如明代聂尚恒之《慈幼金针》，又名《活幼心法》《痘瘖秘旨》《痘疹慈航》《痘疹活幼至宝活幼新法大全》等；清代邱嬉之《引痘论》，又名《引痘略》《引种牛痘方书》《引种新法全书》《引痘新法》《引痘略合编》《引种牛痘纪要》《引痘全书》等。再如，《师利心》一书，原被认作是养生书而收录于养生类，经查原书发现，竟然是张璐的《本草原始》的初稿本，后正式刊刻方换改为此名。又如：明代龚居中所撰《痰火点雪》，又名《红炉点雪》，此书四卷。1930 年上海千顷堂书局石印一书，亦名《红炉点雪》，然而此书却是明代陆岳所撰，而且全帙八卷。以上情况，若不详查书籍作者，仅凭书名妄断，鲜不偾事。书名改易，归纳起来大致有几方面的原因：因早期传本不同而形成异名，因历代著录的称谓不同而形成异名，因重刊而改名，单行本编入丛书而改名，经后人删补、加注而改名，因书名冗长而省改，因书名玄奥晦涩而改名，为避俗求雅而改名，因避讳而改名，因伪托、剿窃而改名。[4]具体可以参见工具书，如由杜信孚编撰的《同书异名汇录》。

此外，还存在着因书籍命名巧合，而导致同名异书的现象。如清代强健、余远分别著有医著《伤寒直指》，二书属同名异书，从撰著时间、卷数文字、内容主旨比对，二书相差甚远。工具书如，杜信孚等编撰的《同名异书汇录》，通过所载书名下的作者版本等反映的信息以示区分。该书中收录中医类的同名异书有 27 部：《日用本草》《本草单方》《本草便读》《外科医镜》《外科选要》《外科精要》《此事难知》《伤寒杂病论》《伤寒论注》《伤寒论集注》《伤寒指掌》《伤寒类证》《伤寒撮要》《妇科良方》《寿世良方》《医方论》《医学入门》《医原》《医镜》《侍疾日记》《学医随笔》《经验方》《食鉴本草》《食物本草》《脉经》《急救良方》《傅青主先生年谱》。[5]

因此，对于同书异名或同名异书现象在标准化著录的过程中除了注意到书名外，还需借助作者索引或相关文献词典和工具书，详查作者或书籍内容，以进一步加以甄别。

2. 卷数

卷数反映书籍的体量大小，以及编排体系。古代书契，多编以竹简，为了便于取用，故以卷轴式保存。古书多一篇即一卷，或连篇成一卷，一卷即一书。后来因著述的丰富，连卷而成一书，故流传后世后，无论古书新书仍然以卷作为图书篇章计量分布的基本单位。因此，古时之卷轴实即书籍“卷”之滥觞。

书籍的卷数有助于考究书之多寡、分合、存佚、传承，并为历史上亡佚之书重新考订辑复提供重要依据。如林亿等宋臣“采汉唐著录古医经之存于世者，得数十家，叙而考证”校订《黄帝内经素问》，于正文别附《新校正》以申明校订之言。其于训释之余，尤重考订卷次部居。遂将齐梁间全元起《黄帝内经素问注》之旧传九卷本传本，与王冰二十四卷传本对校，如《上古天真论》篇下“新校正云：按全元起注本在第九卷，王冰重次篇第，移冠篇首。今注逐篇必具全元起之卷第者，欲存《素问》旧第目，见今之篇次皆王氏之移也”。今九卷旧本虽不可得，但据《新校正》之记载，即可窥见其崖略矣。亦可凭之考校篇目序次，归其原部，以辑复全元起之注本。又若《神农本草经》之辑复，亦有赖于后世传本中篇目卷数的相关记载，方探得其结构大体。

（1）著录规则

卷数依据书籍正文所标卷次、卷目，据实著录。

当正文卷次以“上中下”，或“干支”“韵目”“成语”“楹联”“诗词”等表示时，可合计其卷数著录。

对于一卷之中又分为若干部分者，如“某某卷之上”“又某某卷”，仍著录为一卷。

对于正文前的目录等内容，未分卷者可不著录，已分卷者可著录于书名之后。

对于正文首、末附加的内容，如目录中已列出或版心刻有“卷首”“卷末”“叙录”“附录”“题辞”“图赞”等字样者，应于书名之后分别著录。若目录或版心没有反映者，可不著录。

（2）相关问题

①合计卷数、一卷与不分卷

书籍未标明卷次及数量，但正文内容实分为若干部分，各部分之前有大题（卷目），且这些部分的页（叶）起止和内容归类较为分明，可将这些部分视为独立的“一卷”，全书卷数，可依总数合计著录。

书籍正文内容完整，首有大题（卷目），末有“尾题”，或仅有“大题”者，不论篇幅多寡，均著录为一卷。

正文内容虽分为若干部分，各部分或标有小题，或仅为篇名，但这些部分的页（叶）起止和内容归类不甚分明，可著录为不分卷。

②卷帙阙存

古书流传中因抄刻收藏等原因造成书籍某卷缺佚者，对于可考全书卷数的应在题名后著录全部卷数，并于附注项中注明存卷或缺卷的卷数和卷次。对于不可考者，可以“□□”卷表示。对于原书阙录、阙刻、嗣刻、未刻者，仍按全部卷数计数，并于版本后附注“未刻”等说明。

③卷数不统一

对于古籍在流传中因抄录或翻刻原因造成的各个版本卷次分合，若原文正文内容基本无变化，卷数依据书籍初刻本卷数著录，其他版本的卷数作为版本附注项，附注于各版本著录之后，并加圆括号以示区别；若初刻本难考者则依据后世影响较大的通行本著录，其他版本的卷数作为版本附注项，附注各版本著录之后，并加圆括号以示区别。若原文内容有增删幅度较大，造成卷数变化较大者，应按独立的衍生书处理，另予著录。

2. 著者

著者包含主要责任者、其他责任者及其时代，是书目登记的重要信息，其姓名、字、号、里籍，若可考者，皆需登记。

（1）著录规则

著者姓名以通用真实姓名著录，其字、号、谥号、庙号、尊称、敬称等称谓，作为附注项附列于著者姓名之后，中间用顿号隔开，并加圆括号以示区别。

一书有若干著者参与者，依次著录原作者和参与作者并注明著作方式。

官方纂修刻印之书，著者可依据原书所题机构名著录。如（清）翰林院编修。

对于僧侣所著之书，俗名法名并可考者，可一并著录，俗名为主，法名作为著者附注项用括号附注于后。俗名不可考，著录其法名，并在法名前冠以释字，连同时代一并加括号，作为著者姓名前缀，如：（元释）继洪。域外著者撰著之书，著者、姓名前加该国国名，如：（日）丹波元简。

（2）相关问题

来新夏先生在《古典目录学浅说》中论及："了解和熟悉图书的撰者是有利于了解图书的性质和判定图书价值的。"[6] 这里有两点需予注意。

①托名或不可考

对于书籍题记著者名姓未可尽信，或仅题字号别称或敬称，或为伪托之名，需予详查，不可人云亦云，讹以传讹。可以通过其他工具书或文献考订出著者姓名者，按实际姓名字号著录。难以查考者，著录为"著者佚名"。委托名姓者，如西汉·刘安《淮南子·修务训》中指出："世俗之人，多尊古而贱今，故为道者必托之于神农黄帝而后能入说。"故对原书可以确考为伪托之作，然而又无法稽考真实名姓者，应在著录时冠以"原题某某撰（编）"，以示区别。如：《难经》原题（战国）秦越人（扁鹊）撰。

②著者同名

对于可考的著者，字号里籍尽可能准确详查，以免因姓名字号雷同而误将张冠李戴。关于这个问题，可以通过查阅相关工具书，如李云先生主编《中医人名辞典》，此书将同名医家于名字后加①②以示区别。书中引据人物信息来自于二十六史、书目、方志古代医书、人物传纪等数据，对于考证人物姓名爵里、生平事迹、传世著作颇堪资鉴。有的书目亦将可考的作者籍贯作为著录项中的一个内容，便起到了区分的功用。如 1961 版《中医图书联合目录》和《中国医籍续考》中即采用了籍贯著录项。

需予指出的是，对于著者存疑者，除翻阅查对相关工具书外，亦需做一番考证功夫，如《中医人名辞典》中“李鹏飞”条目别立两条，在里籍上有所差异，一为元代池州人，一为元代江西九江府人。据考，李鹏飞（1236—？），宋末元初池州九华山（今安徽省池州市青阳县）人，晚年自号澄心老人。《元史・孝义・羊仁传附李鹏飞传》载:“李鹏飞，池州人。生母姚氏，为嫡母不容，改嫁为朱氏妻。鹏飞幼，不知也。年十九，思慕哀痛，誓学医以济人，愿早见母。行求三岁，至蕲州罗田县得焉。时朱氏家方疫，鹏飞起之，遂迎还奉养。久之，复归朱氏，时渡江省觐。既卒，岁时携子孙往祭墓，终其身。以有司所请，旌其闾。”在《三元参赞延寿书・序》中亦提及李鹏飞身世，“仆生甫二周，而生母迁于淮北，壮失所在，哀号奔走淮东西者，凡三年。天悯其衷，见母于蕲之罗田。”是年（1258 年）寻母途中，途径庞居士旧址而偶遇宫姓道人，采药至此，年九十而鹤发童颜，清越脱俗，诘其寿养之道，告及“三元之说”。然仓促之间，李鹏飞未得其详。十年之后，宋咸淳四年戊辰（1268），李鹏飞在杭州再次遇到此人，见其容颜不改，颇为惊叹。于是虔心请教，道人告曰:“人之寿，天元六十，地元六十，人元六十，共一百八十岁。不知戒慎，则日加损焉。精神不固，则天元之寿减矣；谋为过当，则地元之寿减矣；饮食不节，则人元之寿减矣。当宝啬而不知所爱，当禁忌而不知所避，神日以耗，病日以来，而寿日以促矣”。并指出其寿养之道并无他异，不离岐黄老聃孔孟等圣人之法。复遗赠“函三为一图”“还元图”二图。李鹏飞自此按宫道人所言，搜集诸书而成编，序于至元二十八年辛卯（1291）。通过以上查证，李鹏飞在《元史》《新元史》《百川书志》《补元史艺文志》《中国丛书综录》中的记载，皆为一人，其元代九江府人的记载不实，可见里籍、字号对于区别作者之重要性。

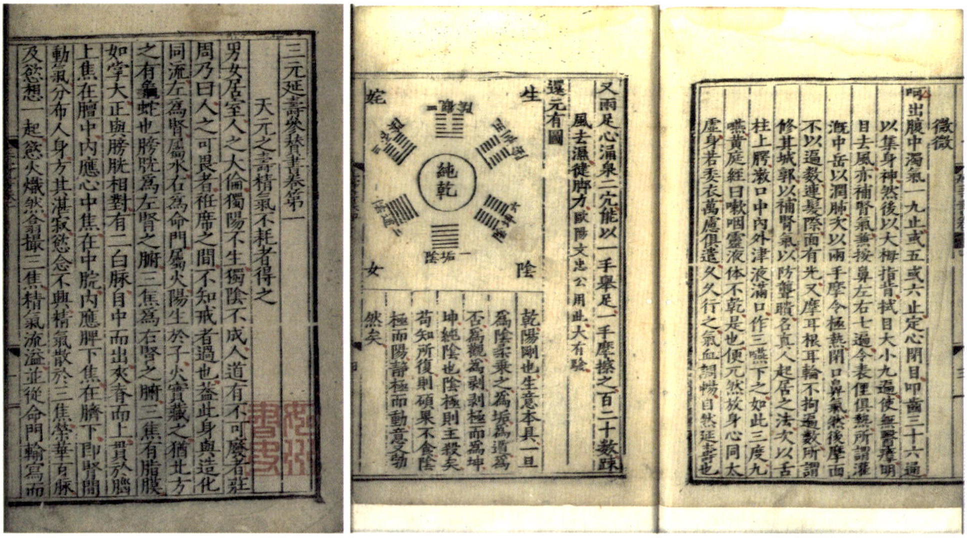

上海图书馆藏明嘉靖刻本《三元参赞延寿书》五卷

3. 著作方式

著作方式用以说明著者对于本书负有的实际责任和贡献，并反映一部书究竟是采用哪种方式编撰成书的。

（1）著录规则

著作方式一般依据正文卷端所题著录，原书所题性质相同或相近的著作方式，可以适当归并为以下几类：

①撰

也称为著、述、学、拟、议，是指作者亲自创作、撰写或撰述书籍的著作方式，可统一用撰。如：

《针灸甲乙经》（西晋）皇甫谧撰

《诸病源候论》（隋）巢元方撰

《本草纲目》（明）李时珍撰

②注

也称释、解、疏、评、笺、训诂、正义、音译、集译、集传，即指作者对于已有的文献采用注解评点、训释疏义的著作方式，可以依据这些著录方式据实而录。如：

《重广补注黄帝内经素问》（唐）王冰注

《注解伤寒论》（金）成无己注

《临证指南医案》（清）叶天士撰 （清）徐大椿评点

③辑、编、纂修、选、集

即指作者采用汇录收集编排前人文献而成书的著作方式，可统一用辑或编。如：

《神农本草经》（清）孙星衍、孙冯翼辑

《古今医统正脉全书》（明）王肯堂编

④校正、批点、评述、校勘、考订

即指作者对于原有文献进行再加工，修订正讹、评点得失的著作方式，可以依据这些著录方式据实而录。如：

《补注释文黄帝内经素问》（唐）王冰（启玄子）注 （宋）林亿等校正

⑤增、删

1）增也称补、续补，是指对于原著进行增补的著作方式。如：

《新刊图注指南伤寒活人指掌》（宋）李知先编 （元）吴恕辑 （明）吴文炳增补

《诊家正眼》（明）李中梓撰 （清）尤乘增补

《如宜妙济回生捷录》（元）艾元英原撰 （明）陈家猷增补

2）删也称删节或删润，是指对原著部分内容进行删除截取的著作方式。如：

《伤寒论三注》（清）周扬俊编 刘宏璧删补

《仲景伤寒论注解》（明）方有执原撰 （清）北园主人删订

《龙宫十三禁方》原题（唐）孙思邈传（清）李守永删订

⑥绘

绘制完成的图谱类书籍，其著作方式称为绘。如：

《本草图谱》（明）周荣起辑 （明）周诂、周禧绘

（2）相关问题

对于书籍有御撰、御纂或奉敕撰、奉敕编的著录情况，凡帝王自撰自编的书籍称为御撰或御纂，著作方式统一著录为撰或编，著者姓名前加庙号或谥号；凡奉帝王之命撰写或编辑的书籍称为奉敕撰或奉敕编，著作方式统一著录为撰或编，著者著录实际主持修（纂）人姓名。如：

《圣济总录》（宋）徽宗赵佶撰

《医宗金鉴》（清）吴谦等撰

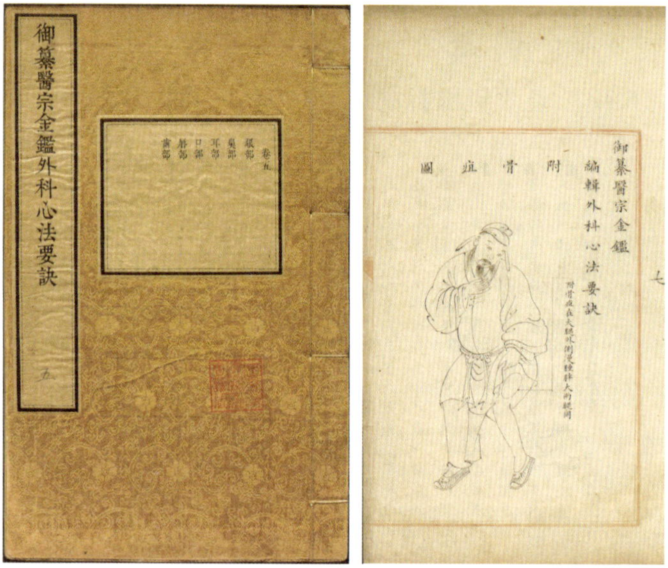

中国中医科学院图书馆藏清内府稿本《医宗金鉴》□□卷

4. 版本

版本即指书籍在流传过程中，因刊刻或抄写所形成的不同时期或版次的传本。版本的称谓，是在古书校勘中，因校雠厘定之需，为区别形态风格各异的不同传本而逐渐形成的概念。大而言之，泛指一切稿本、写本、抄本、雕印本（刻本）、排印本（活字印本、摆印本）、影印本、石印本、铅印本等。

版本著录实践中，一般需包含：刊刻或抄录时间（朝代、年号纪年、公元纪年），责任人或机构（主持刊刻或抄录之人或机构，或在人名前冠以籍贯/郡望），出版地（某书斋、某书林或书铺、某地方），版本类别（稿本、写本、抄本、刻本、活字印本、丛书本、排印本、影印本、石印本、铅印本、汇印本）。因此，对于版本著录信息可考者，应尽可能地登记完全。

（1）著录规则

①著录格式

版本项以书籍中的序跋、牌记、题识等为主要依据，并参考相关文献著录。完整的版本著录格式为：

某朝代＋某某年号＋年号纪年（公元纪年）＋某某籍贯/郡望＋某某人＋

某某堂、楼、斋、馆等堂号或书斋名 + 某某出版地 + 版本类别（如：稿本、写本、抄本、刻本、活字印本、丛书本、排印本、影印本、石印本、铅印本、汇印本等）。

如果为丛书零种，版本最后要加上：刻 / 抄某某丛书本。

如果有批校题跋的，在版本后还可附：某某批校题跋。

②出版年

出版年以朝代名称和年号纪年表示，辛亥革命后的用民国纪年。

书籍中干支、太岁、佛历等纪年法，在版本著录时，转换为相应朝代及年号纪年。

书籍中可反映始刻年，又知其终刻年者，版本著录其终刻年。若终刻年不详者，即著录始刻年。始刻年至终刻年完全明确者，可著录为“某某年至某某年刻本”。抄稿本同。

对于原书无序跋、牌记、题识等反映刊刻年代者，可根据其版刻特征并参考相关文献，考定版本时代。如：元刻本、明刻本、清刻本。而对于未能确定具体出版年份的明清刻本，并可根据其版刻特征并参考相关文献，对其刊刻年代予以大致判定。如：明初刻本、明末刻本、清初刻本、清末刻本。

已知书籍大概刊刻年而不能确定其具体纪年时间者，如原刻序跋反映作序时其书刻毕或即将付梓，可将其出版年著录为：某朝某某年号刻本，如：明嘉靖刻本。

抄本或稿本可根据其书题识和版本特征，如纸质、行格、字迹、避讳、印鉴、堂号、装帧等，判定其抄写年代，著录方法同刻本，如:《本草集注序录》□□卷：唐开元写本。若可确定具体写抄年代、抄写人信息者，可著录为：某朝某年某氏 / 某机构稿本，或某朝某年某某人 / 某某机构抄本。如:《全体图经》一卷：清光绪四年（1878）书带草堂稿本;《产宝百问》二卷：清道光二十一年（1841）海宁连批正抄本。

丛书刊刻出版有明确依据的，著录方法同单刻本。对于汇印前人刻版而成的丛书，其著录时若能考出原刻及汇印年代，需一并著录。如:《莫氏锦囊十二种》：清顺治至康熙刻乾隆六年（1741）汇印本。

丛书零种出版年，若丛书为一次刻成，丛书之刻年即为该零种之刻年；如丛书为陆续刊刻，各零种均有各自刻年，即著录该零种之刻年，并著明为某某丛书本。如《广嗣纪要》十六卷：清雍正二年（1724）金溪胡略清畏堂刻万密斋医学丛书本。若丛书中一书，确系先以单刻印行，后始编入丛书者，即著录其单刻年代，不再缀以“某某丛书本”。

③出版地

出版地即书籍实际刊刻地，可根据书中序跋、牌记等记录著录，原地名保持原样。如《素仙简要》四卷：清道光二十四年（1784）长白奎瑛明道堂京都刻本。

④出版者

出版者即为书籍刊刻的实际责任人或机构，可根据原书序跋、牌记、内封、卷端、版心、板框所题，以及相关文献著录。官刻之书，官方刻书机构即为出版者；坊刻之书，书坊即为出版者；私刻之书，资人、主持者即为出版者。抄本书的抄写者，即为出版者。出版者姓名（氏），以及室名、堂号、书斋名等一并著录。如：

《苏沈内翰良方》八卷：清乾隆四十一年（1776）武英殿木活字印本；

《寿世秘典》十八卷：清康熙十二年（1673）如皋丁其誉颐吉堂自刻本；

《针灸甲乙经》十二卷：明末毛氏汲古阁影宋抄本。

⑤版本类别

即书籍的版本类型，具体如稿本、写本、抄本、刻本、活字印本、丛书本、排印本、影印本、石印本、铅印本、汇印本等。

（2）相关问题

①宋元以前各代抄本、明清宫廷组织编纂缮写的书籍，以及宗教经典、名人稿本，可著录为“写本”。

②原书或记录刻书人姓名堂号、或藏板处，应注意区分刻书人藏板处和非刻书人藏板处。刻书人藏板处者（书口下方刻有出版者斋楼堂阁名，或序跋等处已明确写出刊刻者与藏板处有关系）可将藏板处即著录为刻书人，非刻书人藏板处，或为转版，或为借印，著录时应酌情处理。

③“本衙藏板”是明末兴起的一种刻记在古书扉页左下方的文字，与上述某某堂/某某斋/某某阁藏板义相同，用以说明刻成的书版在完成印刷后之存放处或目前拥有者，以示版权，或用以招揽捐资助印或重印。本衙藏板在著录版本时不予著录。除书中明确指出该书为官府衙门或书坊等主持刻印者，如：

《伤寒辨证》四卷原题有本衙藏板，版本应著录为：清嘉庆十一年（1806）阳信劳氏江苏粮储道刻本。此外，又可表示为私人所刻，本衙即与“本家”“本府”“本堂”“本祠”“本斋”同义。或径题“于衙”“白衙”等，即等同于“于氏”“白氏”。对于可考属于“私宅刻本”“家刻本”或“自刻本”可以酌情具体予以著录。如:《医宗摘要》四卷，原题有乐伦堂白衙藏板，版本应著录为：清乾隆三十三年（1768）白钟麟乐伦堂刻本;《本草洞诠》二十卷原题有本衙藏板，版本应著录为：清顺治十八年（1661）吴兴沈氏家刻本。

④对于“初刻本”“重刻本”等，须在明确可考的情况下方可著录。如：《本草纲目》五十二卷卷首一卷附图二卷：明万历二十一年（1593）金陵胡承龙初刻本。

（二）其他著录

因历代目录学家和目录著作的研究重点不同，故使目录的著录详略不一，除上述基本著录外，亦有编撰解题等考证文字，涉及到以下几个方面的内容。

1. 小序

小序即是在目录的每一部类之下，总言本类大略、囊括类例主旨的综论性文字。余嘉锡先生言:“小序之体，所以辨章学术之得失也。”[7]刘歆总六略、辨各家、叙源流，而于“六艺略、诸子略、诗赋略、兵书略、数术略、方技略”之外，并奏《辑略》，共成《七略》。而《辑略》因其评述各家、核判指归，成为最早的“小序”。“其后目录之书多仿《辑略》之体，于每一部类，皆剖析条流，发明其旨，王俭《七志》谓之条例……魏征《隋志》、毋煚《古今书录》谓之小序。”[7]现存综合性书目有小序者，仅《汉书・艺文志》《隋书・经籍志》《崇文总目》《四库全书总目提要》四家。最值得称道的是,《四库全书总目提要》之小序，高屋建瓴，博而约，详而精，堪为后世之范。

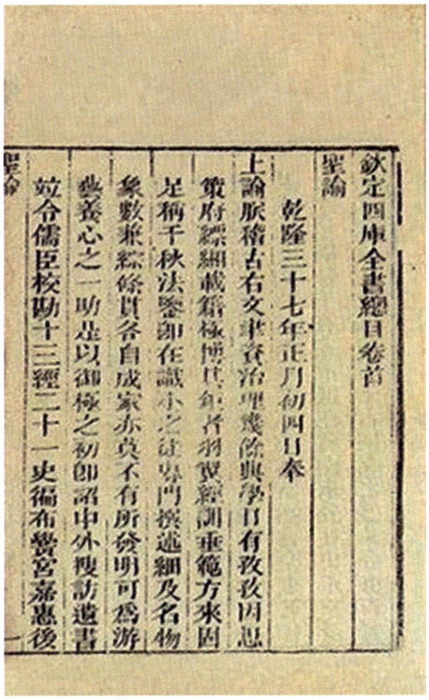
欽定四庫全書總目卷首
聖諭
乾隆三十七年正月初四日奉
上諭朕稽古右文聿資治理幾餘典學日有孜孜因思
策府縹緗載籍極博其鉅者羽翼經訓垂範方來固
足稱千秋法鑒即在識小之徒專門撰述細及名物
象數兼綜條貫各自成家亦莫不有所發明可為游
藝養心之一助是以御極之初即詔中外搜訪遺書
並命儒臣校勘十三經二十一史徧布黌宮嘉惠後

清同治七年（1868）广东书局刻本《钦定四库全书总目》二百卷

中医专科书目亦有重视小序之撰著者，著者据小序之体阐发门类主旨与发展源流，最能有补于学术。最早之中医专科书目《医藏书目》，于每类之下综述立类源起与本类大义。再如《中国医学大成总目提要》中周禹锡序言所列“十三集之引”中，如“第十集儿科引。小儿骨气未成，形声未正，悲啼嬉笑，变态无常，尤为医学上之最难诊治者。故自六岁以下，黄帝不详其说，始自《颅囟经》。以占寿夭生死之候，厥后著书虽多，其精要可靠者，不过十数种。如程凤雏之《慈幼筏》，梅洽之《树惠不瘯儿科》，蓝采和补注之《黄帝逸典》，皆为福幼之珍本也。他如惊疳痘痦，更为儿科最险之大病，则又为此类中之必须要而应有者也”。以及“编辑分类要旨”中，如“内科类二十七种。病有从七情内伤而发者，乃脏腑所变。先由内发而后形诸于外，如积聚痃癖之类是也。有思虑忧劳过度，或房劳斲伤，乃脏阴内亏，如虚劳肺病是也，皆属内症，今列内科类为第七”，实即小序之作。然而，余嘉锡先生曾感叹道：“盖目录之书莫难于叙录，而小序则尤难之难者。”章学诚谓：“非深明于道术精微、群言得失之故者，不足与此。”可见，小序之难，亦正为小序之价值所在。

2. 解题

解题，又称为叙录、提要，乃目录中详述书籍之篇目，鉴别书籍之真伪，介绍作者生平事迹，撰著缘起及学术思想，阐介书籍内容和学术源流，评判书籍学术价值和社会价值，考辨文献校勘或版本体系传承等介评或考证性文字。一篇好的解题，可以由博返约地综概其书、其人、其时代背景，并客观公允地评述书籍特色和学术源流，因此，也最见撰者文史功底和专业水平。

（1）篇目

篇目，即指书籍内文章之名称。一卷之内或有若干篇章，多卷之内列有众多篇章，集结成书，篇名比目序次，故称篇目。古人著述，限于简牍之篇幅，往往积章为篇，连篇为卷，亦有单篇成卷者。《目录学发微》言：“及缣帛盛行，易篇为卷，一幅所容，与简篇约略相当，故多以一篇为一卷。”[8]从《汉志》登载之典籍即已说明，当时书籍盖以卷次为计量单位，故先有篇后有卷，可以明矣。

篇目之名，即文章之“冠冕”，总领全篇。从书籍发展的历史上来看，篇名的出现应该早于书名，因为汉以前的书籍往往因为“简重缣贵”而多以单篇流传，甚至有的书卷或篇卷既无书名也无篇名，因此在流传中篇目次序非常容易颠倒错乱，或散佚。《宋书·律历志》言："汉兴，接秦坑儒之后，典坟残缺，耆生硕老，常以亡佚为虑。刘歆《七略》，固之《艺文》，盖为此也。"指出西汉时整理群籍中的一个重要的任务就是要条订篇目。

篇目作用有二：一则凝练全篇主旨，二则方便编订排他。后者如《论语》诸篇《学而》《为政》，皆摘其篇首文字，以示与其他篇目之别，便于编次检索，并无深意。又如医籍之《难经》，以一至八十一难名篇，盖皆得此意。值得一提的是，对于第一类有凝练全篇主旨功能之篇名，以其高度的概括性、典雅性，传世后耐人寻味。如《黄帝内经素问》之《生气通天论》篇，篇目命名意义有三：文中言"夫自古通天者，生之本，本于阴阳"，此其一；全篇指出人体阴阳之气的重要性，以及阳气在阴阳之气中的主导地位，人体生气，本于天气，天气通乎九州岛九窍，天人相应，此其二；本篇特别强调四时气候和饮食滋味皆能害人为病，指出生气应当顺乎天道之规律，此其三。

古书篇目命名，往往颇费古人心思，甚至可以说见真功夫之处。故循名责实，亦可成为后世考证篇目内容之一助。如《黄帝内经素问》九卷传至唐太仆令王冰，卷之七因师氏藏之而不传，其中两篇《刺法论》与《本病论》仅有存目，据《素问》命名之习惯，名不虚设，必有蕴意，推测此两篇，《刺法论》篇或为言刺法及注意事项，《本病篇》或为言病源病机。二篇虽亡，篇目犹存，其内容尚可大致测知。综上可见，一部目录若能将收录之书所涵盖的篇目一一列出，则对于文献之传承、考证意义重大。

（2）体例

综观历代目录解题，其体例有三：辑录、传录、叙录。

①辑录体

即在书名之下辑采原书序跋、史传、笔记和有关的目录数据以充提要。如：丹波元胤《医籍考》、冈西为人《宋以前医籍考》以及严世芸《中国医籍通考》等。[9] 如：

【王氏纶本草集要】《国史·经籍志》八卷　存

自序略曰：弘治壬子，备员仪制王事。公暇取本草及东垣丹溪诸书，参互考订，削其繁芜，节其要略，删成五卷，定为中部。又取本草卷首总论，及采《内经》东垣诸说，有关于本草者，凡一卷，附于前，以为本草之源，为上部。又取药性所治，分类为十二门，凡二卷，以为临病用药制方之便，为下部。凡三易稿，历四寒暑而书成，共八卷，名曰《本草集要》。盖止取其要，以便初学，及吾儒之欲旁通是术者耳。若专门之士，聪敏之资，固当尽阅全书，不可厌繁多，而乐简便也。

《明史稿》吴杰传曰：王纶，字汝言，慈溪人，举进士，迁礼部郎中，历广参政湖广广西布政使。正德中，以副都御史，巡抚湖广。纶精于医，所在为人治病，无不立效，有《本草集要》《明医杂著》。行于世。

李时珍曰:《本草集要》，弘治中礼部郎中慈溪王纶，取本草常用药品，及洁古、东垣、丹溪所论序例，略节为八卷，别无增益，斤斤泥古者也。[10]

②传录体

即在书名之下为书籍著者立一传记以充当提要。以论考著者之行事、生平之时代及学术传承（包含著书立说与师徒授受）与主张，由人而及书。这一撰著方式，相近于史家之列传，但与书家之叙录“因书传人”之主张各有侧重耳。中医专科目录中传录体较少。[9]如曹禾的《医学读书志》所载:《唐书·艺文志》:《食疗本草》三卷,《补养方》三卷,《必效方》十卷;《宋史·艺文志》:《食疗本草》六卷。右书四种，去复一种，凡三种。唐汝州梁人孟诜撰。诜举进士，武后垂拱，初为凤阁舍人，因识凤阁侍郎刘祎之所赐药金，后不悦，出为台州司马。累迁春官侍郎。睿宗在藩召充侍读。长安中，为同州刺史加银青光禄大夫。中宗神龙初，致仕归伊山之阳。元宗开元初卒，年九十三。书凡三卷，皆言食药治病之效。张鼎又补入八十九种，今书亡佚，为《嘉祐》补注征引。[11]

③叙录体

即在书名之下“条其篇目，撮其旨意”，阐介与凝练书籍内容和价值，亦可包括著者生平、书名由来、篇目卷次、版本校雠等，内容丰富而耐读，实可兼书籍“学术之史”之职。综合性书目中，如晁公武的《郡斋读书志》，陈振孙之《直斋书录解题》，以及纪昀之《四库全书总目提要》；中医专科书目中，如曹炳章《中国医学大成总目提要》，裘吉生之《三三医书提要》《珍本医书集成提要》。如《中华医藏提要》（样稿）:

《饮膳正要》三卷（元）忽思慧撰

忽思慧，一译和斯辉，蒙古族，生卒年不详。《新元史·常龡住传》载：赵国公常普兰奚于元仁宗延祐二年（1315）加金紫光禄大夫、徽政院使，掌管侍奉皇太后诸事。忽思慧是年拔任饮膳太医。

此书成于元文宗天历三年（1330）。作为由国家颁布的第一部药膳食养专著，该书在中国药膳学和饮食营养学的历史上占据重要的地位。全书分为三卷：开篇为三皇圣纪赞，卷一首述养生避忌、妊娠食忌、乳母食忌、饮酒避忌，后列聚珍异馔方 97 道。卷二列有诸般汤煎方 56 道，诸水三品，神仙服饵方 24 道，四时所宜，五味偏走，食疗诸病方 61 道，食物利害，食物相反，食物中毒，禽兽变异等。卷三为食物药性，分为米谷品 31 种，兽品 31 种，禽品 19 种，鱼品 21 种，果品 39 种，菜品 47 种和料物 28 种等。书中的饮食调养原则注重对于元代以前中医传统养生经验的继承，如提出“保养之道，莫若守中”、四时养生、饮食调护的预防医学思想，以及“善摄生者，薄滋味，省思虑，节嗜欲，戒喜怒，惜元气，简言语，轻得失，破忧阻，除妄想，远好恶，收视听，勤内固，不劳神，不劳形，神形既安，病患何由而致也”“凡食讫温水漱口，令人无齿疾口臭”“凡清旦刷牙，不如夜牙，齿疾不生。凡清旦盐刷牙，平日无齿疾”“故善养性者，先饥而食，食勿令饱，先渴而饮，饮勿令过，食欲数而少，不欲顿而多”等养生箴言。在具体食疗保健方面，书中收集各种奇珍异馔、汤膏煎造、食疗诸病、神仙服饵等药膳保健配方 238 首，且详细记述了日用谷、肉、果、菜等食品药性 230 余味，并介绍了各种食物的烹饪、配伍及饮食卫生要求。药膳的剂型种类也堪称齐全，汤、粥、面、羹、烧饼、茶、膏、脯、酒等，制作工艺复杂，既可满足饮食色香味及口感的需求，又可起到因材施膳，将食材的特性发挥到最优。丰富了中国药膳的辨证施膳内涵和中国菜肴的烹饪食养内涵。另一方面，随着元代中外各民族医学的交融，书中也收载了蒙医学和北方游牧民族食疗保健的经验。如八旦杏、人参、杏仁、山枣、肉苁蓉、石榴、甘草、五味子、黄果、荜茇、高良姜、干姜、茴香等均是蒙医常用的药材。同时，还载有其他民族的饮食原料，如新疆产的“哈昔泥”，来自西番的“咱夫兰”等。此外，“回回豆子”“赤赤哈纳”等原料亦均由本书首次收录，其中特别是蒙古族喜爱的酸马奶和常用食品羊肉在药膳配方中的使用频率非常之高。在药膳烹制方面，也记述了游牧民族应用家畜肉、野兽肉的汤汁滋补防病的经验。

《饮膳正要》总结了我国元代以前药膳食疗发展概貌和食物食养经验，是一部学术水平和实用价值较高的中医药膳养生名著。其成书后，即为历代医药学家和养生学家所重视。明代李时珍在《本草纲目》中曾经广为引用。近代世界著名科技史家李约瑟博士也给此书予以高度评价，认为其是中国在饮食治疗和保健食品领域中一部最重要的经典著作。

《饮膳正要》创作完成后，由文宗皇帝敕造，经内府出资刊刻行世。北京大学图书馆和南京大学图书馆目前藏有此书元刻本残卷。明景泰七年（1456），由景泰皇帝朱祁钰御制复刊。此景泰七年内府刻本，目前有国家图书馆藏本（版迹略漫漶），以及中国中医科学院图书馆藏本（仅存第二卷，但刷印较早，图文字划清晰）。此本十行二十字，黑口，四周双边。国图本为常熟瞿氏铁琴铜剑楼旧藏。此外，国家图书馆还藏有此书的另一藏本，著录为明初刻本，仅残存卷一的前二十五页，该本十行二十字，白口，左右双边。1934年张元济曾据日本东京静嘉文库藏明景泰七年本影印，收入《四部丛刊》。他在书后题跋中言道："《饮膳正要》三卷，元忽思慧撰，前有天历三年常普兰奚进书表、虞集奉敕序，盖元代饮膳太医官书也，明景泰间重刻于内府。此本《皕宋楼藏书志》作元刊元印，余向见常熟瞿氏铁琴铜剑楼藏本同出一刻而楮印较逊，有景泰年序，知此为明本而非元本，特佚去景泰一序耳。其书详于育婴、妊娠饮膳卫生、食性宜忌，诸端虽未和于医学真理，然可考见元人之俗尚。旧时民间传本极稀，近世藏目以抄本为多，究不若此刻本之可信。"肯定了明景泰七年内府刻本的精善。

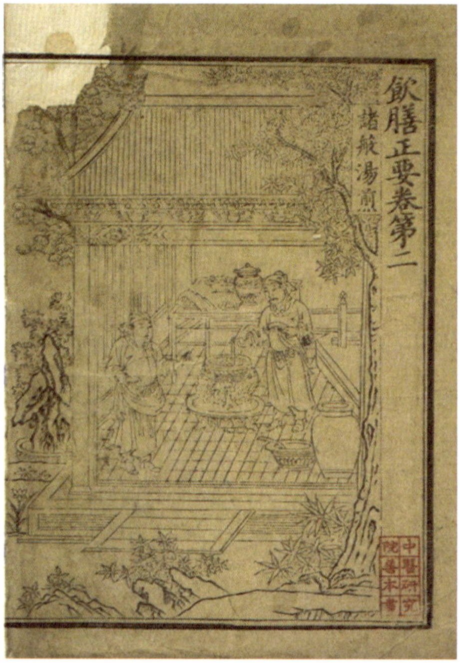

中国中医科学院图书馆藏明景泰七年内府刻本《饮膳正要》卷二

《中华医藏》选用国家图书馆和中国中医科学院图书馆所藏明景泰七年内府刻本为底本影印。

3. 类例

类例，即目录分类之方法，是整部目录的结构纲领，体现了编目者的学术主张。故郑樵《通志・艺文略》言“类例既分，学术自明”，强调一部目录若能够很好地将书籍分门别类，这个分类的体例即可以反映学术体系及其传承源流。今天看来，信如其言。一部分类严谨而科学的目录，其类例可以从整体上反映学术框架，大而言之众多学科划分情况，小而言之学科学术构建与发展情况，览类例而知整体。从《汉书・艺文志》可以看到，西汉刘歆所编《七略》是中国第一部综合性图书分类目录，虽已亡佚，但其奠定了图书分类的基本思想。全书分为六类：六艺略、诸子略、诗赋略、兵书略、数术略和方技略。医书收在“方技略”，分为医经、经方、房中、神仙四种。南朝梁阮孝绪所撰《七录》分内外两篇，内篇分为经典录、纪传部、子兵录、文集录、术技录；外篇分为佛法录、仙道录。医书收在术技录中，分为医经、经方二种。唐代魏征等所撰《隋书・经籍志》是现存最早一部用经、史、子、集四部区分典籍的完整的史志目录。医书收在“子部医方类”。“经、史、子、集”四部分类法奠定了之后我国 1 000 余年图书分类的基本框架，一直沿用至今。

由上可见，书籍的分类经历了六分法、四分法、多分法等演变，这是与各个历史时期学科学术发展水平、文献存见量和书籍内容特点等因素密切相关的。中医图书类例体系的演变呈现出三个特点：第一，分类由简单到细致，如从《七略》四种分类到《通志・艺文略》二十六种分类，这体现了学术发展的逐步分化及学科领域的逐步构建。第二，反映早期医药学由仙、巫、医混迹于“方技”到医学专门之独立，如《七录》将“房中”“神仙”类书籍从“方技”中剥离出来，《通志・艺文略》将占卜类书籍从医书中分离出来，这体现了学科认识水平的不断发展及人类认识在科学道路上的不断求真与进步。第三，从以往的“名必冠经典，目必引圣人”发展到据实判类。学术气氛逐渐活跃、突破经典桎梏，新文献不断涌现，丰富与促进了类例体系的拓展。如《汉书・艺文志》医经、经方均冠以“经”，而至宋代郑樵《通志・艺文略》新创 12 类分类法，医书收在“医方类”，分为脉经、明堂针灸、本草、本草音、本草图、本草用药、采药、炮炙、方书、单方、蕃方、寒食散、病源、五脏、伤寒、脚气、岭南方、杂病、疮肿、眼药、口齿、妇人、小儿、食经、香熏、粉泽等 26 种。

4. 版式

对于涵盖以上版本著录信息的版本登记虽然比较详细，但还不能体现古书的版式特征，因此在版本著录上有的书目往往也附注上古书的版式特征，即板框、边栏、行款、书口、版心、鱼尾等信息，基本著录为:“× 行 × 字小字双行 × 字 × 口 ×××× 边”。

如:

韩应陛《读有用书斋书目》载:《伤寒要旨》二卷，宋椠宋印本，半叶九行，行十六字。[12]1005

张元济《四部丛刊书录》载:《黄帝内经》二十四卷，五册，上海涵芬楼藏，明翻北宋刻本。每叶二十行，行大二十字，小注三十字。[12]

李盛铎《木樨轩藏书题记及书录》载:《新刊补注释文黄帝内经素问》十二卷，元后至元五年（1339）胡氏古林书堂刻本。半叶十三行，行二十三字，注双行同。黑口，四周双边。[13]

郑金生、张志斌《海外回归珍善本古籍丛刊提要》载:《痰火专门》四卷，板框高二十点七厘米，宽十一点九厘米。半叶十一行，行二十五字。白口，无鱼尾，四周单边。版心录卷数、页码。[14]

又有详注书中牌记及内容者。《第一批国家珍贵古籍名录图录》载：00640《重修政和经史证类备用本草》三十卷，（宋）唐慎微撰，（宋）寇宗奭衍义，蒙古定宗四年（1249）平阳张存惠晦明轩刻本。框高 17.2 厘米，广 13.2 厘米，半叶十一行，行二十一至二十二字，白口，四周双边。有晦明轩碑形牌记，“晦明轩记”钟形牌记，“平阳府张宅印”琴形牌记。[15]

5. 批校题跋

批校题跋也称题记，一般题写于书首或书尾，亦有题写于书籍天头之上。书目传承中有摘录前人批校题跋入己书者，也有经过整理集结成书另予出版者。如黄丕烈撰、潘祖荫辑《士礼居藏书题跋记》、陆心源《仪顾堂题跋记》、瞿启甲《铁琴铜剑楼藏书题跋集录》等。批校题跋不仅能够反映藏书者的爱书访书之心，还能呈现出他们丰厚的文献学功底和版本目录学方面的造诣。题跋的内容一般包括访书购藏或研阅经眼之经历，校勘考辨书籍卷次分合、篇目著录、文字脱讹，以及有关书籍或著者之掌故轶闻、流布经藏等。

如《士礼居藏书题跋记》载:《新刊河间刘守真伤寒直格》三卷《续集》一卷《后集》一卷《张子和心镜》一卷（以上四书合为一目），元刊本。此元本《伤寒直格》余得诸臬署前书坊玉照堂，初携归时，因家有藏本，可补以成完本，故兼置之。及取对旧藏，乃知此为元时副本，而余所藏中卷却缺二叶，得此始补全。益信重本之不可不置也如此。丙子秋分后一日宋廛一翁。[12]

著录批校题跋应注意用语规范，格式统一。批（校）、校（笺）、圈点（评点）、跋（题识）、校并跋。

6. 刊工

刊工，也称为刻工，刻工即刻字工匠。古代刻书的刻字工匠以刻板计酬，出资人为了便于付酬，往往要求刻工在刻书板上附刻自己的姓名或姓名的一部分，以便核验。此外，刻工为了对所刻书版负责，或自我宣传，亦乐于在刊刻时留下自己的姓名。因刻工活动在特定的时间和地域，一生不仅仅雕刻过一书的书板，其中有的书因有序跋或牌记可以明确刊刻年代，以此为参照，就可以判断这一刻工所刻其他书籍版本的大致年代。因此，将刊工出现的书籍和版本进行整理和著录，若当遇到其他书籍上所留下的同样刻工名姓，便可成为鉴别古书版本的重要参考之一。

7. 递藏

递藏，即古籍在流传过程中曾经存放、收藏的情况，除叙录或批校题跋的文字记述外，其最直接的体现就是书中钤盖的各种名章、闲章、藏书章等印章。古籍在流通中，经历读书人、收藏家、贩书者之手，往往转易栖所，或在庙堂，或在馆舍，或在藏书楼、室等。爱书护书之人往往于经眼之书，批校钤印，辨析版本，校勘异同，著录登记，反映了此书不同时期的流传情况。一部流传有序的古书，钤印必定丰富，其中也蕴含了篆刻艺术的欣赏价值。

如《第一批国家珍贵古籍名录图录》载：00640《重修政和经史证类备用本草》三十卷……有“华亭朱氏珍藏”“项氏万卷堂图籍印”“钱印谦益”“东吴毛晋”“季振宜藏书”“苏州袁氏五砚楼藏金石图书”“汪印士钟”“蒋印光焴”“国家图书馆”等印。[15]该书经明代朱大韶、项笃寿、钱谦益、毛晋、季振宜，以及清代袁廷梼、汪士钟、蒋光焴等藏家收藏，可见其流传有序。

此外，对于现代目录学而言，款目著录又新发展出文摘和书评两项。文摘也称摘要，通过摘录图书或论文的要点，用简明扼要的文字把图书或论文的主要内容揭示和表述出来。文摘又分为题录式文摘、指示性文摘、报道性文摘。书评是较解题更能深刻揭示图书内容的一种方法。书评专门对书籍的内容进行分析和评价，较解题更具有针对性，当然，对于评价性解题来说书评的内容也可以放到解题之中。因此，书评又有别于一般性的内容介绍。文摘和书评是现代图书目录学中常用的两个著录项，因本书的讨论范围是中医古典目录学，故在此不再做详细阐述。

综上所述，古籍著录的款目信息是在古籍雕印、抄录、流布、收藏的过程中逐渐产生累积形成的，为我们今天研究古书、发掘历史和文化精髓提供了大量宝贵的财富。因此，充分重视中医古籍著录款目信息的收集和发掘，并实现规范化、标准化整理，从而为中医目录学和文献学研究工作提供支撑。

二、款目组织

款目组织即指对于古书的著录信息依照一定序列予以编排的方法。简言之，即目录编纂方法和体例。古籍款目组织的方法主要有以下几个方面：

（一）分类

姚明达先生在《中国目录学史》中说道："分类之应用，始于事物，中于学术，终于图书。"点明了中国古代之分类观念的三个层面。在此先进的分类观念指导下，我国成为世界上最早使用分类法组织古籍款目的国家，即起源于西汉时期刘歆的《七略》。历代目录对于书籍款目的分类著录，虽有由六分法转向四分法的变化，但主流亦多采用分类组织法，具体分类的沿革和评介见本书第二章第一节中医古籍分类方法述评。

（二）编年

编年组织法是对于可考著者时代、成书年、版本产生先后的排序方法。采用著者编年法，同一时代的作者按生卒年前后排序，先按生年排，生年不详者可按卒年排序，生卒年均不详者可按成书年排序，成书年亦不详者可按作者大致活动时间排序。其他也有按成书年或版本产生的时代先后排序。有时编年法也和其他方法联合使用，如《中国中医古籍总目》即采取了总体分类、类下编年（成书年）、书名著者下排列版本（版本产生时代顺序）的"分类编年"组织方法。

（三）主从

主从组织法，"主"是指原著文献，"从"是指衍生文献，原著文献排序在前，衍生文献排序在后，这一方法往往与分类、编年等他组织方法联合使用。如《中华古籍总目》《全国古籍普查登记目录》即遵循这一组织方法。

（四）排架

排架组织法，亦称藏书排架。即藏书家或藏书单位按照自己的藏书处所和习惯编纂的排架目录，以利查找和清点书籍。排架目录的功能是表示书籍在架上的顺序，主要是用它检查书籍的排架次序，它是清点藏书的重要方法。排架法分为：分类排架法、专题排架法、固定排架法、字顺排架法、年代排架法、文献装帧形式排架法等。

分类排架法：编排目录有时亦与分类组织法有所交叉，甚至是分类组织法的延伸。以文献分类体系为主体的排架方法，多用于排列图书。它由分类号和辅助号两组号码组成分类排架号，分类号代表图书内容所属的学科类目，辅助号为同类图书的区分号。一般先按分类号顺序排列，分类号相同，再按辅助号顺序排列，一直区分到各类图书的不同品种。

专题排架法：按文献的内容特征将一定专题范围内的文献集中排架的方法。

固定排架法：将每件文献按入藏先后编制一个固定的排架号，以此排列馆藏的方法。其排架号一般由库室号、书架号、格层号和书位号组成。

字顺排架法：依据一定的检字方法，按照文献题名或编著者名称字顺排架。

年代排架法：按出版物的出版年代顺序排架的方法。

文献装帧形式排架法：按文献外形特征，分别排列特种规格或特殊装帧的文献的排架法。

如：《唐成之医书书目》是近代中医古籍藏书家唐成之的架藏目录，共计97箱，即按其存放习惯予以排列，分为：大部之属、普通之属、大小板单本之属、二本之属、本草之属、伤寒之属、验方之属、多本传抄之属、图花标本器具、残简之属。

（五）区划

区划即以古今地域名称作为分类组织书籍款目的方法。代表性的书籍如：郭霭春先生主编的《中国分省医籍考》，全书收录河北、河南、山东、江苏、浙江、江西、山西、安徽、福建、湖北、广东、广西、四川、贵州、云南、陕西、甘肃、辽宁、吉林、黑龙江、内蒙古、西藏、青海、宁夏、新疆、台湾等29省医籍7 166种，存亡并录。所载医籍均按省分类编排，每省首列前言，简要介绍本省行政区沿革、医学发展概况及其特点，或医家派衍等内容。该书广泛搜集地方志中医学资料，内容丰富而翔实，是一部研究古医籍、医史、医学人物重要的参考书，其采用了“区划”结合“分类”和“编年”的分类组织方法。

（六）互著与别裁

互著与别裁是图书著录时并行且互为补苴的款目组织方法。

互著，即指根据读者的需要和学术源流把一书著录在两个（或以上）的类目内。清代章学诚认为：“书之易混者，非重复互著之法无以免后学之抵牾；书之相资者，非重复互著之法无以究古人之原委。”[16] 如：在《全国中医图书联合目录》中一书有两类以上内容，在有关各类采用“互见”方法，具体见第三章第二节“中医古籍资源调查与联合目录编纂”。

所谓别裁，是指将一书的若干或全部部分（或篇章）裁出，著录在相关的另一个类（或几个类）里面。清代章学诚认为，别裁法的著录方式“裁其篇章，补苴部次，别出门类，以辨著述源流”，可以使得书籍渊源流别更加清晰，目录“辨章学术，考镜源流”的功能更加明确。王重民先生强调：“凡使用别裁法著录的书籍，它一定有一个本类，著录着全书的全本；在别裁著录的类目里，只著明其有用的部分或篇章，并注明原书全本所在的地方。”[16] 具体见第三章第二节“中医古籍资源调查与联合目录编纂”。

三、款目索引

索引旧称通检、备检或引得。通过编制索引，使得古籍的著录款目实现有序化编排，进而揭示内容出处或文献线索，为人们准确、迅速地获得文献数据提供线索性指引。中医古籍常见的索引主要有书名索引、著者索引、刊工索引、章句索引、刻书藏书机构索引、丛书子目索引等。

（一）书名索引

书名索引，即以古籍书名为检索款目编制的索引。

书名索引的优点是可以迅速查找到检索的书籍，但不足之处在于，因古籍流传过程中会出现同书异名或同名异书现象，会因单纯检索书名出现检索的结果的失误，因此书名索引又常和著者索引同时使用，以避免上述情况而引起的误检。专门的古籍检索工具，如《中国中医古籍总目》《中国医籍大辞典》《中医文献词典》等都附有书名索引和著者索引。

（二）著者索引

著者索引，即以古籍作者为检索款目编制的索引。

著者索引一般以作者姓名作为检索的重点，其他字、号等别名一般不作为检索的重点。但为了解决作者重名所导致的书籍著录混淆，在著录实践中，有的目录著作在著者姓名前冠以籍贯以示区分。专门的人名检索工具书，如《中医人物词典》《中医人名词典》。除有人名索引外，《中医人物词典》附有“中医书名索引”和“人名字号、别名及师徒、后裔索引”。[17]《中医人名词典》将作者的字、号等别名又另做“别名索引”附于书后，极大地方便了研究者查阅和检索。[18]

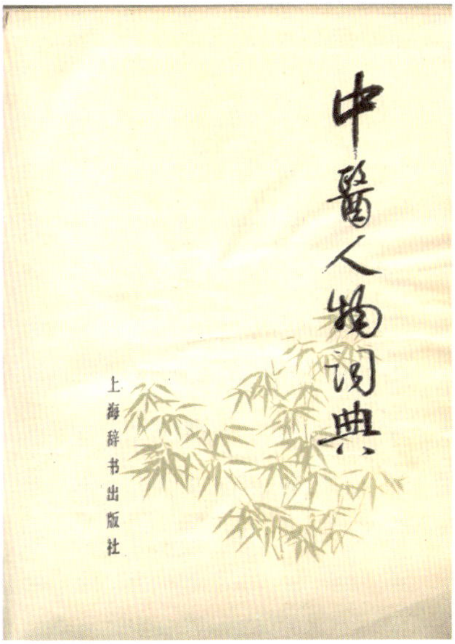

李经纬主编《中医人物词典》

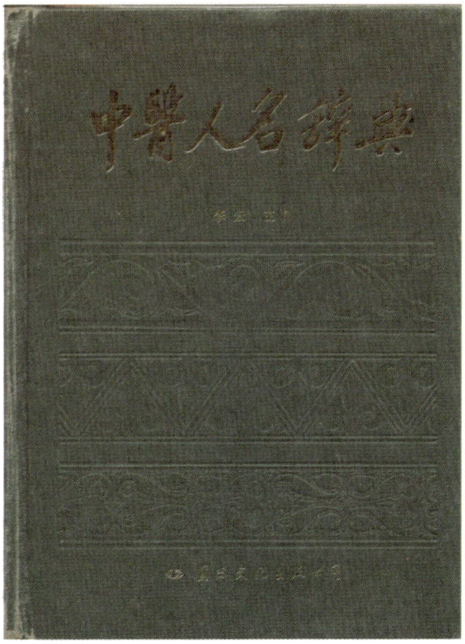

李云主编《中医人名辞典》

（三）刊工索引

刊工索引，即对古书中出现的刊工进行搜集和整理，编订索引，以供考订古籍版本。

王肇文先生编著的《古籍宋元刊工姓名索引》以《宋元书目行格表》《宝礼堂宋本书录》《涵芬楼烬余书录》《藏园群书题记》《中国版刻图录》为蓝本，收录宋元刊工姓名 4 000 余种，涉及宋元书籍 300 余种，前一部分列刻工姓名与刻工参与刊刻的图书，后一部分列宋元善本书名、版本与参与刊刻的刊工姓名，两相对照，是一部数据翔实的古籍版本鉴定的工具书。

李国庆教授编著的《明代刊工姓名索引》收录明代从事雕版印刷的先民凡 5 700 余人，其中兼及写工、绘图者、印刷工、装背工各若干人。该索引为考订明代刻版、研究明代雕版印刷业的发展、考察明代手工业者（刻工）从业情况，提供了一份翔实的数据，更为鉴别丰富的明代版刻群书，提供了科学性的依据。

《古籍宋元刊工姓名索引》

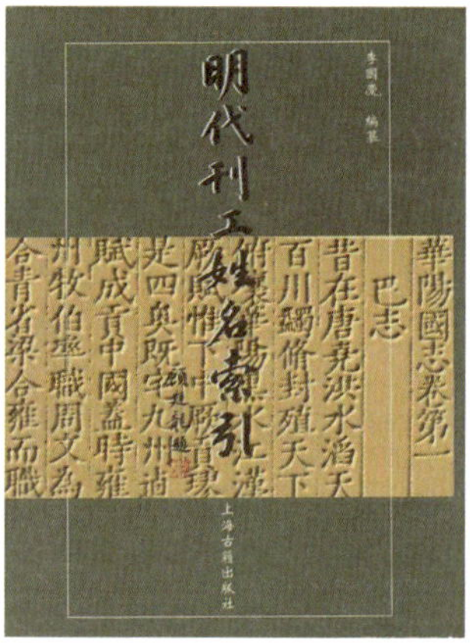

《明代刊工姓名索引》

（四）字词章句索引

字词章句索引是对中医古籍的字、词、篇章、段落、句子编制的索引，可供检索书籍中的重要知识内容、语句出处。

任应秋著《黄帝内经章句索引》，首列章句“首字目录”1 766 字，按笔划顺序编排；其下为《素问》《灵枢》合检章句条目索引，计 44 000 余条，按“首字目录”次序排列；每一章句条目之下均注明出处，方便检索《黄帝内经》

中的重要知识。又如安徽中医药大学顾植山教授等编纂的《中医经典索引》，将《素问》《灵枢》《难经》《伤寒论》《金匮要略》五部经典著作的综合索引，分文句和语句两部分，附有药、方、穴的专题索引，条目均按首字笔划笔顺排列。全书约 80 万字，是目前较大的古代经典索引书，成为发掘中医经典文献的重要工具。再如，上海中医药大学段逸山教授编撰的《素问通检》《灵枢通检》《神农本草经通检》《伤寒论通检》《诸病源候论通检》等书，将一部古籍中全部字词编为索引。某字某词，于全书出现几次，每次出现于某处，均作出了详细的统计和编列。

（五）刻书、藏书机构索引

刻书、藏书机构索引是对古代刻书机构或藏书机构的编制的索引。

刻书机构索引，即对曾经刊刻过书籍的书坊、书铺、书林等机构编撰的专门索引。如朱士嘉编撰的《官书局书目汇编》。[19] 王重民先生《中国善本书提要》后编制“刻书铺号索引”，以及“撰校刊刻人名索引”“刻工人名索引”。[20]

藏书机构索引，即对书籍的藏书地，现称馆藏地编制的索引。如《中国中医古籍总目》中馆藏地款目的著录采用馆代号，以标明古籍藏书机构。

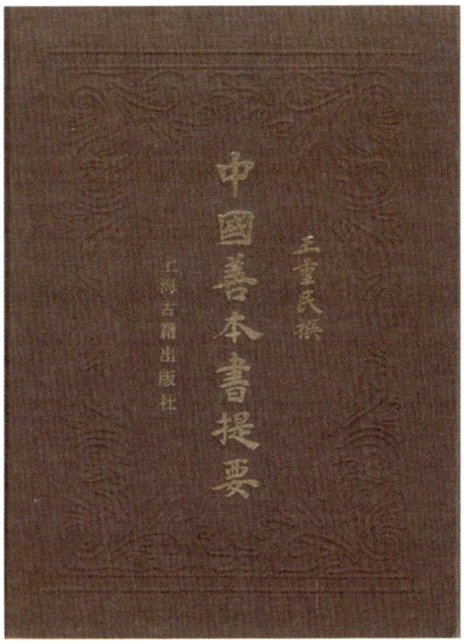

《中国善本书提要》

（六）丛书子目索引

中国丛书众多，每部丛书收录著作少则二三种，多则三四千种（如《四库全书》），故而子目浩繁，类别复杂，更不便于检索。编制丛书索引，对于考察书籍的编撰、流传和存佚情况颇多帮助。

编制丛书子目索引始自清嘉庆四年（1799）顾修所编的《汇刻书目》，该书揭开了我国丛书专目的第一页。该目依四部分类，虽收录丛书仅 260 种，但每种丛书下详列其所含的子目，给学者检索提供了方便。嘉庆二十五年（1820）

璜川吴氏首先为之重刻，并附有著者姓名的补编、新编。次年，日本书贾松泽老泉又增补成《汇刻书目外集》，收录丛书500种，补遗28种。清光绪元年（1875）长洲陈光照无梦园再次重刻，并增补了《续编》。第二年（1876）傅云龙又辑成《续汇刻书目》，收丛书500种，分类一依四库法，体例也较严密。其后尚有朱学勤等数家相继增补。至1914年杨守敬辑《丛书举要》，1918年李之鼎撰《增补丛书举要》，收丛书1 605种，不仅首次用“丛书”名称，而且成为集上述各书目之大成者。1927年沈乾一再辑《丛书书目汇编》，收丛书2 086种，并改分类为字顺编排。

新中国成立后，丛书研究和专目编订热情高涨。1959年至1962年上海图书馆编撰的《中国丛书综录》成为20世纪以来中国最具影响的大型古籍检索工具之一。其贡献表现在：搜罗宏富，创丛书目录之最；子目分类，开丛书专目之先河；著录详明，解中国目录学久悬之矛盾；检索方便，辟古籍索引之新途径。该丛书目录调查了国内其他省市图书馆的收藏情况，辨别源流，选择版本，去同存异，共收录全国41家主要图书馆所藏丛书2 797种，其数量远胜于以往各种丛书目录。更重要的是，《中国丛书综录》所收录的丛书都经过必要的考订与概括整理，故而一是确有其书，其中还包括不同的版本，甚至据旧板编印的丛书亦加以注明，省却了读者重复考订的精力和时间；二是确知藏所，第一册（总目）后附有《全国主要图书馆收藏情况表》，读者可按图索骥，就近查阅，这更是以往任何丛书目录所无法比拟的。[21]此书编有书名索引、子目书名索引、子目著者索引。此外，还有中医丛书检索工具书《中医古籍丛书综录》，收录中医古籍丛书670种，并编制丛书书名、作者，以及子目书名、作者检索，极大地方便了中医古籍研究人员的查阅和使用。[22]

1959～1962年中华书局出版
《中国丛书综录》

参考文献

[1] 李致忠 . 古籍版本鉴定 [M] . 北京：国家图书馆出版社，2007，8：68.

[2] 潘春华 . 中医古籍书名拾趣 [J] . 开卷有益 · 求医问药，2017，(9)：77.

[3] 裴丽，常存库 . 中医古籍书名的信息障碍及文化分析 [J]. 中医药学报，2006，34(3)：59-60.

[4] 张如青 . 古医籍同书异名析因 [J] . 中医文献杂志，1997，(2)：1-4.

[5] 段逸山 .《伤寒直指》同名异书考 [J] . 中医药文化，2018，13 (3)：59-62.

[6] 来新夏 . 古典目录学浅说 [M] . 北京：北京出版社，2016.7：63.

[7] 余嘉锡 . 目录学发微 [M] . 北京：商务印书馆，2011，9：64，66.

[8] 程茜，衣兰杰 . 中医古籍书名辨识 [J] . 中国中医药图书情报杂志，2016，40 (4)：38-40，47.

[9] 杨东方，周明鉴 . 中医专科目录类型述论 [J] . 中医文献杂志，2015，(4)：34-37.

[10] 日 · 丹波元胤 . 医籍考 [M] . 北京：人民卫生出版社，1983，11：143.

[11] 清 · 曹禾 . 医学读书志 [M] . 北京：中医古籍出版社，1981，9：52-53.

[12] 李茂如，胡天福，李若钧 . 历代史志书目汇考 [M] . 北京：人民卫生出版社，1994，3：1005，1142，749.

[13] 李盛铎 . 木樨轩藏书题记及书录 [M] . 北京：北京大学出版社，1985，12：167.

[14] 郑金生，张志斌 . 海外回归珍善本古籍丛刊提要 [M] . 北京：中华书局，2017，5：13.

[15] 中国国家图书馆，中国国家古籍保护中心 . 第一批国家珍贵古籍名录图录（第三册）. [M] 北京：国家图书馆出版社，2010：82

[16] 王重民 . 校雠通义通解 [M] . 上海：上海世纪出版集团，2009，6：23.

[17] 李经纬 . 中医人物词典 [M] . 上海：上海辞书出版社，1988，7.

[18] 李云 . 中医人名词典 [M] . 北京：国际文化出版公司，1988，5.

[19] 朱士嘉 . 官书局书目汇编 [M] . 北京：北京书局，1933.

[20] 王重民 . 中国善本书提要 [M] . 上海：上海古籍出版社，1983.8.

[21] 陈秉仁 .《中国丛书综录》对中国古籍目录索引的贡献 [J]. 中国索引，2005，(3)：2-5.

[22] 刘从明，王者悦，黄鑫 . 中医古籍丛书综录 [M] . 北京：中医古籍出版社，2011.3.

第二节 中医古籍分类方法述评与《中医古籍分类标准》的研制

图书分类方法（简称分类法），古典目录学称之为“类例”，是目录学研究的重要内容。因为书目是引导读书的门径之书，而分类法正是使书目发挥导读作用的“舟楫”，所以南宋郑樵在《通志·校雠略》中云：“学之不专者，为书之不明也。书之不明者，为类例之不分也。”又云：“类例既分，学术自明。”清代章学诚《校雠通义》亦云：“辨章学术，考镜源流。”可见典籍分类实可断学术之分野。但是长期以来，中医古籍分类始终没有统一的标准，给馆内管理和馆际交流带来诸多不便，也给读者查找和使用古籍带来障碍。因此，笔者从方法上寻找突破点，通过对各种古籍分类法的全面调研，分析存在的问题，提出具体的对策，从而制定出统一完善的《中医古籍分类标准》。

一、综合目录的中医古籍分类法

综合性书目中的医学类是设置最早的类目之一，通过综合性书目类目设置的比较分析，可以反映医学在众多学科门类中的起源和发展状况。

（一）古代综合目录

西汉刘歆编订的《七略》是我国第一部分类目录，其使用的“七略分类法”是我国的第一部图书分类法，也是世界上最早的图书分类法。全书分为：辑略、六艺略……和方技略。辑略是六略的总序，所以名为《七略》，实际上是六分法。这部分类法最大特点和优点是以学科分类为基础，体现了学术发展的系统性和内在逻辑关系。虽然这部分类法的产生距今已有两千多年的历史，但其立类原则基本符合现代图书分类的理念，说明当时“七略分类法”的作者刘向、刘歆父子治学理念的科学性和超前精神。在“七略分类法”中，设有医经、经方两个医学类目，置于方技略之下，是为二级类目。

魏晋时期，郑默和荀勖提出了“四部分类法”，取消《七略》分类的类名，分为甲乙丙丁四部，将六艺略划分为甲部和丙部；诸子、兵书、术数、方技四略合并为乙部；诗赋略改为丁部；这一变化实际上是扩大了六艺略，加强了经学在图书分类法中的地位，压缩和削弱了科技类图书在分类法中的地位。在四部分类法产生后的一段时间里，是七略分类法和四部分类法交替发展时期，依四部分类者多为官府目录，依《七略》分类者有《七志》《七录》《七林》等书目。如：南朝梁阮孝绪所撰《七录》分内外两篇，内篇分为经典录、纪传部、子兵录、文集录、术技录，外篇分为佛法录、仙道录。医书收在术技录中，分为医经、经方二种。这些目录只做了些类目的修补和调整，对图书分类体系的建设和发展均未产生太大影响。

唐代魏征等所撰《隋书・经籍志》是现存最早的一部用经、史、子、集四部类分典籍的史志目录，医书收在“子部医方类”。

《旧唐书・经籍志》将医书分为7类，即：明堂经脉、医术本草、养生、病源及单方、食经、杂经方、类聚方。

宋以后，《七略》分类逐渐退出历史舞台。宋朝郑樵所编《通志・艺文略》问世，打破了七略分类法和四部分类法固有框架，继承和发展了《七略》按图

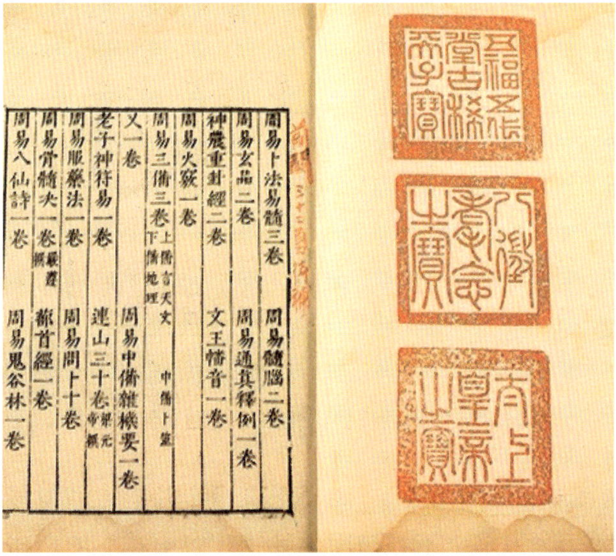

天禄琳琅旧藏明刻本《通志艺文略》

书学科内容为主的分类理念，将图书分为 12 个大类，医书单独列一大类，提高了医书在图书分类体系中的地位。在医方类下又设 26 个小类，即：脉经、明堂针灸、本草、本草音、本草图、本草用药、采药、炮炙、方书、单方、蓄方、寒食散、病源、五藏、伤寒、脚气、岭南方、杂病、疮肿、眼药、口齿、妇人、小儿、食经、香熏、粉泽等。从类目的设置上可以看出，郑樵在医书分类上既注重了以图书学术内容为依据的分类原则，也照顾到文献体裁在图书分类中的作用，如本草音、本草图等类目，即在以学科内容为主的原则下按体裁进行划分的实例。而其所创制的“伤寒”和“方书”类目被后世沿用传承。

明代焦竑的《国史·经籍志·子部·医家类》在郑樵《通志·艺文略》基础上，又有一些变化。由 26 类缩减为 17 类，“采药”“炮炙”合为“种采炮炙”，“本草”“本草音”“本草图”“本草用药”合为“本草”，“病源”“五藏”并入“经论”，取消“食经”“香薰”“粉泽”。17 类分别为：经论、明堂针灸、本草类、种采炮炙类、方书类、单方类、夷方类、寒食散类、伤寒类、脚气类、杂病类、疮肿类、眼疾类、口齿类、妇人类、小儿类、岭南方类。

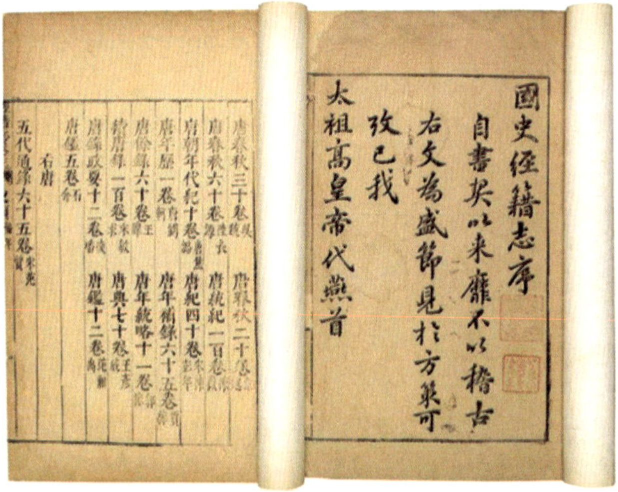

明万历末年徐象枟曼山馆刻本《国史经籍志》

明代高儒撰著的《百川书志》，成书于嘉靖十九年（1540），体例仿宋代晁公武《郡斋读书志》，书名之下有简明题解，凡二十卷。依四部分类法，分经、史、子、集4目，下分子目93门。其中对版本的记载，如《永乐大典》有内府刻本、《水浒传》有都察院刻本等，对版本学和文化史研究有参考价值。将医籍列于子志的医家、卫生术、房中术三类。

清初著名藏书家钱曾编著《也是园书目》《述古堂书目》《读书敏求记》三种书目。三书各有特色，但重复较多，应用不便。现代藏书家、古典目录学家瞿凤起先生以《也是园书目》为纲，并入后二种，编成《虞山钱遵王藏书目录汇编》，该书收书4 180种，后附书名、著者或索引。子部医书类分为：医家经论、针灸、本草、方书、伤寒、风科、疮肿、眼科、祝由科、妇人、小儿、摄生、房中。其特点有二，首将祝由科置于医籍类目中，并将养生书命名为摄生。

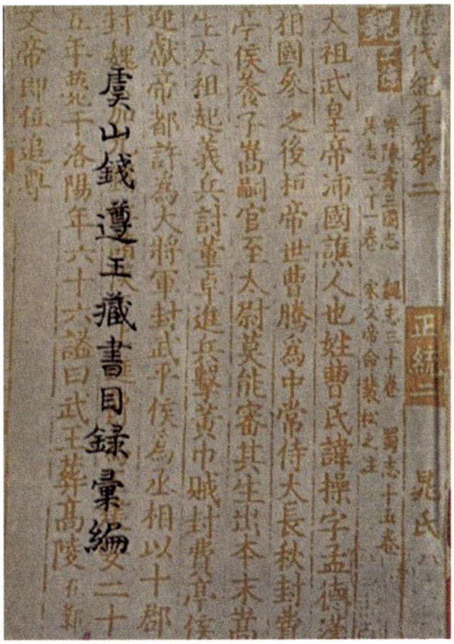

1958年古典文学出版社出版
《虞山钱遵王藏书目录汇编》

清代纪晓岚纂修《四库全书》时，在《四库全书总目》中所创的“四库法”被后世广泛应用，成为公私藏书各家书目最具权威的分类法，其影响一直延续至今。

古代对于书籍的分类经历了六分法、七分法、四分法等多种分类方法的演变，而中医文献的分类法亦随之有所变迁和发展，分类的内部与外部均发生了变化，如《四库全书总目提要·医家类序》云：“《汉志》医经、经方二家后有房中、神仙二家，后人误读为一，故服饵导引，歧途颇杂，今悉删除。《周礼》有兽医，《隋志》载治马经等九家，杂列医书间。今从其例，附录此门，而退之末简。贵人贱物之义也。太素脉法，不关治疗。今别收入术数家，兹不著录。”这是与不同历史时期学术发展水平、学科分化与创立、文献积累的数量和书籍内容特点等因素密相关的，体现了人类社会在探索科学道路上，学科与学术认知水平的不断发展和进步。

（二）现代综合目录

现代综合目录的医学类分类基本沿袭了古代分类认识，采用分类编年体组织古籍款目，个别类目名称或有微细的调整与变化。

《中国丛书综录》包括《汇编》和《类编》两部分。《汇编》分杂纂、辑佚、郡邑、氏族、独撰五类，《类编》按经、史、子、集四部法分类。子部医家类包括内经、难经、伤寒、金匮、总论、内科、外科、伤科、五官科、妇产科、儿科、痘疹、针灸、按摩导引、养生、诊法、藏象、本草、方剂、医案、医话、杂著 22 大类。

《中国古籍善本书目》编排方法基本按经、史、子、集四部分类法排列，并增设丛书部。子部医家类包括丛编、医经、本草、诊法、方论、针灸、养生、史传 8 大类。

《中国古籍总目》沿用四部分类法类分古籍，并参酌《中国丛书综录》《中国古籍善本书目》等增损类目。子部医家类分为丛编、综论、医经、本草、藏象、诊法、方论、针灸推拿、医案医话、养生 10 大类。

《中华古籍总目》在传统四部分类法的基础上，增加“类丛部”，分为经、史、子、集、类丛五部。子部医家类分为类编、医经、医理、伤寒金匮、诊法、针灸、推拿按摩外治、本草、方书、温病、内科、妇科、儿科、外科、伤科、眼科、喉科口齿、医案、医话医论、养生、综合 21 大类。

《中国图书馆图书分类法（第五版）》将中国医学又分为中医预防、卫生学、中医基础理论、中医临床学、中医内科、中医外科、中医妇产科、中医儿科、中医肿瘤科、中医骨伤科、中医皮科科学与性病学、中医五官科、中医其他学科、中医急症学、中药学、方剂学、中国少数民族医学等。但是中图法并不完全适用于中医古籍本身的分类，在实际应用也存在一定的困难。

二、专科目录的中医古籍分类法

中医古籍专科书目的分类法，基本上是根据中医学科与书籍的内容、体裁来设置和划分的，能够反映中医学的时间和空间动态演化特征和基本规律。

（一）古代专科目录

医学目录是子部目录中发展较早的专科目录，宋代《秘书省续编到四库阙书目》中记载，已有《医经目录》《大宋本草目》两部医药目录。而现存最早的医学专科目录是明代殷仲春所撰的《医藏目录》。全书分为20函，分别称作：无上函（内经、难经、伤寒金匮、脉经、甲乙经类）、指归函（内经、难经、仲景学说、脉诀、药性）、普醍函（本草类）、法真函（养生类）、印证函（养生、方书）、玄通函（藏象、运气）、理窟函（脉学类）、妙窍函（针灸类）、旁通函、散圣函（方书、临证综合）、正法函（伤寒、临证综合）、法流函、结集函、秘密函、诵法函、声闻函（临证综合、临证各科医书，含少量伤寒）、化生函（妇产类）、慈保函（儿科类）、杨肘浸假函（外科类）、机在函（眼科类）。

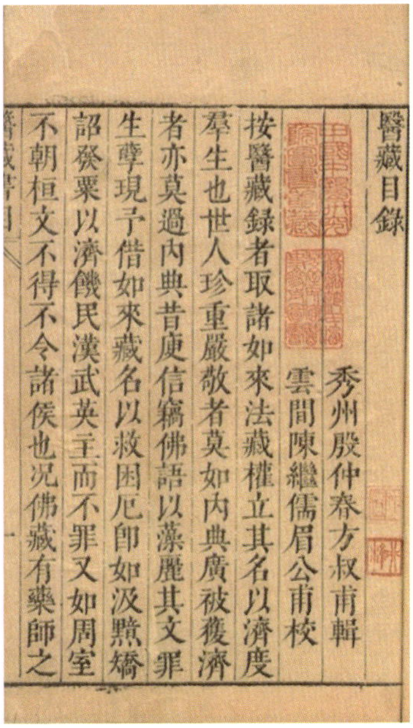
醫藏目録
秀州殷仲春方叔甫輯
雲間陳繼儒眉公甫校
按醫藏録者取諸如來法藏權立其名以濟度羣生也世人珍重嚴敬者莫如內典廣被獲濟者亦莫過內典昔庾信竊佛語以藻麗其文罪生孽現予借如來藏名以救困厄即如汲黯矯詔發粟以濟饑民漢武英主而不罪又如周室不朝桓文不得不令諸侯也況佛藏有藥師之

中国中医科学院图书馆藏
范行准旧藏明崇祯刻本《医藏目录》一卷

清代乾隆间御医改师立，借参与编纂《医宗金鉴》之便，将当时纂修引据之书编为《医林大观书目》。此书采取了前面分时和后面分类相结合的著录方式。书目前列不分类者，以时为次，著录各个朝代的医籍共670余种，较为直观地显示各个时代的医籍状况，具有学术史意义。书目后面分类胪列诸科，分女科、幼科、痘疹科、刺灸科、外科、眼科、《素问》诸家注释、《灵枢》诸家注释、脉诀、《御纂医宗金鉴》四诊心法要诀（引用书目）、扁鹊《难经》诸家注释、仲景《伤寒论》诸家注释、仲景《金匮要略》诸家注释等类，凡500余种。这种灵活的处理方式较为新颖，也为后人提供了借鉴。[4]

日本丹波元胤所撰《医籍考》分为：医经、本草、食治、藏象、诊法、明堂经脉、方论、史传、运气9类。

日本高岛久也、冈田元矩合撰《跻寿馆医籍备考》七卷，刊于1877年。本书将日本明治时期著名的医学校“跻寿馆”中收藏大量的中国古医书，分为经解（内、难、伤寒、金匮）、本草、诊法、明堂经脉、伤寒证治、众病证治、眼目口齿证治、外科证治、小儿证治、痘疹证治、杂说、史传、养生、运气、祝由、丛书等16类，著录书名卷数、传人传记，详于内容提要和版本著录。该书并以“杂说”录各家之医语、医话，首创医学丛书这一类目。

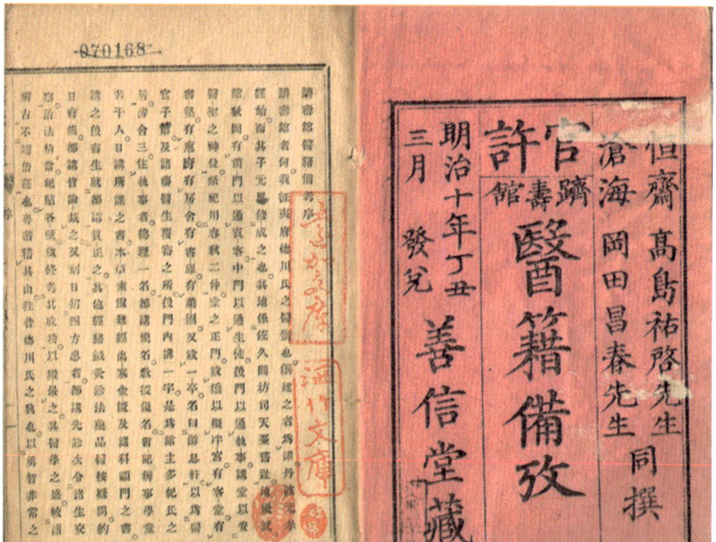

中国中医科学院图书馆藏日本明治十年（1877）铅活字印本
《跻寿馆医籍备考》一卷

清代丁福保所编《历代医学书目提要》是一部中西医汇通的医学专科书目。全书分22类，包括：一、素问、灵枢；二、难经；三、甲乙经；四、本草；五、伤寒；六、金匮；七、脉经；八、五脏；九、明堂针灸；十、方书及寒食散；十一、疾病；十二、妇科；十三、小儿科；十四、疮肿；十五、五官；十六、脚气；十七、杂病；十八、医案；十九、医话；二十、卫生；二十一、祝由科；二十二、兽医。

《四部总录医药编》分类法：经脉之属、专科之属、杂病之属、药学之属、方剂之属、医案之属、养生之属、杂录之属，共八大类。以上分类法基本属于在分类为纲的基础上，再按时代顺序排列为目的“分类编年”体。

此外，也有一些没有沿袭传统分类习惯的医学专科书目。其中，以文献产生时代为纲，罗列书目的专科书目，如清代乾隆间改师立的《医林大观书目》，属于“编年文献”体；以历史时代的历史人物为序，述列撰著书籍的书目，如清代曹禾的《医学读书志》，属于“编年人物”体。

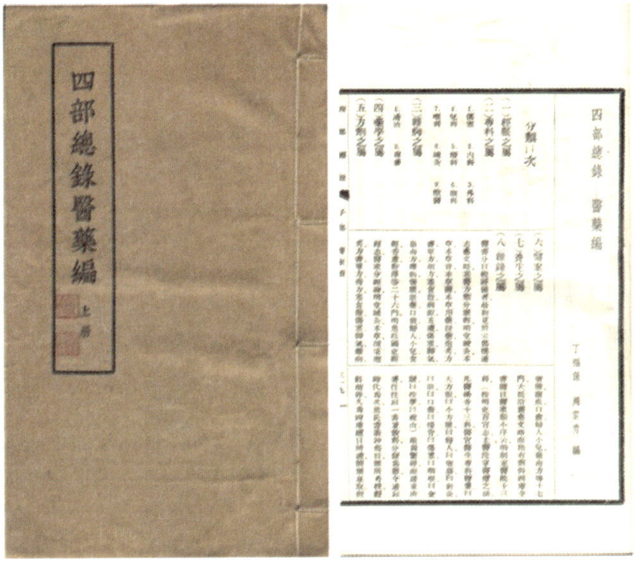

中国中医科学院图书馆藏赵燏黄旧藏 1955 年商务印书馆铅印本《四部总录医药编》不分卷

（二）现代专科目录

新中国成立后，中医专科目录影响最大的是以分类编年体例编纂的《中国中医古籍总目》，全书分为医经、基础理论、伤寒金匮、诊法、针灸、推拿按摩、本草、方书、临证各科、医案医话医论、养生、综合 12 大类，该书是截至目前分类体系最为完善的中医图书目录。

裘沛然主编的《中国医籍大辞典》共分22个学科类别，包括内难经类、基础理论类、伤寒金匮类、诊法类、本草类、方书类、临证综合类、温病类、内科类、妇科类、儿科类、外科类、伤科类、眼科类、耳鼻咽喉口齿类、针灸类、推拿类、养生类、医案医话类、养生类、综合性著作、其他类、亡佚类。

此外，郭霭春主编的《中国分省医籍考》以区划各省为纲，下设医经（附运气）诊法、伤寒（附金匮、温病）/本草、针灸、方论（内科、外科、妇科、儿科、眼科、喉科）/医案医话、养生、法医、兽医、其他等类，属于“分省分类”体。

对比以上几种关于中医古籍的分类方法，我们可以看出各种分类方法的类目设置非常不统一，具体表现在：

①类目数量不统一，如《中国古籍善本书目》只分为8个大类，《中国丛书综录》则多达22个大类。

②类目名称不统一，如医经类，《中国古籍善本书目》《中国古籍总目》《中华古籍总目》《中国中医古籍总目》称为“医经”，《中国医籍大辞典》称为“内难经之属”，《中国丛书综录》分别称为“内经之属”“难经之属”。

③类目内容不统一，如同称基础理论类，《中国中医古籍总目》是指阴阳五行、五运六气、藏象骨度、中医生理、病源病机、中医病理等，而《中国图书馆分类法》除包括以上各项内容外，内经、难经、伤寒、金匮等内容亦包括在内。

④类目顺序不统一，如《中国丛书综录》是将诊法、藏象、本草、方剂等类放在了临证各科类之后，而《中华古籍总目》《中国中医古籍总目》是将诊法、藏象、本草、方剂等类放在了临证各科类之前。这就给各种书目在对应和交流时带了诸多不便，需要仔细鉴别和对照应用。

（三）馆藏登记目录

新中国成立后，古籍大都采编进入公立图书馆，为揭示馆藏、促进古籍保护与利用，全国省市综合性图书馆和各地区图书馆，以及中医专业图书馆纷纷编制馆藏书目，这些馆藏登记目录大都按照一定的分类方法组织中医古籍款目信息，因此也形成了各具特点的馆藏登记目录分类法。

目前省市综合性图书馆使用不同的分类方法，常用分类方法有：《中国图书馆分类法》《四部法》，或自编分类法（《中国科学院图书馆图书分类法》《中国人民大学图书馆分类法》），甚至有同一单位同时使用两种分类方法。

1999 年国家图书馆出版社出版《中国图书馆分类法》

1981 年科学出版社出版《中国科学院图书馆图书分类法》

中医专业图书馆分类方法也存在不统一的状况，如：中国中医科学院图书馆“十二地支分类法”：子—本草，丑—医经，寅—针灸、经脉，卯—伤寒金匮，辰—诊法，巳—方书，午—中医基础，未—临证各科，申—医案医话医论，酉—养生、推拿、法医，戌—医史，亥—综合性医书，下按成书年排列。

北京中医学院图书馆“祖国医学分类法”：本草，医经，针灸明堂，仲景学说，诊法，方书，各科，医案医活医论，丛书、全书、辞典，医史，其他，共 11 类。

《上海中医学院中医图书目录》分类法包括：党和政府关于医药卫生的方针政策，中国医药学史，中医学基础，中医诊断学，中草药学，方书方剂学，经络学、针灸学，推拿学，中医伤骨科学，中医内科学，中医妇产科学，中医儿科学，中医外科学，中医五官科学，外治及其他疗法，综合性医书，医案医论医话，中医法医学，中医兽医学，工具书，丛书全书，分为 21 类。

以上几家代表性图书馆分类情况分类说明，即使是在收藏中医古籍为主的专业图书馆，在古籍分类方法上也存在着明显分歧，有的以《中图法》和《四部法》为主，有的自编特有分类法。这种在分类方法上的不统一，不仅不利于行业内部的古籍书目检索与交流，也不利于文献采集与编目整理，更不利于规范与编制可以收录众多馆藏书目信息的大型古籍联合目录。此外，目前大型综合性书目和综合性图书馆馆藏书目分类法，对于中医古籍分类存在诸如类目名称与级别设置、入类标准、编排体例不相适应的若干问题，这就需要在全面深入调研的基础上，分析利弊，总结得失，建立开放统一的中医古籍分类标准。

三、重点目录的中医古籍分类法对照

（一）古代重点目录

1. 综合性目录

表 3-1 古代综合目录医籍分类对照表

书目	一级类目	二级类目
七略	方技略	医经、经方、房中、神仙
七录	技术录	医经部、经方部
中经簿	乙部	术数类
隋书·经籍志	子部	医方
古今书录（旧唐书同）	子部	医方（以下三级类目又分为：明堂经脉、医术本草、养生、病源单方、食经、杂经方、类聚方）
新唐书·艺文志	子部	明堂经脉类、医术类
崇文总目	子部	医书类
郡斋读书志	子部	医书
遂初堂书目	子部	医书类
直斋书录解题	子部	医书类
文献通考·经籍考	子部	医家
宋史·艺文志	子部	医书类
通志·艺文略	医方类	脉经、明堂针灸、本草、本草音、本草图、本草用药、采药、炮炙、方书、单方、蕃方、寒食散、病源、五藏、伤寒、脚气、岭南方、杂病、疮肿、眼药、口齿、妇人、小儿、食经、香熏、粉泽
明史·艺文志	子部	艺术类（医书附）
四库全书总目	子部	医家类
孙氏祠堂书目	医律	医学

通过以上对照可见，医书目录分类的明显变化有二：一是房中和神仙类因涉及宗教和奇技淫巧之术，被剥离于医书之外；二是综合性书目中医学书籍分类自《七略》后，逐渐不再细分，仅有《新唐志》分为独立的两类：明堂经脉类、医术类。而后来的分类法统归于医书类，直至宋代郑樵《通志·艺文略》二级类目突增为 26 类，既可显见宋代文献积累之富，又反映出郑樵强调的“类例既分，学术自明”的主张。但其后这一良好传统并未被很好地继承和发扬，医籍因受“四部分类法”的正统地位影响又复归入子部医家类或医书部 / 类，分类相对粗糙，可以说是医籍分类的一种退化。虽然，清代乾隆嘉庆间曾任翰林院编修的，集校勘、目录、藏书于一身的富有革新精神的大家孙星衍，敢于突破四库分类法而创十二类分类法，但于医学书籍的分类并未有像郑樵那样深辟透彻的认识。

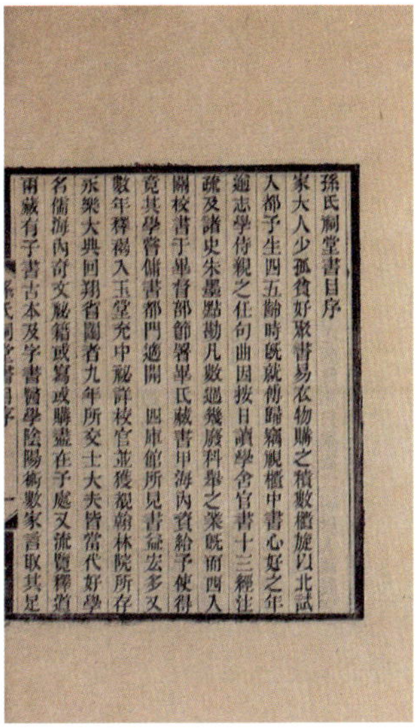
孫氏祠堂書目序
家大人少孤貧好聚書易衣物購之積數櫥旋以北試
入都予生四五齡時既就傅歸竊覩櫥中書心好之年
逾志學侍親之任句曲因按日讀學舍官書十三經注
疏及諸史朱墨點勘凡數過幾廢科舉之業既而西入
關校書于畢尚書節署畢氏藏書甲海內資給予使得
竟其學嘗備書都門適開　四庫館所見書益宏多又
數年釋褐入玉堂充中祕詳校官並獲覩翰林院所存
永樂大典回翔省闥者九年所交士大夫皆當代好學
名儒海內奇文祕籍或寫或購盡在予處又流覽釋道
兩藏有子書古本及字書醫學陰陽術數家言取其足
孫氏祠堂書目序　一

清光绪九年 (1883) 德化李氏木犀轩刻本《孙氏祠堂书目》七卷

2. 中医专科目录

表 3–2　古典专科目录医籍分类对照表

医藏书目	医籍考	历代医学书目提要	四部总录医药编	中国医学大成
无上函（内经、难经、伤寒金匮、脉经、甲乙经类）	医经	素问、灵枢		医经类
指归函（内经、难经、仲景学说、脉诀、药性）		难经		
普醍函（本草类）	本草	本草	药学之属	药物类
法真函（导引为主养生类）	食治		养生之属	
印证函（养生、方书）				
玄通函（藏象、运气）	藏象	五脏		
	运气			
理窟函（脉学类）	诊法	脉经		诊断类

续表

<table>
<tr><th>医藏书目</th><th>医籍考</th><th>历代医学书目提要</th><th>四部总录医药编</th><th colspan="2">中国医学大成</th></tr>
<tr><td rowspan="2">妙窍函（针灸类）</td><td rowspan="2">明堂经脉</td><td>明堂针灸</td><td rowspan="2">经脉之属</td><td colspan="2" rowspan="2">针灸类（附推拿）</td></tr>
<tr><td>甲乙经</td></tr>
<tr><td>旁通函、散圣函（方书、临证综合）</td><td rowspan="11">方论</td><td>方书及寒食散</td><td>方剂之属</td><td colspan="2">方剂类</td></tr>
<tr><td rowspan="2">正法函（伤寒、临证综合）</td><td>伤寒</td><td rowspan="4">杂病之属</td><td colspan="2">外感病类</td></tr>
<tr><td>金匮</td><td colspan="2" rowspan="2">通治类</td></tr>
<tr><td rowspan="2">法流函、结集函、秘密函、诵法函、声闻函（临证综合、临证各科医书，含少量伤寒）</td><td>杂病</td></tr>
<tr><td>疾病</td><td colspan="2">内科类</td></tr>
<tr><td>化生函（妇产类）</td><td>妇科</td><td rowspan="5">专科之属</td><td colspan="2">妇科类</td></tr>
<tr><td>慈保函（儿科类）</td><td>小儿科</td><td colspan="2">儿科类</td></tr>
<tr><td>杨肘浸假函（外科类）</td><td>疮肿</td><td colspan="2">外科类</td></tr>
<tr><td>机在函（眼科类）</td><td>五官</td><td colspan="2" rowspan="2"></td></tr>
<tr><td rowspan="8"></td><td>脚气</td></tr>
<tr><td>卫生</td><td></td><td colspan="2"></td></tr>
<tr><td rowspan="3"></td><td>医案</td><td>医案之属</td><td colspan="2">医案类</td></tr>
<tr><td>医话</td><td rowspan="5">杂录之属</td><td rowspan="3">外集</td><td>医话</td></tr>
<tr><td></td><td>医论</td></tr>
<tr><td>史传</td><td></td><td>医史</td></tr>
<tr><td rowspan="2"></td><td>祝由科</td><td colspan="2" rowspan="2"></td></tr>
<tr><td>兽医</td></tr>
</table>

通过以上对照可见，医书专科目录分类的特点有二：一是医学文献的分类由模糊、界限不清（如《医藏书目》试图以佛教用语归纳医籍分类的指归，但显而易见的是，反而使得文献的分类零乱而模糊，较之《汉书·艺文志》的四分法更加不明朗，反有约理越乱之嫌）逐渐走向分科科学化；二是书籍编撰新体裁（如医案、医话、医论）不断丰富。

（二）现代重点目录

现代出版的《中国中医古籍总目》《中华古籍总目》《中国图书馆分类法

(第五版)》代表了目前主要的古籍分类方法，虽未统一，但各书所立的类目大部分相同或相近，这就为统一中医古籍分类法提供了可能，值得我们重点分析和研究。

为此，将三部书籍中的中医古籍分类法予以比对，建立三个分类表类目的对照映射关系，[5]分析现状及差异，有利于促进《中医古籍分类标准》体系的规范和建立。

表 3-3 《中国中医古籍总目》与《中华古籍总目》《中国图书馆分类法》分类对照表[6]

《中国中医古籍总目》	《中华古籍总目》	《中国图书馆分类法》
1. 医经	2. 医经之属	
1.1 内经	2.1 内经	R221 内经
1.1.1 本文		
1.1.2 注释		R221.02 注解
1.1.3 类编、摘编		R221.3 素问、灵枢分类合编
1.1.4 发挥		R221.09 研究
1.2 素问		R221.1 素问
1.2.1 本文		
1.2.2 注释		
1.2.3 发挥		
1.3 灵枢		R221.2 灵枢
1.3.1 本文		
1.3.2 注释		
1.3.3 发挥		
1.4 难经	2.2 难经	R221.9 难经
1.4.1 本文		
1.4.2 注释		
1.4.3 发挥		
1.5 内经难经合类		
2. 基础理论	3. 医理之属	R22 中医基础理论
2.1 理论综合		
2.2 阴阳五行、五运六气	3.1 阴阳五行、五运六气	R226 中医阴阳五行、运气学说

续表

《中国中医古籍总目》	《中华古籍总目》	《中国图书馆分类法》
2.3 藏象骨度	3.2 藏象骨度	R223.1 脏腑学说 R223.1+1 五脏 R223.1+2 六腑 R223.1+3 奇恒脏象 R223.1+4 津液气血 R223.7 骨度
2.4 中医生理		R223 中医生理学
2.5 病源病机	3.3 病源病机	
2.6 中医病理		R228 中医病理学
3. 伤寒金匮	4. 伤寒金匮之属	
3.1 伤寒金匮合编		R222 伤寒、金匮（伤寒杂病论）
3.1.1 合刻、合编		R222.1 本文合编
3.1.2 注释发挥		R222.12 注解（附本文） R222.13 发挥（不附本文）
3.1.3 方论歌括		R222.16 方论 R222.17 歌括
3.1.4 杂著		R222.15 杂论 R222.19 研究
3.2 伤寒论	4.1 伤寒论	R222.2 伤寒论
3.2.1 本文		
3.2.2 别本		
3.2.3 注释		R222.22 注解（附本文）
3.2.4 发挥		R222.23 发挥（不附本文）
3.2.5 方论		R222.26 方论
3.2.6 歌括（图表入此）		R222.27 歌括
3.2.7 杂著		R222.25 杂论 R222.29 研究
3.3 金匮要略	4.2 金匮要略	R222.3 金匮要略
3.3.1 本文、注释		R222.32 注解（附本文）
3.3.2 发挥		R222.33 发挥（不附本文）
3.3.3 方论		R222.36 方论
3.3.4 歌括		R222.27 歌括

续表

《中国中医古籍总目》	《中华古籍总目》	《中国图书馆分类法》
4. 诊法	5. 诊法之属	R241 中医诊断学
4.1 诊法通论		
4.2 脉诊	5.1 脉经脉诀	R241.1 脉学
4.2.1 脉经		R241.11 脉经
4.2.2 脉诀		R241.13 脉诀
4.2.3 诸家脉学	5.3 历代脉学	R241.19 其他
4.3 望诊		R241.2 四诊
4.4 舌诊		R241.25 舌诊
4.5 其他诊法	5.4 其他诊法	R241.29 其他
5. 针灸推拿	6. 针灸之属	R245 针灸学、针灸疗法
5.1 针灸通论	6.3 针灸之属 / 通论	R245-0 一般理论与方法
5.2 经络孔穴	6.1 经络腧穴	R224 经络、孔穴
5.3 针灸方法	6.2 针法及灸法	R245 针灸学、针灸疗法
5.3.1 针法		R245.3 针法
5.3.2 灸法		R245.8 灸法
5.3.3 其他针法		R245.31 各种针刺疗法 R245.31+1 毫针（体针疗法） R245.31+2 三棱针（放血疗法） R245.31+3 皮肤针 R245.31+4 皮内针 R245.31+5 温针 R245.31+6 火针 R245.31+9 其他
5.4 针灸临床		R246 针灸疗法临床应用 R246.1 内科 R246.2 外科、针刺麻醉法 R246.3 妇产科 R246.4 小儿科 R246.5 肿瘤科 R246.6 神经精神病科 R246.7 皮肤病、性病科 R246.8 五官科 R246.9 其他

续表

《中国中医古籍总目》	《中华古籍总目》	《中国图书馆分类法》
5.5 推拿按摩	7. 推拿按摩外治之属	R244.1 推拿、按摩、捏积
5.6 外治法		R244 外治法（物理疗法）
6. 本草	9. 本草之属	R281 本草
6.1 本草经	9.1 神农本草经	R281.2 本草经
6.1.1 本经辑本		
6.1.2 本经注释		
6.2 综合本草	9.2 历代综合本草	R281.3 综合本草
6.2.1 唐五代以前本草		
6.2.2 宋金元本草		
6.2.3 明代本草		
6.2.4 清代本草		
6.2.5 近代本草		
6.2.6 国外本草		
6.3 歌括、便读		
6.4 食疗本草	9.4 食疗本草	R281.5 食物本草
6.4.1 食疗		
6.4.2 救荒		
6.4.3 饮馔		
6.5 单味药专类药研究	9.3 本草药性	R282 中药材 R282.7 各类药材 R282.71 植物药 R282.74 动物药 R282.76 矿物药 R282.77 海洋药物 R287 各科用药
6.6 炮制		R283 中药炮制、制剂
6.7 本草谱录		
6.8 杂著	9.5 本草杂著	
7. 方书	10. 方书之属	R289 方剂学
7.1 晋唐方书	10.1 历代方书	R289.3 各代医方
7.2 宋元方书	10.1 历代方书	R289.3 各代医方

续表

《中国中医古籍总目》	《中华古籍总目》	《中国图书馆分类法》
7.3 明代方书	10.1 历代方书	R289.3 各代医方
7.4 清代方书	10.1 历代方书	R289.3 各代医方
7.4.1 清代一般方书		
7.4.2 清代方书歌括、便读		R289.4 方歌
7.4.3 清代单方、验方	10.2 单方验方	R289.5 验方与单方
7.4.4 清代成方药目	10.3 成方药目	R286 中成药
7.5 近代方书	10.1 历代方书	R289.3 各代医方
7.5.1 近代一般方书		
7.5.2 近代方书歌括、便读		R289.4 方歌
7.5.3 近代单方、验方	10.2 单方验方	R289.5 验方与单方
7.5.4 近代成方药目	10.3 成方药目	R286 中成药
7.6 国外方书		R289.9 其他国外方书
8. 临证各科		R25/278 中医各科及中医急症学
8.0 临证综合		
8.1 温病	11. 温病之属	R254.2 瘟病
8.1.1 四时温病		R254.2+1 暑瘟 R254.2+2 湿瘟 R254.2+3 风瘟 R254.2+4 冬瘟 R254.2+5 春瘟
8.1.2 瘟疫	11.1 瘟疫	R254.3 瘟疫
8.1.3 疟痢	11.3 疟痢	R254.5 疟疾 R254.6 痢疾
8.1.4 痧胀霍乱鼠疫	11.2 痧证 11.4 其他瘟疫病证	R254.7 霍乱 R254.8 鼠疫
8.2 内科	12. 内科之属	R25 中医内科学
8.2.1 内科通论		
8.2.2 风痨臌膈	12.1 中风 12.2 虚劳	R255.2 中风 R255.5 虚劳 R256.32 噎膈、痞满
8.2.3 其他内科疾病	12.3 其他内科病证	

续表

《中国中医古籍总目》	《中华古籍总目》	《中国图书馆分类法》
8.3 女科	13. 妇科之属	R271 中医妇产科学
8.3.1 女科通论	13.3 妇科之属 / 通论	
8.3.2 产科	13.1 产科	R271.4 产科病
8.3.3 广嗣	13.2 广嗣	R271.14 不孕
8.4 儿科	14 儿科之属	R272 中医儿科学
8.4.1 儿科通论	14.3 儿科之属 / 通论	
8.4.2 痘疹	14.1 痘疹	R272.2 痘疹、麻疹
8.4.3 惊疳	14.2 惊风	R272.3 惊风 R272.4 疳积
8.5 外科	15. 外科之属	R26 中医外科学
8.5.1 外科通论		
8.5.2 外科方	15.1 外科方	
8.5.3 痈疽、疔疮	15.2 痈疽、疔疮	R261 痈疽 R262 疔毒
8.5.4 疯症、霉疮（皮肤病入此）	15.3 疯症、霉疮	R275 中医皮肤科学与性病学
8.5.5 痔瘘		R266 肛门病
8.5.6 其他外科疾病	15.4 其他外科病证	R268 其他
8.6 伤科	16. 伤科之属	R274 中医骨伤科学
8.7 眼科	17. 眼科之属	R276.7 眼科学
8.8 咽喉口齿	18. 喉科口齿之属	R276 中医五官科学
8.8.1 咽喉通论		R276.1 耳鼻咽喉科学
8.8.2 白喉	18.1 白喉	
8.8.3 喉痧	18.2 喉痧	
8.8.4 口齿		R276.8 口腔科学
8.9 祝由	8. 祝由之属	B992.5 巫医、巫术
9. 养生	21. 养生之属	R212 养生
9.1 养生通论		
9.2 导引、气功	21.1 导引、气功	R247.4 导引、气功
9.3 炼丹		
10. 医案医话医论		R249 医案、医话（临床经验）

续表

《中国中医古籍总目》	《中华古籍总目》	《中国图书馆分类法》
10.1 医案		
10.2 医话医论		
10.3 笔记杂录		
11. 医史		R2–092 中国医学史
11.1 通史		
11.2 专史		
11.3 传记		
11.3.1 汇传		
11.3.2 先秦医家传		
11.3.3 秦汉至隋医家传		
11.3.4 唐宋元医家传		
11.35 明清及近代医家传		
11.4 史料		
11.5 书目、索引、表谱		
11.6 杂著	22.3 杂著	
12. 综合性著作	22. 综合之属	R2–5 中医学丛书、文集、连续出版物
12.1 医学通论	22.1 通论	R2–52 全书
12.2 合刻、合抄	22.3 合刻、合抄	
12.3 丛书、类书	22.2 丛书 1. 类编之属	
12.4 综合性丛书中的中医著作		
12.5 教材、讲义		

四、《中医古籍分类标准》研制

根据上述调研和比较发现，中医古籍分类法不仅在古今书目的使用上存在不统一，而且目前全国中医行业各图书馆馆藏目录、中医专科目录与国家、省、市级综合图书馆的综合性书目之间也存在着明显差异。中医古籍分类方法兼容性差，类目繁杂多歧，致使各收藏单位著录数据参差不齐，给馆内管理和馆际交流造成了大量时间和精力的耗费，也给研究者寻找书目、从事古籍研究也带来很大障碍。因此，有必要建立统一、科学、完善的《中医古籍分类标准》。《中医古籍分类标准》可以形成行业内标准，为中医专业图书馆，甚至是公共图书馆进行中医古籍文献的编目提供统一规范的依据，有利于提高古籍编目工作效率，也可为行业信息化建设和资源共享打下坚实基础。同时，《中医古籍分类标准》有利于完善中医古籍分类检索体系，实现中医古籍的统一检索，提高读者查阅和利用古籍的效率。此外，《中医古籍分类标准》还是中医古籍分类标引、数据库建设和信息检索查询不可或缺的工具，从而为中医古籍知识的深度开发利用提供服务。

（一）基本原则

本标准编制过程中遵循“全面性、科学性、实用性”的原则，具体如下：

1. 全面性

本标准适用于1911年（包含1911年）以前中医学所涵盖的所有学科领域的著作。为彰显中医学术影响力，并便于研究与反映中医学与其他学科的交叉融合关系，对与中医学密切相关的其他学科著作，如属于道教的用于治疗疾病的炼丹术著作、属于农学的调养饮食著作、属于史学的医学专史著作、属于目录学的医学专科目录著作，也予新增相应类目纳入《标准》中统筹考虑。这不仅可以展现中医古籍的全貌，避免因古籍分类中整体局部的组织角度差异产生遗漏，而且通过补充与其他学科交叉而产生的衍生类目分类层级，更加清晰地显示古代中医文献发展的源流和交叉关系，从而指导读者全面地掌握中医相关资料，或指导中医专业图书馆采编人员更广泛的搜集中医学相关著作，并扩充馆藏资源。

2. 科学性

本标准在分类表的类目设置、类目序列方面应以中医古籍内容特点为主要依据，充分遵循中医学科和中医古籍形成与发展的客观规律，充分反映时间和空间的逻辑特征，同时兼顾文献特殊的撰著方式、类目下的文献数量等因素，保证各个层级类目之间的逻辑关系清晰、同级类目下的分类依据统一。

3. 实用性

本标准的类名设置以通用、规范为原则。[5] 具体要求包括：

①类名要有明确的科学内涵；

②文字简洁、概括，能覆盖其下位类的外延；

③尽量采用中医传统名词术语；

④能为多数读者熟悉接受。[6]

类目层级设置以适度为原则，避免层级过多导致文献过于分散，甚至出现无书可分的情况；避免层级过少导致文献过于集中，无法发挥辨章学术、指示门径的作用。

类目注释皆以简捷、易记、易识别[5]作为制订和示范原则。

（二）适用范围

本标准规定了中医古籍分类的三级类目与入类原则。适用于各类型古籍收藏单位对中医古籍进行分类标引和编制分类目录，以及中医古籍研究、开发中的分类应用。本《标准》的制定解决了因分类方法差异导致中医古籍文献分类不统一的难题。

（三）类表与入类原则

为了统一与规范中医古籍分类方法，推进中医古籍在编目分类、保护管理、检索利用和整理研究过程中的标准化和信息化，促进中医古籍的采编、保护、利用、传播与交流，更好地为中医药教育、科研、文化和科普宣传提供支撑，特制订本标准。

本标准是在综合调研分析各级各类中医古籍收藏单位和国家现行古籍分类方法的基础上，兼顾中医学科学术特点、书籍编撰体裁和形式、古代书目传统分类等认识和惯例，制定的中医古籍三级分类标准体系。

本标准可反映中医学术基本认识和中医古籍文献撰著特色，符合中医古籍文献自身形成和发展的一般规律，体现中医学术源流和梗概，具有全面性、科学性、实用性等特点，能够满足中医古籍调研、编目、管理、研究与利用等需求。

1. 三级类目表

在《中国中医古籍总目》“分类编年、三级类目”的框架下，研制了最新的《中医古籍分类标准》。[7]见下表。

表 4-1 《中医古籍分类标准》类表

类号	一级类目	二级类目	三级类目
1	医经		
1.1		内经	
1.1.1			本文
1.1.2			注释
1.1.3			发挥
1.2		素问	
1.2.1			本文
1.2.2			注释
1.2.3			发挥
1.3		灵枢	
1.3.1			本文
1.3.2			注释
1.3.3			发挥
1.4		难经	
1.4.1			本文
1.4.2			注释
1.4.3			发挥
1.5		内难合编	
2	医理		
2.1		通论	
2.2		阴阳五行	
2.3		五运六气	
2.4		病源病机	
2.5		经络腧穴	
2.6		藏象骨度	
3	伤寒金匮		
3.1		伤寒论	
3.1.1			本文
3.1.2			注释

续表

类号	一级类目	二级类目	三级类目
3.1.3			发挥
3.1.4			方论歌括
3.2		金匮要略	
3.2.1			本文
3.2.2			注释
3.2.3			发挥
3.2.4			方论歌括
3.3		伤寒金匮合编	
4	诊法		
4.1		通论	
4.2		脉诊	
4.2.1			脉经
4.2.2			脉诀
4.2.3			脉学
4.3		望诊	
4.4		舌诊	
4.5		杂著	
5	本草		
5.1		本经	
5.1.1			辑本
5.1.2			注释
5.2		历代本草	
5.2.1			唐及唐以前
5.2.2			宋辽金元
5.2.3			明代
5.2.4			清代
5.3		歌括便读	
5.4		杂著	
6	方书		

续表

类号	一级类目	二级类目	三级类目
6.1		历代方书	
6.1.1			唐及唐以前
6.1.2			宋辽金元
6.1.3			明代
6.1.4			清代
6.2		专科方书	
6.3		歌括便读	
6.4		成方药目	
7	临证		
7.1		通论	
7.2		温病	
7.2.1			通论
7.2.2			瘟疫
7.2.3			痧症
7.2.4			疟痢
7.2.5			霍乱鼠疫
7.2.6			白喉喉痧
7.3		内科	
7.3.1			通论
7.3.2			风痨臌膈
7.3.3			杂著
7.4		妇科	
7.4.1			通论
7.4.2			胎产
7.5		儿科	
7.5.1			通论
7.5.2			痘疹
7.5.3			惊疳
7.6		外科	

续表

类号	一级类目	二级类目	三级类目
7.6.1			通论
7.6.2			痈疽疔疮
7.6.3			疠疯霉疮
7.6.4			杂著
7.7		伤科	
7.8		眼科	
7.9		咽喉口齿	
7.9.1			咽喉
7.9.2			口齿
7.10		祝由	
8	针推外治		
8.1		通论	
8.2		针法	
8.3		灸法	
8.4		推拿	
8.5		外治	
9	养生		
9.1		通论	
9.2		食疗	
9.3		房中	
9.4		广嗣	
9.5		导引	
9.6		炼丹	
10	医案医话医论		
10.1		医案	
10.1.1			综合医案
10.1.2			专科医案
10.2		医话医论	
10.3		笔记杂录	

续表

类号	一级类目	二级类目	三级类目
11	医史目录		
11.1		医史	
11.2		目录	
12	丛书		

以上三级类目，基本是按中医学科分化的规律来划分的，也照顾到了中医特有的文献体裁和内容，是目前较为完善的分类体系。

2. 入类原则与示例

为了更好地帮助编目分类实践，对于上述三级类目的入类原则做如下说明。

表 4–2 《中医古籍分类标准》类目设置与入类原则

类号	类名	入类原则与示例
1	医经	《黄帝内经》（简称《内经》）、《难经》的各类著作入此。下设：内经、素问、灵枢、难经、内难合编 5 个下位类。
1.1	医经 / 内经	《内经》（《素问》《灵枢》合编）的各类著作入此。下设：本文、注释、发挥 3 个下位类。
1.1.1	医经 / 内经 / 本文	对《内经》原文进行刊录、摘编的著作入此。 例如：《黄帝内经素问黄帝内经灵枢》，（清）任越安编《发藻堂纂集灵素类言》。
1.1.2	医经 / 内经 / 注释	对《内经》本文中的文字、词语、句子、段落或篇章进行注解释义的著作入此。 例如：（明）马莳注《黄帝内经素问注证发微》。
1.1.3	医经 / 内经 / 发挥	对《内经》进行延伸创作，并发表个人见解的著作入此。 例如：（清）罗美撰《内经博议》。
1.2	医经 / 素问	《素问》的各类著作入此。下设：本文、注释、发挥 3 个下位类。
1.2.1	医经 / 素问 / 本文	对《素问》原文进行刊录、摘编的著作入此。 例如：《黄帝内经素问》。
1.2.2	医经 / 素问 / 注释	对《素问》本文中的文字、词语、句子、段落或篇章进行注解释义的著作入此。 例如：（元）滑寿编《读素问抄》。
1.2.3	医经 / 素问 / 发挥	对《素问》进行延伸创作，并发表个人见解的著作入此。 例如：（金）刘完素撰《素问玄机原病式》。
1.3	医经 / 灵枢	《灵枢》的各类著作入此。下设：本文、注释、发挥 3 个下位类。

续表

类号	类名	入类原则与示例
1.3.1	医经 / 灵枢 / 本文	对《灵枢》原文进行刊录、摘编的著作入此。 例如:《黄帝内经灵枢》。
1.3.2	医经 / 灵枢 / 注释	对《灵枢》本文中的文字、词语、句子、段落或篇章进行注解释义的著作入此。 例如:(明)马莳注《黄帝内经灵枢注证发微》。
1.3.3	医经 / 灵枢 / 发挥	对《灵枢》进行延伸创作，并发表个人见解的著作入此。 例如:(明)胡文焕撰《灵枢心得》。
1.4	医经 / 难经	《难经》的各类著作入此。下设：本文、注释、发挥 3 个下位类。
1.4.1	医经 / 难经 / 本文	对《难经》原文进行刊录、摘编的著作入此。 例如:(战国)秦越人撰《难经》。
1.4.2	医经 / 难经 / 注释	对《难经》本文中的文字、词语、句子、段落或篇章进行注解释义的著作入此。 例如:(宋)王惟一等编《王翰林集注黄帝八十一难经》。
1.4.3	医经 / 难经 / 发挥	对《难经》进行延伸创作，并发表个人见解的著作入此。 例如:(清)王三重撰《难经广说》。
1.5	医经 / 内经难经合编	《内经》《难经》合编合刻著作入此。 例如:(清)黄元御编《黄氏遗书三种》，蔡陆仙撰《内难概要》。
2	医理	论述中医基础理论的各类著作入此。下设：通论、阴阳五行、五运六气、病源病机、经络腧穴、藏象骨度 6 个下位类。
2.1	医理 / 通论	综合论述中医基础理论的著作入此。 例如:(汉)华佗撰《中藏经》。
2.2	医理 / 阴阳五行	论述中医阴阳五行学说的著作入此。 例如:(隋)萧吉撰《五行大义》。
2.3	医理 / 五运六气	论述中医五运六气学说的著作入此。 例如:(宋)刘温舒撰《新刊素问入式运气论奥》。
2.4	医理 / 病源病机	论述人体发病原因、发病机理的著作入此。 例如:(隋)巢元方等撰《巢氏诸病源候论》,(明)徐师曾撰《校注病机赋》。
2.5	医理 / 经络腧穴	论述人体经络、腧穴相关基础理论的著作入此。 例如:(宋)王惟一撰《铜人腧穴针灸图经》。
2.6	医理 / 藏象骨度	论述人体解剖结构，脏腑形态功能生理作用等方面的著作入此。 例如:(明)王宗泉传《脏腑证治图说人镜经》。
3	伤寒金匮	《伤寒论》《金匮要略》的各类著作入此。下设：伤寒论、金匮要略、伤寒金匮合编 3 个下位类。

续表

类号	类名	入类原则与示例
3.1	伤寒金匮 / 伤寒论	《伤寒论》的各类著作入此。下设：本文、注释、发挥、方论歌括 4 个下位类。
3.1.1	伤寒金匮 / 伤寒论 / 本文	对《伤寒论》原文进行刊录、摘编的著作入此。 例如：（汉）张机撰《伤寒论》。
3.1.2	伤寒金匮 / 伤寒论 / 注释	对《伤寒论》本文中的文字、词语、句子、段落或篇章进行注解释义的著作入此。 例如：（金）成无己注《注解伤寒论》。
3.1.3	伤寒金匮 / 伤寒论 / 发挥	对《伤寒论》进行延伸创作，并发表个人见解的著作入此。 例如：（宋）韩祗和撰《伤寒微旨论》。
3.1.4	伤寒金匮 / 伤寒论 / 方论歌括	《伤寒论》方论歌括的著作入此。 例如：（明）许宏撰《金镜内台方议》，（宋）许叔微撰《伤寒百证歌》。
3.2	伤寒金匮 / 金匮要略	《金匮要略》各类著作入此。下设：本文、注释、发挥、方论歌括 4 个下位类。
3.2.1	伤寒金匮 / 金匮要略 / 本文	对《金匮要略》原文进行刊录、摘编的著作入此。 例如：（汉）张机撰《金匮要略》。
3.2.2	伤寒金匮 / 金匮要略 / 注释	对《金匮要略》本文中的文字、词语、句子、段落或篇章进行注解释义的著作入此。 例如：（清）张志聪注《金匮要略注》。
3.2.3	伤寒金匮 / 金匮要略 / 发挥	对《金匮要略》进行延伸创作，并发表个人见解的著作入此。 例如：（清）韩善征撰《金匮杂病辨》。
3.2.4	伤寒金匮 / 金匮要略 / 方论歌括	《金匮要略》方论歌括的著作入此。 例如：（清）杨希闵撰《金匮百七十五方解略》，（清）陈元犀撰《金匮方歌括》。
3.3	伤寒金匮 / 伤寒金匮合编	《伤寒论》《金匮要略》的各类合编合刻著作入此。 例如：（明）赵开美编《仲景全书》。
4	诊法	论述中医诊断方法的各类著作入此。下设：通论、脉诊、望诊、舌诊、别著 5 个下位类。
4.1	诊法 / 通论	综合论述四诊及其他诊法的著作入此。 例如：（清）王宏翰撰《四诊脉鉴大全》。
4.2	诊法 / 脉诊	论述脉诊的著作入此。下设：脉经、脉诀、脉学 3 个下位类。
4.2.1	诊法 / 脉诊 / 脉经	论述脉经的著作入此。 例如：（晋）王熙撰《脉经》。

续表

类号	类名	入类原则与示例
4.2.2	诊法 / 脉诊 / 脉诀	论述脉诀的著作入此。 例如：（宋）崔嘉彦撰《紫虚崔真人脉诀秘旨》。
4.2.3	诊法 / 脉诊 / 脉学	论述诸家脉学的著作入此。 例如：（明）李时珍撰《濒湖脉学》。
4.3	诊法 / 望诊	论述望诊的著作入此。 例如：（清）汪宏撰《望诊遵经》。
4.4	诊法 / 舌诊	论述舌诊的著作入此。 例如：（清）王景韩撰《舌镜》。
4.5	诊法 / 杂著	其他的诊法著作入此。 例如：原题张太素撰《太素脉秘诀》，（日）稻叶克文礼、和久田寅叔虎合撰《腹证奇揽》。
5	本草	论述本草学的著作入此。下设：本经，历代本草，歌括、便读，别著 4 个下位类。
5.1	本草 / 本经	《神农本草经》（简称《本经》）辑本或考证注释的著作入此。下设：辑本、注释 2 个下位类。
5.1.1	本草 / 本经 / 辑本	《本经》辑本的著作入此。 例如：（明）卢复辑《神农本草经》。
5.1.2	本草 / 本经 / 注释	《本经》考证注释的著作入此。 例如：（明）缪希雍撰《神农本草经疏》。
5.2	本草 / 历代本草	论述各个朝代的本草著作入此。下设：唐及唐以前、宋辽金元、明代、清代 4 个下位类。
5.2.1	本草 / 历代本草 / 唐及唐以前	唐及唐以前的本草著作入此。 例如：（唐）苏敬撰《新修本草》。
5.2.2	本草 / 历代本草 / 宋辽金元	宋辽金元时期的本草著作入此。 例如：（宋）寇宗奭撰《本草衍义》。
5.2.3	本草 / 历代本草 / 明代	明代的本草著作入此。 例如：（明）李时珍撰《本草纲目》。
5.2.4	本草 / 历代本草 / 清代	清代的本草著作入此。 例如：（清）郭佩兰撰《本草汇》。
5.3	本草 / 歌括便读	以歌括等方式撰著的本草著作入此。 例如：（明）龚廷贤撰《药性歌》，（清）缪占魁撰《本草便读》。
5.4	本草 / 杂著	其他的本草著作入此。 例如：（清）叶炜撰《煮药漫抄》。

续表

类号	类名	入类原则与示例
6	方书	论述中医方剂的著作入此。下设：历代方书，专科方书，歌括、便读，成方药目 4 个下位类。
6.1	方书 / 历代方书	论述各个朝代的方书著作入此。下设：唐及唐以前、宋辽金元、明代、清代 4 个下位类。
6.1.1	方书 / 历代方书 / 唐及唐以前	唐及唐以前的方书著作入此。 例如：（唐）孙思邈撰《备急千金要方》。
6.1.2	方书 / 历代方书 / 宋辽金元	宋辽金元时期的方书著作入此。 例如：（宋）王怀隐撰《太平圣惠方》。
6.1.3	方书 / 历代方书 / 明代	明代的方书著作入此。 例如：（明）朱橚编《普济方》。
6.1.4	方书 / 历代方书 / 清代	清代的方书著作入此。 例如：（清）汪昂撰《医方集解》。
6.2	方书 / 专科方书	临证各科方书著作入此。 例如：（清）王天枢撰《外科验方》。
6.3	方书 / 歌括便读	以歌括等方式撰著的方书著作入此。 例如：（清）汪昂撰《汤头歌诀》。
6.4	方书 / 成方药目	载述成药的方书著作入此。 例如：（清）眉寿堂编《眉寿堂丸散集录》。
7	临证	论述中医临证各科的著作入此。下设：通论、温病、内科、妇科、儿科、外科、伤科、眼科、咽喉口齿、祝由 10 个下位类。
7.1	临证 / 通论	综合论述中医临证各科内容的著作入此。 例如：（明）王纶撰《明医杂著》。
7.2	临证 / 温病	论述温病的著作入此。下设：四时温病、瘟疫、痧症、疟痢、白喉、喉痧 6 个下位类。
7.2.1	临证 / 温病 / 通论	论述四时温病的著作入此。 例如：（清）叶桂撰《温热论》。
7.2.2	临证 / 温病 / 瘟疫	论述瘟疫的著作入此。 例如：（明）吴有性撰《温疫论》。
7.2.3	临证 / 温病 / 痧症	论述痧症的著作入此。 例如：（清）郭志邃撰《痧胀玉衡》。
7.2.4	临证 / 温病 / 疟痢	论述疟疾、痢疾的著作入此。 例如：（明）郑全望撰《瘴疟指南》，（清）吴道源撰《痢症汇参》。

续表

类号	类名	入类原则与示例
7.2.5	临证/温病/霍乱鼠疫	论述霍乱鼠疫的著作入此。 例如：（清）连文冲撰《霍乱审证举要》，（清）吴宣崇编《鼠疫约编》。
7.2.6	临证/温病/白喉喉痧	论述白喉、喉痧的著作入此。 例如：（清）张绍修撰《白喉证论》，（清）曹心怡撰《喉痧正的》。
7.3	临证/内科	论述中医内科的著作入此。下设：通论、风痨臌膈、别著3个下位类。
7.3.1	临证/内科/通论	综合论述中医内科的著作入此。 例如：（明）王灵撰《内科正宗》，（清）文晟编《内科摘录》。
7.3.2	临证/内科/风痨臌膈	论述中风、痨病、臌胀、噎膈的著作入此。 例如：（清）熊庆笏撰《中风论》，（清）吴澄撰《不居集》，（清）朱廷瓒撰《疗蛊集证》，（清）吴苍山辑注《医学噎膈集成》。
7.3.3	临证/内科/杂著	其他的中医内科著作入此。 例如：（清）高思敬撰《逆证汇录》。
7.4	临证/妇科	论述中医妇科的著作入此，下设：通论、产科2个下位类。
7.4.1	临证/妇科/通论	综合论述中医妇科的著作入此。 例如：（宋）齐仲甫撰《女科百问》。
7.4.2	临证/妇科/胎产	论述妇女胎前产后疾病的著作入此。 例如：（元）朱震亨撰《胎产秘书》。
7.5	临证/儿科	论述中医儿科的著作入此，下设：通论、痘疹、惊疳3个下位类。
7.5.1	临证/儿科/通论	综合论述中医儿科的著作入此。 例如：（宋）钱乙撰《钱氏小儿药证直诀》。
7.5.2	临证/儿科/痘疹	论述小儿痘疹疾病的著作入此。 例如：（元）王好古撰《癍论萃英》，（明）聂尚恒撰《痘疹活幼心法》。
7.5.3	临证/儿科/惊疳	论述小儿惊风、疳积疾病的著作入此。 例如：（清）李扩知编《慢惊论》，（清）钱松柏撰《惊疳吐泻医书》。
7.6	临证/外科	论述中医外科的著作入此，下设：通论，痈疽、疔疮，疠疯、霉疮，别著4个下位类。
7.6.1	临证/外科/通论	综合论述中医外科的著作入此。 例如：（明）陈实功撰《外科正宗》。
7.6.2	临证/外科/痈疽疔疮	论述痈疽、疔疮的著作入此。 例如：（明）陶华编《痈疽神秘验方》，（清）刘士浚辑《外科疔疮辑要》。

续表

类号	类名	入类原则与示例
7.6.3	临证/外科/疠疯霉疮	论述疠疯、霉疮的著作入此。 例如：(明)陈司成撰《霉疮秘录》,(清)罗豹成撰《疠疯秘方》。
7.6.4	临证/外科/杂著	其他的中医外科著作入此。 例如：(清)胡廷柟撰《猘犬录》。
7.7	临证/伤科	论述中医伤科的著作入此。 例如：(明)薛己撰《正体类要》。
7.8	临证/眼科	论述中医眼部疾病的著作入此。 例如：(明)傅仁宇撰《审视瑶函》。
7.9	临证/咽喉口齿	论述中医咽喉、口齿疾病的著作入此，下设：咽喉、口齿 2 个下位类。
7.9.1	临证/咽喉口齿/咽喉	论述中医咽喉疾病的著作，包括耳鼻喉科口齿通论入此。 例如：(清)尤乘撰《尤氏喉科秘书》。
7.9.2	临证/咽喉口齿/口齿	论述中医口齿疾病的著作入此。 例如：(明)薛己撰《口齿类要》。
7.10	临证/祝由	论述利用“符箓”“咒禁”治疗疾病的著作入此。 例如：佚名撰《天医符箓》。
8	针推外治	论述针灸推拿外治疗法的著作入此，下设：通论、针法、灸法、推拿、外治 5 个下位类。
8.1	针推外治/通论	综合论述针灸推拿外治疗法的著作。 例如：(明)高武撰《针灸聚英》。
8.2	针推外治/针法	论述针刺手法及用针技巧等方面的著作入此。 例如：(元)张璧撰《云岐子论经络迎随补泻法》。
8.3	针推外治/灸法	论述采用艾灸治疗疾病的著作入此。 例如：(宋)闻人耆年撰《备急灸法》。
8.4	针推外治/推拿	论述推拿按摩治疗疾病的著作入此。 例如：(明)周于蕃撰《小儿推拿秘诀》。
8.5	针推外治/外治	论述通过贴敷熏洗等方式治疗疾病的著作入此。 例如：(清)吴师机撰《理瀹骈文》。
9	养生	论述中医养生的著作入此，下设：通论、食疗、房中、广嗣、导引、丹术 6 个下位类。
9.1	养生/通论	综合论述中医养生的著作入此。 例如：(宋)周守忠撰《养生类纂》。
9.2	养生/食疗	论述食物调养和防治疾病的著作入此。 例如：(唐)孟诜撰《食疗本草》。

续表

类号	类名	入类原则与示例
9.3	养生 / 房中	论述房中养生的著作入此。 例如：原题（唐）孙思邈撰《玄女房中经》。
9.4	养生 / 广嗣	论述延嗣机理与方法的著作入此。 例如：（清）王宏翰撰《性原广嗣》。
9.5	养生 / 导引	论述导引、气功的著作入此。 例如：（明）胡文焕编《养生导引法》。
9.6	养生 / 炼丹	论述炼丹的著作入此。 例如：（宋）张伯端撰《金丹四百字》。
10	医案医话医论	采用病案、笔记、短文、随笔等形式，撰写病历治疗经过、医学体会、叙事议论等内容的著作入此，下设：医案、医话医论、笔记杂录 3 个下位类。
10.1	医案医话医论 / 医案	古代医家临证诊疗记录的著作入此，下设：综合医案、专科医案 2 个下位类。
10.1.1	医案医话医论 / 医案 / 综合医案	历代综合医案著作入此。 例如：（明）李中梓撰《李中梓医案》。
10.1.2	医案医话医论 / 医案 / 专科医案	记录临证各科医案著作入此。 例如：（清）黄钟撰《黄乐亭先生外科医案》。
10.2	医案医话医论 / 医话医论	记录心得体会、医林掌故、叙事访谈、议论说理等著作入此。 例如：（清）史典撰《愿体医话》。
10.3	医案医话医论 / 笔记杂录	以随手笔录或摘抄的形式，辑录读书、临证心得、经验点滴等著作入此。 例如：（清）汪启贤等编《医学碎金》。
11	医史目录	中国医学史和中医目录学的著作入此，下设：医史、目录 2 个下位类。
11.1	医史目录 / 医史	中医医史著作入此。 例如：（清）任锡庚编《太医院志》，（汉）郑玄注《周官医职》。
11.2	医史目录 / 目录	中医古籍目录学著作入此。 例如：（明）殷仲春编《医藏书目》。
12	丛书	合编或丛编两种或两种以上的，不同学科或书籍分类类属的中医著作入此。 例如：（明）利瓦伊桢编《合刻二种医书》，（清）陆懋修撰《世补斋医书》。

3.《中医古籍分类标准》使用说明

（1）分类标准的体系结构

本标准主要由基本大类、三级类目表、入类原则与示例3部分组成。

本标准主要参考《中国中医古籍总目》《中华古籍总目》分类表的类目，分为医经、医理、伤寒金匮、诊法、本草、方书、临证、针推外治、养生、医案医话医论、医史目录、丛书12个一级类目，下设53个二级类目和55个三级类目。

（2）分类问题的处理方法

①集中与分散问题

在类目设置的过程中，一般只能在某事物的诸多属性中选择一种属性与有关事物组成一类，这样就导致事物在依某种属性集中的同时，又在其他属性标准下分散了。本标准遵循一般属性优于特殊属性的原则进行类目设置。如：外科方书、妇科方书等集中归入专科方书类下。

②交叉问题

一种中医古籍可能同时包含多方面内容，因此在以中医古籍内容为依据的类目体系中，各类之间会有不同程度地交叉。对于交叉关系，本标准依据书籍主体内容予以归类。如：（明）梁学孟撰《痰火颛门》，书中以论述内科病证治为主，同时附有医论、医案等内容，按照主体内容归入内科通论类下。

③类目顺序问题

本标准类目设置遵循中医学科和中医古籍形成与发展的客观规律，并充分反映时间和空间的逻辑特征。如：医理类下的阴阳五行、五运六气、病源病机、经络腧穴、藏象骨度，是按照从无形到有形、从外到内的时空顺序进行排列的。

④类目下书目款目组织问题

本标准规定类目下具体书籍款目的组织采取“分类编年”的基本原则，即按照《中医古籍分类标准》中规定的类目分类后，类目下的书籍款目按照成书年先后进行排列。在个别类目下，也可以根据实际情况先按不同内容或类型划分，再按照成书年先后进行排列。如：专科方书类下，书籍可以先按照内科、妇科、儿科、外科等下位类分类，每一下位类中书籍的款目再按照成书年进行排列。

综上所述，《中医古籍分类标准》对于中医古籍的资源建设、分类管理、检索查询以及开发利用各个环节都具有重要的意义，同时也能促进中医药信息标准化，有利于中医古籍的保护、传播与利用，从而更好地发挥其在中医药教育、科研、文化科普宣传等方面的作用。

参考文献

［1］中医研究院，北京图书馆．中医图书联合目录［M］．北京图书馆，1961.

［2］薛清录．全国中医图书联合目录［M］．北京：中医古籍出版社，1991.

［3］薛清录．中国中医古籍总目［M］．上海：上海辞书出版社，2007.

［4］杨东方，周明鉴．《医林大观书目》述论［J］．长春中医药大学学报，2015，31（6）：1294–1297.

［5］张伟娜，佟琳，刘培生，等．中医古籍文献分类方法梳理与分析［J］．国际中医中药杂志，2015，37（8）：680–682.

［6］张华敏，符永驰．中医药图书馆学［M］．科学出版社，2016，7：39–105.

第三节 目录学在中医文献传承中的应用

目录学作为文献传承和研究的重要方法，历代饱读之士“辨章学术，考镜源流”莫不藉此而问道登堂。尤其清代乾隆嘉庆间考据之学兴起，学问家参究经训、辨正典谟、勘校辑佚皆仰仗目录以为赞襄，治学时虽不明言目录学方法，但实已默寓其中。清代学者王鸣盛在《十七史商榷》中说：“目录之学，学中第一紧要事，必从此问途，方能得其门而入。”又说：“凡读书最切要者，目录之学。目录明方可读书。不明，终是乱读！”[1]

中医文献承载了中医学的知识、方法和技术，是推动中医学术进步的重要源泉。新中国成立后，中医文献传承与研究工作取得了较为丰硕的成果，从某种程度上说，是与目录学研究和《全国中医图书联合目录》《中国中医古籍总目》等中医专科目录的编纂密不可分的。

然而，中医文献存世数量庞大，撰著情况复杂，每令学人望洋兴叹。因此，有必要通过目录学的门径和方法，提高古医籍的阅读和使用效率，以加快中医文献的研究，进而促进中医学术传承和创新。下面就目录学方法在中医文献传承中的应用阐介如下。

一、稽考存佚

通过目录可以稽考古书存佚，为发现、判定新浮现之书，或访求、研究著录亡佚之书，提供备检之资。

（一）佚而实存

此种情况需溯源传承流序。历史上曾有藏家经眼、书目著录，因久不见传而著录为亡佚，某时又复现于世之书，若要考察其真实性，则必须详究书目著录传承情况。如 1974 年河北威县张大昌先生将家传之《辅行诀脏腑用药法要》

追记誊抄本捐献中医研究院，经文献学、文字学和历史学家考证，此书不是近代的伪作，是一种古籍的传抄本，其成书下限绝不晚于宋初以前。[2]究属传抄于何书？在其书序言中言道：“汉晋以还，诸名医辈，张机、卫汜、华元化、吴普、皇甫玄晏、支法师、葛稚川、范将军等，皆当代名贤，咸师式此《汤液经法》，悯救疾苦，造福含灵。”依据《汉书·艺文志·方技略》中“经方”收载：《汤液经法》三十二卷。此书未见《汉志》以后书目著录，当属亡佚。但《辅行诀》的新浮现，成为传承此书内容的珍贵文献。有学者考证此书为晋代陶弘景摘录《汤液经法》部分内容而成。[3]又如2013年成都老官山3号墓葬中出土的9部医书，其中经初步整理暂定名为《敝昔医论》的古医书格外引人注意，专家认为：“‘敝昔’二字为‘扁鹊’的通假字，《敝昔医论》极有可能为扁鹊学派已经失佚的经典书籍。”在《汉书·艺文志》中载有“医经七家”，其中即有《扁鹊内经》《扁鹊外经》的著录，但早已不传于世。此次考古的重要发现，其考证证据之一便是目录的记载。[4]

再如，2007年《中国中医古籍总目》编订调研中发现，中国科学院上海生命科学信息中心生命科学图书馆藏有明天启三年（1623）刻本《医学经略》。该书由明代弘治至万历间赵金所著，大约初撰于明嘉靖四十五年（1566），后重编于明隆庆元年至五年（1567—1571）。经核查中外书目，此书不见于明代著录，

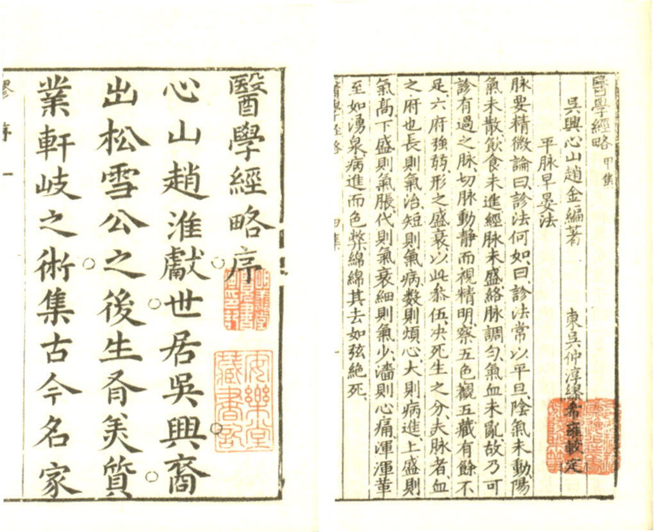
醫學經略序
心山趙淮獻世居吳興裔
出松雪公之後生裔美質
業軒岐之術集古今名家

醫學經略 甲集
吳興心山趙金編著
東吳仲淳繆希雍較定
平脉早晏法
脉要精微論曰診法何如曰診法常以平旦陰氣未動陽氣未散飲食未進經脉未盛絡脉調勻氣血未亂故乃可診有過之脉切脉動靜而視精明察五色觀五藏有餘不足六府強弱形之盛衰以此參伍決死生之分夫脉者血之府也長則氣治短則氣病數則煩心大則病進上盛則氣高下盛則氣脹代則氣衰細則氣少濇則心痛渾渾革至如湧泉病進而色弊綿綿其去如弦絕死

中国科学院上海生命科学信息中心生命科学图书馆藏明天启三年（1623）刻本《医学经略》十卷

最早见于清·黄虞稷《千顷堂书目》，但未载卷数。又《福建艺文志》著录：赵金《医学经略》十卷，《两浙著述考》著录：《医学经略》十卷，民国间孙殿起、雷梦水《贩书偶记续编》著录：赵金《医学经略》无卷数，约乾隆间抄本。说明直至民国，该书的节抄本尚流传于民间。[5] 日本·多纪元胤《医籍考》著录未见，《中国医籍大辞典》著录亡佚，证明此书确为存世的珍稀孤刊本。

（二）存而实佚

此种情况需遍查目录核定。据《中国中医古籍总目》和《中国医籍大辞典》著录，可考的现存中医古籍约有 8 000 余种，为史志书目曾经著录，但现已亡佚的约有 4 700 余种。[6][7] 历史著录存世，现今未必流传，为访求佚书提供线索，或对于新浮现者即便真为真本流传，亦必须核验古今医籍目录，查其书名、卷数、著者等予以综合分析。果真掌握其亡佚的凭据，方能下出阶段性的、相对合理的结论。如《古今录验养生必用方》，明代焦竑《国史·经籍志》、日本丹波元胤《医籍考》等目录学专著均著录为亡佚，[8][9] 然而通过查阅《中国善本书总目》发现在南京图书馆著录此书，且据其题跋所言，此本为晚清据宋本的精抄本。如此一部珍贵的宋代文献，能够借 800 年后的此抄本传世，惊喜之余，当详查其“身世”。此书在历代书目中著录不尽相同：《宋史·艺文志》载：“古今录验养生必用方三卷”，郑樵《通志·艺文略》载“初虞世必用方三卷”，南宋·尤袤《遂初堂书目》、明·陈第《世善堂藏书目录》、明·毛扆《汲古阁珍藏秘本书目》皆著录为“养生必用方”，宋·陈振孙《直斋书录解题》著录“养生必用书三卷”，明末清初钱谦益的《绛云楼书目》及民初罗振玉《近古堂书目》均著录书名为“养生必用要略方”。但钱谦益的《绛云楼书目》误将作者“初虞世”著录为唐代“虞世南”，由此可见，该书宋椠流传有序，为历代藏书家所垂青。至清代中叶以后，该书宋椠已经成为孤罕之本，在《冷庐医话·古书》中记载：“宋·灵泉山初虞世《古今录验养生必用方》，人间绝少。咸丰初年，杭州吴山陶氏书坊偶得宋刻本于四明湖州，丁宝书以钱六千购去。吾友罗镜泉闻之大惊，急从丁君强借抄副本。余因得录一册。”又从此副本的抄录者叶廷琯“跋”得知，同治元年陆以湉因避太平天国之乱而寓居沪上，叶廷琯因此拜识，并在交谈间陆以湉提及此书，大为震惊，故而转录一副本，即今存之孤本。现存本为上、中、下三卷，当为《古今录验养生必用方》的校改重刻本原貌。据此考察，确为流传有序，宋刊原本亡佚，而清抄副本实存。[10]

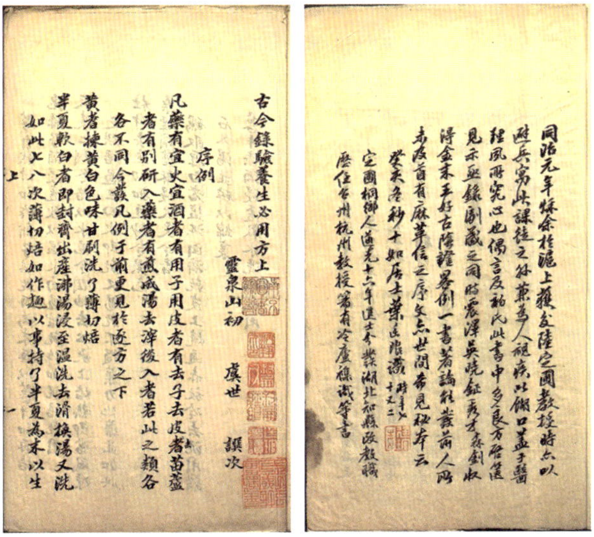
古今錄驗養生必用方上
靈泉山初 虞世 譔次
序例
凡藥有宜火宜酒者有用子用皮者有去子去皮者苗蕊
者有别研入藥者有煎成湯去滓後入者若此之類各
各不同今叢凡例于前更見於逐方之下
黄者揀黄白色味甘刷洗了薄切焙
半夏軟白者即封齊出産沸湯浸至温洗去滑換湯又洗
如此七八次薄切焙如作麹以事持了半夏為末以生

南京图书馆藏清叶廷琯抄本《古今录验养生必用方》三卷

又如清·姚振宗《隋书经籍志考证》载:《龙树菩萨药方》四卷,《通志·艺文略》载:《龙树菩萨药方》四卷，又曰《龙树眼论》一卷。晁氏《读书志》:《龙树眼论》三卷。《佛经》曰：龙树大士者，能治眼疾，假其说集治七十二种目病之方。案:《晁志》所载三卷，似即此四卷，而佚其论一卷矣。[11]131 通过比对书目著录情况，推断此书卷次之存亡。

（三）搜求遗逸

利用目录可以搜访历史文献，以求“备于后世”。清代章学诚在《校雠通义》中曾经提出:“郑樵论‘书有不足于前朝而足于后世者’，以为《唐志》所得旧书，尽梁书卷帙，而多于隋，谓唐人能按王俭《七志》、阮孝绪《七录》以求之之功，是则然矣。”认为唐代人能够通过前代的目录专著，即南朝齐·王俭的《七志》和梁·阮孝绪的《七录》，来搜访遗逸。著名中医古籍藏书家都亲自编有“收藏参考目录”，如唐成之的《编辑古今医书目录》和曹炳章的《曹氏养性庐医藏目录》《医药书目集要》，这些目录就是从各种公私目录、史志目录，甚至是当时出版机构的出版书目中辑录的中医书籍专目，凭借目录的著录，藏家即可以在收藏书籍时比对、搜访遗逸之书。

此外，还可以利用目录搜访缺佚的卷次，对于残损不足的书籍予以补佚。如：宋代养生家周守忠所著《养生类纂》通过调研发现，目前存世最早的刊本为明代成化十年（1474）钱塘谢颎刻本。然而，调查现存此本的藏馆（清华大学图书馆、内蒙古巴彦淖尔市图书馆、中国中医科学院图书馆、上海图书馆）馆藏目录全部著录为残卷。经过查阅《中国中医古籍总目》和《第三批国家珍贵古籍名录图录》发现，中国中医科学院图书馆藏此本六至十八卷，而内蒙古巴彦淖尔市图书馆藏有该本的一至五卷和十九至二十二卷。两书卷端藏印有三枚完全相同，即“范承谟印”“父子解元门第祖孙进士人家”“陈浩之印”。巴彦淖尔市图书馆序文首页还钤有“晋府图书”和“晋王之宝”朱文印，说明此书最早为朱元璋之子晋王朱棡收藏，后因某种变故而离散，在2019年我们影印出版《中医古籍珍本集萃》时将此书予以补佚合璧。

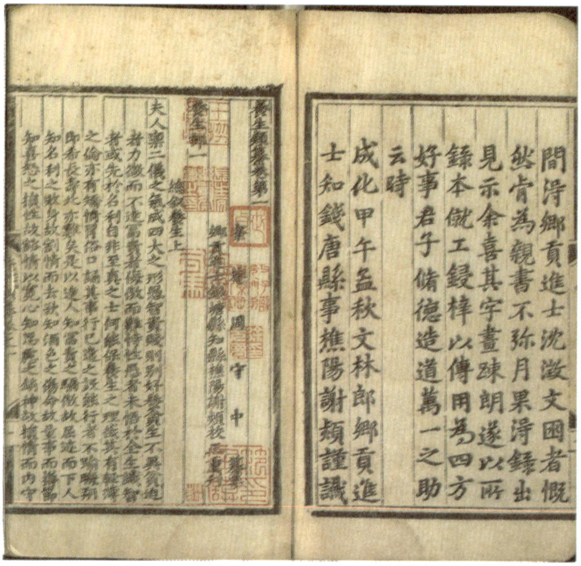

巴彦淖尔市图书馆藏明成化十年钱塘谢颎刻本《养生类纂》卷一至五、十九至二十二

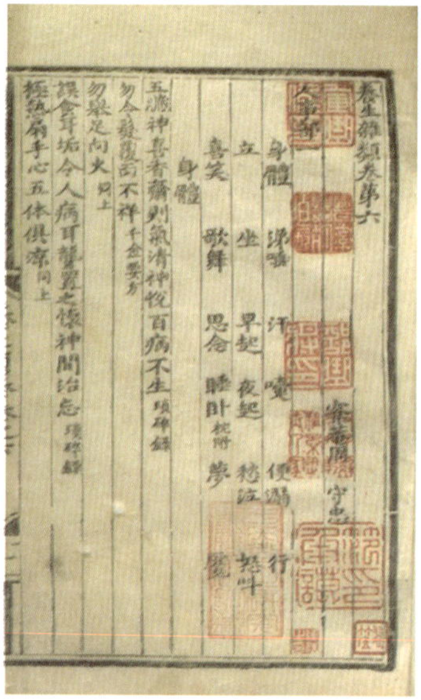

中国中医科学院图书馆藏明成化十年钱塘谢颎刻本《养生类纂》卷六至十八

二、甄别伪赝

通过目录可以核验医籍传承之流序，进而为分析真伪，寻找佐证之资。欲

考书之真伪，则必需援据目录方能裁论。若某一种书不见于前代史志或书目，而突然出现于世，或在较晚的书目中始有载录者，一般多为伪本，[12]故可以从目录著录之有无，断书之真伪。

（一）核验时代之真伪

时代作伪，出于古人尚古之风，《淮南子·修务训》言：“世俗之人，多尊古而贱今，故为道者必托之于神农黄帝而后能入说。”中医学术重视“勤求古训”（张仲景《伤寒论原序》），因此，言必求古，法必尊圣，书籍方能大行于道。如梁启超在《古书真伪常识》中言：“伪书之多，子部为最”“《本草》旧题神农撰……《艺文志》中医经、经方二栏所列，俱无名本草之书……最早见于著录者，晋荀勖《中经簿》有《子仪本草经》一卷，但未言系神农所撰，子仪亦不知系何时人。梁·阮孝绪《七录》始著录《神农本草》五卷，《神农本草属物》二卷……著者之姓名虽不能确指，著者之年代则不出东汉末迄宋齐之间，可为定论。”[15]故言此书出于上古之说可休矣。

（二）核验作者之真伪

作者作伪，是为“传信”而有意托名之故，亦常与时代作伪并行。历史上，尤其是名医之名最易为人拿来作伪，如朱丹溪、叶天士、徐大椿等，后世皆传有托名之伪书。如清代曹禾《医学读书志》特别强调医籍的辨伪。[13]如《银海精微》原题唐·孙思邈撰，然此说未足为信。此书先后为明清书目著录，最早者当为明万历间赵琦美《脉望馆书目》，其曰：银海精微二本。[11]此书若真为唐代大医学家孙思邈所著，则必为其后宋元诸书目，以及明代其他稍早如《万卷堂书目》等所著录。然实则未见著录，故此说益见其伪。正如《四库全书总目提要》言：“方技之家率多依托，但求其术之可用，无庸核其书之必真。《本草》称神农，《素问》言黄帝，固不能一一确也。此书疗目之方较为可取，则亦就出书论书而已。”清·丁丙《善本书室藏书志》言：银海精微二卷。明刊本。旧题唐孙思邈撰，唐宋《艺文志》均不著录，其名乃取王安石论苏轼诗“光摇银海”之语，伪不待辨。[11]余嘉锡先生《四库提要辨证》对此书亦有详细考证。见下图。

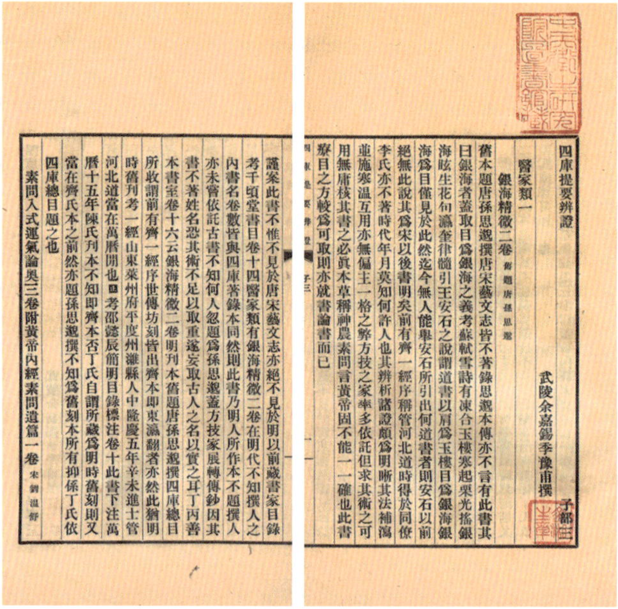
四庫提要辨證

武陵余嘉錫季豫甫撰 子部三

醫家類一

銀海精微二卷 舊題唐孫思邈

舊本題唐孫思邈撰唐宋藝文志皆不著錄思邈本傳亦不言有此書其曰銀海者蓋取目爲銀海之義考蘇軾雪詩有凍合玉樓寒起栗光搖銀海眩生花句瀛奎律髓引王安石之說謂道書以肩爲玉樓目爲銀海銀海爲目僅見於此然迄今無人能舉安石所引出何道書者則安石以前絕無此說其爲宋以後書明矣前有齊一經序稱管河北道時得於同僚李氏亦不著時代年月莫知何許人也其辨析諸證頗爲明晰其法補瀉並施寒溫互用亦無偏主一格之弊方技之家率多依託但求其術之可用無庸核其書之必眞本草稱神農素問言黃帝固不能一一確也此書療目之方較爲可取則亦就書論書而已

謹案此書不惟不見於唐宋藝文志亦絕不見於明以前藏書家目錄考千頃堂書目卷十四醫家類有銀海精微二卷在明代不知撰人之內書名卷數皆與四庫著錄本同然則此書乃明人所作本不題撰人亦未嘗依託古書不知何人忽題爲孫思邈蓋方技家展轉傳鈔因其書不著姓名恐其術不足以取重遂妄取古人之名以實之耳丁丙善本書室卷十六云銀海精微二卷明刊本舊題唐孫思邈撰四庫總目所收謂前有齊一經序世傳坊刻皆出齊本即東瀛翻者亦然此猶明時舊刊考一經山東萊州府平度州濰縣人中隆慶五年辛未進士管河北道當在萬曆間也考邵懿辰簡明目錄標注卷十此書下注萬曆十五年陳氏刊本不知即齊本否丁氏自謂所藏爲明時舊刻則又當在齊氏本之前然亦題孫思邈撰不知爲舊刻本所有抑係丁氏依四庫總目題之也

素問入式運氣論奥三卷附黃帝內經素問遺篇一卷 宋劉溫舒

四庫提要辨證 子三 一

1937 年铅印本《四库提要辨证》十二卷

（三）核验篇目之真伪

篇目作伪，是后人据古书记录的亡佚篇名仿造臆补而成。如《黄帝内经素问》九卷的流传，至唐代王冰次注之时，第七卷业已缺佚，仅存八卷（见《重广补注黄帝内经素问序》），但目录中保留此卷两篇的篇名，即《刺法论》和《本病论》。至宋代，林亿等奉命校勘医书时发现了载述有此二篇的传本，在“新校正”中云：“详此二篇，亡在王注之前，按《病能论》篇王冰云：世本既阙第七二篇，谓此二篇也。而今世有《素问》亡篇及昭明隐旨论，以此为三篇，仍托名王冰为注，辞理鄙陋，无足取者。”故驳斥而不录。但嗣后宋代的另一位研究运气学说的大家刘温舒却对此二篇青睐有加，将此二篇补入其《素问运气入式论奥》，遂致后世有将此二篇作为经文而奉为圭臬者。然而，《四库全书总目提要》云：“《素问入式运气论奥》三卷，附《黄帝内经遗篇》一卷，宋刘温舒撰，前有元符己卯自序，题朝散郎太医学司业，盖以医通籍者也……卷末别附《刺法论》一卷，题曰《黄帝内经素问遗篇》。案《刺法论》之亡，在王冰作注之前，刘温舒生于北宋之末，何从得此？其注亦不知出自何人，殆不免有所依托，未可尽信。”清末名医周学海对此亦颇有研究，其在《内经评文》中言：

“二篇义浅笔稚，世皆斥其伪矣。揣其时，当出于王启玄之后，刘温舒之前，绝非温舒所自作也。”而现代医史学家谢仲墨综合诸家观点，又据二篇中“五疫所至”“泥丸”等说与道教《黄庭内景经》中载述相类，故认为此二篇当为唐宋间道家之流之所作。

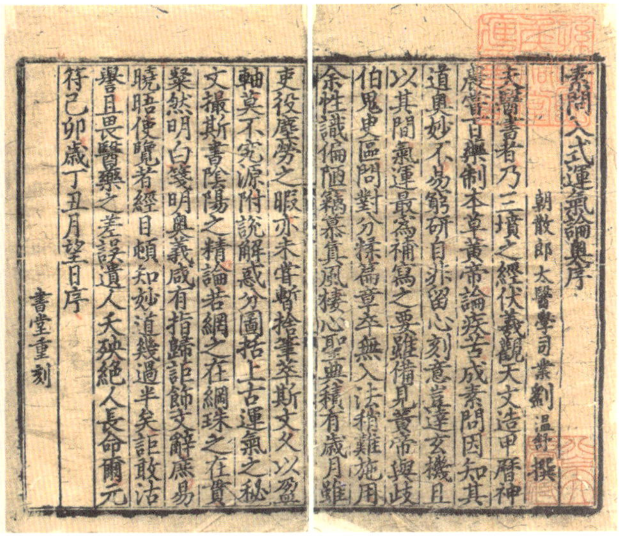

北京大学图书馆藏元后至元五年（1339）胡氏古林书堂刻本《素问入式运气论奥》三卷

（四）核验内容之真伪

内容甚至是全书作伪，即据目录著录的亡佚书籍伪造假托之书。《汉书·艺文志·方技略》言：医经七家，有《黄帝外经》十八卷，其书虽有著录，但后世未见流传。然而，天津市卫生职工医学院图书馆藏有一部名为《外经微言》之书，卷首题有“岐伯天师传 / 山阴陈士铎号远公又号朱华子述”，书末题“嘉庆二十年静乐堂书”。其真为《外经》复存于世乎？经查清代《山阴县志》虽载有陈士铎传录此书行世，但清以前历代目录均未见有此书著录，故其“外经”之说，不攻自破。细考其内容，系为清人仿造《内经》体例所撰，托名于《汉书·艺文志》载述之黄帝外经十八卷，亦非《汉志》汉志所著录之真本《外经》。

又如《伤寒论》，今所通行宋代官刊校定之本外，尚有《桂林古本伤寒论》二种曾被认为是张氏族人单传孤帙，于民国间浮现于世。其一为《桂林古本伤寒论》，该书系为1939年由黄竹斋先生于浙江宁波访书期间，从桂林医家罗哲初先生处，得张仲景四十六世孙张绍祖家藏《伤寒杂病论》第十二稿的手抄本，是书十六卷，内容与通行本《伤寒杂病论》有差异，多出三分之一。[16]此书前有光绪二十年桂林左盛德序，序中简述此本来历。另一为1932年浏阳刘瑞瀜校订、醴陵何键石印本《古本伤寒杂病论》十六卷。

《伤寒杂病论》一书东汉末年撰成之后即告散佚，经西晋太医令王叔和整理编次，《伤寒论》始得传世，流传七百余年至宋又复亡佚，经宋校正医书局勘定正本流传天下。其后又有明代万历间海虞赵开美据宋本之摹刻续传。若此书真为仲景原著，历史流传必见痕迹，经查历代书目，如史志目录、私藏目录、经眼目录等皆未见其此本著录。《隋书·经籍志》载：张仲景方十五卷；《新唐书·艺文志》载：王叔和张仲景方十五卷，伤寒杂病论十卷；《外台秘要》引附子粳米汤、通脉四逆汤等方，注明源自《张仲景伤寒论十七卷》。想必隋唐之际，其卷数即已十五、十七卷数不等，并未见有十六卷之传本。且二书中其中附录《六气主客》《伤暑脉证并治》《热病脉证并治》《湿病脉证并治》《伤燥脉证并治》《伤风脉证病治》《寒病脉证并治》等篇，显系掺入运气学说及清代以后温病学说而为论，曲言其情，托伪鸣高。且二书行文句式、处方加味之气象，与通行本颇有相牴牾者，二书之伪，可谓明矣。

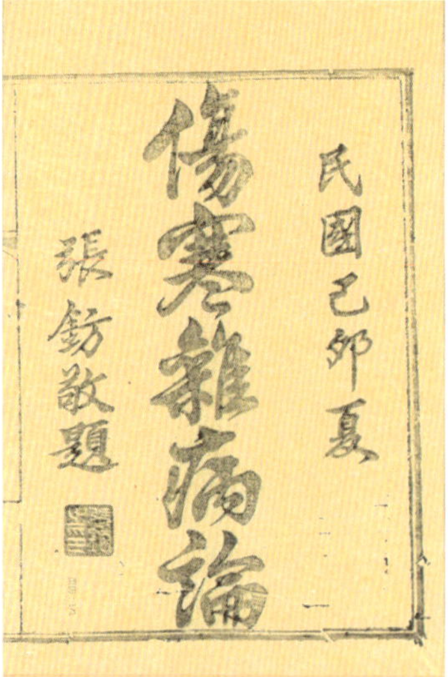
民國己卯夏
傷寒雜病論
張鈁敬題

1939年张钫刻本1982年重印本《古本伤寒杂病论》

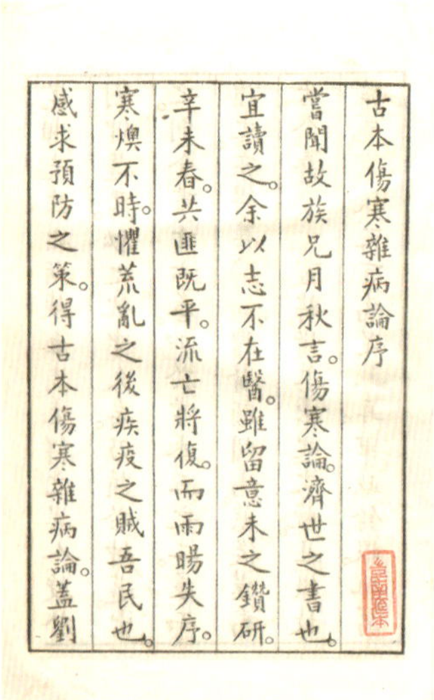
古本傷寒雜病論序
嘗聞故族兄月秋言。傷寒論濟世之書也。宜讀之。余以志不在醫。雖留意未之鑽研。辛未春。共匪既平。流亡將復。而雨暘失序。寒燠不時。懼荒亂之後疾疫之賊吾民也。感求預防之策。得古本傷寒雜病論。蓋劉

1932年浏阳刘瑞瀜校订醴陵何键石印本《桂林古本伤寒论》

（五）核验版本之真伪

版本作伪多是出于书贾谋利而有意为之，其往往通过挖补书版或纸张做旧等办法冒充珍稀版本，高鬻其价。其中又包含有：以残充全、以丛书零种充单行、剜改书名作者以充孤罕、增删刻书牌记或刻书年款以充珍善、挖改或替换序跋以充珍善、伪造名家鉴藏以充旧藏、染纸造蛀以充古刻旧抄、真假杂糅以鱼目混珠、仿造装帧形式以充古本等。具体内容可以参见李致忠先生《古书版本鉴定》。

中医古籍版本作伪者，如《圣散子方》曾为清末民初藏书家赵不骞认作北宋刻本，然此书版刻风格与宋椠相去甚远，存在版本作伪之嫌。既定此书为宋本，经查未见于宋代《崇文总目》、北宋·尤袤《遂初堂书目》[17]和南宋·陈振孙《直斋书录解题》[18]等官私目录著录，即当质疑此说。此书最早见于明·朱睦挈所著《万卷堂书目》[11]，其载:《圣散子方》一册，孙思邈。清·钱曾《述古堂藏书目》[11]《读书敏求记》[18]均著录:《圣散子方》一卷。然未言此本刊刻时间。再从书中附刊的医方来看，竟收录有金元时方，故其宋刻之说显难成立。

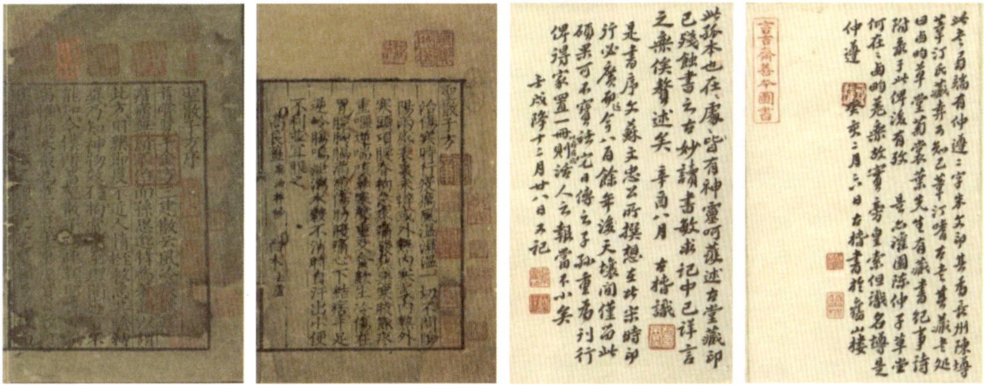

中国中医科学院图书馆藏明嘉靖刻本《圣散子方》一卷

三、次别类属

通过目录分类可以查订古书分类，为拟定通例，部居属类，次别源流，即类求书，因书究学提供查鉴之资。清代杰出史学家和思想家章学诚在他的《校雠通义序》曰:“盖自刘向父子部次条别，将以辨章学术，考镜源流。非深明于道术精微、群言得失之故者，不足语此。后世部次甲乙，纪录经史，代有其人，而求能推阐大义，条别学术异同，使人由委溯源，以想见于坟籍之初者，千百之中不十一焉。”[19] 即强调通过图书进行科学分类来实践“辨章学术，考镜源流”，使读者能即类求书，因书究学。

（一）部次甲乙

根据目录分类可以将一部书籍准确的划归为某类，有利于书籍的检索和利用。《汉书·艺文志》是最早将中医文献分类的目录（分为医经、经方、房中、神仙），晋·荀勖的《中经簿》创立甲、乙、丙、丁四部分类法，医书列入乙部术数类。南朝梁·阮孝绪的《七录》将图书分为七类，在术技录中列医经和医方两类。其后《隋书·经籍志》开创经史子集四部分类，将医籍归入子部，后世千余年一直沿用至今。然而，伴随着医学文献的创作和丰富，传统的二级分类体系已经远远不能满足文献分类、典藏和研究的需要，故而历代书目又在子部医家类下设立三级类目以补缺憾。宋·郑樵的《通志·艺文略》将医方类又分为脉经、明堂针灸、本草等26门，明·殷仲春的《医藏目录》将医书分内难类、伤寒类、各科医书等20类，日本·丹波元胤的《医籍考》把医书分医经、本草、食治、藏象、诊法等9类，清·丁福保《历代医学书目提要》将医书分素问、灵枢、难经、甲乙经等22类。《四部总录医药编》分类法：经脉之属、专科之属、杂病之属、药学之属、方剂之属、医案之属、养生之属、杂录之属，共8类。《中国丛书综录·子目分类目录》子部医家类：内经、难经、伤寒、金匮、总论、内、外、伤、五官、妇产、儿、痘疹、针灸；按摩导引、养生、诊法、藏象、本草、方剂、医案、医话、杂著，共22类。分类如此之繁盛，于中医学科划分之精细、学术积累之进步可见一斑，故郑樵《通志·艺文略》明言“类例既分，学术自明”。

如北宋刻本《六甲天元气运钤》，历代史志书目见录者甚稀。元·脱脱等奉敕撰《宋史·艺文志》载：赵从古《六甲天元气运钤》二卷，归入医书类。宋·郑樵《通志·艺文略》著录:《六甲天元气运钤》二卷，归入医方类 / 脉经类。明·焦竑《国史·经籍志》著录:《六甲天元气运钤》二卷，归入医家类

/经论类。该书后世又经清人朱学勤“结一庐”架藏。朱殁后，又转归张佩纶（字幼樵）收藏，后由近代孙祖同（字伯绳）购藏。《虚静斋宋元明本书目》中载：“《六甲天元气运钤》二卷，宋政和壬辰刻本，收藏有佩韦堂珍藏印。朱文方印。”并称此书是“怪书”。[20]最后此书归藏于北京图书馆，即今之国家图书馆，然并未分入子部医家类。此书著录流传有序，然因近代著录者不解书中奥义，未查古代书目著录分类，以致误入他类、无从取舍。

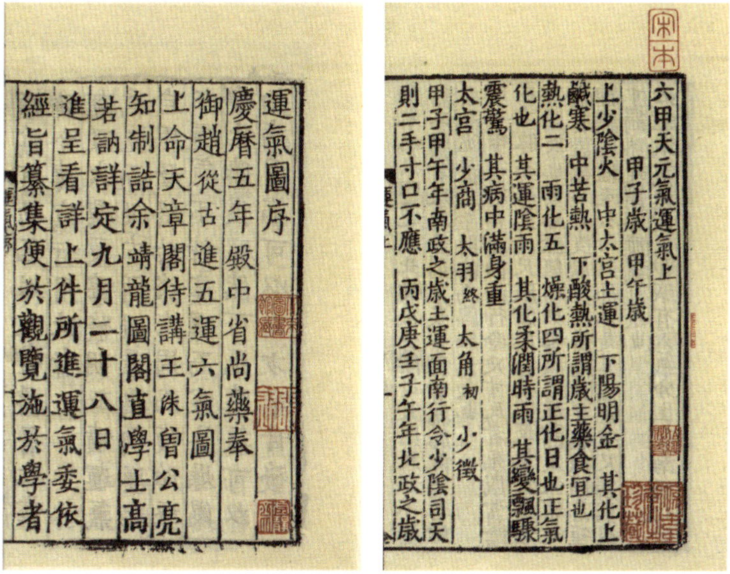
運氣圖序
慶曆五年殿中省尚藥奉
御趙從古進五運六氣圖
上命天章閣侍講王洙曾公亮
知制誥余靖龍圖閣直學士高
若訥詳定九月二十八日
進呈看詳上件所進運氣委依
經旨纂集便於觀覽施於學者

六甲天元氣運鈐上
甲子歲 甲午歲
上少陰火 中太宮土運 下陽明金 其化上
鹹寒 中苦熱 下酸熱所謂歲主藥食宜也
熱化二 雨化五 燥化四所謂正化日也正氣
化也 其運陰雨 其化柔潤時雨 其變飄驟
震驚 其病中滿身重
太宮 少商 太羽終 太角初 少徵
甲子甲午年南政之歲土運面南行令少陰司天
則二手寸口不應 丙戌庚壬子午年北政之歲

国家图书馆藏北宋刻本《六甲天元气运钤》二卷

（二）部别源流

此外，综核目录中医部分类，亦可考其中某类分于某时，内有何著，以明某一学科发展与分化情况，并可究新生类目学科之根源。如《汉书·艺文志》承袭刘向刘歆父子《辑录》与《七略》之分类，将方技一类分为医经、经方、房中、神仙四家；南朝梁·阮孝绪撰《七录》，将方技类一分为二，医经、经方划入“技术录”，房中、神仙则归入“仙道录”，神仙又分为经戒、服饵、符图等类，此等变动显系受到道教神仙思想的影响而形成的。《隋书·经籍志》沿用经戒、服饵、符图、房中之名，而均归入道经部，与医经、经方合并归入子部予以相提并论。至此以后，《古今书录》《新唐书·艺文志》《崇文总目》《郡斋读书志》《遂初堂书目》《直斋书录解题》《文献通考・经籍考》《宋史・艺文志》《明史・艺文志》《四库全书总目》对房中、神仙此二部的认识基本相似。[21]可见，伴随专门术业的发展，书籍与学科的分类也受到了相当的影响，所以我们研究神仙养生或房中养生时，子部道家类中的文献资料亦是不容忽视的，若不明书籍分类之变迁就会造成研究的缺遗。

四、厘定卷次

通过目录可以审订古书卷次分合，为厘定卷次传承体系，辑复亡佚篇目，提供可据之资。

（一）考订卷次分合

书籍流传中往往因编订或辑校者的整理出现卷次排列和组合差异，通过书目著录可以追溯卷次变化，为雠校古籍提供依据。《汉书・艺文志》载:《黄帝内经》十八卷。晋・皇普谧《针灸甲乙经・序》曰:"《七略・艺文志》:《黄帝内经》十八卷。今有《针经》九卷,《素问》九卷，二九十八卷，即《内经》也。"可见《素问》自晋代以来即以九卷传世。而传承200余年后,《隋书・经籍志》著录:《黄帝素问》八卷,《旧唐书・经籍志》著录:《黄帝素问》八卷，佚缺一卷。此正与《重广补注黄帝内经素问》王冰序所称"虽复年移代革，而授学犹存，惧非其人，而时有所隐，故第七一卷，师氏藏之"，缺佚一卷之说相合。后经王冰编次补注后，乃形成二十四卷定本。于是，其后《新唐书・艺文志》著录：王冰注《黄帝素问》二十四卷。宋・陈振孙《直斋书录解题》言:"《黄帝内经素问》二十四卷，黄帝与岐伯问答，三坟之书，无传尚矣，此故出于后世依托，要是医书之祖也，唐太仆令王冰注，自号启元子。案《汉志》但有《黄帝内外经》，至《隋志》乃有《素问》之名，又有《全元起素问注》八卷，嘉祐中，光禄卿林亿、国子博士高保衡，承诏校定补注，亦颇采元起之说。附见其中，其为篇，八十有一"。此外，宋・郑樵《通志・艺文略》著录:《黄帝素问》九卷,《黄帝素问》二十四卷，说明宋代九卷本与二十四卷本并行。金元明清仍有九卷本的流传。而二十四卷本后经宋代林亿等人参集众本（包含齐梁间全元起之《素问注本》九卷）新校正，由官方正式刊布。而二十四卷本传至元代又有胡氏古林书堂所刊的十二卷本问世，如《万卷堂书目》即曾著录：《黄帝素问》十二卷。薛清录《中国中医古籍总目》著录有：明成化八年（1472）鳌峰熊宗立种德堂仿元本重刻十二卷本，[6]1 王重民《中国善本书提要》著录有：嘉靖间赵府居敬堂十二卷刊本。[22] 此外还有《道藏》五十卷本等。通过以上《素问》卷次分合的特征，可以大致推断后世流传的诸多版本在传承体系的宗祖，为厘定《素问》版本传承体系，提供可靠依据。

（二）考察卷数缺佚

根据目录款目信息可以判断书籍的卷数以及流传中的缺佚情况。如清·丁其誉编《寿世秘典》，现存清康熙十二年（1673）维扬丁氏颐吉堂自刻本，中国中医科学院图书馆藏本存九卷，甘肃中医药大学图书馆藏本存十四卷，皆非全本。经查《四库全书总目提要》：“《寿世秘典》十八卷……是书专为养生而作，凡分十二门，曰月览，曰调摄，曰类物，曰集方，曰嗣育，曰种德，曰训纪，曰法鉴，曰佚考，曰典略，曰清赏，曰琐缀……其法鉴、典略二门有录无书，注云嗣刻，则未成之本也。”可见本书存目十八卷，实际刊刻仅为十五卷，未刻而缺如之法鉴一卷、典略二卷，后世亦未再刊行。故可断定今传世之《寿世秘典》存目十八卷，实存十五卷。今据此，将两个藏本合璧以成完书。[23] 需予指出的是，在判断书籍卷数是否佚缺时，不能简单地以卷数的多寡遽然武断，因为还可能出现卷次编订分合之差异，因此，必须核检篇目，方可论裁。

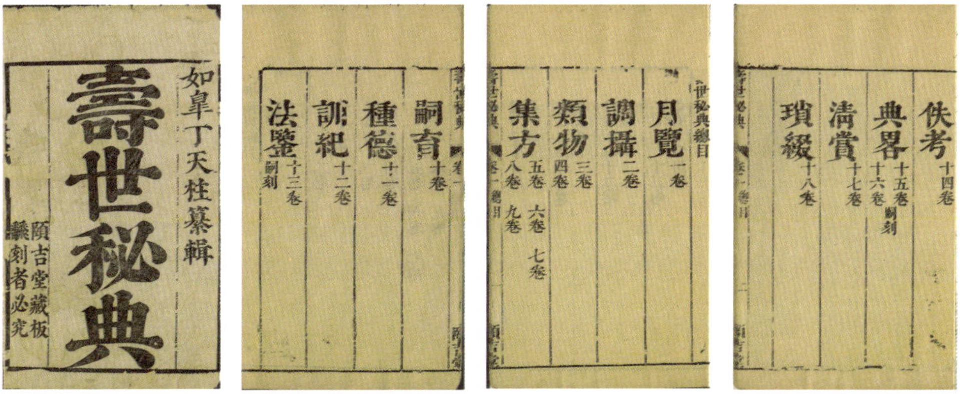

甘肃中医药大学图书馆藏清康熙十二年（1673）维扬丁氏颐吉堂自刻本《寿世秘典》十八卷

五、辨章学术

通过目录可以求索医籍撰述要旨，为提要钩玄，敷陈指归，彰明学术，提供分析之资。

（一）求索大旨、提要钩玄

清代章学诚在《校雠通义》中言："典籍浩繁，闻见有限，在博雅者且不能悉究无遗。"因此，目录就成为检索书籍内容精要的有力工具。如中华医学会上海分会图书馆所藏《辨证玉函》，清代及国外书目，如《医学读书志》《四部总录医药编》《医籍考》等均未著录，除此本外，上海中医药大学图书馆藏有此书残本（仅存卷二、卷四），由此可见，此书湮没已久，向为罕觏。《孤本医籍叙录集》言：即如书名"辨证玉函"，全书首重辨证，书中以脏腑辨证为主，灵活将八纲辨证、气血津液辨证、病因辨证等各种辨证方法贯穿其中，在辨证求因、审因论治上多有卓见。全书主体特点为：审查病机，同中求异，重在鉴别诊断，据证言病。[5]点明此书撰著要点和学术特色。

（二）敷陈指归、彰明学术

目录中之有类叙者，尤其可贵，读此可以明晰学术传承与发展脉络。余嘉锡先生在《目录学发微》中言："小序之体，所即辨章学术之得失也。"[24]部类小序之创，最早如班固据《七略》所撰之《汉书·艺文志》，在方技分为医经、经方、房中、神仙四家，何谓医经？其言："医经者，原人血脉、经络、骨髓、阴阳、表里，以起百病之本、死生之分，用度针石汤火之所施，调百药剂合之所宜……经方者，本草石之寒温，量疾病之浅深，假药味之滋，因气感之宜，辨五苦六辛，以通闭解结，反之于平……房中者，情性之极，至道之际。是以圣王制外乐以禁内情，而为之节文……神仙者，所以保性命之真，而游求于其外者也。聊以荡意平心，同死生之域，而无怵惕于胸中。"四类小序将方技"三十六家、八百六十八卷"简言以蔽之，览其文，学术自明。

此外，评述式目录，作者藉以抒发读书的感受和学术见解，以利启发后学。如清·周中孚《郑堂读书记·医贯》言："明赵献可撰，是编发明《薛立斋医案》之说，以命门真水真火为主，以八味丸、六味丸二方通知各病……其曰医贯者，以养生莫先于养火，所重先天之火者，人之所以立命也。仙炼之为丹，释传之为灯，儒明之为德。皆是物也，一以贯之也，故其命名如此。按八味丸即《金匮要略》之肾气丸，宋·钱仲阳作《小儿药证直诀》，以小儿为纯阳，乃去其肉桂、附子，名曰六味丸，以为幼科补剂，立斋每专用二方加减以治诸病，其于调补虚损未尝无效。养葵衍其余绪，以著是书，而过于主持，不能多验，宜徐洄溪有《医贯砭》之作也。”[11] 抑扬赵氏、徐氏之学，可谓要言不烦。

六、考镜源流

通过目录可以了解医家从学授学经历，划分医学流派，为考察学术承绪和衍进，提供推断之资。

（一）考师承授受之源流

如清·纪晓岚《四库全书总目提要·子部·医家类》载述《医垒元戎》十二卷。元·王好古撰。好古字进之，赵州人。官本州岛教授。据好古所作《〈此事难知〉序》，盖其学出于李杲。然此书“海藏黄芪汤”条下称杲为“东垣李明之先生”，而“易老大羌活汤”条下称“先师洁古老人”，则好古实受业张元素。殆如赵匡、陆淳同受《春秋》于啖助，而淳又从匡讲问欤？[11] 据此，王好古可能与李东垣皆受业于张元素，因此而将王好古划入张元素开创的“易水学派”。又如曹禾在《医学读书志》中给医家做传录时，非常重视师承授受源流。如其中有“震亨字彦修，学者尊为丹溪翁……遇罗知悌。知悌字子敬，号太无先生，宋理宗朝寺人。初刘完素授医学于荆山浮屠，知悌悉受其传，又旁通子和、明之二家，翁尽得其秘……刘氏之学，至翁益彰。然绝去深沉，专趋浅近，执寒凉之结习，滋流弊于三朝，亦可谓功之首，罪之魁矣……明休宁方广，字约之，号古庵，以医游河、洛间，寓陈留，集《丹溪心法附余》二十四卷，庞杂不伦，大失丹溪之旨”。[13] 不仅梳理了师承源流，而且对于后世借用丹溪之名、实失丹溪之意者予以了批驳。

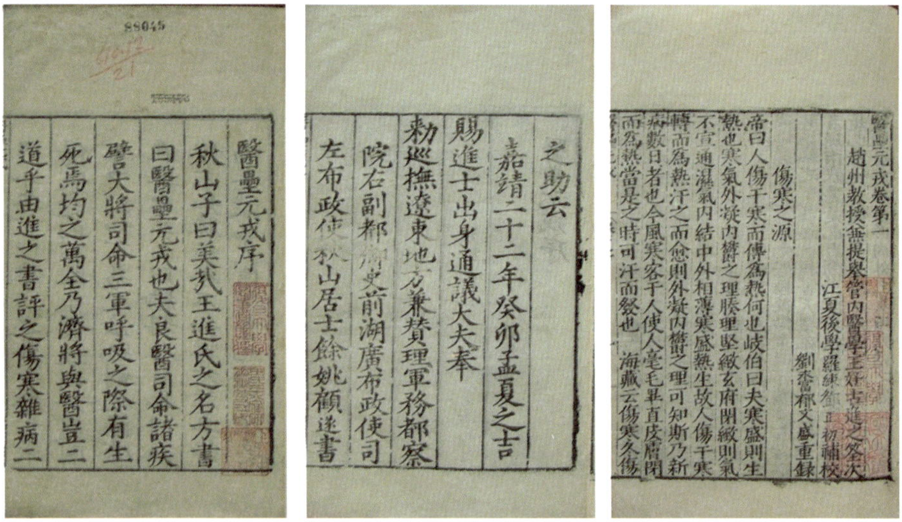

上海中医药大学图书馆藏明嘉靖二十二年（1543）余姚顾遂刻本《医垒元戎》十二卷

（二）考书籍援引之源流

如宋慈抱《两浙著述考》载：“《广嗣要语》一卷，明海宁俞桥撰，桥，字子木，嘉靖间以名医征入京……此书搜集《灵》《素》以下诸家，次以歌括。《广嗣要语》为近世《大生要旨》及《达生编》之所本。”[11] 将本书学术所本以及后二书传承援引之来龙去脉一语道明。

（三）考学派传承之源流

《四库全书总目·医家类》云：“儒之门户分于宋，医之门户分于金元。观元好问《伤寒会要》序，知河间之学与易水之学争；观戴良作《朱震亨传》，知丹溪之学与宣和《局方》之学争也。”[11] 此段包含二意：一是指出医家学派之分始于金元；二是指出金元门户之分，是以河间学派与易水学派、朱丹溪与《局方》两两之间的学术观点分争为坐标。

（四）考学术主张之源流

如清·余济川编曾著《正宗幼科》四卷，因余济川正史无传，故其学验渊源无从考。《孤本医籍叙录集》中考证其人曰：“余济川，名念，清代新吴医家奉新（今属江西省宜春市）人氏，出生于世宦书香之家，其祖父澹园公读儒书习举子业，入外翰苑任宜黄学博。舅父兼实公蜚声黉序（古代的学校），名噪南郡。济川幼聪敏而性情多静，喜游学，乐诗书，得补博士弟子员，然其乐医药，以济人为急，医术渐臻佳境，尤以幼科名世。其学乃私淑于清初名医喻昌。喻昌，明末清初医学家，字嘉言，南昌府新建县西山朱坊村人，别号西昌老人……明朝灭亡后，他游历于南昌、靖安等地。《江西历史名人传》言喻氏在‘顺治十年前后’出游江、浙，受友人钱谦益之邀，移居于常熟城北虞山下，悬壶济世，并在诊务之余课徒著述，直至去世。据《靖安县志》载：嘉言‘居靖安最久，治疗多奇中，户外之履常满焉’。……正是喻昌蜚声遐迩的名望，又加上余济川与喻昌生活及医疗活动地域相近，因此受喻昌影响并倾慕于嘉言先生学术之情可想而知，故其在整理搜集喻嘉言有关儿科治疗学验的基础上，淹贯百家之学，条次编列以成《正宗幼科》。”[5] 可见其人虽无师徒亲传，但儿科学验主要宗法于喻嘉言。

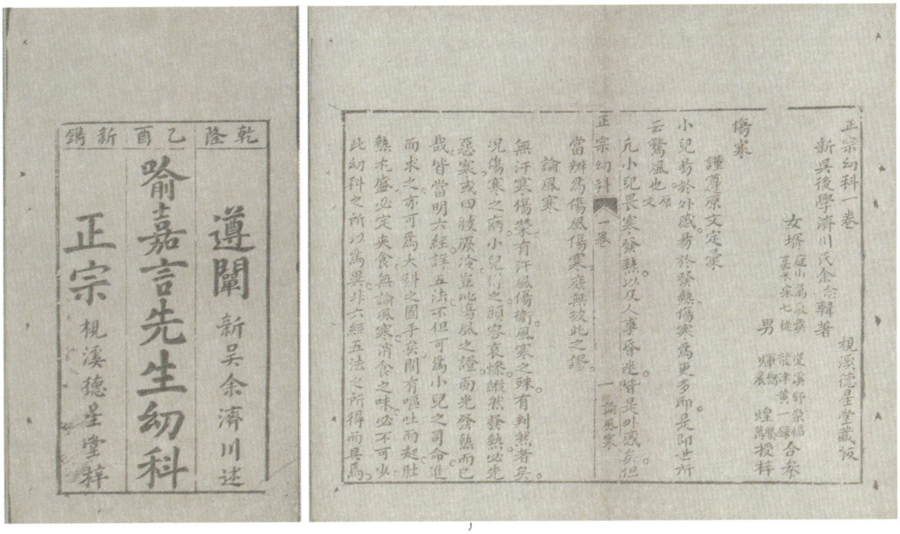
乾隆乙酉新鐫
遵聞 新吴余濟川述
喻嘉言先生幼科
正宗 梘溪德星堂梓

正宗幼科一卷 梘溪德星堂藏板
新吴後學濟川氏余念輯著
傷寒
謹遵原文定案
小兒易於外感。易於發熱。傷寒爲更多耳。是即世所云驚風也。原文
凡小兒畏寒。發熱。以及人事昏迷。皆是外感。發但
正宗幼科 一卷 一 論風寒
當辨爲傷風傷寒。庶無彼此之謬。
論風寒
無汗寒傷榮。有汗風傷衛。風寒之殊。有判然者矣。況傷寒之病。小兒行之。頻容哀慘。繼然發熱。必先惡寒。或四肢厥冷。豈比傷風之證。面光發熱而已哉。皆當明六經。詳五法。不但可爲小兒之司命。進而求之。亦可爲大科之國手矣。間有嘔吐而起。肚熱尤盛。必定夾食。無論風寒。消食之味。必不可少。此幼科之所以爲異。非六經五法之所得而具焉。

江西省图书馆藏清乾隆三十年（1765）德星堂刻本《正宗幼科》四卷

七、补述史例

通过目录可以因书究学，因学识人，为增订正史不载之史例，提供裨补之资。

《隋书·经籍志》持以叙录若“不述作者之意，则未为典则”[24]，强调书录当需全方位阐释“作者之意”。即可以通过叙录补录或考订医家传记，其人生平爵里，好恶志趣，纂书动机，性情轶事等，或可通过书籍撰成之年推断著者之时代，进而映照时代之背景，以全面理解作者学术思想形成之渊源，其皆可为补述史例贡献旁证。余嘉锡先生谓：目录之学，实兼学术之史。[24]

（一）考述人物

如清初曹禾撰的《医学读书志》以历代名医为序，将史志所载及所见书目罗列于各医家名下，且注明出处。每家书名之后，附以撰者简述，提要钩玄，以考订源流，束繁归整。如：“宋孙氏兆，《明史·艺文志》，素问注释考误十二卷。右书一种，宋殿中承孙兆撰。兆父用和，昭陵时官尚药奉御太医令，《宋志》有孙氏传，家秘宝方五卷，自言为思邈之后，父子皆以医名。兆弟宰为河东漕属，吕惠卿为并帅，从宰得其书序而刻之，与兆同校书之国子博士高保衡，字若纳。《宋史·艺文志》有《素问误文阙义》一卷，《伤寒类要》四卷，与孙氏之书世皆不传。”对研究医学发展史和考证医学文献，具有参考价值。[25]

（二）纂述书旨

如清·邵成平撰《伤寒正医录》《杂证正医录》，若仅凭题名或不能深解其意，继观《孤本医籍叙录集》可知，作者系以正本清源的初衷而撰著此二书。《伤寒正医录》序言道：张仲景《伤寒论》非独疗伤寒，亦为疗诸科之本。然其乱古奥，其义深邃，其法百变，读者每以为难。历来注《伤寒》者数百家，其中或同或异，皆可互参考证。故对历代医家所注《伤寒论》进行考证、研究，并结合已见，务期洞筋濯髓而必求其是。暮年不避寒暑，奋笔纂成《伤寒正医录》。继此书后，作者有感于时医比户岐黄者学不由径、思不求本，弃《灵枢》《素》《难》、薛良玉、王宇泰、张会卿、喻嘉言、赵养葵、汪讱庵、高鼓峰等古圣先贤之名著于不顾，其案头不置一编，口头不道一语，徒记时尚之歌诀汤头以执业，实为为衣食谋，却又佯托活人之志，操术杀人。故邵成平藉此悲悯之情、谆谆之意而做《杂证正医录》，以供业医者一观。书名“正医录”，系从博览中觅其精髓之内涵，既可订正俗见，又可树立规范，[5]可补史载之不详。

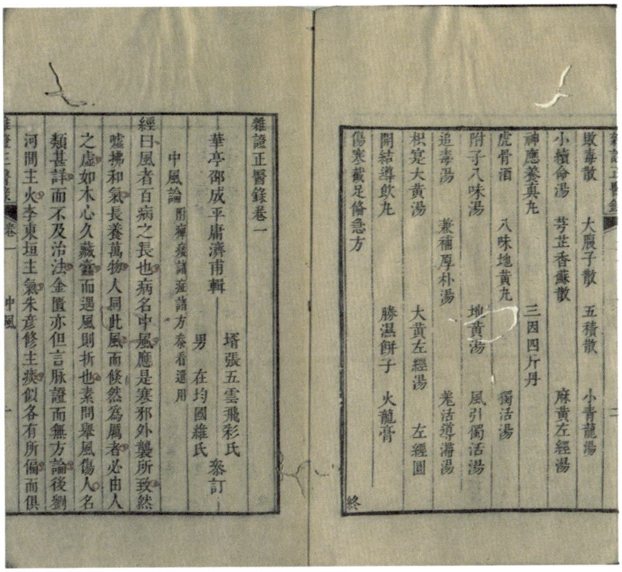

宁波市图书馆藏清乾隆九年（1744）三当轩刻本
《杂证正医录》八卷（存卷一至六）

八、析别版本

通过目录可以了解和考订古书版本，以及版别、鉴藏和校勘情况，为判断版本精劣、梳理传本，提供参酌之资。清初钱曾将目录学与版本学融于一体，所撰的《读书敏求记》是我国较早的版本目录学研究之作，后世考订性质的目录纷起效尤，给读书人带来了很大方便，成为人们辨途觅径与登堂入室的致用之学。[26]尤其是目录中对于古书的版本考订，记载了很多宝贵的实践经验和考校资料。如：清代孙星衍《平津馆鉴藏书记》载：新刊《补注释文黄帝内经素问》，元版，十二卷。题：启元子次注，林亿、孙奇、高保衡等奉敕校正，孙兆重改误。前有启元子王冰《黄帝内经素问序》，后题将仕郎守殿中丞孙兆重改误。《明史·艺文志》：孙兆《素问注释考误》十二卷，误以孙兆为明人。总目一卷，后题云：元（原）本二十四卷，今并为十二卷刊行，总目前有"本堂今求到元丰孙校正家藏善本重加订正分为一十二卷云云"木长印，总目后亦有木长印，字已减去，卷十二有"至元己卯菖节古林书堂新刊"十二字木长印。末附《素问入式运气论奥》八卷，前有元符已卯朝散郎太医学司业刘温舒序，《黄帝内经素问遗篇》一卷。黑口版，每页二十三行，每行二十三字。为鉴定此书版本提供重要考校信息。除此以外，书目著录还有以下几个方面的重要用途。

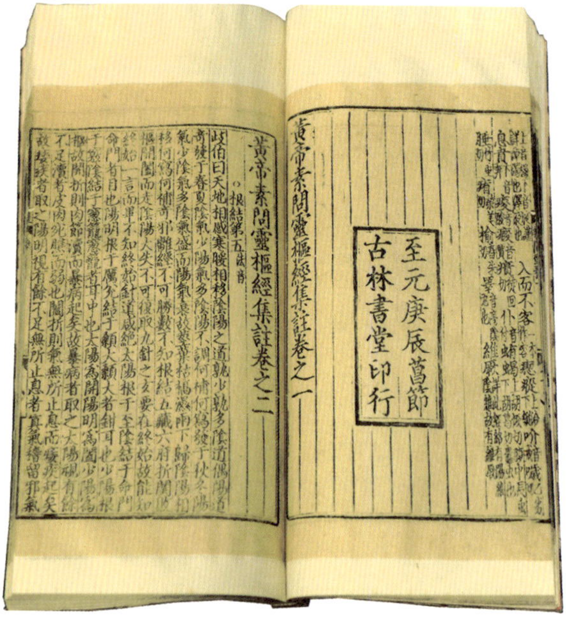

国家图书馆藏元后至元五年（1339）胡氏古林书堂
刻本《补注释文黄帝内经素问》十二卷

（一）辨版本之优劣

历代藏书家往往精于古籍版本鉴定，经验阅历既广，其书目著作成为版本鉴定的重要参考数据。辨版本时代以及优劣，此其一。如清·黄丕烈《百宋一廛书录》载录："新雕孙真人千金方，余家旧藏钱述古抄本《千金备急要方》云是从宋阁本抄出今得宋本勘之，鲜有一处符合者，初不解其故。后检《通考》，知晁所见者为《千金方》三十卷，陈所见者为《千金备急要方》三十卷，其前类例数条，林亿等新纂。知抄本即从宋阁本出，是经后人增损，故与宋刻原本不同。二本非文义增减，即药名分两法制，亦多不合。前人之方忽经后人以意改削，可信不可信乎。矧钱本所据今以补入宋本之明本，参考同出一原于明本烂板，抄本皆缺。宋阁本所出，盖未可信矣。唯此宋刻实为祖本。虽阙六卷至十卷、十六卷至二十卷，已自侈为奇秘。至于配入之明板，断不可用。"[11] 指明在版本校勘中，要重视前代书录著录，以分析版本之优劣。

又如，叶德辉《郎园读书志》云:《伤寒直格方》，此书分为五卷，为明嘉靖壬辰安正堂刊本。每半页十行，每行二十一字，卷五末有荷叶莲花座木长方牌记云“嘉靖壬辰仲秋七月安正堂刊”十二字。卷一大题“新刊河间刘守真伤寒论方卷之上”，次行题“临川葛雍仲穆编校”，版心“伤寒直格论”五字，鱼尾下“一卷”二字。卷二大题“新刊河间刘守真伤寒直格卷之二（似“中”字改）”，次行同，版心伤寒直格”四字，鱼尾下“二卷”二字。卷三大题“新刊河间刘守真伤寒直格方论卷之三”，次行同，版心同卷二。卷四大题"新刊河间刘守真伤寒直格后集卷之四”，次行“都梁瑞泉野叟镏洪编辑”，三行“临川华盖山樵葛雍校正”，版心同卷三，鱼尾下“四卷”二字。卷五大题“新刊河间刘守真伤寒直格续集卷之五”，次行“平阳马宗素撰述”，三行“临川葛雍校正”，版心同卷四，鱼尾下“五卷”二字，卷末又一行大题“张子和心镜”，次行“门人镇阳常德仲明编核”。与《四库全书》除前三卷余并不同。据黄丕烈《士礼居藏书题跋记》，元刊本大题均同此。则此源出于元椠，故仍旧题。安正堂为明书坊刘宗器牌名，当时刻书甚多，立堂最久，而此书则未经藏书家著录，宜乎《四库全书》仅见坊行窜乱之本，未见此原本也。据查《中国中医古籍总目》，此嘉靖本《伤寒直格方》未见著录，或已佚，但从此书录可以查见版本源流。

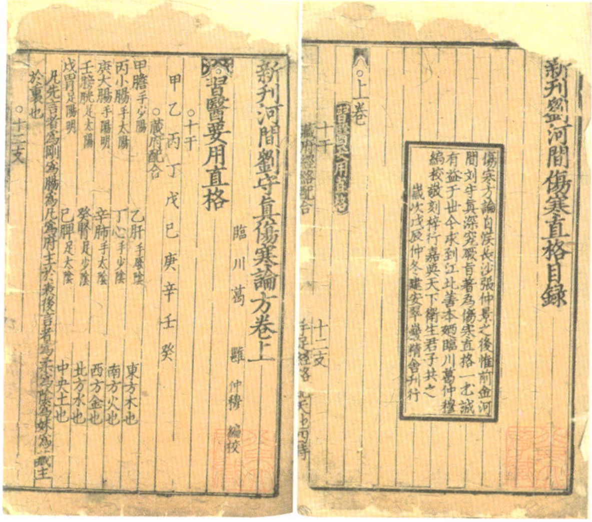
新刊劉河間傷寒直格目錄
傷寒方論自漢長沙張仲景之後惟前金河
間劉守真深究厥旨著為傷寒直格一書誠
有益于世今求到江北善本嫓臨川葛仲穆
編校敬刻梓行嘉與天下衛生君子共之
歲次戊辰仲冬建安翠巖精舍刊行
○上卷
習醫要用直格
十干
藏府經絡配合
十二支
手足經各

新刊河間劉守真傷寒論方卷上
臨川葛雝仲穆編校
習醫要用直格
○十干
甲乙丙丁戊己庚辛壬癸
○藏府配合
甲膽手少陽　乙肝手厥陰　東方木也
丙小腸手太陽　丁心手少陰　南方火也
庚大腸手陽明　辛肺手太陰　西方金也
壬膀胱足太陽　癸腎足少陰　北方水也
戊胃足陽明　己脾足太陰　中央土也
凡先言者為剛為腸為凡為府主於表後言者為柔為陰為妹為藏主[illegible]
於裏也
○十二支

北京大学图书馆藏元天历元年（1328）建安翠岩精舍
刻本《伤寒直格》三卷

再如，国家图书馆藏明景泰七年（1456）内府刻《饮膳正要》。此本半叶十行二十字，黑口，四周双边，为常熟瞿氏铁琴铜剑楼旧藏。1934 年张元济亦曾据日本东京静嘉文库所藏同一本影印，收入《四部丛刊》出版。他在书后跋中言："《饮膳正要》三卷，元忽思慧撰，前有天历三年常普兰奚进书表、虞集奉敕序，盖元代饮膳太医官书也，明景泰间重刻于内府。此本《皕宋楼藏书志》作元刊元印，余向见常熟瞿氏铁琴铜剑楼藏本同出一刻而楮印较逊，有景泰年序，知此为明本而非元本，特佚去景泰一序耳……旧时民间传本极稀，近世藏目以抄本为多，究不若此刻本之可信。"[27] 通过书目著录和文献对比，张氏肯定了此书明景泰七年内府刻日本藏本的精善，而国图本则是国内《饮膳正要》现存最早的完本。

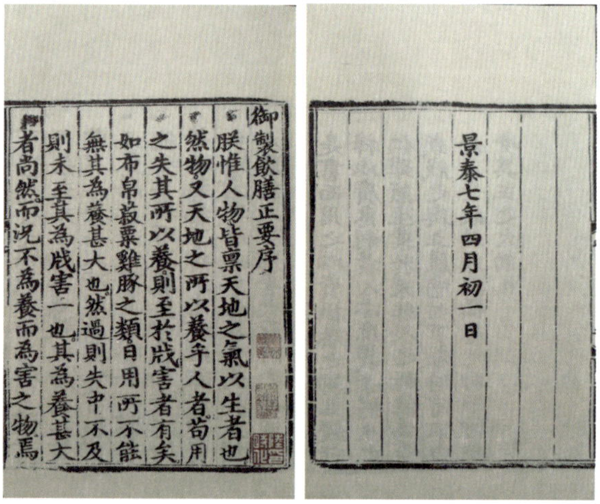
御製飲膳正要序
朕惟人物皆禀天地之氣以生者也
然物又天地之所以養乎人者苟用
之失其所以養則至於戕害者有矣
如布帛菽粟雞豚之類日用所不能
無其為養甚大也然過則失中不及
則未至其為戕害一也其為養甚大
者尚然而況不為養而為害之物焉

景泰七年四月初一日

国家图书馆藏明景泰七年（1456）刻本《饮膳正要》三卷

（二）定版本之传承

版本鉴定的另一个重要方面就是流序，即版本传承系统。目录学家在此方面给我们做出了很好的考证榜样。如《修真秘要》一书，据《中国中医古籍总目》登记为：修真秘要 /（明）王蔡传，刻本主要有三个系统，即：①明正德八年（1513）刻本（附保生心鉴、养生导引法）；②明万历间虎林胡氏文会堂校刻寿养丛书或格致丛书本；③平阳府所刻医书六种本。[6] 万历间虎林胡氏文会堂校刻寿养丛书或格致丛书本时间比较明确，故不予讨论。通过实地调查南京图书馆所藏著录为明正德八年刻本（附保生心鉴、养生导引法）刊刻年是据书末“正德八年乙亥孟春元旦闽中王蔡识”所定，中国中医科学院图书馆明正德十年山西平阳府刻《平阳府所刻医书六种》和美国哈佛燕京图书馆藏《养生集览》（《养生集览》书名为收藏者据第二册题签所拟）中之《修真秘要》，三馆所藏之书版刻均属同一风格，且中国中医科学院图书馆与美国哈佛燕京图书馆藏书即为同一版。但对于这两个貌似同出的版本体系，则孰为底本、孰为翻刻伯仲难辨。通过查阅王重民先生《中国善本书提要》，其载：《修真秘要》一卷，一册，与《铜人针灸经》同装（美国国会图书馆）。明刻本（半叶八行，十八字）。不著撰人姓氏，北京图书馆藏经鉏堂钞本，非从此本出，但文字全与此本相同。又《修真秘要》有《格致丛书》本，北京图书馆又有经鉏堂钞本《保生心鉴》一卷，谓从《圣贤保修通鉴》纂出，内容与《秘要》相似。有云崖道人跋，不著年月，此本亦有之，署正德十年乙亥春三月朔旦。此本又有残序，末署：“正德八年□□□□□□郎知直隶常州府靖江县关中□□□”。检《格致》本《修真秘要》正有此序。末署：“正德八年乙亥孟春元旦闽中王蔡识”。考《靖江县志》正德七年无王蔡，知县为王棨霄，十四年为蔡德器，《格致》本题名之误显系由王棨霄、蔡德器二名合并而成。至其致误之由殊难臆测。又棨霄，字庭瞻，陕西纯化人，此本作一关中者是，《格致》本作“闽中”者误也。又云崖道人当即邵元节，嘉靖初颇为世宗所宠任，《明史》卷三百七有传。校刻人之时代既明，于是可略说此刻本之历史矣。此本与《铜人针灸经》版式相同，为同时同地刻本，针灸经题：“山西平阳府刊”，盖旧题如此。然是书亦原有平阳旧刻，正德间王棨霄又取而同刻于常州耳。[22]经过上述考证，即可将南京图书馆藏本重新著录为：《修真秘要》一卷 /（明）佚名著，王棨霄（庭瞻）传，明正德间关中王棨霄常州重刻本。综合以上，可推断此书于正德十年（1515）后在山西平阳府（今临汾）正式刊刻行世。后又被明代的刻书家胡文焕于万历二十年（1592）收入《寿养丛书》，于明万历三十一年（1603）复收入《格致丛书》中，此后未见单行本。三家藏品中，以美国哈佛燕京图书馆所藏《修真秘要》刷版印制较早，笔划清晰，且书中遗有古人批注，更显珍贵。

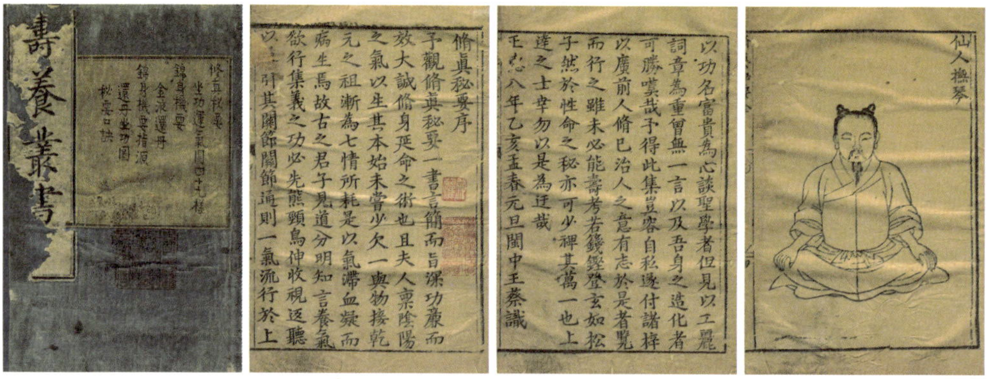

明万历余氏种德堂刻寿养丛书本《修真秘要》一卷

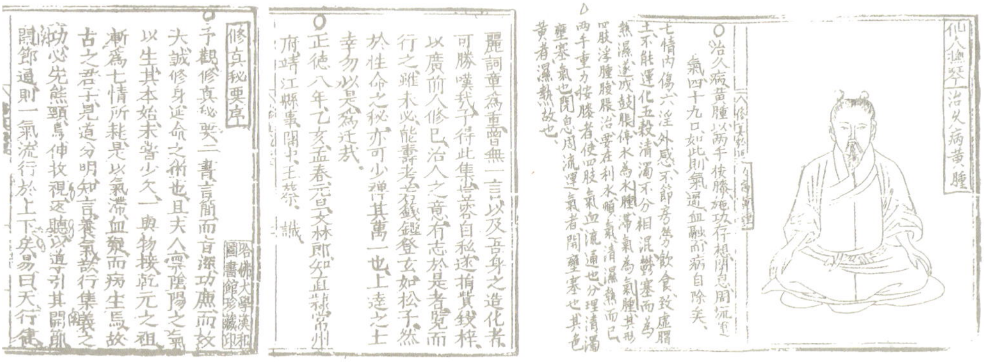

美国哈佛燕京图书馆藏明刻本《修真秘要》一卷

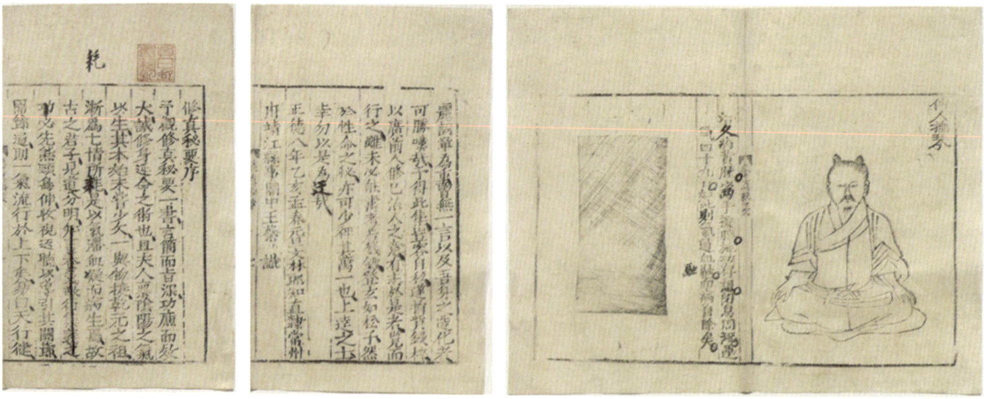

南京图书馆藏明正德八年刻本《修真秘要》一卷

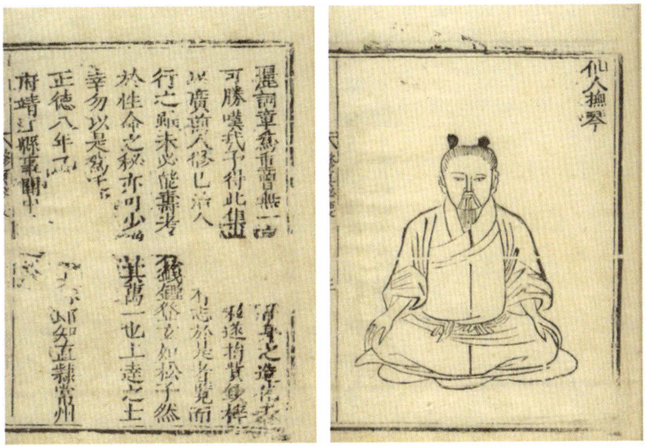

中国中医科学院图书馆藏平阳府所刻医书六种本
《修真秘要》一卷

此外，古书流传中辗转翻刻，初刻、重刻，初印、重印，重修、增修、增补，不一而足，因此造成一书的不同版本之时代早晚难于判断，这就需要翻阅前人的目录著作，看看前人经眼著录的情况，借以索取相关信息，为版本鉴定提供证据。如中国中医科学院图书馆藏《新刊活人心法》，书首有序，但序尾残损抄补，且未署时间，书尾残佚九叶。从书籍版刻风格判断，此版似为明代早期所刊。另外，北京大学图书馆藏有此书的朝鲜刊本，书末有朝鲜嘉靖二十年（1541）安玹跋，其刊刻当在撰写此跋之年或稍后。单从以上信息，此两个版本难以确定早晚先后。经查明·高儒《百川书志》著录：“《活人心》二卷，皇明玄洲道人涵虚子编”；明·赵琦美《脉望馆书目》著录：“臞仙《活人心书》一本”；清·黄虞稷《千顷堂书目》著录：“宁献王《活人心法》三卷”。另民国·何澄一《故宫所藏观海堂书目》著录：“《活人心方》，二卷，明玄洲道人涵虚子编。朝鲜刊本。涵虚子又号臞仙，明太祖子，封宁献王。一册。”《百川书志》成书于嘉靖十九年（1540），比安玹为《活人心方》撰跋还要早一年，故不可能著录此朝鲜刻本。此外，在《医籍考·卷二十二·神应经》载有：“献王序旧不题名，有‘咸跻寿域’印记并花押，与其所著《乾坤生意》《活人心序》所识同。”可见，丹波元胤所见的《活人心·序》与中国中医科学院图书馆藏本《臞仙活人心序》有可能是同一版本，且为本书的最早刻本，可惜该本的序尾残损，未见到有“咸跻寿域”印记以及朱权的花押。但是这两条信息，在北京大学图书馆的朝鲜本是明确没有刊刻的。再考朱权的身世可知，朱权（1378—

1448）是明代开国帝王朱元璋第十六子，洪武二十四年（1391）封藩于大宁（今内蒙古宁城县），故称宁王。在永乐元年（1403）被改封到远离京城的南昌。此后便隐于丹道，自号臞仙、涵虚子、南极冲虚妙道真君、玄洲道人等，编书以韬光养晦。查阅发现，朱权曾经撰著与刊刻的书籍大多不署年代。署年代者，如《神应经》《神奇秘谱》为洪熙元年（1425），《明代版刻综录》记载：《海琼玉蟾先生文集》为明正统七年（1442）刊，而从未见有永乐年号的序文。因此，《臞仙活人心法・序》以及其他朱权不署年代的书籍，皆有可能成书于永乐年间（1403—1424），这可能是因为朱权的内心并未承认永乐朝是属于明代正统传位而来的一种无声的抗争。因此，中国中医科学院图书馆藏本可定为明永乐至正统间刻本，早于北京大学图书馆的明朝鲜嘉靖二十年（1541）刻本。同时，还可以肯定的是，从中国中医科学院图书馆的藏本上的古人曾以两个版本对校的批注和朱笔修订，两个传本确属于不同的传承体系。

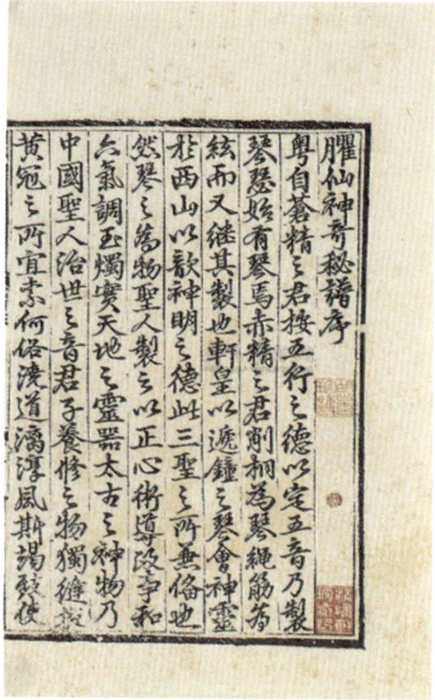
臞仙神奇秘譜序
粤自蒼精之君按五行之德以定五音乃製琴瑟始有琴焉赤精之君斲桐為琴繩絲為絃而又繼其製也軒皇以遞鍾之琴會神靈於西山以歆神明之德此三聖之所無倫也然琴之為物聖人製之以正心術導政事和六氣調玉燭實天地之靈器太古之神物乃中國聖人治世之音君子養修之物獨縫掖黄冠之所宜焉何俗流道濁淳風斯竭鼓使

明洪熙元年（1425）刻本
《神奇秘谱》三卷

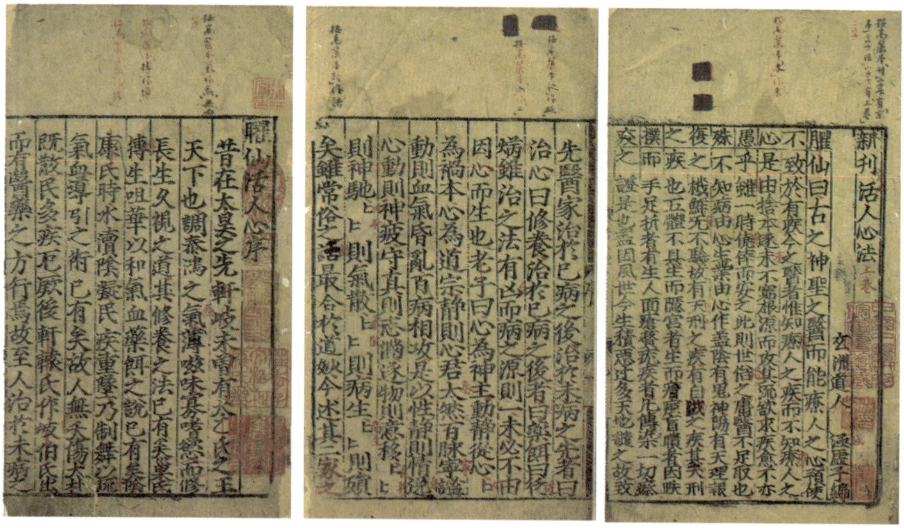

中国中医科学院图书馆藏明永乐至正统刻本《新刊活人心法》五卷

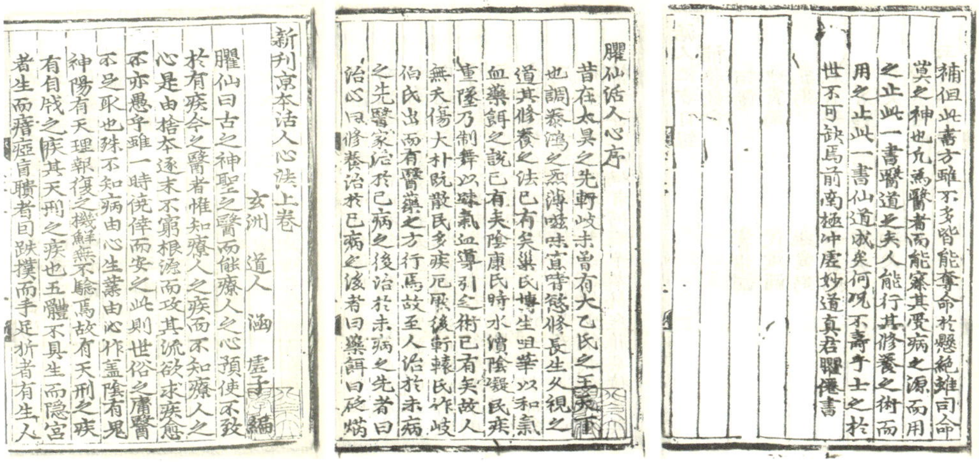
新刊京本活人心法上卷
玄洲 道人 涵虚子 編
臞仙曰古之神聖之醫而能療人之心預使不致
於有疾今之醫者惟知療人之疾而不知療人之
心是由捨本逐末不窮根源而攻其流欲求疾愈
不亦愚乎雖一時僥倖而安之此則世俗之庸醫
不足取也殊不知病由心生孽由心作盖陰有鬼
神陽有天理報復之機鮮無不驗焉故有天刑之疾
有自戕之疾其天刑之疾也五體不具生而隐宫
者生而瘖瘂盲聵者曰跌撲而手足折者有生人

臞仙活人心序
昔在太昊之先軒岐未曾有大乙氏之王天下
也調燮鴻之炁薄嗞味宜嗜慾修長生久視之
道其修養之法已有矣巢氏博生狙華以和氣
血藥餌之說已有矣陰康氏時水潰陰凝民疾
重膇乃制舞以疏氣血導引之術已有矣故人
無夭傷大朴既散民多疾厄厥後軒轅氏作岐
伯氏出而有醫藥之方行焉故至人治於未病
之先醫家治於已病之後治於未病之先者曰
治心曰修養治於已病之後者曰藥餌曰砭焫

補但此書方雖不多皆能奪命於懸絶雖曰命
莫之神也亦為醫者而能察其受病之源而用
之止此一書醫道也夫人能行其修養之術而
用之止此一書仙道成矣何况不壽乎士之於
世不可缺焉前南極沖虚妙道真君臞僊書

北京大学图书馆藏明嘉靖二十年（1541）朝鲜罗州金益寿刻本《新刊京本活人心法》二卷

（三）考传本之递藏及校勘

版本鉴定的任务还有辨析传本的递藏和校勘的底本所出，如《中国中医古籍总目》载元天历三年（1330）广勤书堂刻《脉经》十卷，[6] 经查张元济《涵芬楼烬余书录》载：《新刊王氏脉经》十卷，元刊本，四册，黄荛圃旧藏。卷首

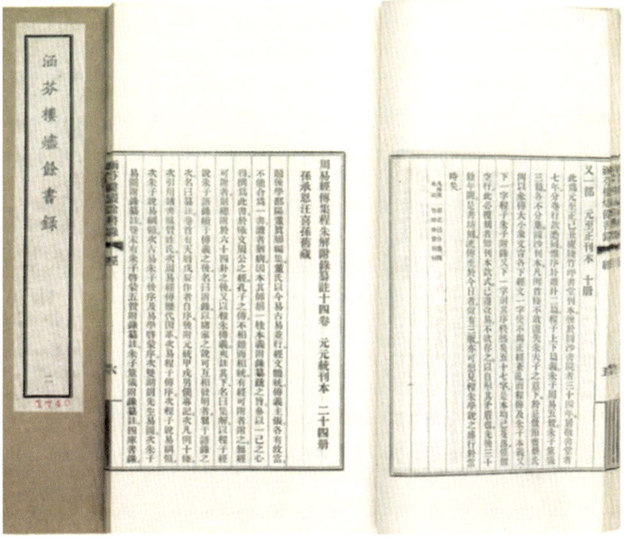

1951 年商务印书馆排印本《涵芬楼烬余书录》四卷

王叔和序，次目录，首行题《新刊王氏脉经》，次行题朝散大夫守光禄卿直秘阁判登闻检院上护军臣林亿类次，犹是进呈旧式，惟校定原序已佚。半叶十二行，行二十四字，小注双行，字数同。按是书四库未收，仅于医书类存目《图注脉诀》下，附载其名，至阮文达得影宋抄本，始录以进呈。宋本旧为海源阁所藏，今不知飘流何所。爱日精庐藏影元抄本，目录前有“天历庚午岁广勤叶氏刊”木记，与此本同，今亦不可复见。金山钱熙祚刊入《守山阁丛书》，不言出自何本，但言汇集诸书重为校正，勘订极精审。《楹书隅录》谓：“钱跋称与今本不同者，核与所藏宋本俱合。此为元，亦均不误。”钱跋文卷八“趺阳脉当伏，今反数，本自有热，消渴小便数，今反不利，此欲作水”，今《金匮要略》“消渴”误作“消谷”云云，此本却作“消谷”然有小注曰“一作消渴”，然亦不得谓之为误也。钱氏据他医书订正各条，如卷二第一篇第十五条“苦短气，咳逆，喉中寒”，注：按《千金方》“寒”作“塞”，卷四第二篇第四十四条“浮而数，中水，冬不治愈”，注：按《千金方》“浮”作“沉”，此正作“沉”。第五篇第二条“不及周身二百节疑”，注：“疑”字本注，误入正文，此原不误。卷五第五篇第四十条“为肠澼下血，血温身热者死”，注：按此血一字原脱，今依《素问》四十八补，此原不脱。卷七第十六篇第一条“久则谵语，甚者至哕”，注：按原本此二字作“多蔡”，今依《伤寒论》改，此正作“至哕”。其他讹字，虽沿袭者亦尚不少，然观此数条，固已胜于钱氏从出之本多多矣。[11] 以上考证文字为元天历三年（1330）广勤书堂刻本《脉经》的流传和版本校勘提供重要线索、方法和依据。

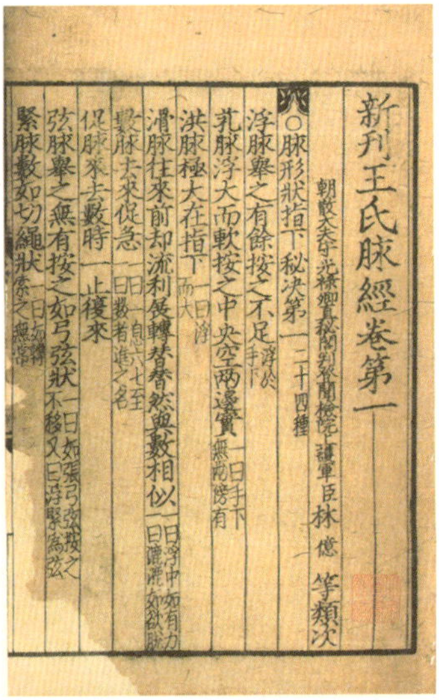
国家图书馆藏元天历三年（1330）广勤书堂刻本《新刊王氏脉经》十卷

又如，杨守敬《日本访书志》载：《甲乙经》，此本序例后有“正统丁巳重刊”木记，半叶九行，行二十四字。按近世所行《甲乙经》唯《医统正脉》本，而脱误宏多。更有以林亿等校注作正文者。如第一卷“心怵惕”条下引杨上善之说，上善隋唐间人，士安何得引之？此本不载杨上善说，凡林亿等校语俱不载，亦无林亿等序，知所原在未校正之前，其他亦多与《千金》《外台》所引合，远胜《医统》本，惜有残缺。据张金吾《藏书志》，有明初抄本，后有熙宁二年镂版牒，后刊富弼、赵抃等衔名。又，陆氏《藏书志》亦有正统刊本，此书善本尚未绝于中土，敬告留心医籍者，当急为刻之。以上杨守敬的考证文字追溯了《甲乙经》的早期传本状况，为版本校勘提供重要依据。

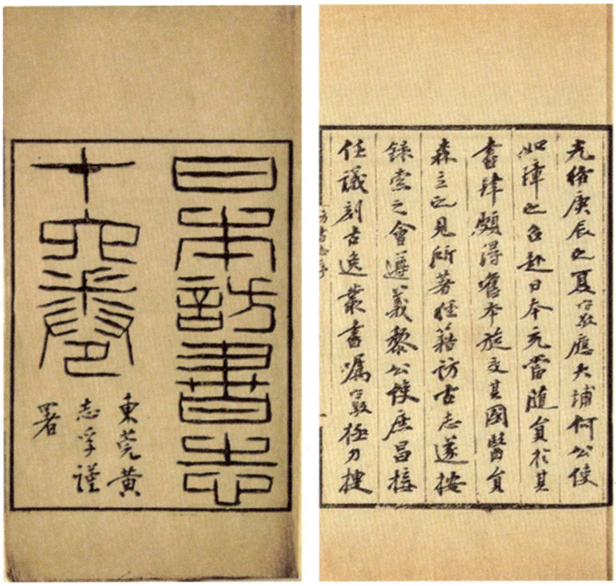

清光绪二十三年（1897）邻苏园刻本《日本访书志》十六卷

九、评骘得失

通过目录可以了解古书篇目、内容、价值，甚至在学科史中之地位，为启牖后学，广益见闻，提升学研，提供引导之资。

自北宋尤袤《遂初堂书目》开创提要式书目以来，历代书目中或有列以解题或题记、题跋者，兼备品评得失、抒发感想之用。

（一）品诸家得失

博览群书、品评众家，成为目录学的一个重要功用。如清 · 纪晓岚《四库全书总目提要 · 子部 · 医家类》载述："《素问元机原病式》一卷，金 · 刘完素撰……是书因《素问 · 至真要论》详言五运六气盛衰胜复之理，而以病机一十九条附于篇末……大旨多主于火。故张介宾作《景岳全书》，攻之最力。然完素生于北地，其人秉赋多强，兼以饮食醇浓，久而蕴热，与南方风土原殊。又完素生于金时，人情淳朴，习于勤苦，大抵充实刚劲，亦异乎南方之脆弱。故其持论，多以寒凉之剂攻其有余，皆能应手奏功。其作是书，亦因地因时，各明一义，补前人所未及耳。医者拘泥成法，不察虚实，概以攻伐戕生气。譬诸检谱角抵，宜其致败，其过实不在谱也。介宾愤疾力排，尽归其罪于完素。然则参桂误用，亦可杀人，又将以是而废介宾书哉？……明药务审证，不执一也。故今仍录完素之书，并著偏主之弊，以持其平焉。”[11]从三因制宜角度，对似相矛盾的医家医理予以公允的评论。

（二）评学术得失

评述一家之言，褒贬抑扬其学验特色，亦是目录学之一大功用。如曹炳章在《中国医学大成总目提要》中从正反两个方面申明《外科症治全生集》中学验，并结合时下流弊予以评点，通过阐发原书指归，进而对昌明中医学术大有裨益。其言：“王氏《全生集》一书，近时业疡科者，奉为枕秘。设遇症即录方照服，既不凭脉，亦不辨证，贻误匪浅。集中所载阳和汤，不别寒热真假，不知阳和汤为温散血中寒邪，果系阴寒凝结，服之或可消散，如有伏热郁热之证，皮色亦白，投之是速其溃也，至已溃之症，麻黄尤所必忌，又如乳岩起于肝郁，郁久化火掣痛，姜桂必不宜服。肺痈乃肺受大刑，肺喜清肃，倘肺有伏热，西黄丸多溃气之品，讵非转劫真阴乎？子龙丸行水祛痰之剂，只可施之壮实，如虚羸之质，则吐泻作而生气损矣。先生之论类如是，皆有独到之处。”[28]

综上所述，目录学方法成为参究传统学问中必予重视和掌握的基本技能。近代著名学者余嘉锡先生在《四库提要辨证叙录》中谈到，他在幼年时因受张之洞《輶轩语》中“今为诸生指一良师，将《四库全书提要》读一过，即略知学问门径矣”的启发，将《四库全书总目提要》殚精竭虑、昼夜捧读，并对阅读中发现的疑问查找资料核实考证，在其20余册读书笔记基础上创作完成了《四库提要辨证》这部80余万字的目录学研究巨著，并感叹道：“余之略知学问门径，实受《提要》之赐。”[29]可见学问家对于目录之重视，视其目录为打开文献宝库的钥匙。

笔者认为，通过研读历代目录学著作，可以学习和掌握前辈目录学治学方法，增广见识，提高学养功底，将此运用于中医文献传承中，可以提升中医文献研究水平和成效。但另一方面，我们也应该看到，目录学是一门传统实践科学，书目研究与考证亦需有赖于丰富的文史知识、专业知识以及版本校勘知识等，为学日增，需要不断的进取和积累，因此，只有学而勤思、明辨笃行，才能真正地做好学问。

参考文献

[1] 王鸣盛.十七史商榷[M].北京：中国书店，1987，8：1.

[2] 马继兴.敦煌古医籍考释[M].南昌：江西科学技术出版社，1988，10：4.

[3] 艾青华，顾漫，柳长华.《汉书·艺文志·方技略》著录体例与中医文献的流变.中医文献杂志[J].2012，(2)：18-22.

[4] 闫海军，傅海燕.试论目录类书籍在中医药学术发展中的作用[J].辽宁中医杂志，2017，44(6)：1160-1162.

[5] 李鸿涛，张华敏.孤本医籍叙录集[M].北京：中医古籍出版社，2016，1.

[6] 薛清录.中国中医古籍总目[M].上海：上海辞书出版社，2007.8：1，781.

[7] 裘沛然.中国医籍大辞典[M].上海：上海科学技术出版社，2002，8：1602-1802.

[8] 焦竑.国史经籍志[M].上海：上海古籍出版社.

[9] 丹波元胤.中国医籍考[M].北京：人民卫生出版社，1983，11：846

[10] 李鸿涛，李敬华，孟庆云，等.孤本《古今录验养生必用方》文献考察及学术特色研究[J].北京中医药大学学报，2011，26(11)：738-740.

[11] 李茂如，胡天福，李若钧.历代史志书目著录医籍汇考[M].北京：人民卫生出版社，1994，3：131，492，1072，344，1242，572.

[12] 徐燕.中医文献目录的发展特点和作用[J].湖南中医学院学报，1996，61(1)：69-71.

[13] 杨东方，周明鉴.中医专科目录类型述论[J].中医文献杂志，2015，(4)：34-37.

[14](明)赵琦美编.脉望馆书目[M].北京：商务印书馆，1924.

[15] 梁启超著.周传儒，等整理.古书真伪常识[M].北京：中华书局，2016，6：171-173.

[16] 原题(东汉)张仲景著.桂林古本伤寒杂病论[M].中国中医药出版社，2014:3-4.

[17](宋)尤袤.遂初堂书目[M].北京：中华书局，1985.

［18］（宋）陈振孙撰；徐小蛮，顾美华点校．直斋书录解题［M］．上海：上海古籍出版社，2015.5.

［19］章实斋著．罗经标点．校雠通义［M］．上海：大中书局，1934.4.

［20］薛清录，李鸿涛．中医古籍孤本大全·六甲天元气运钤［M］．北京：中医古籍出版社，2015.7.

［21］姚明达．中国目录学史［M］．上海：上海古籍出版社，2011，3：81.

［22］王重民．中国善本书提要［M］．上海：上海古籍出版社，1983.8：252，274.

［23］张华敏，李鸿涛．中医古籍养生珍本集萃［M］．北京：中医古籍出版社，2019，8.

［24］余嘉锡．目录学发微·古书通例［M］．北京：商务印书馆，2011，9：24，9，9.

［25］丁娟．略谈我国古代医药文献目录［J］．湖南中医学院学报，1985，（3）：46–47.

［26］高越敏，胡滨．目录学、版本学在古医籍研阅中的运用［J］．浙江中医学院学报，1986，10（6）：37–39.

［27］张元济，等辑．四部丛刊续编［M］．上海：上海商务印书馆，1934.

［28］曹炳章．中国医学大成总目提要［M］．上海：上海大东书局，1935.

［29］吴蓓．夏承焘先生的读书札记［J］．中华活页文选，2017，12.

第三章

实 践 篇

第一节　中医古籍采访与编目

古籍的采访与编目工作包括古籍的采访、鉴定和编制目录等工序，是目录学实践的最基本工作，涉及到目录学、版本学和文献学诸多学科的知识和技能。无论是对于图书馆，还是私人藏家，抑或是古旧书店来说，古籍采编工作是古籍保护与收藏非常重要的基础。

我国历代官私皆重视古籍的采访与编目，如：西汉孝武帝刘徹“建藏书之策，置写书之官”，广开藏书之路。嗣后，汉成帝刘骜复使谒者陈农求遗书于天下。隋朝开皇初年，秘书监牛弘因文献典籍散失，上表朝廷，请求开民间献书之路，一二年间，即从民间访求到大量佚失文献。通过采访和编目，发现遗逸，整理旧存，搜求佚典，进而保护与传承文献。对于现代图书馆古籍工作而言，仍为重点核心工作之一。王重民先生在《校雠通义通解·序》中对于目录工作者提出较高的要求，他说：“一个成熟的、有贡献的目录学家必须接触丰富的图书数据，有长期的目录实践，才能批判的继承古代目录学家的经验、方法和理论，从而创造新的方法和理论，并检验与修正自己的方法理论，使它更系统、更完整、更能促进今后的目录工作。”[1] 由此可见，只有通过长期的图书整理和编目实践才能成为有真知灼见的目录学家，才能在目录学理论中提出创见。

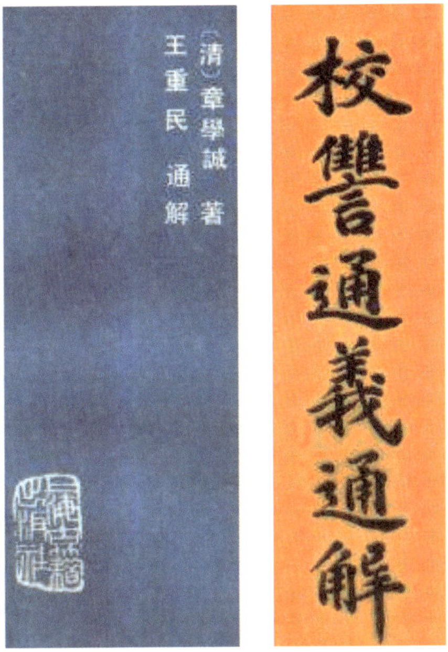

1987 年上海古籍出版社出版
《校雠通义通解》

为此，结合图书馆古籍采访与编目流程，对图书馆古籍采编工作作一简要介绍。

一、古籍采访

古籍采访，是一项专业业务要求较强的工作。古籍采访员的业务能力高低，对于采购古籍的数量和质量起到关键作用，也直接影响藏馆收藏藏品的价值潜力。目前，各图书馆的古籍采访，主要通过购买、拍卖、捐赠等方式。对于以中医古籍为收藏重点的专业藏馆，一方面要求突出特色，扩大资料收集范围，积累稀见文献量，另一方面也要求优选珍贵版本、阙藏版本，此两点为古籍采访的主要原则。在此基础上并注意以下几个问题：

（一）藏品查重

藏品查重非常重要，涉及到品种、存卷和版本三个方面。首先要了解所访书籍品种或版本藏馆是否缺如，其次是检查所访书籍是否完整、缺页、补配、存卷如何，以及存卷能否补配馆藏藏品的残缺。此外，如遇到品种和版本都不缺，但在书上有比较精致的批校题跋，甚至是名家的墨迹，此类书籍也是要重点购藏的。查重过程中，需要认真核对历代书目著录情况，尤其是《中国中医古籍总目》以及馆藏目录等可以反映现存古籍的目录，除对书名核对以外，还要用作者进行检索，了解是否存在同名异书或同书异名的情况。

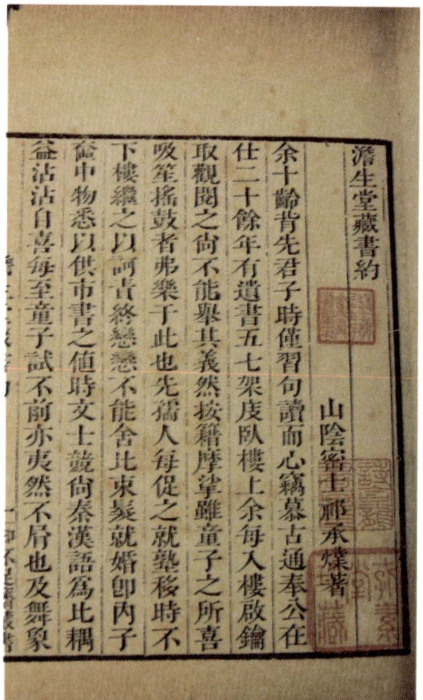
澹生堂藏書約
山陰密士祁承㸁著
余十齡背先君子時僅習句讀而心竊慕古通奉公在
仕二十餘年有遺書五七架庋臥樓上余每入樓啟鑰
取觀閱之尚不能舉其義然披籍摩挲雖童子之所喜
吹笙搖鼓者弗樂于此也先孺人每促之就塾移時不
下樓繼之以訶責終戀戀不能舍比束髮就婚即內子
奩中物悉以供市書之値時文士競尚秦漢語爲比耦
益沾沾自喜每至童子試不前亦夷然不屑也及舞象

清乾隆至道光长塘鲍氏知不足斋丛书本《澹生堂书约》一卷

如2019年我们访得民间流散古籍57种，其中有抄本《钩玄秘集》两册，书中序言指明作者为“海上一仁刘君”。经查明代殷仲春《医藏书目·结集函》著录：钩玄秘集一卷，刘全德；明·祁承㸁撰《澹生堂藏书目》著录：钩玄秘集。清代及近现代书目皆未见著录。《中医人名辞典》载：刘全德，明代江苏上海人，著有《医学传心录》。《上海地区馆藏未刊中医抄本提要·考证病源》载：刘全德，字一仁，号完甫，明代万历间上海人，著有《考证病源》《伤寒神镜》《钩玄秘集》等，可见本书为流散民间已久的名家孤本，较为珍贵，因此收购入藏。

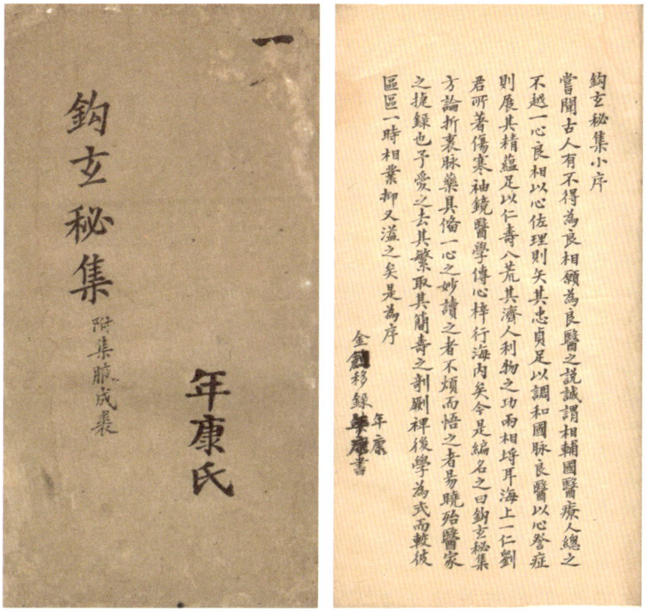
鉤玄秘集
附集腋成裘
年康氏

鉤玄秘集小序
嘗聞古人有不得為良相願為良醫之說誠謂相輔國醫療人總之不越一心良相以心佐理則矢其忠貞足以調和國脈良醫以心審症則展其精蘊足以仁壽八荒其濟人利物之功兩相埒耳海上一仁劉君所著傷寒神鏡醫學傳心梓行海內矣今是編名之曰鉤玄秘集方論折衷脉藥具備一心之妙讀之者不煩而悟之者易曉殆醫家之提錄也予愛之去其繁取其簡壽之剞劂袢後學為式而較彼區區一時相業抑又溢之矣是為序
金　移錄　年康書

中国中医科学院图书馆藏清抄本《钩玄秘集》一卷

（二）内容考察

内容考察，即对所访书籍的内容进行考察，对于刻印本而言，要注意是否有作伪，即从书零种充单行，残书充全书，拼凑之书剜改后充新品种之书。为避免上述情况的乱真，必须对于所访书籍认真比对，除核对书名、卷端题名、版心题名外，对于作者、校对者、刻工，甚至是书中出现的人名和地名都要认真核查，这样通过认真比对后，往往会使充真者现形。

此外，尤其是手抄本的内容鉴别是一项难度较大的工作。中医稿抄本古籍大多为记录心得，辑抄备考，或家传自珍，其编纂体例和辑录内容较为灵活，原创者有之，全抄、节抄、类抄者亦有之。另外，此类文献因不为出版刊行，故行文书写大多比较随意，造成字体难以辨识。还有，抄辑者引述他书时，古今杂糅、他我不分、张冠李戴者亦不乏其例，以上这些实际情况给稿抄本古籍的整理和研究造成了相当大的困难。抄本研究依赖于中医文献学、目录学、医学史、医学人物等领域的研究成果，对于采访员的自身素质有其特定的要求，需要翻阅和比对众多目录或文献，才能做出判断，这也是抄本研究和采购难度大的重要原因之一。因此，在考察所访书籍内容时必须养成多查多对的习惯，这样才不致使节抄拼凑的书籍入选。笔者有一点不成熟的体会，历代抄录节选拼凑的书往往类似于现在的学习笔记，因此其抄录的内容往往是来自于历代名著和通行之书，如李东垣、朱丹溪、刘完素诸家之书，以及明清的综合性医书《寿世保元》《景岳全书》《医宗金鉴》《临证指南医案》等，或临证各科的名著或核心文献，如《濒湖脉诀》《本草纲目》《针灸大成》《医学心悟》《外科大成》《外科症治全生集》《傅青主女科》《小儿推拿秘诀》《温病条辨》《遵生八笺》等，因此选取抄本中若干比较明显的篇名、段落词语或句子，在古籍电子文本中查找，往往可以得出比对结论。如：《女科锦囊》即节抄自《医宗金鉴妇科心法要诀》，《杂证明辨篇》是节抄《临证指南医案》每门病证之后华岫云、邵新甫、邹滋九、姚亦陶、华德元等叶天士门人的评论而成，《推拿秘要》大部分内容抄自《针灸大成》和《医林统要通玄方论》。《李氏秘传眼科精要》系截取中医外科名著《疡医大全·眼目部》基础上，补入诸证方丹、各经治验、拾遗诸证而成。

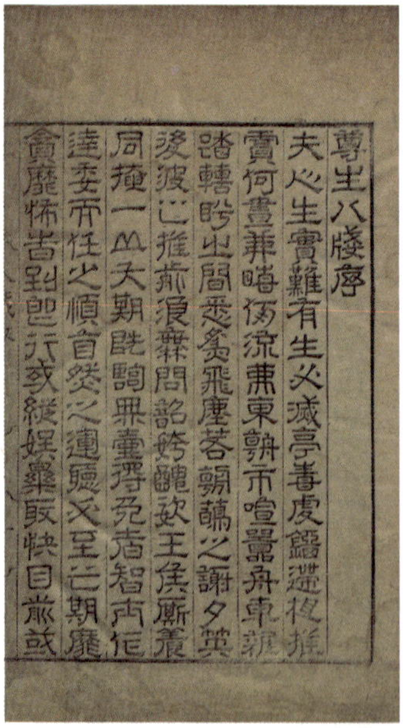
遵生八牋序

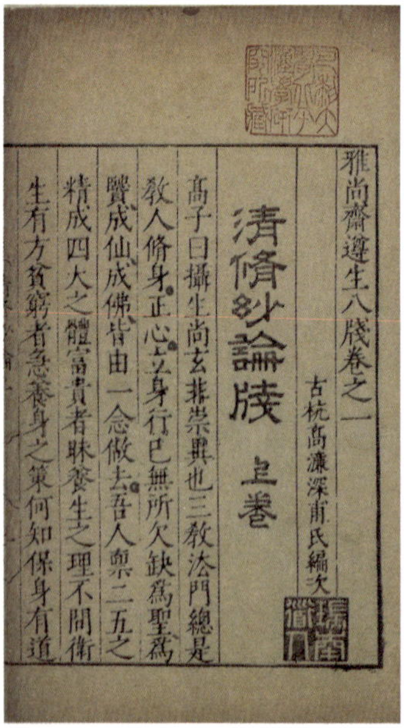
雅尚齋遵生八牋卷之一
古杭高濂深甫氏編次
清修妙論牋 上卷
高子曰攝生尚玄非崇異也三教法門總是教人修身正心立身行己無所欠缺為聖為賢成仙成佛皆由一念做去吾人稟二五之精成四大之體富貴者昧養生之理不問衛生有方貧窮者急養身之策何知保身有道

国家图书馆藏明万历十九年（1591）雅尚斋刻本《遵生八笺》十九卷

（三）版本考订

考订古籍版本是古籍版本鉴定学的核心任务，关于考订的方法以及历代古籍版刻抄录或用纸的惯例，此处不再赘述，可以参见李致忠先生《古书版本鉴定》。此处所述版本考订侧重于图书馆采编工作中的版本甄别。

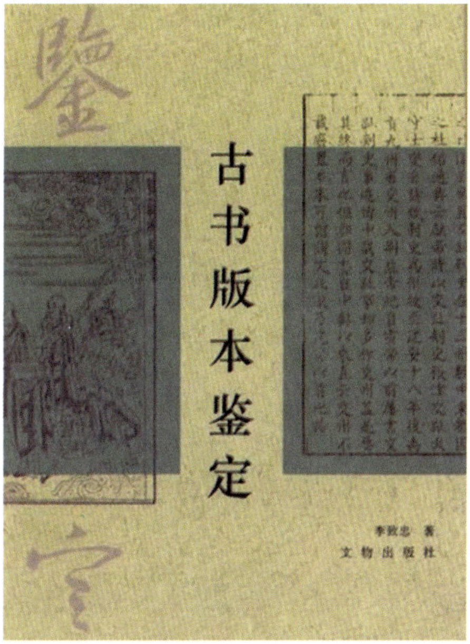

1997 年文物出版社出版《古书版本鉴定》

藏馆采购阙藏稀少版别的书籍，除有扩充馆藏版本的功能外，还能为古籍校勘和梳理古籍流传情况提供大量实证，因此从某种程度上说，并不比购藏稀缺品种的意义逊色。甚至如能采选到书的初刻本或者早期印本，甚至是作者的稿本或刻书底稿，在校勘学上更具有重要意义。但是，在古籍版本调查与研究过程中会发现，有些古籍或因成书较早，或因编入丛书，导致早期版本流传较少，濒于失传，这就需要依据《中国中医古籍总目》或相关海外回归书目所著录的各个版本予以充分调研和比对（尤其是已经被收入丛书的书籍，其《中国中医古籍总目》或相关海外回归书目著录最早的版本要与所在丛书刊本相比对，以别其早晚精劣）。挖掘版本佳、时代早、存世孤罕的珍本、善本，可为后世呈现典籍之早期面貌，并通过书目提要反映出书籍的版本流传情况。

考订版本注重内证与外证相结合，内证即书籍的牌记、序跋、版式、行款、字体、刻工、避讳字等，外证即此书的古今书目著录情况和其他藏馆的藏品著录，通过前人的著录经验和书影的比对，结合相关工具书，从而判断古籍版本情况，不可单凭个人经验“观风望气”，而妄下结论。

二、编目登记

考察古籍的品种和版本并作简单记录，其实在采访古籍的早期就是已经密切重视的一个环节了，但是此处将其作为采访与编目的工序之一，就是要在前述的书籍基本信息的基础上给采购到的书籍详细著录款目，登记在册，纳入馆藏。

（一）著录

古籍的著录款目一般包含十个方面的要素，即：书名、著者、著作方式、卷数、类例、小序、解题、版本、批校题跋、递藏。图书馆采编工作重点是在书名、著者、著作方式、卷数、版本、批校题跋、递藏这几个方面，对于采购古籍进行一一编目登记。详见前文“中医古籍著录、款目组织与索引”。

（二）分类

古籍的分类是目录学研究的核心任务之一，古代亦称之为类例。关于古籍的分类，本书也有专篇介绍。分类在图书馆编目而言，主要是为了排架检书和编制索引的需要，因此需要按照统一规范的古籍分类标准分类登记。详见后文“中医古籍分类法”。

（三）索引

以往图书馆索引目录的编制主要分为两类：公务目录和读者目录。公务目录主要是为了清点核查古籍存放排架和提取读者用书使用。读者目录主要是为方便读者检索古籍使用，其又分书名目录、著者目录、分类目录以及主题目录。一般大型的图书馆基本都编制有这几种类型的目录卡片。

书名目录和著者目录是图书馆服务读者文献索引的两个重要方面，依据书名检索可以在浩瀚的图书资料中迅速检阅到所需之书，但是由于古人之书一书歧名或异书同名的现象常或有之，因此必须注重著者索引的编制。王重民先生在《校雠通义通解》中指出：“有了这两种索引工具，就可以解决一些由于书名而归类谬误的问题。”[1]现在各馆在官网上都已编制了古籍检索平台，并设有高级检索栏目，对于古籍的检索效率大大提升，不仅减少和避免了由于书名和著者相近导致的错误著录，也方便了古籍管理者的排架检书等工作。详见前文“中医古籍目录款目著录、组织与索引”。

分类目录和主题目录是为了帮助读者查找某一门类或某一主题的书籍而编

制的目录，对于方便读者进行专门研究提供向导。

综上所述，古籍的采访与编目是图书馆古籍保护与利用的基础工作。作为一名古籍采访员，除应懂得古籍目录学、古籍版本学、古籍采访方法知识外，还应学会熟练使用与自己采访业务有关的工具书。如历代目录学著作、现代目录学研究著作，以及各种馆藏目录和古籍辞典、辞书。此外，古代汉语、书法和篆刻，甚至是纸张、印刷方面的知识，及掌握古籍现行价格也当列入古籍采访员业务素养范围。[2]当然除了业务素质之外，对于行业和岗位的热爱也是支撑做好古籍采访与编目工作的重要精神动力。

同时，应该重视的是数字化古籍文献的采集。对于难以在市场购得，或可遇不可求的珍贵古籍品种或版本，若不能获得原始文献，数字化的图片或数据库仍不失为古籍采编的一个重要方向。若能通过馆际共建共享的古籍数字化平台，加强馆际资源交流、互通有无，在扩充“馆藏文献”数量的同时，并可极大地提升古籍服务的效率，惠及学人。

参考文献

[1]王重民．校雠通义通解［M］．上海：上海世纪出版集团，2009，6：3，30.

[2]艾秀柏．论古籍采访员的业务修养［J］．高校图书馆工作，1986，7：41-49.

第二节 中医古籍资源调查与联合目录编纂

中医药文献传承，要达到全面、系统、纵览全局的效果，就必须进行深入彻底的中医古籍资源调查，厘清家底，掌握中医古籍的存世状况。特别是那些重要的、有代表性的、有特色的、有文化内涵的医药著作的存世状况和收藏分布情况，更是中医文献传承的重要线索。只有掌握了资源的实际状况，才能做进一步的分析、评价、整理、推广、开发、应用，才能依据古籍不同的等级价值，制订更好的保护措施，使这一医药宝藏保存和传承，为人类健康事业更好地发挥作用。为此，有必要将新中国成立后由中国中医科学院图书馆牵头组织的中医古籍资源调查与《中医古籍联合目录》的编纂实践经验，做一简要回顾与介绍。

一、回顾与分析

资源调查和书目编纂是一项工作的两个发展阶段，任何书目编纂都必须以资源调查为基础，即使是馆藏书目或私家藏书目录，也必然是以清理、核实馆藏（架藏）为第一步，亦即小规模的资源调查。而书目编纂是资源调查的成果记录，这些记录经过整理研究和目录学技术方法处理，按既定目标要求编纂成册，成为各种类型的图书目录。二者互为依存，相促发展。

（一）资源分布

根据目前掌握的资料分析，我国中医古籍资源的分布呈现既分散又相对集中的情况。所谓分散，是指在全国各地区（省、市、县、自治区）、各系统（公共、科学研究、大专院校、医院、学会、宗教、部队等）的图书馆、博物馆大都或多或少有中医古籍收藏，加之近年来私人藏书发展迅速，中医古籍的收藏面又有扩展的趋势。此外，还有多年来流失海外的医书，不仅收藏于很多国家的图书馆、博物馆，亦有很多为私人收藏家所拥有。凡此种种，说明中医古籍资源的分布相当分散，其涉及面之广，至今尚无确切答案。所谓相对集中，是指中医古籍的收藏面虽广，但它分布的密度并不均衡，无论是从数量上还是从质量上看，绝大多数古籍资源是集中于经济、文化发达地区。从地域上讲，古籍资源最集中的地区是北京，其次是上海；从收藏单位性质上讲，除中医专业图书馆外，中医古籍资源最集中的单位是国家图书馆、发达地区的省市图书馆、科研机构图书馆、综合大学和医学院校图书馆。这种资源相对集中的特点，为调研工作创造了有利条件，如果收藏信息工作做的到位，资源调查可收到事半功倍的效果。

（二）目录整理

中医专科目录的整理和编订至近现代才逐渐呈现系统化和规模化的趋势。据目前所掌握的资料看，民国期间所出版的中医书目，大概有以下几种类型，一是出版企业编纂的本社出版的中医图书目录，如:《上海中医书局书目提要》《千顷堂书局医学书目》等；另一种是丛书书目或书目提要，如《钦定四库全书总目提要医家类》《三三医书书目提要》《中国医学大成总目提要》《珍本医书集成总目》等；还有一种类型是个人藏书目录或社会各类组织机构的医书收藏目录，这种书目，大多为抄本或内部印刷品，收书量极小，影响力不大，在此不一一赘述。1949 年以后，随着国家对中医药学的重视和对古籍资源的调查保护力度不断加强，中医专科目录的编纂和目录学研究也得到相对快速发展，主要表现为以下几个方面：

1. 中医药研究机构和高等院校图书馆编纂的馆藏中医书目

其中收书量较多，影响力较大的是《中国中医研究院图书馆馆藏中医线装书目》和《上海中医学院图书馆馆藏中医书目》。

2. 省、市等地方性中医古籍联合目录

具体如:《浙江中医药古籍联合目录》《吉林省中医古籍联合目录》《天津市中医古籍联合目录》等。

3. 省或地区的古籍联合目录

其内容包括了该地区各类图书馆所收藏的中医古籍目录，目前贵州省、东北三省、内蒙古等地区均已出版了综合性的古籍联合目录。

4. 研究考证性的书目

在 20 世纪 80 至 90 年代，编纂出版了一批这种类型的目录作品，其中具有一定代表性和影响力的有：郭霭春主编的《中国分省医籍考》、严世芸主编的《中国医籍通考》等。

1994 年上海中医药大学出版社出版《中国医籍通考》

（三）数据分析

上述各项中医古籍目录学成果，是在不同的范围，以不同的形式，从不同的角度和层面为中医古籍资源调查做出了贡献。而真正以中医古籍存世状况为目标的调查研究工作则始于 1958 年。当时刚成立不久的中医研究院为更好地继承发扬中医药学遗产，需要先摸清家底，掌握中医古籍的存世状况，为继承工作铺路搭桥。据此，得到北京图书馆的支持与合作，两馆联合于 1958 年向全国各地公共图书馆、综合性大学图书馆、医学院校图书馆发出了征集中医图书馆藏目录的函件，开启了第一次全国性中医古籍资源调查。此次调研历时 3 年，共收到全国 58 家图书馆和 2 家私人藏书提供的中医藏书目录。

其后，在 1979—1990 年，2005—2007 年又先后进行了第二次、第三次全国中医古籍资源调查，调研成果全部收录在三本书目中，即 1961 年印行的《中医图书联合目录》[13]、1991 年中医古籍出版社出版的《全国中医图书联合目录》[14]、2007 年上海辞书出版社出版的《中国中医古籍总目》[15]。现将以上 3 次中医古籍资源调研的范围、藏书单位、书目数据统计结果列表如下：

表 1–1　调查地区统计

省市	第一次调查（1959—1961 年）	第二次调查（1979—1990 年）	第三次调查（2005—2007 年）
省	20	24	24
市	34	42	56

表 1-2 收书断代、收书品种统计

年代	1961 版《联目》	1991 版《联目》	2007 版《总目》
1911 年前出版（古籍）	4 424	7 510	8 663
1911—1949 年出版（民国间）		4 614	4 792
1911—1958 年出版	3 237		
合计	7 661	12 124	13 455

表 1-3 中医古籍收藏单位分类统计

收藏单位		1961 年版《联目》	1991 年版《联目》	2007 年版《总目》
国家图书馆		1	1	1
省市图书馆		28	35	56
博物馆		2	4	5
大学图书馆	综合	1	6	12
	医学	14	28	31
	中医	5	25	27
研究机构图书馆	综合	1	1	2
	医学	1	4	3
	中医	4	7	9
医院图书馆			1	3
学会图书馆		1	1	1
出版社图书馆				1
私人藏书		2		
合计		60	113	150

根据以上表格所统计的数据，清楚地反映出 3 次中医古籍资源调查在区域范围、藏书单位、新品种发掘等方面都取得了可喜进展。在整个资源调查过程中，始终坚持“突出重点，兼顾一般”的指导思想。所谓突出重点，即把中医专业图书馆列为调查收录的重点，争取做到全覆盖。同时把收藏中医古籍丰富的非中医专业图书馆也列为调研重点，并争取做到全覆盖。正是因为在实际工作中成功贯彻了这一指导思想，使中医古籍资源调查工作获得了事半功倍的效果。根据以上所列数据，对照现已掌握的各家书目综合分析，可以确认，通过

3 次中医古籍资源调查，基本掌握了中医古籍的存世状况和在各地区各类型藏书单位的收藏分布情况，特别是对刻本医书的调查和收录，估计收全率可达到 90% 以上。

《中医图书联合目录》《全国中医图书联合目录》《中国中医古籍总目》

二、调研方法

（一）调研方式

资源调研方式的选择和设计与调查目标、调查范围和组织者本身所具备的调查能力密切相关，根据已经完成或正在进行的古籍资源调研所取得的经验看，调研方式基本上可归纳为以下两种方式：

1. 普查式调研

普查式调研方式基本上是在政府部门的支持督导下进行的，其主要特点是有统一的领导、统一的规划、统一的操作方法和技术指标及可靠的保障条件。如 20 世纪 80 至 90 年代进行的全国善本图书普查和当前正在进行的全国古籍普查登记工作均属这种类型。采用这种方式，组织领导机构必须具有一定权威性，否则无法进行。

2. 渐进式调研

渐进式调研方式具有相对灵活性，可以根据调查的预期目标和调查主体所具备的实施能力，设计和调节可行性方案，以最便捷有效的方式发挥自身优势，持续性的关注、采集、获取、积累资源信息。持续进行了半个多世纪的中医古籍资源调查即采取的这种模式。

（二）调研单位

如上文所述，我们所进行的中医古籍资源调研，是以渐进方式进行的，不可能如普查式一次性完成，必然要遇到如何选择调研单位问题，我们是按照以下原则进行选择的：

1. 综合馆优先

先通过各种渠道对藏书单位进行调查了解，把收藏古籍丰富的单位做为优先考虑调研的对象。国家综合性图书馆，如国家图书馆、首都图书馆、上海图书馆；或领域代表性图书馆，如中国科学院国家科学图书馆、中国医学科学院图书馆、全军医学图书馆等等，均应优先列入调研计划之中。

2. 专业馆收全

中医药专业图书馆全部列为调研对象，其所收藏的中医古籍全部收入《中医古籍联合目录》。

3. 辐射全国

调研工作既要突出重点，也要兼顾全局、辐射全国，一些偏远、欠发达的省、市、自治区图书馆也要纳入调研计划，一方面考虑这些图书馆会收藏一些具有地方特色的古医籍，另一方面也是为了方便中医人员就近利用当地的馆藏中医古籍资源。

（三）调研表设计

调研表的数据结构设计要服务于古籍资源调查目的，也要适用于《中医古籍联合目录》编纂著录事项的需求。也就是每项调查数据的确认，都必须有助于对特定古籍书名、作者、版本、成书年、内容分类等项目做出准确判断。例如，有关“书名”的资料，不同的版本有不同的题名，一书的不同部位也有不同的题名，只有将这些同一书的不同题名，在数据结构中作全面反映，才能为以后在汇总资料时，在纷繁复杂或似是而非的原始素材中，提供有效线索，以利做出准确判断。又如，有关“作者”的资料，历史上同名同姓的人很多，但同姓名的人往往字、号不同，籍贯不同，所处时代不同，这些资料都是区别同姓名人的佐证，如不参考这些数据，就极易张冠李戴，造成混乱。因此，调研表的数据结构设计必须做到缜密、全面，依据调研表开展工作可为资源调查积累可靠的第一手数据。这些数据是古籍资源调查、目录学研究、《中医古籍联合目录》编纂的基础工作，是对古籍著录做出正确鉴别和判断的重要依据。

（四）调查程序

进行全国范围的中医古籍资源调查，由于涉及面广、参与人员多、时间跨度长等因素，在工作启动之前，必须做好各方面的准备工作，其中重要的一项工作就是资源调查的程序设计，也就是要为整个资源调查工作制定一个科学有序的工作流程，以保障整个资源调查工作步调一致地向前推进。调查程序设计大体包括以下几方面内容：

1. 确定调查单位名单

首先，拟定调查单位的入选条件，再按条件选出初选名单，然后对名单中藏书单位的中医古籍收藏状况和整理编目情况进行调查核实，不符合条件者淘汰，最后落实调查单位名单。

2. 调研的前期准备工作

（1）撰拟发给藏书单位的中医古籍调研信函。

（2）设计中医古籍资源调研表，该表格包括中医古籍资源调查中所需了解掌握的各项资料。

（3）编写调研表的填表说明，阐明各项数据填写的基本要求。

（4）设计查询单，以便发现书目数据存在疑问时，向藏书单位做进一步核实。

（5）设计联系人表格，内容包括：联系人姓名、学历、职务、职称、专长等有关信息。联系人负责解决在资源调查中其所在单位书目数据存在的各类疑问。

3. 调研实施阶段

（1）发调研信函和相关表格及说明。

（2）与各相关单位沟通和协调。

（3）回收调研表或藏书单位提供的馆藏中医古籍书目（多数单位不能按要

求重新填写书目数据，而是提供现有的馆藏中医书目）。

（4）对收到的书目数据进行登记，并加盖收藏馆的标识章。

（5）对收到的书目数据进行初审，不符要求的联系修改。

（6）凡在调研阶段和各协作单位间有关中医古籍书目资料的咨询、解答、变更等互动关系均做详细记录并存档。

4. 汇总调研资料

（1）在汇总各藏书单位提供的书目数据之前，需仔细检查是否全部加盖了收藏馆的标识章，如有漏盖，应予补齐。

（2）汇总调研资料，先将同一书集中，再将同类书集中，经过初步的整理归纳，数据调查阶段的书目数据收集的基础工作基本完成。

（3）在调研过程中发出的查询单收回后，和其他调研数据一起汇总到制订好的分类体系中的各类，以供编纂《中医古籍联合目录》时参考。

（4）将参加资源调查的藏书单位数据整理汇总，内容主要包括以下项目：单位名称、馆代号、负责人、联系人、地址、邮箱、电话、提供中医古籍条目数量、提供时间等。

三、《中医古籍联合目录》编纂

由医史学家李涛教授编辑的《北京五大图书馆现存中医书简目》是最早的以联合目录形式编纂的中医专科目录，该书由中华医学会于1955年印行。但该书目资源调查面很小，收书量也少，著录项目简单，且为机关内部印刷品，其实用性和影响力均有限。因此，中医图书联合目录的开山之作，应推1958至1961年由北京图书馆和中医研究院联合编著的《中医图书联合目录》。随着社会文化和中医事业的发展，1991年由中国中医研究院图书馆组织编写、薛清录主编、中医古籍出版社出版的《全国中医图书联合目录》问世。进入21世纪后，在中国中医科学院的支持下，在前两部联合目录的基础上，由薛清录主编的《中国中医古籍总目》于2007年在上海辞书出版社出版。在长达半个世纪的时间里，这三部大型《中医古籍联合目录》的出版，使我们基本上了解和掌握了中医古籍两千年来的发展和存世情况，以及当前在全国各地区各系统的收藏分布情况，厘清了家底，填补了编纂大型《中医古籍联合目录》的空白，为中医专科目录学的建立和中医文献的传承做出重大贡献。下面仅从几个方面对三部《中医古籍联合目录》的学术思想、技术方法做一扼要阐述：

（一）体例框架

1. 指导思想

历时半个世纪的中医古籍资源调查，始终朝着一个既定目标前进，那就是为了继承发扬中医药学遗产，必须查清有多少古圣先贤的遗著尚存留于世，收藏于何地、何处，为中医古籍保护、发掘、整理研究、传承做好文献信息基础调查工作。同时，《中医古籍联合目录》的读者群体也是广泛的、多元的，它的编纂应该既适用于研究工作，也要满足于医疗、教育、文化、管理等方面的各类人员需求，以便使《中医古籍联合目录》能够更好地、更广泛地发挥社会功能。

2. 收录范围

收录范围是编辑《中医古籍联合目录》所拟定的技术标准之一，是以条款形式将本目录所要收录的图书范围做出科学的、明确的界定。收录范围的制定，是为了保障目录登记的科学性、稳定性和一致性。其内容包括收书断代、学科取舍、语言文字限定、文献类型等多方面内容，下面仅就三部《中医古籍联合目录》编纂过程中在“收录范围”上的取舍变化做一简单介绍。

（1）断代问题

关于收书的断代，三部《中医古籍联合目录》有不同的考虑，1961 版《中医图书联合目录》收书断代是 1958 年，也就是 1958 年以前出版的中医书全部收录；1991 版《全国中医图书联合目录》在收书断代上做了调整，考虑到图书本身的时代特征和存量等因素，该书的收书断代定于 1949 年；2007 版《中国中医古籍总目》在收书断代与 1991 版《全国中医图书联合目录》基本一致，但工作重点上进行了调整，虽然保留了民国时期出版的中医书，但却明确提出调研和收录的重点是 1911 年以前著作和出版的中医古籍。

（2）边缘学科问题

在《中医古籍联合目录》编纂中，遇到的边缘学科问题主要是法医和兽医。1961 版《中医图书联合目录》收录了这两科的书目，到 1991 版《全国中医图书联合目录》编写时，出现了不同意见，虽然这两类书的类名都有一个“医”

字，但究其内容，应从以下三个方面进行审核认定：

①与中医药学的研究对象、研究目的、研究方法是否一致；

②与中医学的基础理论、学科体系、逻辑关系是否一致；

③与当前通行的古籍分类和现代图书分类法的类目设置是否一致。

通过这三把尺子的衡量，编写人员一致认为，法医和兽医学著作不应收入《中医古籍联合目录》，故1991版《全国中医图书联合目录》和2007版《中国中医古籍总目》均未收录这两个方面的内容。

（3）晚清出版的西医线装书问题

从学科划分来说，西医线装书不应属《中医古籍联合目录》收录范畴。但这一历史时期恰好是西风东渐，西医传入中国，中西并存交融时期，出现了中西汇通学派的著作。中西汇通是中医发展的一个历史阶段，其著作属中医范畴应予收录，但同一时期西医著作的中译本，虽为线装，亦不能视为中西汇通著作收入。

（4）社会文化因素对收书范围的影响

《中医古籍联合目录》是文化产品，它的产生和发展必然受社会文化动态的影响，例如1961版《中医图书联合目录》第一个类目是“党和政府关于医药卫生的政策决议及有关著作”就带有明显的时代特征。又如2007版《中国中医古籍总目》把祝由科著作立类收录，并把收集到的台湾地区六家藏书单位的中医古籍书目作为附录收入《中国中医古籍总目》中，彰显出改革开放以后国家文化政策的多元化和包容性。

3. 编排体例

目录的编排体例，是目录编辑和款目组织的核心问题，是检验目录科学性和实用性的重要依据。历时半个世纪，先后编辑出版的三部《中医古籍联合目录》在编写体例上是一脉相承的，它的结构序列是依据1961版《中医图书联合目录》采用的“分类编年法”确立的，此法是先将图书按内容归类，再按成书年排序。其精神完全符合中国传统目录学“辨章学术，考镜源流”的宗旨。

经过半个多世纪的实践检验，此法已为学界和广大读者所认同。但是，这一体例在实践中仍然存在不容忽视的弱点，主要问题出在“编年”上，《中医古籍联合目录》不是研究考证性目录，而是反映中医古籍资源调研成果的文献检索工具，所收集的款目数据参差不齐，有些数据可提供后期编纂《中医古籍联合目录》的参考信息量太少，很难找到确定书籍“成书年”的可靠依据。为解决这一难题，1961 版《中医图书联合目录》采取了两项措施：其一是对一部分成书年不详的，依据内容和版本做出推断，在推断年代的后面加一“附”字，以示区别；其二是对实在推断不出年代的，则写上“撰年未详”四字，排在该类的后面。1991 版《全国中医图书联合目录》将这两项措施合并，并将推断年代的“附”字以符号代替，改为“[　]”。随着中医古籍资源调查的深入发展，一部份存疑的成书年，已经逐步获得解决，例如《青囊萃颖》一书，《中国中医古籍总目》著录为“著者佚名”，参考成书年［1938］，后经调研，证实该书作者为清代刘行周（赞化），成书年为 1898 年，遂在《中国中医古籍总目》电子版中予以改正。但是这种通过调研逐步订正成书年的办法将是一个缓慢的过程，解决大量存疑书籍的成书年，仍是《中医古籍联合目录》编纂中的一个难题。

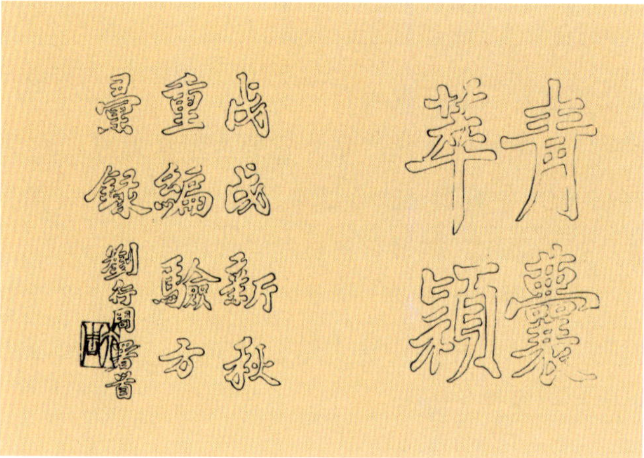

清光绪二十四年（1898）抄本《青囊萃颖》一卷

（二）著录项和标准化

目录的著录款目，如古籍书目中的书名、卷数、著者、版本等，用以向读者揭示书籍内容和特点。但是，在具体编目实践中，由于编目者的业务能力和水平的差异，古籍的著录有时也有优劣繁简之分。因此，若要开展《中医古籍联合目录》编纂修订，首先要把著录款目确定下来，并且确定这些款目的著录要求、著录方法，制定“《中医古籍联合目录》著录编辑细则”，作为全体编写人员的著录依据，以求思想统一、行动统一，避免各行其是，造成混乱。三部

《中医古籍联合目录》在著录项目的选择上具有共同的指导思想，但也有不同的处理方法，因而形成了各自特点，现仅就其主要的几点阐述如下：

1. 指导思想

《中医古籍联合目录》著录款目的选择确定，主要依据以下几条原则：

①遵循中国古籍目录的著录款目的设置惯例；

②吸收现代目录索引编排技术，提高目录的检索功能；

③通过著录款目尽可能更多地向读者提供有价值的书籍信息。

2. 关于“按语”和“注释”的著录

在目录的著录款目中设“按语”和“注释”是1961版《中医图书联合目录》的主要特点。按语应用范围很广泛，也很灵活，有对类目的说明，也有对某书的体例、出处的说明，还有的按语是对著者身份的介绍以及对确定成书年的依据说明等等。总之，凡是编者需要说明的问题均可以按语形式加以阐述。这种著录方式，可以给读者提供很多信息资料，具有一定的参考价值。但是，不足之处是，因联合目录的著录应是简洁、规范，且应符合古籍著录标准化要求，这种叙述性的“按语”和“注释”文字具有随意性，与编辑体例不符。因此，在1991版《全国中医图书联合目录》中，将“按语”的著录取消，而“注释”项虽予以保留，但对其使用范围和注释语言进行了规范。

3. 关于著者籍贯的著录

在1961版《中医图书联合目录》著录款目中，有对著者籍贯的著录。在20世纪80年代修订1961版《中医图书联合目录》时，编写人员对这项著录进行了认真讨论，对其必要性和可行性进行了深入分析。一致认为，作为一本工具书，如把著者籍贯列为正式著录项目，就必须做到全面而准确。但实际情况是，我国的地名问题太多、太复杂，例如同一地点古今用名不同，是用今名，还是用古名？一地多名或一名多地怎么认定？同一著者的不同著作所题籍贯不同，是照录、还是需要进一步研究考证，等等。若要将此项著录做到扎实而准确，确实存在较大难度，也超越了《中医古籍联合目录》所能承担的主要任务。因此，为将有限的人力、物力集中用于主要款目的调研和整理编辑上，故在实际工作中决定在编撰1991版《全国中医图书联合目录》时不再著录“著者籍贯”。

4. 关于同书异名的著录

清代章学诚在《校雠通义外篇·论修史籍考要略》中言“嫌名宜辨”，“古人之书或一书歧名，或异书同名者多矣，皆于标题之下，注明同异名目，以便稽检。”因此，从1961版《中医图书联合目录》开始，对同书异名的著录，就采用交替书名办法解决，交替书名亦收入书名索引，保证读者从任何一个书名入手都能够查到该书，有效避免了异名同书书籍的重复著录和漏检。

5. 关于待鉴定本的著录

在1961版《中医图书联合目录》的版本项中，设置了“待鉴定本”项目，后在修订工作中，发现这一项目的设置存在问题，因为版本项主要有四个著录内容，即出版年、出版地、出版者和版本类别。在这四项著录中唯一不能缺少的是版本类别，如果一本书连版本类别都未弄清楚，那么这条著录就无法成立，而前面三项无论缺了哪一项，也都不是完整的著录，都留有“待鉴定”的因素。因此，1991版《全国中医图书联合目录》取消了“待鉴定本”的设置。

6. 关于成书年的著录

1961版《中医图书联合目录》中的成书年款目著录采用的是汉字和阿拉伯数字的混合号码，分三种写法：

①公元前；

②采用推断的成书年份，在年代后面加“附”字，例如“1911附”；

③撰年未详。

在《中医图书联合目录》进行修订时，考虑到成书年具有排序作用，应采用本身具有序列功能的数字和符号做标示，而汉字无此功能，故不应混用。因此，在1991版《全国中医图书联合目录》中，删去“撰年未详”字样，一律按参考公元年处理，并将“附”字改为“[　　]”表示。

（三）分类表的制定

图书分类法是目录学研究的核心内容，是使书目达到“辨章学术，考镜源流”的重要手段。中国古代目录学家通过图书分类的立类、类名、类序来表达他们的学术主张、褒贬态度，使目录在学者治学中发挥导向性作用。现代图书分类法则是以学科分类为核心组成，具有严密逻辑关系的族性分类体系。如果图书分类表的类目间逻辑关系处理失当，必然会在类分图书时出现类列不清、图书混乱问题，从而降低目录的科学性和实用性。因此，在着手进行《中医图书联合目录》《全国中医图书联合目录》《中国中医古籍总目》编纂时，必需要先制定出一个普适的、兼容古籍和民国文献的分类表。

1. 立类原则

（1）确定以图书内容学科为主的立类原则

在此基础上，可依据图书的文献类型、时代、国别、民族等因素进行细分，但必须厘清各层次类目间的逻辑关系。

（2）立类要考虑收录文献的实际情况

每个类目下应有一定的文献量，尽量保持各类文献量的平衡，既便于检索，又不失于繁琐。

（3）对“类名”的基本要求

①类名要有明确的科学内涵；

②文字简洁、概括性强，能覆盖其下位类的外延；

③尽量采用中医传统名词术语；

④能为多数读者熟悉和接受。

2. 体系结构

（1）分类表应能反映中医文献全貌，其序列层次应能表达学科或学术发展的渊源关系。

（2）对于开创性、奠基性著作，已由单一著作发展成为学科者可单独立类，并在分类体系中适当反映其在学科发展中的重要地位。如将“内经”做为独立类目，列为分类表的第一大类，凸显《黄帝内经》对中医学的奠基和指导地位。

（3）在分类体系中，各层次类目序列的排列以统一原则为准，不以类别层次的不同而有所变动，从而保持类目结构的统一平衡。

3. 发展变化

三部《中医古籍联合目录》分类表编制的指导思想和类目主体结构基本是一致的，一脉相承的。但是随着收书范围的变化和收书规模的扩大，加之编写人员对中医图书分类法的立类原则和体系结构的深入探讨，1991 版《全国中医图书联合目录》和 2007 版《中国中医古籍总目》对类目表进行了不同程度的调整和修订，具体修订情况概括介绍如下：

（1）三部《联合目录》分类表类目数字变化概况

表 3–1　分类表类目数字变化统计

类目	1961 年版《联目》	1991 年版《联目》	2007 年版《总目》
一级类目	17 类	12 类	12 类
二级类目	67 类	62 类	66 类
三级类目	193 类	83 类	81 类

（2）一级类目修订情况

表 3–2　一级类目修订对应表

1961 年版《联目》	1991 年版《联目》	2007 年版《总目》
医经	医经	一级类目与 1991 版《联目》同
藏象骨度病源中医生理病理	基础理论	
诊断	伤寒金匮	
本草	诊法	
方书	针灸推拿	
伤寒金匮	本草	
温病	方书	
临证各科	临证各科	
针灸	养生	
养生护理按摩外治法	医案医话医论	
综合性医书	医史	
丛书全书	综合性著作	
医案医话医论		
医史		
法医	（法医删）	
兽医	（兽医删）	
工具书		

（3）二级、三级类目修订情况

①理顺类目间的族系关系

准确反映类目间的族系关系是图书分类法科学性的重要标志，也是提高书目检索效率的重要手段。因此，在修订《中医古籍联合目录》时，需对分类表类目间的逻辑关系进行系统的梳理，并对逻辑关系混乱的类目进行调整，下面仅就诊法类二、三级类目间族系关系调整情况举例如下：

表 3–3 二级、三级类目修订举例

修订前	修订后
脉经及诸家脉学	诊法通论
脉经	脉诊
脉诀	脉经
诸家脉学	脉诀
太素脉	诸家脉学
四诊	望诊
四诊八纲	舌诊
望诊	其他诊法
舌诊	
其他诊法	
诊腹	
其他	

②统一平行类目的分类标准

这项修订措施是为了避免在一个大类之下的平行类目，因采用不同的分类标准而产生类目间交差重迭、类列不清，从而导致图书分类混乱，降低书目检索的准确性。因此，对存在这种问题的类目进行了修订。举例如下：

表 3–4 平行类目修订举例

修订前	修订后
素问	素问
本文	本文
全部的注释	注释
分类摘要注释	发挥
校注	
杂注	
阴阳五行及运气	（阴阳五行及运气移至基础理论类）

③类目的简化与归并

这项修订措施是为了解决类目设置过细、过繁，造成各类目下文献量失衡的弊病。例如，1961 版《中医图书联合目录》分类表的医经类下的二级类目“素灵分类合编”，其下又设了 5 个三级类目，最小的一类只收录了 1 种书，最大的类收录了 50 种书，收书量极不平衡。因此，在 1991 版《全国中医图书联合目录》分类表撤销了这个二级类目，其下 5 个小类进行合并，移至“内经”类下重新设立三级类目，类名“类编与摘编”，既简化了类目，又理顺了族系关系。

④类目的删除与增补

分类表类目的增删，主要是依据目录收录范围的调整。例如：在 1961 版《中医图书联合目录》分类表中有法医和兽医两个类目，后经研究，认为这两个学科不属于中医学范畴，应不予收录。又如祝由科著作在 1961 版《中医图书联合目录》没有收录，但在编纂《中国中医古籍总目》时，经研究认定，“祝由十三科”在医学史上是客观存在的，而且有一定数量的书籍流传和存世，不应回避，故在《中国中医古籍总目》中增补了这一类目。

（四）分析参照系统的运用

分析参照系统是现代书目索引编辑中所采用的技术方法，目的是从不同角度和层面向读者揭示推荐图书，使书目索引达到最佳检索效果。从源流上讲，分析参照系统来源于目录学的“别裁”与“互著”的著录方法。《中医古籍联合目录》从 1961 版开始就采用了分析参照的办法，说明《中医古籍联合目录》的编辑指导思想是开放的，只要有利于目录的检索和利用，就充分吸收各家所长。具体做法概括为以下几点：

1. 丛书子目的分析

《中医古籍联合目录》收录的丛书基本为两类，中医丛书和综合性丛书。前者的书目数据，大多为藏书单位所提供。后者的书目资料多为编者查阅丛书或有关丛书目录所获取。这种间接收集书目数据的办法，往往因为书名表达专业性不强而有所遗漏。例如无锡市图书馆所藏的《一万社草》，这样的古籍如不见原书，又无提要，很

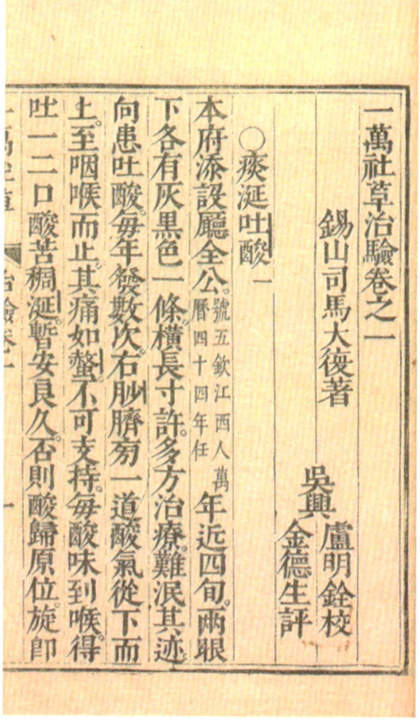
一萬社草治驗卷之一
錫山司馬大復著
吳興 盧明銓校
金德生評
○痰涎吐酸一
本府添設廳全公號五欽江西人萬曆四十四年任年近四旬兩眼
下各有灰黑色一條橫長寸許多方治療難泯其迹
向患吐酸每年發數次右脇臍旁一道酸氣從下而
上至咽喉而止其痛如螫不可支持每酸味到喉得
吐一二口酸苦稠涎暫安良久否則酸歸原位旋即

无锡市图书馆藏明天启刻本
《一万社草》十二卷

难判断它是医书。因此，在《中医古籍联合目录》所收录的综合性丛书的医书子目难免存在疏漏。

尽管如此，无论是中医丛书子目还是综合性丛书中的医书子目，《中医古籍联合目录》一律都做了子目分析。这些子目分析，凡是有单行本的，一律随单行本归类排序，在该书版本项之后列参见项；凡无单行本的，则视为独立品种，单列条目，归类排序，其版本项仍按参见项格式处理。

例：洁古家珍一卷

（金）张元素（洁古）撰

见济生拔粹

事实证明，通过对丛书子目的分析参见著录，不仅拓宽了中医古籍的检索途径，也反映了中医文献在社会文化领域的影响和认知。如唐 · 孙思邈撰《备急千金要方》曾经被收入 4 种丛书，而且全部都是综合性丛书；又如宋 · 董汲撰《旅舍备要方》被收入 9 种丛书，其中 8 种是综合性丛书。这种由书籍选编而反映的文化现象应该不是偶然的，体现了我国“儒”和“医”一脉相承的文化传承习惯。

2. 附录中独立医著的分析

一部独立的医学著作，未能单独刊行，而是附于他书之后，以附录的形式刊刻问世，为了彰显它的位置，便于读者检索查阅，《中医古籍联合目录》也采取了丛书子目的分析方法，单列条目，归类排序，其版本项亦按参见项格式处理。

例：董氏小儿斑疹备急方论

（宋）董汲撰

见《钱氏小儿药证直决》（附录）

又有一些独立的著作，虽然也是附录，但只是该书某一版本的附录，而非全部版本都有此附录，因此在著录上应有所区别。

例：湿热条辨一卷

（清）薛雪撰

见医师秘籍（版本附录）

上述丛书子目的分析裁出和著作附录的分析裁出，都属于传统目录学的“别裁”法。[2]

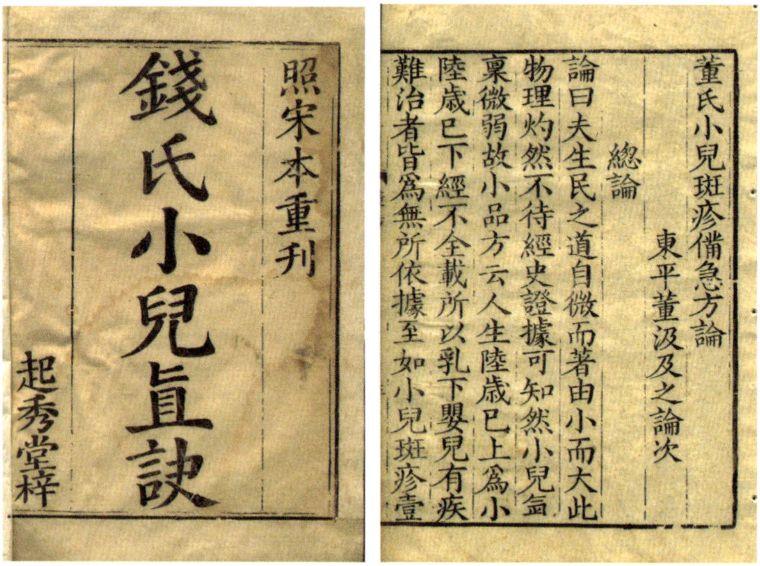

清康熙起秀堂影宋刻本《钱氏小儿药证直诀》三卷

3. 一书“互见”方法的分析

通常而言，当一书涉及两类以上内容，应按其主要内容予以分类。但是，在编目实践中，为了便于按类索书的读者在该书其他类目里也能找到此书，或者为了保持类例设置下书籍例证，以反映该类学术与学科的完整性，《中医图书联合目录》对这类书在其有关各类采取了“互见”的著录方法。这种著录方式，清代章学诚称之为“互著”。采用“互见”，即在相关的类目里另立条目，该条目只著录书名、著者，按该书所涉的其他内容分类，并按成书年排序，在版本项位置写明“见”该书实际所处类目名称。这种“互见”条目不给总序号，而用标识符号“*”代替。

例：1991 版《全国中医图书联合目录》素问发挥类下的一条互见著录：

*** 素问痿论释难

刘复撰

见内科类其他疾病

以上的几项措施，其目的主要是根据中医古籍的特点，从不同角度和层面扩展《中医古籍联合目录》的检索途径，减少检索盲点，把握款目著录的准确性，不断加强和完善《中医古籍联合目录》的检索功能和统计功能。

半个世纪以来，中国中医科学院图书馆（中国中医科学院中医药信息研究所）组织进行的 3 次中医古籍资源调查和 3 部《中医古籍联合目录》的编辑出版，是一项有开创性和前瞻性的系统工程。说它有开创性，是因为在此之前没有人做过这件事；说它有前瞻性，是因为在这几十年里，古籍的调研和保护工作长期被忽视，处于低谷，开展古籍工作的客观环境是相当困难的。直到近年，国家重视传统文化的传承和发展，全国古籍保护工作才呈现欣欣向荣之势。中国中医科学院图书馆在长达半个世纪的时间里，克服了客观环境的诸多困难，始终不渝坚守中医古籍资源调查这个阵地。这种坚守是基于对这项工作重要性的深刻认识，这种认识的前瞻性已为国家政策和文化发展的大趋势所证实。当前国家出台的各项政策，为中医古籍保护工作的发展创造了前所未有的良好条件。时不我待，应抓住这有利时机，在原有古籍资源调查的基础上充实力量，重新定位，在新的起点上做大做强，为中医事业的创新发展做出新的贡献。

参考文献

［1］张华敏，符永驰．中医药图书馆学［M］．科学出版社，2016，7：39-105.

［2］王重民．校雠通义通解［M］．上海：上海世纪出版集团，2009，6：23.

第三节　海外中医古籍调研与回归

中国医药学的神奇效验在古代就已远播世界，尤其促进了周边邻国，如现在的朝鲜、韩国、日本、越南等国家传统医学的产生和发展。在中外医学交流的过程中，中医文献作为交流的媒介和载体，发挥了重要作用，也是中医药学国际交流的重要见证。但随着时间的流逝，一部分古医籍渐磨渐灭，其中就有在我国失传，而尚存于海外者，成为珍贵的医史文献资料。因此，近现代学者在中医文献的研究中非常重视这部分文献资料的获取和研究，进而开启了海外流散医籍的调查与回归事业。而此项工作的顺利开展，也同样离不开目录学的方法和目录学著作的支撑。现就流散海外医籍的调研与回归，做一简要回顾。

一、历史溯源

（一）历史简况

中医文献是中医学术的重要载体，也是促进中外医学交流的重要媒介。早在我国唐代，日本就专门派遣留学生来到我国学习医学，高僧鉴真东渡日本在弘扬佛法的同时，也带去大量医药知识和医学文献。北宋元祐七年（1092）古高丽国派遣使节来访，并“进献书册，访闻多是异本，馆阁所无”，其中包括我国失传已久的《黄帝针经》(即《灵枢经》)，在此基础上由国子监刊版印行，实开海外回归中医古籍之先河。

明代严从简《殊域周咨录》记载明代永乐至宣德间的郑和七下西洋，对于中医学与医学文献的传播，其言：“若其天文、地理……医学诸书……并有之。”郑和航海前，除精心挑选医术高明的医生外，还随船携带了大量的中草药及医书自用或与他国进行贸易，也极大地促进了中医药学和中医文献的传播。千百年间，随着中外医学交流渐密，大量医学文献外流海外，尤其是曾经使用中国汉字的日本和朝鲜等国家收藏和保存的中医文献更是数量极其可观。

若论首次较大批量的海外回归中医古籍，实肇端于清朝末年，是一批以杨守敬为首的、致力于民族事业传承和保护的有识之士。杨守敬在光绪六年至十年（1880—1884 年）在随庶昌出使日本期间，广泛搜集国内散佚的书籍，为回归和保护流散在日本的汉籍做出了巨大贡献。此后，亦有傅云龙、罗振玉、李盛铎等先生共襄此举，但终因日本侵华战争爆发，此项工作被迫停滞。抢救回归国内失传、散佚于海外的中医善本古籍，近百年来一直受到学术界的重视。在此基础上，也产生了一批专以流散海外书籍研究的著作，如杨守敬《日本访书志》、严绍璗《日本藏汉籍珍本追踪纪实——严绍璗海外访书志》、王重民《日本访书志补》等。

（二）近代先驱者

1. 杨守敬

杨守敬

杨守敬（1839—1915），湖北省宜都市陆城镇人，谱名开科，榜名恺，更名守敬，晚年自号邻苏老人。清末民初杰出的历史地理学家、金石文字学家、目录版本学家、书法艺术家、泉币学家、藏书家。光绪六年（1880），杨守敬应使日大臣何如璋之招请，作为使馆随员出使日本。当时，日本正值维新之际，提倡新学，摒弃旧学，古典汉籍更是被看作落后的象征而随意抛掷，于是杨守敬得以大量购进许多国内已散佚的善本秘籍。杨守敬还认识了一位名叫森立之的日本医生，森立之同时也是一位藏书家。杨守敬在森立之处看到他所摹写的善本书影数册，爱不释手，森立之见杨守敬如此珍爱，慨然举赠。杨守敬则从中得到启发，补以在日本所访得的宋元秘本的样张后刻版行世，名曰《留真谱》，从而开创了古籍版本学上有划时代意义的书影先河。森立之又送给杨守敬一本《经籍访古志》，此后，杨守敬按目访书，更为便利，仅一年时间，竟购求到三万多卷古书。同时，杨守敬撰有《日本访书志》十五卷，该书成为近代重要的目录学著作。光绪十年（1884），杨守敬尽载其在日本访得之书回国，并于光绪十四年（1888）在湖北黄州（今黄冈市）筑园藏书，租屋 10 数间，因和当年苏东坡在赤壁的“雪堂”相邻，遂建藏书楼名“邻苏园”。光绪二十九年（1903），杨守敬在武昌建成观海堂，并移书于武昌，自称其有书数十万余卷。

2. 傅云龙

傅云龙

傅云龙（1840—1901），清代外交官、学者。字楙元，一字懋元，号醒夫，浙江德清钟管镇人。喜研究军事。清同治间入京，任兵部主事，后升郎中。光绪七年（1881）任《顺天府志》分纂，撰《方言考》。光绪十三年（1887），经总理各国事务衙门考试，录为外交特使，出使日本、美国、秘鲁、智利、巴西、加拿大、古巴、厄瓜多尔等11国。其间，搜集各国地理、风貌、物产、资源等数据，编写图志。光绪十五年（1889）归国，呈献书稿，得到光绪帝褒奖。傅氏喜藏书和刻书，同年在日本刊刻有《籑喜庐丛书》14册，收有唐卷子本《论语》十卷、《新修本草》十卷、影日刊本《文选》残卷等珍贵本子，均为久已失传之本。其中《新修本草》十卷，是他在东京所见小岛氏藏书的传写本十一卷（其中卷三为小岛氏补辑），贵阳藏书家陈榘在日本又赠予卷四、卷五、卷十五共3卷，于是将所得影刻成《唐卷子本新修本草十卷补辑一卷》，收入《籑喜庐丛书》之二。又刻《傅氏抄校书》9册，收书6种，是其自抄、自校、自刻之书。藏书处有"籑喜庐"，藏书印有"懋元父""云龙印信考藏""二十七岁后号醒夫""德清傅氏刊本""云龙眼福""籑喜庐审定古本""傅云龙审定善本卷子本""环游地球夏官大夫"等。著《补晋书艺文志》《全汉碑目》《北堂书抄引书目》《籑喜庐所著书目》《日本金石志》等著作数十部。

3. 李盛铎

李盛铎

李盛铎（1859—1934），字义樵，又字椒微。号木斋，别号师子庵旧主人，师庵居士等。晚号麂嘉居士。江西省德化县（今九江市）东乡谭家畈人。中国近代著名政治家、收藏家，且历任清朝翰林院编修、国史馆协修、江南道监察御史、内阁侍读大学生、京都大学堂京办、顺天府府丞、太常侍卿、出使各国政治考察大臣、山西布政司、陕西巡抚等职。中华民国成立后，又曾担任大总统顾问、参政院参政、农商总长、参政院议长、国政商榷会会长等职。李氏藏书始于祖父李恕，建有"木犀轩"，藏书已数万卷。父李明墀，益广收书。至李盛铎时，有书超过10万余卷，先后收有海内外许多名家藏书，如宁波范氏、商丘宋氏、意园盛氏、曲阜孔氏、四明卢氏、巴陵方氏、长沙袁氏、扬州蒋氏等名家的藏书，也有许多宋元珍本被他所购得。他不仅是藏书家，又是校勘家、版本家、目录学家，对所藏善本，皆逐一批订，或考证著者平生，或品译著述旨趣，或叙述得书经过、收藏源流及版本价值。所写“题要”“题识”共1 500多条，约15万字，著有《木樨轩藏书题记及书录》，编有十多种版本的藏书目录、藏书人表。出使日本期间，结识藏书史研究学者岛田翰，购买了许多流散在日本的汉籍善本书，其中以宋元刊本或抄本医书为多，如《太平圣惠方》《医说》《杨氏家藏方》等，以及朝鲜和日本的古刻本和抄本，不少是国内久佚之书。编撰藏书目录有《木樨轩藏宋本书目》《木樨轩收藏旧本书目》《德化李氏行笈书目》《木樨轩无板书目》等10余种。

4. 罗振玉

罗振玉（1866—1940），字式如、叔蕴、叔言，号雪堂，永丰乡人，晚号贞松老人、松翁。浙江上虞人。是中国近代农学家、教育家、考古学家、金石学家、敦煌学家、目录学家、校勘学家、古文字学家。他以学术的眼光发现挖掘中国传统文献，并以科学的方法进行整理，刊布流传。在日本期间，亦购买古籍众多。一生著作达189种，校刊书籍642种。

罗振玉

代表著作有:《敦煌石室遗书》（1909年）、《鸣沙石室佚书》（1913年）、《敦煌古写本周易王注校勘记》（1916年）、《鸣沙石室古籍丛残》（1917年）等。

二、内容与方法

由于学术交流、通商往来、列强侵略等各种复杂的历史原因，古代大批中医古籍流传海外，其中许多今国内早已失传、然海外尚存孑遗之本，故至20世纪末，仍有大量国内失传的中医古籍流落海外。为此，我国现代著名专家学者高度重视推进此项工作的继续开展，如王吉民、范行准、马继兴、王雪苔等，先后从不同角度呼吁和关注海外中医古籍资源的调研和回归。

为将这批宝贵的遗产全部迎回故里，从1996年开始，中国中医科学院正式启动对海外所藏国内失传中医古籍的调查与抢救回归研究。该项研究由中国中医科学院郑金生教授领衔，多年来在团队成员肖永芝、万芳、王咪咪、张志斌等专家的协助下，顺利系统开展。项目组首先从日本开始，进而扩大到对收藏有中医古籍的其他国家或地区进行调查。该项课题先后得到中医科学院院长基金、日本国际交流基金亚洲中心、国家中医药管理局、国家科技部的大力支持，初步查明了海外中医古籍资源的基本收藏和分布状况。如此成系统、大批量的在世界范围内开展中医古籍调查和复制回归，不仅前无古人，而且在当代其他国家（如日本、韩国等）也从来没有过类似的研究。

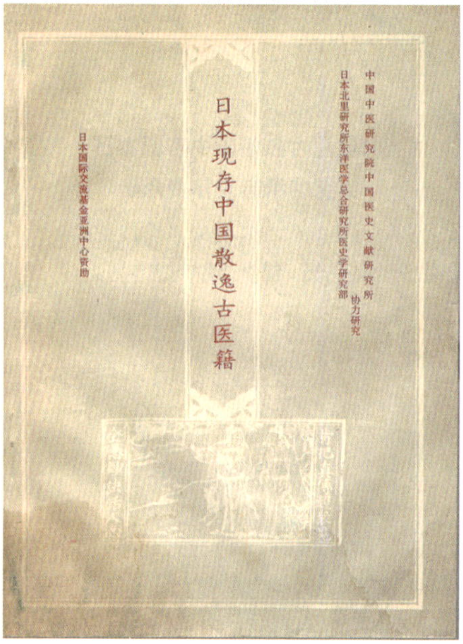

《日本现存中国散逸古医籍》研究报告

（一）调研范围

中国中医科学院相关专家先后调研收集分属日本、韩国、越南、美国、加拿大、法国、英国、荷兰、德国、意大利、梵蒂冈、丹麦瑞典、卢森堡、希腊、西班牙、俄罗斯及远东地区等15个国家，2个地区（台湾、香港），共174个图书馆。

（二）调研方法

海外回归因涉及考察地区分散和书籍存世版本、数量难以预知的困难，故需要在调研前做好充分的方法学和必要资料的准备工作，项目运用“书目考察与文献发现”发掘方法，相兼并进，较有成效的取得了实际效果。

1. 书目调研

广泛收集中国大陆之外的古籍收藏单位的350余种书目，共计查得海外收藏中医古籍达30 000部。

2. 比对查重

将收集到的各级各类海外藏书目录与《全国中医图书联合目录》和《中国中医古籍总目》进行比对，筛选发现国内未藏或稀见古籍资源（包含品种和版本）。

3. 文献调研

调研人员通过亲赴相关国家实地考察，对于在书目调研中发现的，中国大陆业已佚失或稀见品种和版本进行文献比对，并参考了国外学者编撰的相关中医古籍目录或研究资料，如日本·丹波元胤的《医籍考》、黑田源次的《宋以前医籍考》等，对于追索书籍流传和递藏情况、确认版本均达到了事半功倍的效果。对于有些国家虽然藏有中医古籍，但是尚未编纂目录的，或仅有外文目录的，课题组都克服了种种困难，甚至还为英国李约瑟博物馆编制了《中医古籍收藏目录》，还有为德国柏林国家图书馆编纂了《德国藏中医抄本目录》，在深入研究这些藏馆古籍版本与内容的同时，丰富了海外调研的成果。

4. 重点回归

通过上述调研，最后确定海外尚存国内失传中医古籍（约成书于300年前）的种类与珍善版本500余种。其中以大陆失传的中医古籍书种的复制回归为重点，而对于失传的版本，或大陆稀见的珍稀书种和版本，则视具体情况予以复制回归。

以中国中医科学院郑金生教授领衔的科研团队，通过系统的调研，将500种国内失传中医古籍全部复制回归，其中失传的书种190种，珍稀刻本或抄本270种，总计约30万页。这批失传中医古籍不仅数量多（约占国内现存同期著作的15%），且成书年代早、学术价值高。为弥补当代中医学术研究基础文献方面的缺陷和损失，填补祖国医学遗产空白，做出新的贡献。

三、整理与研究

（一）电子图片的保存

为了使复制回归的海外收藏中医善本古籍能永久保存，在科技部的支持下，郑金生教授等专家又陆续开展了“海外回归中医善本古籍的整理研究与电子版保存”课题研究，研究结束后将全部30余万页回归中医古籍制作成电子光盘版，捐赠中国中医科学院图书馆。通过编制海外回归古籍专题库，对外开放阅览。电子文件入藏中国中医科学院图书馆，提高了馆藏古籍的阅览服务能力，而且也方便了中医古籍研究者的检索与查阅。

（二）校点与影印整理

为了让从海外复制回归的大批中医善本古籍能尽量多地为当代中医发展服务，从1998年开始，中国中医科学院海外回归专项研究课题组的专家先后遴选其中学术价值较高者，分批采用影印或校点的形式将复制回归中医古籍善本整理出版。已经出版的此类影印书籍有《日本现存中国稀覯古医籍丛书》（含子书15种）

1999年人民卫生出版社影印本
《日本现存中国稀覯古医籍丛书》

《海外回归中医古籍善本集粹》（含子书 21 种）《珍版海外回归中医古籍丛书》（含子书 20 种）。

2008 年人民卫生出版社影印本《珍版海外回归中医古籍丛书》

校点出版了《海外回归中医善本古籍丛书》（含子书 61 种）及其“续集”（含子书 26 种）。

2003 年、2010 年人民卫生出版社出版《海外回归中医善本古籍丛书》（正续编）

此项研究发挥了“继绝存真，传本扬学”的作用，不仅保护了中医珍善本古籍，而且使之在当代发挥促进行业发展的作用。其中《海外回归中医善本古籍丛书》由于校点水平较高，每一子书均有详细的校后记，阐介作者整理研究的新成果。这些研究成果表明，回归医书中有多种具有重要学术意义的中医古籍。例如发现了现存最早的元代本草歌诀《图经备要本草诗诀》、最早的明代血症专著《血症全集》、最早的明代军阵外科书《军门秘传》、最早的明代草药专著《草药便览》、最早的清代望诊专著《望色启微》等等，还从回归中医古籍中发掘佚存书3种（2种为重要的宋代脉书、1种为明代草药专著）。此外依靠研究回归医书，解决了若干中医理论研究、版本学、医学史等方面的疑难问题。

2016年，在国家出版基金的资助下，郑金生教授及其团队将十余年来复制回归的中医古籍精品文献整理集结出版。编撰完成的《海外中医珍善本古籍丛刊》，由中华书局出版，共收录医籍427部，门类广泛，内容全备，包含宋元明清各时期国内失传的古医籍160余种、珍稀版本280多种，具有极高的文献价值和版本价值。其中有宋版8部、元版11部、明版24部、清版40部，近代旧抄本7部。另外还有和刻本18部，日本抄本113部，朝鲜刻本16部，共分403册。以上书籍成书于隋唐以前的14种，宋代的8种，金元的47种，明代的324种，清代的70种。丛书原貌再现了流失海外的珍稀中医药文献，集中反映了20余年来保存和发掘海外珍稀中医药文献的丰硕成果，为2018年启动的“全球汉籍合璧工程”等国家海外典籍的调研回归做出重要示范，在中医界和古籍界产生了较大影响。

2016年中华书局影印本《海外中医珍善本古籍丛刊》

（三）研究成果

20余年来，项目组通过在海外考察调研中医古籍收藏现状以及对失传中医古籍进行研究，先后撰写成《日本现存中国散逸古医籍》（3期）《海外回归中医善本古籍研究文集》《海外收藏古代中医文献研究》（见《马继兴医学文集》），以及《欧美收藏中医古籍联合目录》《欧美收藏稀见中医古籍及研究》。这些成果为世界范围的中医文献资源信息共享创造了条件，为中医学术研究及临床运用提供了大量重要资料。除了大量影印出版佚失文献的专著外，更具有学术价值的是关于每一种书籍的解题。2017年由郑金生、张志斌教授编著出版《海外中医珍善本古籍丛刊提要》，对400余种海外回归书籍著者与收藏、内容与版本、学术价值等内容进行了具体的研究，为中医目录学又增添一项重要成果。

海外回归中医古籍的开展，离不开多年来致力于此项事业专家们的辛勤奉献，他们在实际调研回归工作中，熟练地、综合运用目录学、版本学、文献学方法，在有限的经费资助下，尽力将项目的成果最大化、精品化，是保护、整理与传承古代医籍的典范，为今后我国流散海外汉籍的进一步发掘和回归积累了重要的经验和方法，并开创了良好的开端。

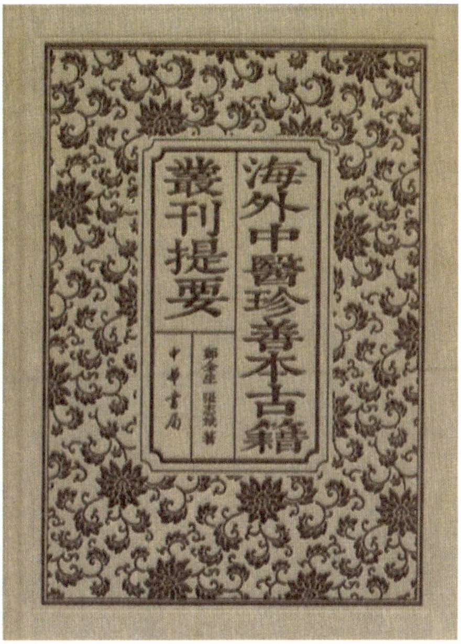

2017年中华书局出版《海外中医珍善本古籍丛刊提要》

参考文献

[1] 郑金生，张志斌.海外中医珍善本古籍丛刊提要[M].北京：中华书局，2017，5.

第四节 医籍目录序跋辑释

史家之目录、藏家之目录、医家之目录因治学目的和出发点不同，故编撰目录体例、所选书籍、编撰内容亦有所差异。为了解与探究古籍目录编撰者之立意、体例和学术主旨，特将涉及医籍目录的序跋集结一处，略作注解与释读。其中包括综合性书目和医学专科书目，所收之序，包括序言、总序、类叙和跋。

一、书序

（一）《医藏书目·序》

载籍之有藏，自佛乘始也，其多至五千有奇，而括之以三类：曰经、曰律、曰论，后道家仿其意搜演推广，而有《道藏》。若儒则不立藏之名，而列代史皆有《艺文志》《七略》《四库》《崇文总目》皆志其目之列也。近者，正史之修，我师焦弱侯[①]先生寔纂的《经籍志》，胪列诸类，皆系以小论明作者之旨，于呼盛哉。我友殷方叔作《医藏目》，分若干函，函后各著小论，其体例大略仿焦先生《经籍志》。云焦先生生平好书，家在通都，购求甚易，身入禁林，[②]闳览更多，编摹之日，请敬观秘阁之藏，乃得成此钜丽。[③]方叔少与余同学，以贫病改业，迄无所就，仍伊吾故箧，为童子师。饘[④]粥之余，聊以市书；句读稍暇，屈首批诵。积有年岁，胸中所得甚富，间通岐黄之术，研讨方药，治疾称神，户履常满。然方叔萧然阛阓[⑤]中，不走五都，不游大人。而《医藏》一编，网络悉人间未睹之书，议论阐古人未发之旨，斯亦奇矣。方叔洁身修行，温然粹然，皂帽褐衣，混迹庸众，类于逸民，而不著隐之名。苦吟佳句，出入三唐，抽毫作赋，驰骤汉晋，可称词人之冠冕。匿影销声，不以诗名。予与交久而益亲，似有道者。其学淹通百家九流，无不究心，而于医聊见其一斑。丹铅之力，收藏之盛，金石缥缃[⑥]甚具，而于《医藏》独标其纲目。意欲世之为医者，多见古人书，多穷古人法，然后可以应人之求，而无不效。未可以一隅一得自多而尝试也。虽然心之精微，书不能尽，神而明之，存乎其人。古之神圣因病发药，人之病不可胜穷，而用药之方，亦不可胜穷，必欲有穷尽无穷，则古神圣之书亦有时而穷矣。善读兹编者，不可不知方叔之苦心，又不可不得方叔之巧心，以用兹编也。

友弟陈懿典撰

载籍散逸，有其名而无书者，自古已然，即《诗》《书》小序仅存其名者甚众。《汉书·艺文志》《七略》六艺下及方技，所载书名半多残阙，而犹斤斤识之不忘。正虑古墓荒丘、颓垣败屋之间，与收藏之家，或有出者；即不然，亦若有若亡，姑留其名而已。即如我师焦先生《经籍志》略仿《汉书》所载者，上自殿阁中秘及中外世阀、好古之家，所有无不搜访而识其目，必非尽见其书也。《医藏》云：其目偶见于他所，什袭于箧中，不过十之三四，而无其书者六七矣。古人之书不可不读，亦不能尽读。兹编亦不能尽古今之医书，然而门有其传，传述其意，留于此天壤间，庶几知其家者，旦暮遇之。若未无挂漏，以俟后之君子。

懿典再书序于后

【注解】

①焦弱侯：晚明杰出的思想家、藏书家、古音学家、文献考据学家。焦竑（1540—1620），字弱侯，号漪园，又号澹园，又号龙洞山农。万历十七年（1589）会试北京，得中状元，授翰林院修撰，皇长子侍读等职。他博览群书、严谨治学，尤精于文史、哲学。著作甚丰，著有《澹园集》（正、续编）、《焦氏笔乘》《焦氏类林》《国朝献征录》《国史经籍志》《老子翼》《庄子翼》等。

②禁林：翰林院的别称。

③钜丽：谓此规模宏大而华丽之书。

④饘：zhān，煮或吃（稠粥），引申为养家糊口。

⑤阛阓：huán huì，街市。

⑥缥缃：piǎo xiāng，缥，淡青色；缃，浅黄色。古时常用淡青、浅黄色的丝帛作书囊书衣，因以指代书卷。

【按语】

①此序言指出殷仲春编制《医藏书目》之缘起，即因贫病改业教书并业医，

尤重在医道传承中医书的整理，因有此作。

②《医藏书目》编辑体例与焦竑《国史·经籍志》相仿，部类之下撰述小序以明作者之旨。

③殷仲春效法古人载籍罗列书名，存目以防散佚，存目以供访求，是其在为业医者指导参考书目之外的格外用心。

刘后才有诗云：“刮膜良方值万金，国贤曾费一生心，可怜髽髻[①]携篮者，也有盲人问点针。”[②]《樵谈》撰云：杀人者死，定法也；酷吏杀人不死、谬将杀人不死、庸医杀人不死，法定乎？余三复之，未尝不废卷而叹，今之鲜衣华屋、大盖高轩、意气扬扬甚自得者，大都目不识丁，髽髻携篮者类耳。黄童白叟不获以天年，终谁职其咎哉！独殷方叔先生，既能读三坟五典、八索九丘，于岐黄家言尤茧抽狱究[③]，博采精才，神圣工巧，兼而有之。圭刀一投，奇功立奏，荆扉未启，户外之履常满，虚左而盈者，以屐齿先至为愉快。先生虽移痈于柳，消石于肠，莫可枚举乎。然古貌慈心，积仁累行，急人之急。如捍头目[④]，阿堵[⑤]丰杀[⑥]有亡，不一挂齿颊、动眉睫也，以故产不溢。曩时，饘粥仅给，小楼数楹，才避燥湿[⑦]。日拥书万卷为南面百城，焚香宴坐，不辍吟咏。生平着一皂帽，夏御一絺，冬御一褐，出入乘一小舠。望之容肃，见之意消，识不识并称先生为长者，面背无闲言。又嘉惠来学，示指迷途，取上古至今日，凡属岐黄家言，荟目成编，命曰《医藏》。详孰原孰委，分宜读宜考，若聚米而化险夷，按谱而别官征，令览者心开目朗，长夜顿晓。即从以能而机跃，即可舍而筏具，洵医家之司南车、记事珠也。假令昔贤观此，当击节叹赏，谓世仁寿，谓士博洽，笔可焚而腕无扼矣！予每览先生料人生死，洞然如一二三四之可数，不爽时日。予屡婴奇疾，在死法中籍先生力得不溘先朝露[⑧]，夫良医之奇埒[⑨]于良相，矧先生活人泽与兹编并垂永永。于公高门之庆，是在先生诸孙矣，辄书为左契[⑩]。

戊午菊月平湖后学洪邦基撰

【注解】

①髽髻：zhuā ji，梳在头顶两旁的发髻，也作抓髻，代指文化程度较低的人。

②本诗出自宋·刘克庄《村居书事》诗之四。

③茧抽狱究：像抽丝剥茧和审狱断案一样层层分析研究。

④头目：指人体最重要的部分。《汉书·刑法志》："若手足之捍头目。"

⑤阿堵：六朝王夷甫为人清高，从不说及"钱"字。妻子想试试他，把铜钱串起来绕床一周摆放。王夷甫醒来，无法下床，便大声呼叫婢女："快拿开阿堵物！"见《世说新语·规箴》。"阿堵物"本意即"这个东西"。但由于上述王衍的故事，"阿堵物"从此成了"钱"的别名，并且带有轻蔑的意味。旧时人们还以"口不言钱"作为成语，形容清高廉洁，不讲钱财。

⑥丰杀：丰，增加；杀，减少。此句指，殷氏为人治病，不论病重病轻，一视同仁，诊费没有什么增减，也从不为此而动容（挂齿颊、动眉睫：嘴角和眉梢没有什么变化）。

⑦以故产不溢。饔飧粥仅给，小楼数楹，才避燥湿：正因为殷氏乐善好施，所以家产并不丰厚，粮食仅够糊口，小楼仅可避寒暑而栖身。

⑧溘先朝露：指生命比朝露消失得还快，形容死得过早。

⑨埒：liè，同等；（相）等。

⑩左契：契约，比喻殷氏子孙可以凭此书为业医的根基。

【按语】

此段主要对殷仲春的品格风貌作一表彰和描绘，可以看出他安贫乐善、俭朴好施、勤于著述的人品。

三界众生，受病于无始劫[①]中，其病根幽深固结，非具正遍知觉者，不能悉知其病；非发广大慈悲者，不能拔去其根。故诸佛菩萨乘悲愿力，于三界中现身说法，冀拔去其病苦之根，以安乐之者，药师、如来、药王、药上菩萨等是已。若然者，则安知夫神农、岐黄、卢扁以来，擅医药之精者，非诸佛菩萨之所化现乎？其所著书，安知其不从无量佛所亲承印证、熏习成就、慈悲智慧海中之所流出乎？故凡一切医氏之书，如阿难结集为《藏》，其可已乎！吾方叔先生父子皆佩药师心印，凡遇诸病苦必欲尽拔去其根，以安乐之者也。故特慨夫古今医氏之书，至有抄本世未经刻者，有书目未及见者，虑岁久不止散逸，并书目而弗及闻也。于是冥搜广访而收聚之，并恒所诵习者，撰为《医藏书目》，藏于函以贻同志，先生兴慈用心可谓勤且博矣。其意又以为书盖诠耳，有非书之所能诠也，当神而明之也，岂纸上文字可能尽乎？然渡海者，舍其筏，吾未见其能济者也。此先生之所以撰《医藏书目》，欲与世之业医者同乘此筏，游于病苦之海，令彼已病、当病未病、忧愁苦恼者同登安乐之彼岸，然后已乎。

此先生撰述之本意，聊为拈出。

戊午中秋黄叶庵社僧智舷

【注解】

①无始劫：佛教说生死无始，无始劫就是生死根本。

【按语】

此篇述义有二：一是殷氏搜集古今医书，甚至稀见未载之书，分类著录，存目以供后世访求，起到保存古籍以防散佚的作用；二是《书目》之编可作为业医者从学之向导、求学之指南，起到指示门径的作用。

大始①亭毒②，惟人最灵，斡旋造化，维持乾坤。有大人禀圣贤之资，固修龄之质，此松柏岁寒，大椿广漠，故仁及凡庶，术起混元。自后元气剖分，人肖天地，不能循承上世，七情六欲，磨荡冲和；五运六气，舛错度候，质非金石，能不销熔？《周礼》分科岁校，而民稀夭札，然以此法重民生，亦以此法贱医术，何也？自玄黄开辟，火丽木而水流金，法围天象，龙鸟纪官，龟图呈奥，而《易》道生焉，阴阳肇焉。自《易》著《丘》《索》《连山》，而《素问》《灵枢》继出，炳诸日月，判析阴阳，原始生育，测度升降，推原募俞。广之可以燮理寰枢，藏修可以凭陵③霄汉。继《易》可以范围民生者，非《素》《枢》而何？民析民奥，尧舜医民之寒暑；曰雨曰旸，禹汤调世之虚盈也。医道之大，必能甄陶④世运，培养生灵。《周官》立法不闻所颁所习之书，著为甲令。又不使申明按跷诊切之工巧，以为品陟，遂使奇晐⑤汨没，剖涤祕⑥潜，而鸿造⑦书亡。小道名著犹存史迁一传，足可典章。人诞灵大块⑧，莫切于有生，生莫惧于疾病，病莫甚于死亡，死亡莫甚于医药，医药莫甚于医人，医人莫甚于方术，方术莫甚于潜究，究莫甚于诊视，视莫甚于超绝，超绝莫甚于师承，师承莫甚于正派，正派莫甚于多学，学莫甚于仁人。惟仁人者，始可以语此。此为仁人廉而爱人，一人之罪若己推之，而一人之病亦若己受之耳，推此一念，可以为医。仁人之心，其肯同许世子之轻藐其术哉。

矧⑨如如来以法藏印证现在、过去、未来，其诸龙藏内典，真实出世，超凡圣果，此无上法。而道家以清静无为，胎息吐纳，火候飞腾，延年久视，亦收摭成《藏》，以匹琅函⑩。而医书正为现在珠林，略不珍重，一罹风露，全赖刀圭，肤腠不言，肠胃随纳，一乖施治，万劫难回，此岂可轻为、轻托、轻治、轻视哉！而仁人者，有现在身而不求现在法，不求现在书，安能施现在功德乎？于乎此，欲求现在仁，而拯生灵于无穷也。

平生嗜医家书，恨不多见，仆在宁国，日暇无事，而江西朱纯宇先生处，久识宁国诸医家，并仕宦家，以饶道尊命挟一刺[11]借观，然后知医书之浩瀚也。今列为十数函，标为函目，使仁人求其书而广济于群生也。饶道尊为浙省提学，酷爱医家之籍，所收甚富。宁国日出所藏，考订校正，虽不迄其卷帙，聊记名目焉。

东皋子殷仲春自识

【注解】

①大始：指开始形成万物的混沌之气或元气。《易·系辞上》："干知大始，坤作成物。"孔颖达疏："干知大始者，以干是天阳之气，万物皆始在于气，故云知其大始也。"

②亭毒：《老子》："长之育之，亭之毒之，养之覆之。"高亨正诂："'亭'当读作'成'，'毒'当读作'熟'，皆音同通用。"后以"亭毒"引申为养育，化育。

③凭陵：逾越，登临其上。

④甄陶：原指烧制陶器，后引申为化育；培养造就。汉·扬雄《法言·先知》：甄陶天下者，其在和乎！

⑤晐：包括，完备。

⑥祕：刺。

⑦鸿造：鸿恩。

⑧大块：大自然；大地。《庄子·齐物论》："夫大块噫气，其名为风。"成玄英疏："大块者，造物之名，亦自然之称也。"唐·李白《春夜宴从弟桃李园序》："阳春召我以烟景，大块假我以文章。"

⑨矧：况且。

⑩琅函：指道书。金·赵秉文《鲁直乌丝襕黄庭》诗："《太清虚皇玉景经》，琅函琼笈秘始清。"

⑪ 刺：名帖，即门者持刺入，而主者又不即出见。

【按语】

此序隐喻两层：一是医虽小道，但可利济蒸民，较之儒家经典教化，更切于民生；二是佛之有藏，言三世出入因果，超凡入圣；道之有藏，言返朴清静无为，飞升久视；医亦有藏，言安身立命之法，护佑苍生。正式有鉴于此，殷仲春博极医源，殷勤不倦，以佛理佛法类医理医书，而成《医藏书目》，为世上欲借医道施仁之仁人，做一阶梯，指一明途。

（二）《医林大观书目·题词》

乾隆四年冬，上①命和亲王②、相国西林鄂公③、院副汝敬吴公④充总裁官，开馆修书以正医学⑤。宫府秘籍悉予奉至馆局，以听采择。其购自书肆者，复数千卷。时予滥馆职，得窥其富有焉。爰上自三皇，下迄昭代，旁及释典道书，汇集其目，区分门类，都为一帙，以待学者之稽寻，亦洋洋一大观也。若医学榛芜⑥旧矣，寡闻渺见，奚足寿世！睹斯□也，识厥原委，因以尽其广大精微、变化之术，由博而约。操性命之权，协阴阳之德，庶无愧医学云耳。其或澌灭无存，徒有空名，而仍笔之者，则以宇宙茫茫，名山之藏，古有其人，示学者之所当留意，庶几遇之也。

时皇清乾隆九年甲子春王正月

宛平政师立莲洲氏⑦识

【注解】

①上：乾隆皇帝。

②和亲王：爱新觉罗·弘昼（1711—1770），满洲正黄旗人。清朝宗室大臣，雍正帝第五子，清高宗弘历之弟。雍正十一年（1733），晋封为和硕和亲王。

③相国西林鄂公：鄂尔泰（1677—1745），西林觉罗氏，字毅庵，满洲镶蓝旗人。清朝中期名臣，国子祭酒鄂拜之子。雍正十三年（1735 年），雍正帝驾崩，与张廷玉等同受遗命辅政，担任总理事务大臣，历任军机大臣、领侍卫内大臣、议政大臣、经筵讲官，管翰林院掌院事，加衔太子太傅，充国史馆、三礼馆、玉牒馆总裁，赐号襄勤伯。乾隆十年（1745 年）病逝，享年六十六岁，谥号文端，配享太庙，入祀京师贤良祠。

④院副汝敬吴公：即太医院右院判吴谦（1689—1748），字六吉，清朝安徽歙县人。吴谦崇尚仲景学说，他汇辑清乾隆以前研究《伤寒论》《金匮要略》的 20 余位医家的著述，对原文逐条注释，撰成《订正仲景全书·伤寒论注》十七卷、《订正仲景全书·金匮要略注》八卷，列为《医宗金鉴》全书之首。以其医

学水平造诣之深，对《医宗金鉴》编纂完成做出了巨大贡献。

⑤以正医学：清初，天花流行，危及宫廷，康雍二朝皆重视医学。乾隆即位后，太医院上奏：鉴于古医书“词奥难明”“传写错讹”，自晋以下“医书甚伙”，“或博而不精，或杂而不一，间有自相抵牾”之情，请求发内府医书，并征天下秘籍“分门别类，删其驳杂，采其精粹，发其余蕴，补其未备”。乾隆批准，于乾隆四年（1739）下谕太医院编纂医书：“尔等衙门该修医书，以正医学”，并诏令供奉内廷御医，太医院右院判吴谦，与康雍干三朝御医、院使刘裕铎，共同领衔编纂医书，由吴谦与刘裕铎任总纂修官，其下有纂修官14人，副纂修官12人，校阅官10人，收掌官（书稿保官）2人，誊录官23人，以及画家等组成编纂班子。编纂完成后，乾隆御赐书名为《医宗金鉴》，正式确定该书名为《御纂医宗金鉴》，于乾隆七年（1742），以武英殿聚珍本与尊经阁刻本印行，在全国推广，影响巨大。乾隆十四年（1749）《医宗金鉴》即被定为太医院医学教育的教科书，“使为师者必由是而教，为弟子者必由是而学”。全书90卷，成为我国综合性医书最完善简要的一种。此即为文中“开馆修书”之由来。

⑥榛芜：草木丛杂。形容荒废，衰微的景象。

⑦改师立莲洲氏：改师立，生卒年不详。《医宗金鉴·首卷·诸臣职名·誊录官》载有：“监生臣改师立”。故《续修四库全书总目提要·医林大观书目》言：“师立字莲洲，宛平人。以监生效力太医院，充纂辑《医宗金鉴》誊录官，见于修书馆臣衔名中。”

【按语】

①此书序言道出撰著之缘起和主旨。览是篇，可知《医宗金鉴》纂修逸闻。《医宗金鉴》纂成于乾隆七年（1742），而《医林大观书目》完成于乾隆九年（1744），序中所言“爰上自三皇，下迄昭代，旁及释典道书，汇集其目，区分门类，都为一帙，以待学者之稽寻，亦洋洋一大观也。”因此，凭《医林大观书目》可以想见《医宗金鉴》纂修时曾经引用参考书目，据此，可以求索本书学术之来源。

②《医林大观书目》即为太医院医学教育的教科书《医宗金鉴》编修时的学术数据源列表，那么，书目所列之书学理必然经过纂修医官的审查，其在医学上的地位和作用也必得到间接地接受和认可。因此，《医林大观书目》在学术

价值取向方面也有正本清源之作用，即如改师立所言“睹斯□也，识厥原委，因以尽其广大精微、变化之术，由博而约。操性命之权，协阴阳之德，庶无愧医学云耳”，诚为医宗必读之门径。

③对于业已亡佚之书，改师立的治学态度是“存目以待访求”，其言“其或澌灭无存，徒有空名，而仍笔之者，则以宇宙茫茫，名山之藏，古有其人，示学者之所当留意，庶几遇之也”。

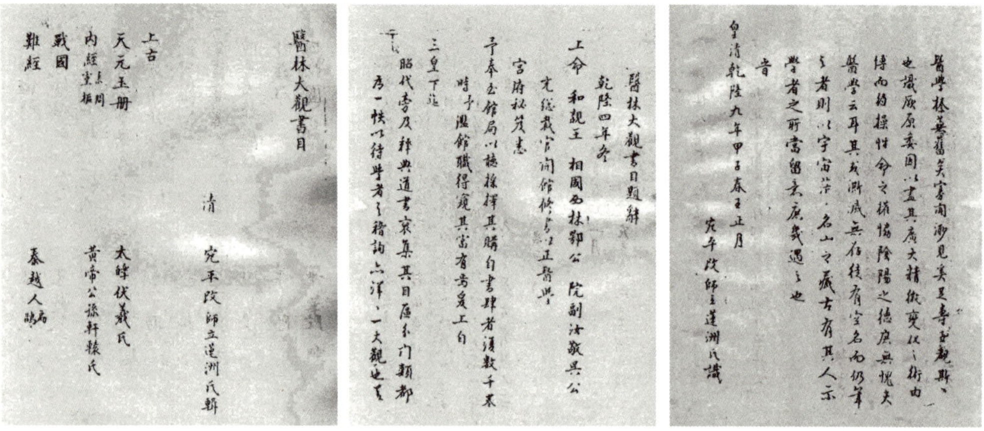

清抄本《医林大观书目》不分卷

（三）《医学读书志·序》

古医以拯危为务，故尚学术，今医以抟利为务，学术不讲久矣。惟曰：医者意也。夫医者意也，在人思虑，出《唐书·许胤宗传》。胤宗，陈隋名医，治疗若神。人求其著作，因以此语发端，而述别脉识病用药之难，不敢著书，非令人不尚学术也。医为先王之一政，周设医师，校医学术之良劣，民无夭札。医经、经方、本草，实当时学术之源，至汉尤为尊重，故仓公之对孝文，莫不井然合度。仲圣具天纵之才，恐去古日远，学术渐歧，乃博采诸家，束繁归简，成《伤寒卒病论》，为万世医方之祖。运移汉祚，几亡兵燹，赖晋高平王氏辑残缮整，一火传薪。迨至宋齐，歧分遂众。治医经者：晋有皇甫谧，隋有全元起、巢元方，唐有王冰。治经方者：魏有华佗、吴普，晋有葛洪，宋齐有徐氏四杰，唐有孙思邈、甄立言、王焘。治本草者：魏有李铛之，齐有徐之才，梁有陶弘景，隋有甄权，唐有苏敬、孟诜、陈藏器。宋祖御宇，高继冲编上《伤寒论》[①]，始别成一家，与医经、经方、本草三家并传。于是治经方者：有陈言、许叔微、严用和、陈自明。治本草者：有大明[②]、唐慎微、寇宗奭。治伤寒者：有朱肱、宠安时、郭雍。嗣后刘完素、张元素崛起于金，撰医方以配医经，实悖医经本旨。而张从正、李杲、罗天益、王好古、罗知悌、朱震亨、徐彦纯、王履、戴原礼等，南北分宗，递相授受，遂成门户结习。幸成无已，当刘张时，独注《伤寒》。赵以德受丹溪业，反注《金匮》。滑寿、倪维德、淑艾四子，一注《难经》，一参《龙树》。吕复博考群经古方，齐德之崇尚《病源》《千金》，皆当时之砥柱也。前明薛己、张介宾、缪希雍、孙一奎、王肯堂、李时珍等，沿金元结习，夸多斗靡，各争门户，以矜独解。然卢复、刘若金，穷物理以治本草，方有执、喻昌研章句以治伤寒，皆守学术之正。因瑕瑜并存，更绎我朝治医经、经方、伤寒、本草者十六家，各加论断，成《医学读书志》九十九篇。自今伊始，读其书知其人矣，然妄议前修，按图索骥，其眚肇于此乎？

咸丰元年春仲武进曹禾

【注解】

①高继冲编上《伤寒论》:《伤寒论》林亿序:“开宝中，节度使高继冲曾编录进上，其文理舛错，未尝考正，历代虽藏之书府，亦缺于雠校。”高继冲进献之《伤寒论》成为后来林亿校订刊行宋版《伤寒论》的重要底本。

②大明：即五代时期一部著名的本草书《日华子本草》，为吴越日华子集。共20卷。据宋·掌禹锡考，收载的药物600多味。原书已散佚，其佚文散见于有关书中。明代李时珍认为《千家姓》有大姓，“日华子盖姓大名明也”，故本书又称为《大明本草》。

【按语】

本篇可以反映作者曹禾的学术主张，他认为沿袭《汉志》所载医经、经方，《汉志》中所提及的本草，以及张仲景伤寒，均为医门正宗。宋齐间医学流派渐有纷呈之势。医学至宋，《伤寒论》因高继冲进献、林亿校正天下流传，始为定本，因此与医经、经方、本草共为“学术之正”，指出医学的正统和正传，以及流派分化的时间。

《医学读书志》以人物传纪为叙录体裁，读其书知其人，知其人而通其书，是作者撰著的初衷。

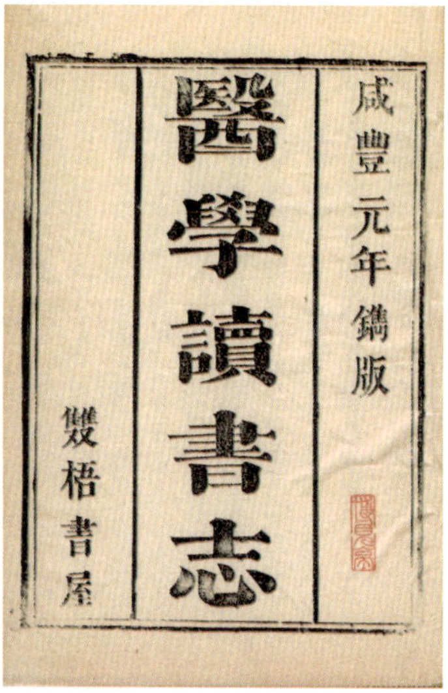

咸豐元年鐫版

醫學讀書志

雙梧書屋

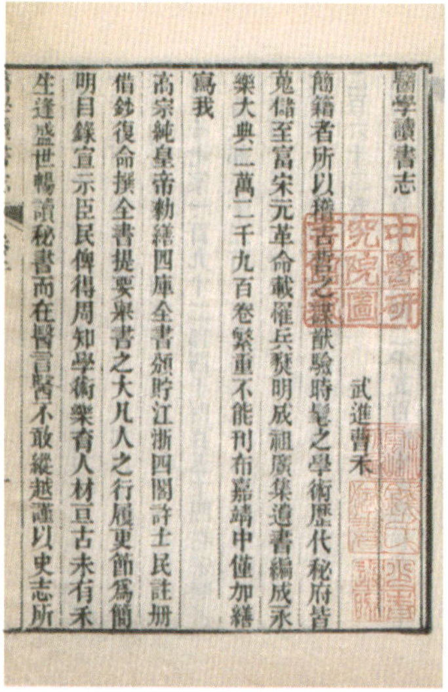

醫學讀書志

武進曹禾

簡籍者所以[illegible]獻驗時變之學術歷代秘府皆
蒐儲至富宋元革命載罹兵燹明成祖廣集遺書編成永
樂大典二萬二千九百卷繁重不能刊布嘉靖中僅加繕
寫我
高宗純皇帝勅繕四庫全書頒貯江浙四閣許士民註册
借鈔復命撰全書提要衆書之大凡人之行履更節爲簡
明目錄宣示臣民俾得周知學術樂育人材亘古未有禾
生逢盛世暢讀秘書而在醫言醫不敢縱越謹以史志所

中国中医科学院图书馆藏清咸丰二年（1852）武进曹氏自刻双梧书屋医书三种本《医学读书志》

（四）《医学薪传·序》

壬辰之夏，日长如年，及门诸子进而请教，咸谓："吾师饲鹤亭中藏弆[①]医籍奚啻万卷，平日仰承提命，粗涉崖略，第脉理精微、本草浩博，某等资质鲁钝，管窥蠡测，茫无下手处，敢乞指示，裨有遵循。"老人遂不揣谫陋，仿刘歆《七略》编排目录，区分十类，取便初学。不遗浅近，肄业所及，庶识先后。兼以《四库提要》，郑氏《通志》，略《崇文总目》，及诸史《艺文志》，摘录医家书目，出以相示古今名贤著述，竭尽平生心力。道契儒先，功存利济，原期藏诸名山，传诸其人，乃多历年所，云烟变灭，不知凡几，通人不能举其名，毕世不能竟其业。医称小道，特宋人武断之言耳。今之所举，为老人七十年中曾经过眼，兵火之后犹可购求者，备录如左。若久从淹没，无可搜访，故家秘藏，未易窥见。挂漏之讥，诚知难免。且其中有汇入丛书、附列名家专集者，自毋庸一一著录。惟旁征博引，无关诵习，拾遗纠谬，致失偏颇。更有拾人牙慧，抄缀成篇，自享敝帚，亦灾枣梨，盖不羼入。若辈志图上进，力矫凡庸，必多读书，而加以临证，阅历既深，甘苦自悉。时师恶道，幸勿效尤，欲速则不达，尚口乃致穷。程伊川先生曰：医不读书，纵成仓扁，终为技术之流，非士君子也。东坡先生之言曰：学书者纸费，学医者人费。勉之，戒之。

九月九日折肱老人漫书

【注解】

①弆：jǔ，收藏；保藏。

【按语】

①本序可以反映凌奂藏书治学重视目录的研究，他所举的《四库提要》《通志》《崇文总目》及诸史《艺文志》，皆为历代目录学名著。凡可登录于史家目录之书，代表了中医学术的主流，故此凌氏摘录并加入个人收藏整理、经眼寓目之书，分门别类，以示后学。

②强调学习医学要有目标的读书，勤读苦学，参以临证，日久方能渐入佳境。

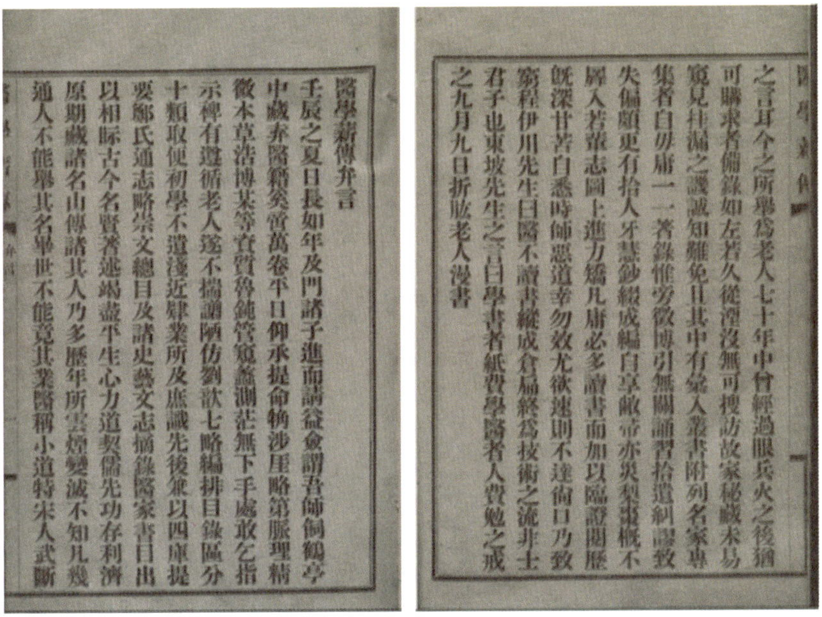
醫學薪傳弁言
壬辰之夏日長如年及門諸子進而請益僉謂吾師倜鶴亭
中藏弆醫籍奚啻萬卷平日仰承提命粗涉厓略第脈理精
微本草浩博某等資質魯鈍管窺蠡測茫無下手處敢乞指
示俾有遵循老人遂不揣譾陋仿劉歆七略編排目錄區分
十類取便初學不遺淺近肄業所及庶識先後兼以四庫提
要鄭氏通志略崇文總目及諸史藝文志摘錄醫家書目出
以相睎古今名賢著述竭盡平生心力道契儒先功存利濟
原期藏諸名山傳諸其人乃多歷年所雲煙變滅不知凡幾
通人不能舉其名畢世不能竟其業醫稱小道特宋人武斷

之言耳今之所舉爲老人七十年中曾經過眼兵火之後猶
可購求者備錄如左若久從湮沒無可搜訪故家秘藏未易
窺見挂漏之譏誠知難免且其中有竄入叢書附列名家專
集者自毋庸一一著錄惟旁徵博引無關誦習拾遺糾謬致
失偏頗更有拾人牙慧鈔綴成編自享敝帚亦槩屏棄概不
羼入若業志圖上進方熇凡庸必多讀書而加以臨證閱歷
既深甘苦自悉時師惡道幸勿效尤欲速則不達偷日乃致
窮程伊川先生曰醫不讀書縱成倉扁終爲技術之流非士
君子也東坡先生之言曰學書者紙費學醫者人費勉之戒
之九月九日折肱老人漫書

1917 年吴兴凌奂铅印吴兴凌氏二种本《医学薪传》

（五）《汉书、艺文志、方技补注·自序》

汉刘向、杨雄皆称：史迁有良史之材，服其善序事理，班固亦以史迁追溯功德，私作《本纪》，太初以后阙而弗录，故探篡前纪、缀辑所闻以述《汉书》，故后世之称良史者，首推《史》《汉》。论史家特具才、学、识之三长者，必曰迁、固也。今取二家书读之，他不具论，即以史迁传扁鹊仓公与班氏志医经、经方为方技，两两衡之，可以知班氏才、识、学之三者，皆不及史迁远甚也。

夫医之为道也，上穷天纪，下及地理，中傍人事，玄微幽穷，无上甚深。是以神农氏作，首述《本经》，黄帝垂拱，诸务未遑，独与岐伯鬼臾区、雷公、少俞、伯高诸臣辨难医药，周公设官，分治隶医师于天官之属，诚以人生天地间而不留神医药以养其生，虽有忠孝之心、仁慈之性，君父危困，赤子涂地，无以济之。盖医者生人之大命也，其可与龟荚[①]日者等量而齐视哉。然而史迁远矣，其为扁鹊传也，述长桑君以溯其源，复叙弟子子阳子豹以承其学，至其脉色、脏腑、俞募、三焦、膀胱，以暨割皮解肌、决脉结筋、湔洗肠胃、漱涤五脏，他如针石灼艾诸法，靡不赅备无遗。仲景所以览越人入虢之诊、望齐侯之色而慨然叹其才秀也。其传仓公也，有公孙光、公乘阳庆为之师，又得宋邑、高期、王禹、马长、冯信、杜信为之徒，各传其五诊、经脉络脉、鑱石、砭灸、药法、汤法之学，而有论列其治验二十一条，病源病主，推究入微。皇甫士安谓仓公之学出于《素问》，信非阿也。斯固非扁仓之神圣不能如是之精，非史迁之博通医道而又擅才识之专长者，其能穷奇尽变如是之详且尽哉。后儒攻医而有途辙之可循堂奥之能入者，皆于扁仓乎是赖，于是叹史迁之大有造于医林也。班氏去史迁之年未久也，其先世斿曾与刘向同校秘书，每奏事，斿以选受诏进读群书，上器其能，赐以秘书之副，文献未为不足也，其为书又自谓探篹前纪、缀辑所闻，当时黄帝扁鹊之书上下经、五色、诊奇眩术藏之兰台秘阁，必有存者，而仓公之门，如宋邑、高期、王禹、马长、冯信、杜信之徒，已二三传，必有发扬而光大者，不难咨而考焉，是故宜为仓公列传，依仲尼弟子之例别传王邑诸人，何尝非史迁前纪意哉。乃列传既遗仓公，复以医经、经方志诸方技，其于仓公医学源流一字不录，而其所著录者，医经七家、经方十一家，计一十八家，家存其目而已，岂真书阙有间哉？平帝元始五年，书举天下，通知方术本草者所在轺传，遣诣京师。楼护传书，少诵医经本草方术数十篇，《百官志》书太医药丞主药方，《郊祀志》书深泽候人主方，《艺文志》书侍医李柱国校方技。当是时，岐黄典籍充栋汗牛，博采周咨，征文考献不可谓无其人、亡其书也。顾于《医经》乃曰：以愈为剧，以生为死，《经方》乃曰：有病不治，常得中医。由是以观，班氏之于医道较史迁为何如哉？读其书，可想见其才与学识矣，顾惟史迁能传扁鹊仓公而吸其精华，惟班氏只能志医经、经方而存其目，此古今医道消长一大源也。自班氏史例一开，而后世之为史者、侪医者于方技传中与卜巫星相并列，非惟医道之不幸，抑亦生人之大厄也，可不大哀乎？谓余不信，请以班氏《方技志》与史迁扁仓传两两而衡之，则迁固之优劣于此得见一斑矣。今余所补者，注也，非志也，千载而下，安得曹昭、褚少孙之博洽多闻，相与裨补缺漏，而光昭岐黄之钜典哉。虽然以班氏之才学、之识，号称良史，犹于医道未闻，其略医岂方技之流亚哉。史迁吾不得而见之矣，如褚先生、曹大家其人者，庶几日暮遇之也。

乙亥夏日张骥

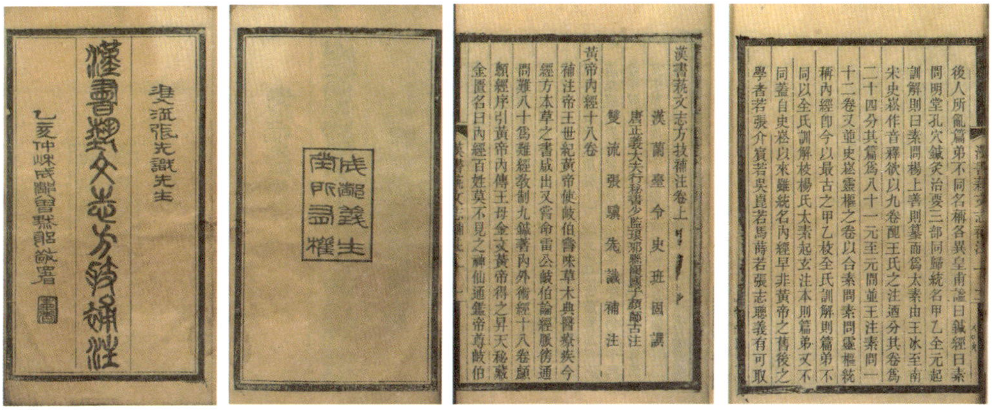
雙流張先識先生
漢書藝文志方技補注
乙亥仲秋成都曾默躬敬署

成都義生堂所有權

漢書藝文志方技補注卷上
漢 蘭臺令史班固撰
唐正義大夫行秘書少監琅邪縣開國子顏師古注
雙流張驥先識補注
黃帝內經十八卷
補注帝王世紀黃帝使岐伯嘗味草木典醫療疾今經方本草之書咸出又帝命雷公岐伯論經脈傍通問難八十為難經教制九鍼著內外術經十八卷顧類經序引黃帝內傳王母金文黃帝得之昇天秘藏金匱名曰內經百姓莫不見之神仙通鑑帝尊岐伯

後人所亂篇弟不同名稱各異皇甫謐曰鍼經曰素問明堂孔穴鍼灸治要三部同歸統名甲乙至元起訓解則曰素問楊上善則纂而為太素由王冰至南宋史崧作音釋欲以九卷配王氏之注適分其卷為二十四分其篇為八十一元至元間並王注素問一十二卷又並史崧靈樞之卷以合素問素問靈樞統稱內經即今以最古之甲乙校全氏訓解則篇弟不同以全氏訓解校楊氏太素起玄注本則篇弟又不同蓋自史崧以來雖統名內經早非黃帝之舊後之學者若張介賓若吳崑若馬蒔若張志聰義有可取

中国中医科学院图书馆藏 1935 年成都义生堂刻本
《汉书艺文志方技补注·自序》

【注解】

①龟筴：代指占卜之术。

【按语】

①张骥在自序中表达了其对于史籍目录的编录看法，是褒（司马）迁贬（班）固。而我们应该看到，司马迁之《史记》是以传录体的体裁记述医家及医籍，尤能述医道源流，而班固效仿刘向刘歆父子存目辑略的方式著录书籍，出于撰著的动机不同，所以写作的着墨重点不同，因而详略各具特色，不应有赞此诋彼的偏见。

②张骥认为，班固将医书置于《艺文志》且和医卜星相并列，是降低了医

学的地位，因其关乎圣人之道，为忠义慈孝之根底，医家应当列入史家，且历代皆须留传以传之。

③本书出于班固《汉书·艺文志·方技略》仅著录书名卷数，而于书籍内容考据不详之缺憾，因作补注和考释，体现了目录学在文献研究中发挥的重要作用，是值得弘扬的。

二、总序

（一）《汉书·艺文志·方技略》总序

方技者，皆生生之具[①]，王官之一守也。太古有岐伯、俞拊[②]，中世有扁鹊、秦和[③]，盖论病以及国，原诊以知政[④]。汉兴有仓公，今其技术晻昧[⑤]，故论其书，以序方技为四种。

【注解】

①生生之具：使生命得以正常繁衍的保障。

②岐伯、俞拊:《黄帝内经》中记载了上古有岐伯、俞拊、伯高、少俞、雷公等名医。

③扁鹊、秦和：在《左传》《国语》《史记》中记载了扁鹊、秦医和、秦医缓。

④论病以及国，原诊以知政：古人认为“上医医国，中医医人，下医医病”，一个明医能够防病于未然，就像一个良相能够防乱于未成。这一观点在《黄帝内经素问·灵兰秘典论》中对于调和脏腑与治理天下有比拟式的论述。

⑤晻昧：昏暗淹没而不传。

【按语】

此序作为《汉书·艺文志》方技类之总序，高度概括了方技“切于世用”的本旨，上自王官，下及黎庶，皆必须世代相守。养生疗病类同扶世治乱，故不可小觑。为使医道免于沦没，因有方技之序作。

（二）《医藏书目》总序

按《医藏》录者，取诸如来法《藏》，权立其名，以济度群生也。世人珍重，严敬者莫如《内典》[①]，广被获济者亦莫过《内典》。昔庾信[②]窃佛语以藻丽其文，罪生孽现。予借如来《藏》名以救困厄，即如汲黯矫诏[③]，发粟以济饥民，汉武英主而不罪。又如周室不朝，桓文不得不令诸侯[④]也。况佛藏有药师之经，勤礼谶诵即得清凉解厄。《医藏》寔为世宝，罪过或宥[⑤]。或问：自周官立法医，列天官之次，医师掌医之政令，其条理循循，何子以非其原始？予曰：《周礼》云其邦之有疾者，使医分治，岁终稽其事。窃谓若岁气疫疠，病变不常，若使昏蒙下士，十失其四者，岁终刑罚，则去生远矣。罚亦难逭[⑥]，又混以食医、疡医、兽医以上下其食，术何尝有羲黄俞咨之问答乎？春秋以痈疽侍人，瘠环为耻，故殷深源、狄梁公精此而焚书羞秘，况其他乎医？挚履齐王见烹[⑦]，秦越争技见刺[⑧]，囿于利也。淳于[⑨]之见赴，华士元[⑩]之屈戮，一遇明主而著，一遘奸雄而艺绝，所谓天之君子，人之小人，天之小人，人之君子。若圣世重民，明哲见机，岂有此乎？

仲春又记

【注解】

①《内典》：指释迦牟尼49年所说的一切法，也包括三藏十二部一切经典。因为佛法是心性内求的一门学问，所以称为内学。

②庾信：庾信（513—581），字子山，小字兰成。南阳郡新野县（今河南新野）人，南北朝时期著名文学家。

③汲黯矫诏：典出《史记·汲郑列传》："汲黯字长孺，濮阳人也。……河内失火，延烧千余家，上使黯往视之。……臣过河南，河南贫人伤水旱万余家，或父子相食，臣谨以便宜，持节发河南仓粟以振贫民。臣请归节，伏矫制之罪。上贤而释之，迁为荥阳令"。矫诏：假托的皇帝诏书。

④桓文不得不令诸侯：春秋以来，周室衰微，礼乐崩坏，齐桓、晋文挟天子而令诸侯。

⑤宥：宽宥，宽恕。

⑥逭：huàn，逃；避。

⑦挚履齐王见烹：文挚，战国时期名医，宋国商丘人，洞明医术。他预见可以用"激怒法"治好齐闵王的痈疮病，但却会被其所杀。在太子反复劝说下，他虽用此法治愈了齐王，但最终不免一死。典出《吕氏春秋·卷十一仲冬纪第十一·至忠》。

⑧秦越争技见刺：秦越即指扁鹊，扁鹊因医术高明。秦国太医令李醯“自知技不如也”，而使人刺杀之。

⑨淳于：淳于意（约前215—前140），西汉临淄（今山东淄博东北）人，姓淳于，名意。淳于意曾任齐太仓令，精医道，辨证审脉，治病多验。曾多次得到了文帝召见询问，详细陈述了自己的学医经过及为人治病的具体情况。《史记》记载了他的25个医案，称为“诊籍”，是中国现存最早的病史记录。

⑩华士元：即华佗（约145—208），华佗与董奉、张仲景并称为“建安三神医”。他医术全面，尤其擅长外科，精于手术，并精通内、妇、儿、针灸各科。晚年因遭曹操怀疑，下狱被拷问致死。

【按语】

①殷仲春借用佛教“藏”名其书，寓意解救天下含灵之意。

②在殷仲春看来医学的传承重在两点：一是薪火不断，二是正本清源。若想达到薪火不断就需将医学知识和著述及时记载于文献之中，以免天灾人厄而致使亡佚；若要正本清源，亦需著录名著典籍于文献，令学者学有所本。

三、类序

（一）《汉书·艺文志·方技略》类序

医经者，原[①]人血脉、经落、骨髓、阴阳、表里，以起百病之本，死生之分，而用度[②]针石汤火所施，调百药齐和[③]之所宜。至齐之得[④]，犹慈石取铁，以物相使。拙者失理，以愈为剧，以生为死。

经方者，本草石之寒温，量疾病之浅深，假药味之滋，因[⑤]气感之宜，辨五苦六辛，致水火之齐，以通闭解结，反之于平。及失其宜者，以热益热，以寒增寒，精气内伤，不见于外，是所独失也。故谚曰：“有病不治，常得中医。”

房中者，情性之极，至道之际，是以圣王制外乐以禁内情[⑥]，而为之节文[⑦]。《传》曰：“先王之作乐，所以节百事也。”乐而有节，则和平寿考。及迷者弗顾，以生疾而殒性命。

神仙者，所以保性命之真，而游求于其外者。聊以荡意平心[⑧]，同死生之域，而无怵惕于胸中。然而或者专以为务，则诞欺怪迂之文弥以益多，非圣王之所以教也。孔子曰："索隐行怪，后世有述焉，吾不为之矣。"

【注解】

①原：推究。

②度：揣度。

③齐和：调和药剂的剂量和配比。

④至齐之得：符合病证药剂的功效。

⑤因：遵循。

⑥制外乐以禁内情：创造外在的声乐以节制内在的情欲。

⑦节文：专门为之而作的礼制之文。

⑧荡意平心：使意念得到净化，心镜得到平复。

【按语】

此段为现存最早的有关医籍分类和部类主旨的描述文字，是班固承袭了刘向刘歆父子的学术主张而撰述于此，开辟了古代医籍四分法的先河。可以看出，医经类是有关人体生理和治疗基本原则的书籍，经方类是有关治疗方法与方剂的书籍，房中类是有关房事愉悦身心、养生保健类的书籍，神仙类是有关修心导引、按摩服食类的书籍，从养生防病到治疗方术，内容丰富且体现了古代医学文献有关身心并治的记载和认识，是古代文明高度发达的例证。

（二）《隋书·经籍志·医家类》小序

医方者，所以除疾疢[①]，保性命之术者也。天有阴阳风雨晦明之气，人有喜怒哀乐好恶之情，节而行之，则和平调理；专一其情，则溺而生疾。是以圣人原血脉之本，因针石之用，假药物之滋，调中养气，通气解结，而反之于素。其善者，则原脉以知政，推疾以及国。周官医师之职，掌聚诸药物，凡有疾者治之，是其事也。鄙者为之，则反本伤性。故曰：有疾不治，常得中医。

【注解】

①疢：chèn，热病，也泛指疾病。

【按语】

此序沿用《汉书·艺文志》医经、经方类序之论，少有发挥；认为医道为"除疾疢、保性命"之术，而未及节欲、养生，较之《汉志》所论狭隘。

（三）《国史·经籍志·医家类》小序

医经昉[①]于《素问》，经方原于《本草》，《七略》分二家，实王官之一守也。许嗣宗曰：医特意耳，脉候幽而难明，吾意所解，口不能宣也，虚著方剂，于世何益？顾自六尘[②]伐性，七窦[③]移情，卫生亏摄，机速蹙痿，求缓龄于金液，假机息于银丸，则《五色》所书，《鸿宝》所录，又可尽废耶？第方匪对证，药或误人。语曰"疾不治，得中医"，非虚言也。代历古今，篇籍猥众[④]，今稍稍次之，为医家。

【注解】

①昉：起始。

②六尘：佛教语。即色、声、香、味、触、法。与"六根"相接，便能染污净心，导致烦恼。

③七窦：窦：孔穴，七窦代指人的五官七窍。

④猥众：众多。

【按语】

此序指出医籍分类源出《七略》之医经、经方，然医道变化幽微、玄冥难极，六淫疢沴、喜怒优思，害人无形，稍有摄养不慎，疾病生焉。故而后世不惟医家著书立说阐发医理，丹道方术亦并行于世，遂致医著泛滥，汗牛充栋。因此，著者将其分类整理，概括为医家类。

（四）《医藏书目》类序

无上函：无上函者，取《内经》暨诸籍，凡诸家无有越于此者，为识函也。释缚脱艰，全真导气，[①]三圣道源，万世鸿造，其并收《易》与《洪范》《繁露》者，医与治道相符，圣贤表里也。故书之分命羲和[②]之四方，即《内经》春月发陈、夏月蕃秀之玄奥一以分四时，而治民一以分四气。而调世治民者，敬授人时，教民以析四夷奥隐。有调世之济，植调世者，勿夺怒，急泄暗藏。圣王之养性情，育德以豫民。《易》与《洪范》《繁露》诸书者，如医缓知晋侯之膏肓食不及新，子针识赵孟正卿之暍日。故孙思邈云，大医须当兼识阴阳卜相之术，亦此意也。《难经》至元七十注而义犹讹，张长沙忿举族罹患而著论，岂易易而言哉。昔人教人读《朱书本草》，恐后人惑于肤测药性，诊脉者休执高阳歌括，必须熟读《脉经》。

【注解】

①释缚脱艰，全真导气：此语出自《重广补注黄帝内经素问序》，言：释缚脱艰，全真导气，拯黎元于仁寿，济羸劣以获安者，非三圣道不能致之矣。

②羲和：中国上古神话中的太阳女神与制定时历的女神。

【按语】

此类取医学早期经典，而命名为“无上函”，其中内容包括《内经》《难经》《伤寒论》《金匮要略》《脉经》《甲乙经》等。

正法函：正法者，医家之大济生民之书也。自轩岐以降，奇晐[①]虽传，无准的[②]以法世。张机仲景以天纵之才，以生民为惧，分六经证治，此不能一辞为赞。李东垣深究《内经》，阐明药性，辨别内外之伤，立调补阴阳之法；张洁古梦人凿胸纳书，而医业最精；刘河间立热病法，而治法迥异，非操戈于仲景，寔羽翼于长沙；钱仲阳之论肾常不足，朱丹溪云相火有余，更超千古；谦甫好古，安常安道，不失邯郸。《千金》《十书》当为正典。

【注解】

①奇晐：非常，特殊。

②准的：标准。

【按语】

此类将历代宗法之名医学术著作汇聚而成“正法函”，其中包括伤寒、临证综合等书籍。

法流函：法流者，正法流行于宇内，有扶植生灵之功、垂教英敏之法。刘宗厚《伤寒杂病治例》[①]《东垣正脉》《心法附除》[②]，此为最当。若陶节《六书》、薛氏诸种、节斋、石山、元礼、慕松、用光、仁斋，咸用心于著述，未必尽妙法于当年，览者譬楂梨橘柚各当于口用者，渑淄泾渭细辨于分毫，不可一拘。程不识之号令严明，又不宜玩李将军之兵便于水草。[③]

【注解】

①《伤寒杂病治例》：即明代名医刘纯所著《杂病治例》。

②《东垣正脉》《心法附除》：明代王执中编撰《东垣先生正脉》和明代方广所著《丹溪心法附余》。

③此句出自《史记・李将军列传》，讲的是汉武之际，李广和程不识均是善

于管理军队的一时双璧。李广行军没有严格的队列和阵势，靠近水丰草茂的地方驻扎军队，停宿的地方人人都感到便利，晚上也不打更自卫，幕府简化各种文书簿册，但他远远地布置了哨兵，所以不曾遭到过危险。程不识对队伍的编制、行军队列、驻营阵势等要求很严格，夜里打更，文书军吏处理考绩等公文簿册都很清楚明白，军队得不到休息，但也不曾遇到危险。程不识说："李广治兵简便易行，然而敌人如果突然进犯他，他就无法阻挡了。而他的士卒倒也安逸快乐，都甘心为他拼死。我的军队虽然军务纷繁忙乱，但是敌人也不敢侵犯我。"那时汉朝边郡的李广、程不识都是名将，但是匈奴人害怕李广的谋略，士兵也大多愿意跟随李广而以跟随程不识为苦。以此来隐喻后世医书虽有发挥，也都只是各执己见，未必有经典医籍的论述妥当公允。

【按语】

此类收集书籍包含临证综合、临证各科医书，含少量伤寒著作。法流之名盖取经典医籍的学术理论在后世得以发挥的补充之意，而后分为历代各家之学说。

结集函：结集者，诸品妙谛而为一乘之法也，惟此最难，广之则芜秽，漫散约之则遗漏失诠，非有宏材安能删述，若无慧悟安能编简。叔和次仲景之书犹多异论；《千金》秘龙藏之方，人岂易知纂集之书；全善《纲目》最妙，小大不遗又奇方简略；宗厚《微义》得中，而门类失全；《集成》《医统》亦有可观，不能枚举。近得徐儆弦《医经汇编》，褒取百氏，切要之篇惜无方以配之。凡纂此诸书若无神解，譬犹晋鄙之兵，一锥可夺；[①]欲若细柳之营，天子按辔。[②]方妙未易忌筌，犹当枕席。

【注解】

①晋鄙之兵，一锥可夺：典出《史记·魏公子列传》，讲的是魏无忌门客朱亥立时以铁锤击杀晋鄙，信陵君于是引兵救赵。

②细柳之营，天子按辔：典出《史记·绛侯周勃世家》，记载了周亚夫治军严明，即使皇帝来到了细柳军营，也得按照军规扣紧马缰使马缓行。以上两个典故讲的是著书如治军一样，需要有灵魂和思想，不能杂缀拼凑。

【按语】

此类包含临证综合、临证各科医书，含少量伤寒书籍。虽曰内中所含书籍是结集所作，但是编撰得法，有学术主旨和主线，杂而不乱。

旁通函：旁通者，为医家之能事，禅之别宗，治之变法，兵之诡道，民之菽麦，此非常经。古人曰“民可乐成，不可虑始”[①]，此行变之始，法苏子曰“病犹火也，不戢[②]将自焚”，此用奇之节制。子和之三法，奉议之活人，隐居之痰论，飞霞之霞膏，[③]迥乎自别善用者，譬五兵之一技，须必胜而后施十策之总陈，待万全而始用。其《岭南》《海上》《奇效家宝》《袖珍》诸书并辑，不可执此即为秘方，细考适当其病，如获衣珠。医为人之司命，安可拟学书废纸。

【注解】

①民可乐成，不可虑始：出于《管子·法法第十六》，意为可以和老百姓共同为做成某件事情而快乐，但不可以开始时候和他们一起商量去做。

②戢：制止，清除。

③子和之三法，奉议之活人，隐居之痰论，飞霞之霞膏：张子和汗吐下三法该尽治病之法，朱肱《南阳类证活人书》对《伤寒论》有独到研究，王珪《泰定养生主论》记载痰证及下痰法颇多发明，韩懋《韩氏医通》霞天膏补血润燥化痰功效独圣。

【按语】

此类包含方书、临证综合著作，作者认为此类包含书籍可作为常法之外备选之法，故名旁通。

散圣函：散圣者，非医流之专业。天生聪睿特达之士，既以文学标乎宇宙，为才流之山斗[①]，而更游心一艺，亦切生民粟帛。自苏长公、沈存中[②]以下数十家，或方或论，或运气或地宜，谈之生眉睫之喜色，用之苏岭表之生民。彼以慈心一念，越尊俎而代庖人，不可成心景企，竟刻舟而求剑，又草庐、伯斋、叔拱得徐儆弦之《汇粹》，而时见一斑。金之河间、洁古、彦修诸家，李濂集《医史》而行迹略备。修自正派，结集外方，书俱总萃于兹。

【注解】

①山斗：即指泰山北斗。

②苏长公、沈存中：苏轼与沈括所著《苏沈良方》。

【按语】

本函收录之书包含方书、临证综合著作，多为医门之外人或先儒后医者所辑所著，故称为“散圣”。

玄通函：玄通者，出于《内经》“五运”“六微”“天元纪论”，太虚廖廓，肇基化元，同历家叙四时之位、正分至之节。望观云气，以纪灾祥；测候纪风，以察交度。若执成案以验民瘼[1]，有应不应，以活变而验时事，此理庶几。昔人云：病知不似当年气，看与何年气候同，但向此中求活法，须知至妙在其中。盖亢则害，承乃制，大过不已则反不及。沈存中测候数篇，是得运气之好，而《天元玉册》此兼推步，不持民病，兼通世运。《玄珠密语》则又其次，当求明哲以稽其妙。此函其涉于深玄尚古者附焉。

【注解】

①瘼：mò，病，疾苦。

【按语】

此类包含藏象、运气类书籍，皆属神妙莫测的学术，故名曰玄通，实即通玄之意。

理窟函：理窟者，攻切脉而知病情。诸家所集不言望闻问而止言此，以其最难紧要立名也。孔子曰：观水有术，必观其澜。脉者，血气之波澜。又曰：国之气脉，水之源流，地之龙脉，天下之理莫玄微乎此理。人之死生系于顷刻，按诊医之良否亦在处治安危。七诊九候，非识阴阳而奚测；七表八里，非洞明度数而焉知。故论病以及国，原诊以知政。《太素》肇源乎《灵枢》，何曾有外乎上圣，《难经》简明乎《石室》，此可领袖乎？后贤自《脉经》以下，注叔和者亦知《难经》之多，《云岐》最妙，《通真》《俗解》《图注》《刊误》不一，而滑氏《枢要》、丹溪《脉论》《脉诀》，玄理标提，诊寔切世用。而丹溪者，又以黄钟推寸口，此深知律吕真能若是乎？扁鹊垣见一方，洞经络而自神其目，若壶公[1]渊九示之虚妙，神巫遁形，此又出乎其上渊乎！玄乎其惟脉乎？

【注解】

①壶公：又名玄壶子，悬壶翁，是东汉时期的卖药人，传说他常悬一壶于市肆中出诊，市罢辄跳入壶中，一般人不能见到他。后来历代医学家学成开业为人治病，多称之为“悬壶”。

【按语】

此类包含脉学类著作，脉学幽隐，易学难辨，如迎浮云，若视深渊，故名理窟。

机在函：机在者，集目科数十种，而便于治焉也。人之机在乎目，目因乎人胸中正不正，心正则机在能疗人瞭眸，有不明察秋毫乎？目病分五轮八廓[1]、表里寒热，世有得一方即通治，岂不误人乎？佛祖曰：金屑虽贵，入眼成尘。

【注解】

①五轮八廓：即五轮学说与八廓学说，是中医眼科独特理论学说，阐述眼与脏腑相互关系并指导眼病的分类及辨证论治。

【按语】

此类包含眼科类著作，因人之察机在目，故曰机在。

秘密函：秘密者，秘传之书不经世目，如华士元《肘后青囊》之类。自古有之扁鹊之遇长桑授上池神术，淳于意公传宇外之禁方，不其然乎？若不待传而心得者，如张洁古梦神人凿胸纳书。此道大明，正为神解，何尝蹊曲[①]心遇异人哉！管公明亡后，上有《周易》《孝经》《论语》，又何当有潜虚覆射之术哉。虽然自古英奇之士非得枕中秘记，圯上[②]二篇安能施其妙用哉？目过抄本，秘方异帙，列于斯焉。

【注解】

①蹊曲：即旁蹊曲径，指旁门左道，非正常途径。

②圯上：即指张良圯上敬履的故事，出自《史记·留侯世家》。其主要讲述张良偶遇黄石老人，经过黄石老人的考验获得《太公兵书》。

【按语】

此类包含临证综合、临证各科医书，含少量伤寒书籍。

普醒函：普醒函者，取《神农本草》以至近代诸本草，如释氏醍醐[①]以清凉味解脱诸烦恼也。自神农尝百草至《唐本草》，下迨宋元，辨愈精而用愈难，非精考诸书，安可妄定方药。辨五若六辛，致水火之剂，通闭解结，反之于平，用之当如磁石取铁，用无不验。反此如以火益薪，反生烦恼。

【注解】

①醍醐：《大般涅盘经·圣行品》："譬如从牛出乳，从乳出酪，从酪出生稣，从生稣出熟稣，从熟稣出醍醐。醍醐最上。"即从酥酪中提制出的油，佛教用以比喻佛性。

【按语】

本类包含本草类书籍，明药性即如醍醐灌顶，清凉顿解，故曰普醒。

印证函：印证函者，述古方旧案而成之也。人有今古之不同，方有南北之迥异。况方者仿也，案者谙也，止可法此而证他歧，不可证此而为准鹄[①]。不细玩自古名方，必懵七方之博约，焉知十剂之纵横。范文、商文二公，皆收天下之犀革羽毛以待奇士之需用，周府蜀藩进呈袖珍御用，恐妨生民之信误。

【注解】

①准鹄：即正鹄，箭靶。引申为目标。

【按语】

此类包含养生、方书类著作。强调应用之时，要与临证实践相互印证，且要遵循《内经》“适事为度”的法则，三因制宜。

诵法函：诵法函者，熟于记诵，便于应酬，此皆为钝根而设也。至于高阳生之《脉诀》，虽伪作而分脏腑有条，许叔微之《百证》，深括长沙之正脉，必须熟诵其余。虽有可观，不免凑砌成括，药性以二十八字为则，何能尽升降补泻？经络之运用，即如越裳之指南①，何能尽国中城门之深？料此不可无，又不可如释道咀咒，留连于口吻。

【注解】

①越裳之指南：《古今注》及《鬼谷子》等记载，周公（即周武王弟）做指南车，是因“越裳氏”来进贡，迷失了归路，周公造“五乘”指南车，为他们引路。

【按语】

此类包含临证综合、临证各科医书，以及少量伤寒著作，而以歌赋图诀为主，便于记诵和学习，故名诵法。

声闻函：声闻者，非谓辟支①之谓也。目未经览，但世有秘册奇书，或禁方奇赅，或医书引用，未睹全帙。高人逸士，方外丹客，或世傅秘方，访知的有必须。求之古圣，闻一善言，闻一善行，若决江湖。②而医者，人之司命，而拘虚③执安于一曲哉！珠玉无足而至者，以人好之也。遇此必须倾橐，若焦弱侯《经籍志》所收亦附后。

【注解】

① 辟支：即佛教辟支佛，即辟支迦佛陀，指过去生曾经种下因缘，进而出生在无佛之世，因性好寂静，或行头陀，无师友教导，而以智慧独自悟道，通说为观察十二因缘，进而得到证悟而解脱生死、证果之人。所以亦称为“独觉”或“缘觉”。

②闻一善言，闻一善行，若决江湖：语出《孟子·尽心上》：“孟子曰：舜

之居深山之中，与木石居，与鹿豕游，其所以异于深山之野人者几希。及其闻一善言，见一善行，若决江湖，沛然莫之能御也。”意为听到一句善良的言语，见到一次善良的行为，便受到触动，像打开缺口的江河，气势充沛，没有谁能阻挡得了。

③拘虚：比喻见闻狭隘。《庄子・秋水》言：“井蛙不可以语于海者，拘于虚也。”虚同“墟”，所住的地方。

【按语】

此类包含临证综合、临证各科，以及少量伤寒书籍。

化生函：化生者，女科十二种为辑也。《易》曰：男女媾精，万物化生，干道成男，坤道成女。《经》曰：女子二七天癸至，男子二八则精通，七为少阳，八为少阴。女及以阳，男及以阴者，阳偶阴为女，阳交阴为男。阴主静，海满而去血；阳主动，应血而泄精。古人迟于婚嫁者，豫养其精神，今人故有立胎教，行坐起居皆有礼，则生子形容端正，自亦无疾患忧虞。况屡胎育者，气血有耗而不得子。性者郁滞多瑞，尼寡之不同，经候之别，有异语云：宁治十男，莫治一妇人。若扁鹊巧达，赵重妇女即为带下[①]，此何拘乎？

【注解】

①带下：《史记・扁鹊仓公列传》载：扁鹊过邯郸闻贵妇人，即为带下医，指妇科医生。

【按语】

此类为妇产类书籍，《内经》谓“物之生谓之化”，又谓“生生化化，品物咸彰”，故此类名为化生。

杨肘浸假[①]函：杨肘函者，取外科散籍总纲一籍。周官疮疡科治邦之患，岁终稽上下，又疡科近于卑，故其书散漫。凡世之庸人得一方，即秘为神丹，此皆损元气之药。东垣、丹溪深究心于此焉，始知依经络表里补泻之法。陶尚文伯患此，遍考前书，著《十段关》[②]，以五善七为要，治其毒易愈，患疽者百全。立斋推广大有妙验，单方奇方深爱广求，不敢以为嚆矢[③]。嵇生云[④]：蚊有噬肤则通夕不眠，惟外死生者，跰鲜视井而云造物又为此拘拘也[⑤]，何哉。

【注解】

①杨肘浸假：语出《庄子・大宗师》：“浸假而化予之左臂以为鸡，予因以求时夜；浸假而化予之右臂以为弹，予因以求鸮炙；浸假而化予之尻以为轮，

以神为马，予因以乘之，岂更驾哉？”后以“浸假”谓逐渐之意。因疮疡乃气血壅郁，日久乃成，故有渐变之势，而立此名。

②《十段关》：明代名医陶华，字尚文。曾著《伤寒段段锦》一卷，此书又名《十段锦》《十段关》。

③嚆矢：带响声的箭，比喻事物的开端或先行者。

④嵇生云：即取自嵇康《养生论》。

⑤跰鲜视井而云造物又为此拘拘也：典出《庄子内篇·大宗师》，子舆生病，身体佝偻，跰鲜（步履蹒跚）而在井边映照自己的模样，却说：“哎呀，造物者（大自然）竟把我变成如此曲屈不伸！”但他的内心却十分闲逸，好像没有生病似的。比喻将生死置之度外。

【按语】

此类所收为外科类医籍。外科自《周礼天官》分为食医、疾医、疡医、兽医，即为专门一科，后世发展更为广博。金元之间的李东垣、朱丹溪，明代的陶华、薛己都重视此道。

妙窍函：《内经》异法方宜论云：东方之民，鱼盐之地，其民热中，咸胜血为疡，治宜砭石；北方地寒，乳食生满，治宜灸焫；南方雾露所聚，嗜酸食腐，病多挛痹，治宜微针。然则针灸上古之法，又春夏秋冬散俞皮理毫不可紊，又九刺胸腹，必避五藏，中心环死，脾五日，肾七日，应日而毙，岂易易者哉。又云：刺皮无伤肉，刺肉无伤脉，刺脉无伤筋，况喜怒忧思劳饥皆不宜轻刺，此非神授仁人，更有秋毫贯虱[①]之眸，承蜩挥斤[②]之手，则不能书此技。故自扁鹊之起虢太子廖廖千载，代不数人。若刍人针腰疾之鬼，启衣刺危产之儿，则步神矣。又云针能杀生人，不能起死人，言其术之难也。非鲁莽之夫，轻为此技？此书玄妙深奥，善乎王宇泰读此而发叹曰：《针经》分理经络、条陈补泻，咸臻微妙，欲一一立方以代针刺，正恐印定后人耳目，谦让未遑，惜乎未得，识荆致有望洋之叹。

【注解】

①秋毫贯虱：典出《史记·周本纪》，战国时养由基射箭能百步穿杨，纪昌射箭能正中虱心，后因以“穿杨贯虱”形容技艺高超，此处引喻眼力非凡。

②承蜩挥斤：承蜩，指粘蝉，把蝉粘住。挥斤，典出《庄子集释·杂篇·徐无鬼》，亦作“运斤”，挥动斧头砍削，喻技艺的高超。李时珍《奇经八

脉考》言:“学人肯虚衷求益，则承蜩运斤，许入岐黄之室矣。”

【按语】

此类为针灸类书籍。强调三层含义：一是针砭之来源，二是刺灸之禁忌，三是针灸之学难。

慈保函：慈保者，婴科种种颅囟、夷疮，织收而备具者。若附诸书者，此不记录。古为哑科，以虎口部为诊候。钱仲阳奥臻神圣，阎孝忠补辑未别珉玉[①]，痘疹之书不著先秦，而建武[②]之后始有。惟痘疹书最繁，犹当逐一推究，庶用寒用热法有余地。

【注解】

①珉玉：珉与玉。喻好坏，贵贱。

②建武：公元25年至公元56年，是东汉皇帝汉光武帝刘秀的第一个年号，也是东汉的第一个年号，共计32年。

【按语】

此类所收为儿科类著作。慈幼保赤，即名之为慈保。

指归函：指归者，指示学者得正脉而深明乎妙理，使不杂淆于衷，而得圣贤玄奥。如《大藏》以般若印心，既及《楞严》《华严》为入悟之渐。儒者不外乎六经以及诸书，医书泛滥，诸书互有得失。譬杨朱之见歧路[①]，须以苦心探索；方罔象[②]之得玄珠，□□□□□□。余每函摘取切要为一帙，以便业医捷径，犹恐以误后人，倘有高贤为余正之，余之赘言无当，总不如昔人云：不读本草焉知药性，既知药性决不识病，假饶识病未必得法，识病得法，工中之甲。经络明，认得标；运气明，认得本；治千人，无一损。禅家有顿悟渐解，医须渐解以及顿悟，顿悟难离渐解，一为修已之性，一为救人之命，故有差别。

【注解】

①杨朱之见歧路：典出《列子·说符》记载的杨朱“歧路亡羊”，形容医书繁多，学术纷呈，当需细心探究。

②方罔象:《风俗通》载，罔象喜食死人肝脑，人莫能禁。为对付罔象，古人送葬必用“方相”，“相”在商周，当为政官或祭祀之官。郑玄注《周礼》:“方相黄金四目，形状极可畏怖，傩时用以驱疫鬼，此又用以驱土怪也。”方相氏驱鬼习俗虽最早在秦汉已盛行。此句后言而未尽，疑有脱简。

【按语】

此类包含《内经》《难经》、仲景学说、脉诀、药性等著作。意为指示学者学当步入正途，以免歧路亡羊。

法真函：法真者，取修其导引之善书数十种，以资医理。《经》云：上古真人，提挈天地，把握阴阳，呼吸精气，独立守神，故能寿蔽天地。广成子曰：至道之精，杳杳冥冥；至道之极，昏昏默默。其次至人，淳德全道，和于阴阳，积精全道，游行天地之间，视听八达之外，益寿强神，亦归真人。其次则有圣人、贤人，亦持修习永年。今之丹书，法时火候，颠倒坎离，龙从火去，虎向水生，秉仙气道骨，堪承真谛。若其养砂烧茅①以药物资贪心，房中采战以淫欲纵痴性，何能至神仙地位。故曰：燕昭无灵气，汉武非仙才，况凡庸乎。人居天地，一念妄生，反罹灾咎，若能依坐功清修，亦跻上寿。《悟真篇》云：一日清闲一日仙，六神和合自天然，丹田有宝休寻道，万境妄言莫问禅。此有夙根清品，方臻此妙，又俗尘未断，反生懊恼，亦可暂却尘劳。《养生论》云：加一溉于阳年亦迟，枯于苗旱，②可不法此乎。

【注解】

①养砂烧茅：指代方士烧丹炼汞黄白之术。

②加一溉于阳年亦迟，枯于苗旱：语出嵇康《养生论》，意为久晴无雨之阳年，即使是偶尔灌溉，也不免大旱焦苗。引喻养生不可寄望于一朝一夕之功，需谨慎坚持。

【按语】

此类为养生类医籍。真人、至人、圣人、贤人均出自《素问·上古天真论》。“真”为天真之气，具体讲是指人的元气。效法天真之气，以养生延寿，故名曰法真。

（五）《四库全书总目提要·医家类》小序

儒之门户分于宋，医之门户分于金元。观元好问《伤寒会要序》，知河间之学与易水之学争①；观戴良作《朱震亨传》，知丹溪之学与宣和局方之学争②也。然儒有定理，而医无定法，病情万变，难守一宗。故今所叙录，兼众说焉。明制定医院十三科③，颇为繁碎，而诸家所著，往往以一书兼数科，分隶为难，今通以时代之次。《汉志》医经、经方二家后，有房中、神仙二家，后人误读为一，故服饵导引，歧途颇杂，今悉删除。《周礼》有兽医，《隋志》载《治马经》等九家，杂列医书间，今从其例，附录此门，而退置于末简，贵人贱物之义也。《太素脉法》不关治疗，今别收入术数家，兹不著录。

【注解】

①河间之学与易水之学争：刘完素创立“火热论”善用清法，易水张元素以伤寒、痈疽、眼目病为长，提倡脏腑辨证。《金史・张元素传》载：“河间刘完素病伤寒八日，头痛脉紧，呕逆不食，不知所为。元素往候，完素面壁不顾，元素曰：‘何见待之卑如此哉。’既为诊脉，谓之日脉病云云。曰：‘然。’元素曰：‘子误矣。某味性寒、下降走太阴，阳亡，汗不能出。今脉如此，当服某药则校矣。’完素大服，如其言遂愈。元素自此显名”。又载：“平素治病，不用古方，其说曰‘运气不齐，古今异轨，古方新病，不相能也’”。

②丹溪之学与宣和局方之学争：观戴良《九灵山房集・丹溪翁传》，丹溪“既而悟曰：‘操古方以治今病，其势不能尽合’”，其并未言及与《太平惠民和剂局方》有何水火不同的争辩。

③明制定医院十三科：医学分科自元代始，太医院分为十三科，至明隆庆年间改为十一科。元代十三科为：大方脉、杂医、小方脉、风、产、眼、口齿、咽喉、正骨、金疮肿、针灸、祝由、禁。明代十三科为：大方脉、小方脉、妇人、疮疡、针灸、眼、口齿、咽喉、伤寒、接骨、金镞、按摩、祝由。1571 年，明代的十三科改为十一科，增设了痘疹科，改疮疡为外科，接骨为正骨，去金镞、祝由与按摩等科。

【按语】

①医之门户分于金元，大有将医学学术“分土裂疆”之味，似过于绝对，俱因金元时期出现了以张元素、刘河间、张从正、李东垣、朱丹溪为代表的、学术主张较为鲜明的医家和代表著作。其实，从《汉书・艺文志》就可以见到治不同学术的医学家和学术著作，如黄帝派的《内经》和《外经》，扁鹊派的《内经》和《外经》，还有“白氏”的《内经》《外经》和《旁篇》，甚至还出现了神农、容成子、务成子、宓羲子等人物传承的书籍。《史记》亦有扁鹊仓公之传，内述其学术传承和著作。虽然这些书除《黄帝内经》外，现今都已亡佚。但这体现了伴随着历史科技与文化发展，尽管名医名著、学术学说纷呈，医学学术的融汇和进步也是大势所趋。刘向、刘歆和班固将他们客观公允地悉数载

录，而并未按照个人厌憎喜好强分派别，是尊重历史发展的客观规律的。

小序中提及“河间之学与易水之学争”的元好问（1190—1257），字裕之，号遗山，世称遗山先生，太原秀容（今山西忻州）人，金末至大蒙古国时期著名文学家、历史学家。他是宋金对峙时期北方文学的主要代表、文坛盟主，又是金元之际在文学上承前启后的桥梁，被尊为“北方文雄”“一代文宗”。《元遗山先生全集》收载了他曾经为李杲的《伤寒会要》作的序言。序言中告称，李杲幼岁好医药，曾捐千金从易州张元素学习，而尽得其传。序文中还表彰了李杲的医术神奇，但并未提及“河间与易水之争”，而四库馆臣据个人理解如此妄断，诚有失史实。再者，从整体上看，尽管金元时期医学学术理论的进步比较活跃，但是仍然没有脱离《黄帝内经》的理论框架，是他内部菁华的生机焕发，而并非别开天地、门户另立。从他们之间的学术承绪上看，亦有着直接或间接的关联。还有，《四库全书总目提要·医家类·素问元机原病式》条目言：“是书因《素问·至真要论》详言五运六气盛衰胜复之理，而以病机一十九条附于篇末。乃于十九条中采一百七十六字，演为二百七十七字，以为纲领，而反复辨论以申之，凡二万余言。大旨多主于火。故张介宾作《景岳全书》，攻之最力。然完素生于北地，其人秉赋多强，兼以饮食醇浓，久而蕴热，与南方风土原殊。又完素生于金时，人情淳朴，习于勤苦，大抵充实刚劲，亦异乎南方之脆弱。故其持论，多以寒凉之剂攻其有余，皆能应手奏功。其作是书，亦因地因时，各明一义，补前人所未及耳。医者拘泥成法，不察虚实，概以攻伐戕生气。譬诸检谱角抵，宜其致败，其过实不在谱也。介宾愤疾力排，尽归其罪于完素。然则参桂误用，亦可杀人，又将以是而废介宾书哉？张机《伤寒论》有曰：‘桂枝下咽，阳盛乃毙；承气入胃，阴盛以亡。’明药务审证，不执一也。故今仍录完素之书，并著偏主之弊，以持其平焉。”此番言论正是道破了医学学术在批判和补充中得到了不断的进步，应当整体看待，公允评判。存有门户之见、强分派别是医学学术进步所不容许的，也是历史发展所不容许的。所以，医学门户的分立，尤其是时间的推断，仍然是值得商榷的问题。

②医学学术发展和分科的变化使得医药文献逐步丰富繁荣，《四库全书总目提要医家类》的编撰者正是看到这一点，采取了公允评判，兼收并蓄的态度。这种态度是目录学家应该具备的一种基本素质，尤其是站在历史高点，切忌好恶动于中，要以历史发展的眼光看待不同时期医家医著和学术思想，不以一己

之好而攻击，不以门户之见而排斥，平实论述，平心阐论，褒贬得宜，方能博采众长、通贯古今。这样的学术目录才具备指示学习门径，促进学术进步的真正作用。

③《四库全书总目提要》因“一书兼数科，分隶为难”在目录中统一医家类冠名，类目中未再细分下位类，而各书采用“以时代之次”的编排方法。这种处理方式，有“遇难而默”之嫌，因太过笼统，于医学学科和医籍目录分类的发展不利，比较起《汉志》之医部四分法，是一种退步。同时，房中类与神仙类本就是有关护惜生命、积精全神一类的书籍，与医学的目标是一致的，归入“医家”并无不妥。但四库馆臣认为：“《汉志》医经、经方二家后，有房中、神仙二家，后人误读为一，故服饵导引，歧途颇杂，今悉删除。”这种做法也是太过武断。虽然在《隋志》中业已将医经、经方与房中、神仙分离，医经、经方归入“子部 · 医方类”，服饵、房中归入“道经部”。但是就四库馆臣的上述分类理由来看，明显是不负责任的。

④有关明代产生的“太素脉”，因其是凭脉断人祸福贵贱、穷通寿夭，非医之道，也非医之用，故将其特意摘出而列入术数类，这对医学文献和学术的传承起到了进步作用。

⑤余嘉锡先生在《四库提要辨正 · 序》中言：“《提要》诚不能无误，然就其大体言之，可谓自刘向《别录》以来，才有此书也……今《四库提要》叙述作者之爵里，评典籍之源流，别白是非，旁通曲证，使瑕瑜不掩，淄渑以别，持比向歆殆无多。至于剖析条流，斟酌古今，辨章学术，高挹群言，尤非王尧臣、晁公武等所能望其项背。故曰，自《别录》以来，才有此书，非过论也。故衣被天下，沾溉无穷，嘉道以后，通儒辈出，莫不资其津逮，奉作指南。”并言：“余略知学问门径，实受《提要》之赐”。这是对《四库全书总目提要》的公允评价。

（六）《医学薪传》类序

提纲：医虽方技，实肇黄岐，灵兰阐秘，苞符泄奇，圣作明述，极深研机，垂教万祺[①]，拯救群黎，是乃仁术，济众博施，寿人寿世，运启昌期。

右为医家之五经，学者上口讽诵，悉心参究，乃称有本之学，惟文辞古奥，义理元微，较儒门四子六经尤难通解，必须粗通文理，本有师承，再择后贤注释善本，参稽考订，庶几融会贯通，窥测旨趣。比来医籍，如汗牛充栋，终不能越其范围，徐灵胎先生谓：其理精妙入神，非聪明敏哲之人不可学，至哉言乎！

挈目：以上各种皆发明奥义，删节繁文，依经旁著，条分类别，取便初学裨益中才，未需买菜，求益何至望洋兴叹欤？

则古：上古獉狉[②]，人罹[③]夭殃，浑朴既散，患气滋章，六疾斯作，百药乃尝，爰测息度，爰制经方，嬴刘[④]以降，洎[⑤]乎李唐，所传著作，不乏贤良，沉屙立起，庶民用康，太和保合，流泽孔[⑥]长。

右书十三种，譬诸儒林经籍之三礼、三传。汉唐去古未远，老师宿儒，精义名言，尽萃于是，即有伪托，无害理道。病情万变，药品多般，非目验心通，焉能得其主名、著其功用，前贤竭毕生诣力著书立说，嘉惠来学，学者尤宜潜心浏览，服膺勿失者也。

宜今：以上四十种，首论脉，次论药，又次论方，各取专书，用资参考。凡医家治病，如鼓琴，然无杂泛音；如博弈，然须参活著。若徒执古书，拘守成法，则赵括将兵，贻羞乃父；房管请战，致败于车，巧拙两穷，智愚同诮。世有雅命通人，谬夸宿学，载籍不信。汉唐以降，虚生窃比仓扁之间，高自位置，力矫时流，此犹迂儒墨守陈言，胶执我见，好尚奇特，君子之过。更有一辈，目不识丁，胸无点墨，为市惟利是图，勿论是何险重证候，惯用不关痛痒药味，哈希成方，敷衍塞责，崇饰舆从，夤缘[⑦]缙绅，重索聘币，冀增身价，图财害命，欺世盗名，幸免人诛，难逃鬼责，蒙窃悯焉。此等著述皆持论明通，指陈简要，不泥古，亦不蔑古，循循善诱，《诗》言莫远具迩，《易》称积小高大，愿与学者勉诸。

学案：右四种书，足以考见历代名医学术治验，触类引申，益人神智，圆机活法，示我周行，亦医家之《兔园册子》[⑧]也。

名家：右二十一家，明贤著作，独抒心得，无愧专家，其间世运推迁，风土殊异，五方百族，气质攸分，七情六淫，患苦迥别，毗寒毗热亦因时而变通，畸重畸轻必量人以调剂，是丹非素，未免拘墟弃瑕，录瑜何曾异辙，学者应如韩子所云：兼收并蓄，待用无遗，是医师之良也夫。

旁稽：以上二十一种，古籍仅存，名贤分篡[⑨]。龙宫海藏留稀世之奇方，玉札华芝信延年之秘药。吐蛔决雀，反胃交肠，苟其投以刀圭，莫不应如桴鼓。

商量旧学，转益多师，箧里之阴符，枕中之鸿宝也。

宗旨：右书二十有四种，荟萃众说，折衷一是，遵前贤之模范，示后学以津梁。纲举目张，克绍千秋之绝学；钩元提要，允集群籍之大成。使非博济存心、钻研奋志、具物与民、胞之量裕、多闻强识之才，焉能副明诏于仁君，驰令誉于当代。韩子曰：莫为之前，虽美勿彰，莫为之后，虽盛不传，其斯之谓乎。

合撰：右丛书一类，采择唐宋以来单行善本，都为一编。自昔名贤著述，卷帙无多，岁月寖深，往往湮没不彰。就诸史《文志艺》而覆按之，大半烟销灰灭，良可痛惜。劬学之士，周咨博访，影写精抄，缀辑丛残，秘藏箧衍。贫儿暴富，煞费经营，兹则兵火频经，汉唐以后古书流散放废，有日少无日多。书贾偶获宋元精椠，奇货可居，兼金不易荀强，有力者广贷家藏，穷搜孤籍，命胥录副，汇付手民，传布士林，公诸同好，诚盛举也，医书其小焉者矣。

分科：宋立医院分科，命官饩[10]秉称事，为十有三，上祖周制，下惠元元，艺近乎道，业贵精专，手法口诀，自有秘传，国工之誉，庶几无忝。

右各科分列书目，不无挂漏，名人述作，浩如渊海，就予所见，略著大凡。百工技术咸推专门名家，孔子曰人而无恒不可以作，巫医诚慎之也。志学者必千里负笈，延访名师，十载操觚[11]，勤求古籍，身有仙骨，何须饮以上池，誓发婆心，岂有肯薄为小道，十全为上，三折其肱，方技传史乘之名，阴德食子孙之报，猗欤休哉。

时术：天时人事，迭为盛衰消长盈虚，即微见著。道咸以来，大江南北，民病虚劳，温热十居七八，良由气运日薄，禀质脆弱，事变既亟，生计难艰，水土精英，发泄太过，金来克木，剥削多方，蒙蘖受戕，根柢将仆。人身一小天地，息息相关，司天运气，推测虽详，犹未能见其大也。如上各书，皆因时立法，明体达用，诚足斡旋造化，补救元运，贾长沙有云：圣人不居朝廷，必在巫医，原诊知政，予尤思夫班孟坚之言也噫。

异端：凡人著书立说原以明道术、垂教化，本其真知灼见，大义微言，匡济当时，流播后世，所谓使先觉觉后觉也，若无益民生，有乖学术，甚且诬蔑先贤欺蒙来者，必宜拉杂而催烧之，庶免摇惑人心，草菅民命。医所以寄死生，谈何容易，尤宜亟为列白，大声疾呼者矣！何物窭材[12]自命为三生扁鹊，稍有知识定必唾弃，艾灸丹田五百壮，世间断无此痴人，活活自罹焚如之惨。高阳生伪撰《脉诀》，变乱《素问》部位，强配脏腑，假托王叔和以欺后学。宋贤如朱子吴草庐，早废其覆，迨王氏真《脉经》[13]出，吾知爝火自熄，又何待戴同父辈勘误纠谬为耶？赵养葵[14]依附吕晚村门墙，当时声气所及，颇窃盛名，自徐洄溪《医贯砭》出，医家亦无人宗尚，其卷帙无多，渐就澌灭。惟昌邑黄坤载僻处边隅，囿于闻见，以村学究足不越里门，妄思著述，固执丹学家“人有一分阳不死，鬼有一分阴不仙”之义，掉弄笔墨，逞其瞽说，敷衍阴阳五行，剽窃经传卦象，穿凿附会、割绝支离，谬解经文，杜撰方剂。因其粗谙辞章，略加点缀，向攻时艺，善于铺张，较诸丰坊父子伪造古书，犹为彼善，于此盖与生人性命无关，姑且听肆鬼蜮伎俩。今黄氏[15]之书，同治初元长沙徐侍郎重刊于京师。书生眼孔如豆，斯人舌底璨花，误以为千古发轩岐之秘旨，获仲景之心传者，莫黄氏若也。谬种流传，邪说广播，兼有涉猎，轻为尝试。则予曾见以姜附治血症暴涌而亡（四川黄太史彝年），麻桂疗温邪发躁以毙（欺人某副都统），目不忍睹，指不胜屈，宜乎都中市医亦鄙而薄之曰“黄教”（喇嘛有红黄二教故云）。医林故籍，纯粹以精者，如汗牛马而充栋宇。此等书若留天壤一偏之见，难语活人，于利济之本意似相抵牾耳。孟子曰：予岂好辩哉，予不得已也。

【注解】

①祀：sì，即年。

②狉狉：zhēn pī，草木丛杂，野兽出没。指远古混沌未开的景象。

③尟：xiǎn，同“鲜”，稀少之意。

④嬴刘：指嬴政和刘邦，即以此代指秦汉两朝。

⑤洎：jì，到，及。

⑥孔：大。

⑦夤：yín，攀附。

⑧《兔园册子》：本是唐五代时私塾教授学童的课本。因其内容肤浅，故常受一般士大夫的轻视，后指读书不多的人奉为秘本的浅陋书籍。《新五代史·刘岳传》：“道行数反顾，楚问岳：‘道反顾何为？’岳曰：‘遗下《兔园册》尔。’《兔园册》者，乡校俚儒教田夫牧子之所诵也。”

⑨篹：zuàn，古同“纂”，编辑。

⑩饩：xì，赠送（食物）。《周礼·天官·医师》："岁终，则稽其医事，以制其食，十全为上，十失一次之。"

⑪ 操觚：觚为木之方者，古人用之以书，操觚谓写作。

⑫ 窦材：宋代窦材于绍兴十六年（1146）编撰《扁鹊心书》一书，托名扁鹊所传。此书以重视经络和针灸疗法为特点。全书三卷，卷上介绍"黄帝灸法""扁鹊灸法"及窦材灸法，即有"百壮灸"之记载，强调扶阳思想。而其疗法不同于宋以前常规认识，故而医者目为立异之奇书。

⑬《脉经》：脉诊作为中医独特的诊断方法，在两千余年的流传过程中不断的传承与发展，就其内涵而言，包括了脉法与脉象两大部分。脉法包含了诊脉手法和诊脉部位，脉象包含了脉象形态和脉象主病，因此，以脉诊为基本内容的学术范畴形成了中医脉学。《黄帝内经》论脉，以脉象为气象，讲四频率、真藏脉、运气脉和多种不同脉形之脉。又有"寸口独为五藏主"的切脉法，又有遍诊法和三部九候诊法。《难经》则是独取寸口，并有寸口的脏脉定位。张仲景的《伤寒论》是人迎、趺阳、寸口三部诊法，并设辨脉、平脉专篇。西晋王叔和著《脉经》，对脉学做了全面系统的整理和规范，如寸口的脏腑定位是为成规，以二十四脉应二十四节气，又阐述了十怪脉和诸种死脉，分述了十一经脉各经脉之为病的脉象特征。后世出于对学习脉诊的方便，又有诸多谱之成韵、传之易诵的通俗脉学专著出现，如五代高阳生冒王叔和之名而做伪书《王叔和脉诀》，以其书文字简浅显易学，歌诀易记，以致《脉诀》出而《脉经》隐，欲求脉之明，反得脉之晦，故至元代有戴起宗编撰专书《脉诀刊误》以纠其谬。

⑭ 赵养葵：即明末医学家赵献可，字养葵，自号医巫闾子，鄞县（今浙江宁波）人。赵献可好学博览，除医之外，儒、道、释均有涉猎。在哲学思想上受《易经》影响较大，在医学上又遵从李东垣、薛己，属于温补学派。赵献可提出水火命门学说，认为命门为人一身之主，而不是心，命门的水火即人的阴阳。著有：《医贯》《内经抄》《素问抄》《经络考》《正脉论》《二体一例》，其中以《医贯》流传广而影响大。徐洄溪即清初名医徐大椿，对赵氏之学持反对态度，并作专书《医贯砭》以驳斥之。

⑮ 黄氏：黄元御（1705—1758），名玉璐，字符御，一字坤载，号研农，别号玉楸子，清代著名医学家。理论上力主天与人相应的阴阳五行升降出入的运动和变化，而五脏之气的升降功能都取决于中气，因此，临证主张"中气之

治”，重视“培植中气，扶阳抑阴”，虽与明代温补学派有一定承继关系，但在医学理论上多有发明。

【按语】

①《医学薪传》是清代名医凌奂所著的医学专科目录。凌奂（1822—1893），清代名医，原名维正，字晓五，晚号折肱老人，归安（今浙江吴兴）人。通晓男妇、大小方脉等诸科，临证慎思明辨，用药一丝不苟，求诊者盈门。太平天国期间授天医医院仙官，曾为李秀成等治病。凌氏书斋名“饲鹤亭”，藏书万卷。凌奂在行医之余，广搜汉唐以来的名医书方，穷究其理，晚年讲课授徒，为指导门生学习医学提供读书的门径，乃取古今医家著作，撰有医学目录《医学薪传》，编分12类，阐明学习医书的要领。此书是现存重要的医学专科目录。[8]此外，凌氏还撰有《饲鹤亭集方》二卷（1892年）、《外科方外奇方》四卷（1893年）、《凌临灵方》等。

②这是一部医家目录（重在因材施教、明体达用），而有别于史家目录（重在辨章学术、类例解题）和藏家目录（重在版本款识、雠校题跋）。从此目录的类叙可以看出，凌奂撰著的目的很明确，就是为指导后学门径的必读参考书目。而其分类并没有沿用传统分类方法，自创12类，而冠以自命名。从其分类实践的效果来看，“自命名”之类例虽在书籍学科属性分类上界限模糊、似有不伦，但从指导读者阅读的主次轻重方面，具有较高价值。

③正是因为本书为医家撰写的医学专科目录，所以在编辑目录，拟定体例，撰写类叙中体现了作者的学术主张，亦即著者的治学理念。概括而言：一是学贵有本，医学之本即如儒林经籍之五经、三礼、三传，医家当求之于汉唐以前之书，学者必予上口讽诵，悉心参究，服膺勿失。二是学者宜当勤求博采，要有“泰山不让抔土乃能成其大，河海不择细流故能就其深”之精神，然而亦需活学活用，乃能圆机活法。三是索隐寻怪非君子之行，圣人鄙之。医界之炫奇怪说、异端学术当予正讹批谬，指摘其弊，以免贻误后学。然而，其对于寀材、赵献可、黄元御的批评过当，大有以一己之力盖棺定论之嫌，亦未免失之偏颇。

（七）《中国医学大成总目提要》编辑分类要旨

尝考中国自神农尝百草，以疗民疾；黄帝作《内经》，而创医学。厥后代有传人，唐宋以前，本属一系，递至金元，始有门户之分。观夫元好问《伤寒会要序》，知有河间之学兴易水之学争；读戴良作《震亨传》，知有丹溪之学与宣和《局方》之学争[①]。因诸家之争，而医道大明。考医学原无定法，病情万变，难守一宗。惟多读医书，足资考证，而医术乃有所依据。今兹汇集汉唐迄于明清，百数十家之医籍，择其最有价值者，辑为三百六十五种，分为十有三集，以医话、医史、殿其后，别为外集。举其大要如左。

第一：医经类十五种，一百三十五卷。凡中国医学之源，谓之医经，为治医者所必读，故列为第一。

第二：药物类十九种，二百十一卷。尝味动植矿物，辨明其性质效用，以知何物可以养生，何物宜为治疗，食养治疗，由此区分。凡治病处方，当先明药性，故列药物类为第二。

第三：诊断类十六种，七十四卷。体质有强弱肥瘦，疾病有内伤外感，虚实久新，寒热表里，在脏在腑，属气属血，当按脉象而辨证，审病所在而处方，故列诊断类为第三。

第四：方剂类十九种，二百三十三卷。诊断既明，处方须有定程，犹匠之有绳墨，有绳墨而后有规矩，有规矩而后能变通，变通生于智巧，又必本诸绳墨。所谓绳墨者，君臣佐使，七方是也；规矩者，寒热温凉，十剂是也。有绳墨规矩，更须有智巧处方，自然不致误人，故列方剂类为第四。

第五：通治类六十种，四百四十九卷。凡类书丛刊，各科疗法，方药兼备者皆属之，今列为第五。

第六：外感病类四十三种，一百七十六卷。伤寒为时感之一，伏气春温风温是伤寒之变，其病之因，多得于冬不藏精之人，再由肤表感受寒邪，即病者谓之伤寒，乃先在表而后入里也。其有不即病者，寒邪伏于少阴肾经，至春天气转温，更遇外来风寒之邪，表里相召，从里达表，是为温病。时疫者，乃感于天地间郁蒸之戾气，从口鼻吸入于膜原，直达三焦，出表为顺，陷里转逆，皆能传染。故外感病极为重要，列为第六。

第七：内科类二十七种，一百九十三卷。病有从七情内伤而发者，乃腑脏所变，先由内发，而后形诸于外。如积聚、痃癖之类是也。有思虑忧劳过度，或房劳斫伤，乃脏阴内亏，如虚劳肺病是也，皆属内症。今列内科类为第七。

第八：外科类五十二种，一百二十九卷。凡疮伤痈疽，花柳结毒，跌仆损伤，喉痧白喉，眼目诸病，证发躯壳之表。皆属外症。今列外科类为第八。

第九：妇科类二十四种，一百二十四卷。妇人病之异于男子者，有经带、崩漏、癥瘕、生育、广嗣、胎前、产后、乳疾、前阴等症，为男子之所无。妇女之病，以血为主，当以调血养血为要。今列妇科类为第九。

第十：儿科类附痘疹，三十三种，一百八十卷。儿科又称哑科，口不能言，诊脉每多啼哭，难定标准。且脏腑娇嫩，发育未全，惟望面部色泽，闻其啼叫声音，察验虎口三关，以观病情。然后审其体质强弱，辨明寒热表里，须细心详察明确，方得立方处治。故列儿科类为第十。

第十一：针灸类附推拿，十六种，六十五卷。针灸按摩（即推拿）属手术外治，为治疗最善最要之法。然必须练习手法纯熟，审证定穴准的，用针补泻得宜，如推拿则下指轻重缓急灵敏，自然效验神速。故列针灸类为第十一。

第十二：医案类十六种，五十一卷。凡名医立案各有规矩成法，成法之中尤寓变化之巧，神而明之，存乎其人。故列医案类为第十二。

第十三：外集二十五种，七十九卷。一医论十种，二十六卷；二医话，十三种，四十五卷；三医史二种，八卷。凡古今名医，关于纠正医药论著，曰医论。从实验随笔记录，或辨证，或记方，不拘体例，曰医话。实录历代名医事略，以为后人模楷者，曰医史。皆属杂著，故列外集为第十三。

综上十三类。凡三百六十五种。附录不计。共二千零九十九卷。

【注解】

①此句源自《四库全书总目提要》，作者无甚发挥。

【按语】

本书分类法较前代明显进步，是将书籍学科属性与书籍撰著体裁相结合而形成的分类方式，并对分类的书籍大旨予以精要的概括，达到了分类“即类求书，因书究学”的目标。其将《伤寒论》与温病书籍归入外感，将《金匮要略》与内科杂病归入内科，是其创新之处。而在外集中列有医史的二级类目，是对于中国医学史的学科构建起到了推进作用，也是值得肯定的创新之处。明确了医案、医话、医论的这一特殊的、中医独有的体裁形式和著述重点，亦发前人所未发。不足之处在于收书数量比较少（365种），因此五行运气、藏象骨度、经络腧穴、病源病机、类书丛书等类别未有单列出现，而且书籍分类仅有一级分类，略显粗糙。

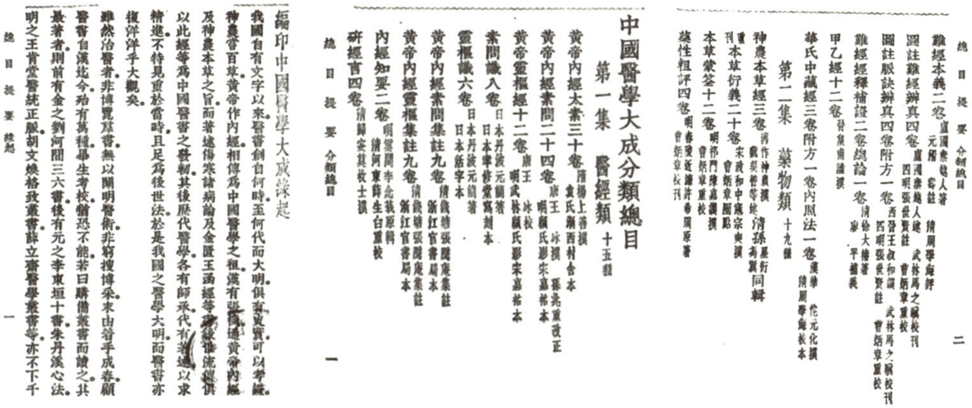
編印中國醫學大成緣起

我國自有文字以來。醫書創自何時。至何代而大明。俱有史實可以考證。神農嘗百草。黃帝作內經。相傳爲中國醫學之祖。漢有張仲景。通黃帝內經及神農本草之旨。而著述傷寒諸病論及金匱玉函經等。爲後世流傳。俱以此經等爲中國醫書之發軔。其後歷代醫學各有師承。代有著述。以求精進。不特見重於當時。且足爲後世法。於是我國之醫學大明。而醫書亦復洋洋乎大觀矣。

雖然治醫者。非博覽羣書。無以闡明醫術。非窮搜博采。末由着手成春。顧醫書自漢迄今。殆有萬種。畢生考校。猶恐不能若曰購備叢書而讀之。其最著者。則前有金之劉河間三六書。後有元之李東垣十書。朱丹溪心法。明之王肯堂醫統正脈。胡文煥格致叢書。薛立齋醫學叢書等。亦不下千

總目提要　緣起　一

中國醫學大成分類總目

第一集　醫經類　十五種

黃帝內經太素三十卷　隋楊上善撰　袁氏蘭西村舍本
黃帝內經素問二十四卷　唐王冰撰　宋孫兆重改正　明顧氏影宋嘉祐本
黃帝靈樞經十二卷　唐王冰校　明武林顧氏影宋嘉祐本
素問識八卷　日本丹波元簡著　日本聿修堂寫刻本
靈樞識六卷　日本丹波元簡著　日本活字本
黃帝內經素問集註九卷　清錢塘張隱庵集註　浙江官書局本
黃帝內經靈樞集註九卷　清錢塘張隱庵集註　浙江官書局本
內經知要二卷　明雲間李念莪原輯　清河東薛生白重校
研經言四卷　清歸安莫枚士撰

總目提要　分類總目　一

總目提要　分類總目　二

難經本義二卷　盧國秦越人著　元滑壽註　清周學海評
圖註難經辨真四卷　盧國秦越人撰　西明張世賢註　武林馬之騏校刊　曹炳章重校
圖註脈訣辨真四卷附方一卷　西晉王叔和編　西明張世賢註　武林馬之騏校刊　曹炳章重校
難經經釋補證二卷總論一卷　清徐大椿著　廖平補義
甲乙經十二卷　晉皇甫謐撰
華氏中藏經三卷附方一卷內照法一卷　漢華佗元化撰　清周學海校本

第二集　藥物類　十九種

神農本草經三卷　神農撰　魏吳普等述　清孫星衍孫馮翼同輯
重刊本草衍義二十卷　宋政和中寇宗奭撰　曹炳章圈點
本草蒙筌十二卷　明祁門陳嘉謨撰　曹炳章重校
藥性粗評四卷　明春陵逸叟許希周原著　曹炳章校刊

1935 年上海大东书局排印本《中国医学大成总目提要》

四、跋

《医藏书目》跋

切诵东垣药性知升降浮沉，次看录《大观》《朱书本草》方知药之端的，效伊尹洁古处方之妙，细观《汤液本草》之精对，继观《本草纲目》之应用，庶知药性，遇方则知来历，何往而不通畅哉。脉之难明，自古而然，咏谈虽为高阳生之伪作，然辨部定分，灼知脏腑，熟之易于明白。《脉经》为医家要领，日夕细观理会，然又难于诊视，必先看滑氏《诊家枢要》，得其按法。紫虚真人之《举要诀》，大概甚明。至于仲景脉论、运气司天在泉，此大关节。丹溪脉论以律吕配十口内外之辨甚明，诸家所集逐门脉法亦出《脉经》，脉书亦需潜心细看。

【按语】

此跋再次强调学医读书的主次顺序，强调从源至流，厚积薄发。

重刻《医藏书目》跋

我先大父东皋公，于博古撰述之余，复留心医道，然苦家无方书秘本，时与亲知假玩未慊[①]也。后游宁郡，于朱、饶二先生家始得纵观古今奇编异笈，作而曰：医之道广矣！大矣！虽然，余不忍独窥堂奥也。爰分所闻为二十函，

每函冠以小论，阐其要义，颜曰《医藏目》。盖取象教②三乘五宗之旨，而实仰体释迦、老子慈心，广无上正觉，用惠后学于靡穷也。友生陈孟常、陈眉公诸先生读而善之，请付剞劂，式垂不朽。先君子复以大父所辑《疹子心法》缀之后，时与《栖老堂集》并行海内。顷缘兵燹，庐舍荡然，板竟随毁，小子国心实痛之，亟欲续谋绣梓而力未优也。迁延十余祀，今幸竣局。小子国伏诵是书，潜绎旨趣，虽简约，而凡大小内外，兼举无遗，而又一一为之发陈精理，亲切示人，俾前之作者藉是而有统宗，后之业者因兹而识要领，诚岐黄之正法眼，而神圣巧之一指禅也。敬与同好君子，共究兹《藏》之法轮于罔竟云。

时顺治十有三年岁次丙申蒲月至日孙男观国识于栖老堂中

【注解】

①慊：qiè，满足，满意。

②象教：佛教。

【按语】

此跋概述殷仲春撰述《医藏书目》初衷和缘起。

参考文献

［1］殷仲春．医藏书目［M］．明崇祯刻本．中国中医科学院图书馆藏．

［2］改师立．医林大观书目//续修四库全书［M］．清抄本．上海：上海古籍出版社，2002.

［3］曹禾．医学读书志［M］．中医古籍出版社，1981，9.

［4］凌奂．医学薪传［M］．清刻本．中国中医科学院图书馆．

［5］段逸山．汉书艺文志及方技略//医古文［M］．北京：中国中医药出版社，2010，8.

［6］李致忠．三目类序释评［M］．北京：国家图书馆出版社，2002，8.

［7］李经纬，孙学成编校．四库全书总目提要医家类及续编［M］．上海：上海科学技术出版社，1992.

［8］张晓丽．凌奂《医学薪传》的医学目录文献价值浅说［J］．江苏中医药，2009.

［9］曹炳章．中国医学大成总目提要［M］．上海：上海大东书局，1935.